大型会议组织与管理

万季飞 题

二〇一七

大型会议组织与管理

常 云 编著

中国商务出版社

图书在版编目（CIP）数据

大型会议组织与管理/常云编著 . ——北京：中国
商务出版社，2011.5

ISBN 978-7-5103-0478-1

Ⅰ.①大… Ⅱ.①常… Ⅲ.①会议—组织管理学
Ⅳ.①C931.47

中国版本图书馆 CIP 数据核字（2011）第 093094 号

大型会议组织与管理
DAXING HUIYI ZUZHI YU GUANLI
常　云　编著

出　　版：中国商务出版社
发　　行：北京中商图出版物发行有限责任公司
社　　址：北京市东城区安定门外大街东后巷 28 号
邮　　编：100710
电　　话：010—64269744（编辑室）
　　　　　010—64266119（发行部）
　　　　　010—64263201（零售、邮购）
网　　址：www.cctpress.com
邮　　箱：cctp@cctpress.com
照　　排：卓越无限
印　　刷：北京密兴印刷有限公司
开　　本：850 毫米×1168 毫米　1/16
印　　张：27.5　　字　数：661 千字：
版　　次：2011 年 9 月第 1 版　　2011 年 9 月第 1 次印刷

书　　号：ISBN 978-7-5103-0478-1
定　　价：40.00 元

前　言

我们生活在一个瞬息万变的社会里。传递信息的手段和渠道多种多样,但其中重要的是举办大型会议(Conference)和研讨会(Seminar)等各种形式的会议。为了更快地传递信息、加强交流,各种各样的会议应运而生,乃至形成了整个会展业的蓬勃发展。但组织和举办会议,特别是大型会议是一件既费时又费力的事情。大部分情况下,承担会议组织工作的人员并不是专业会议组织人员,对筹备和组织会议缺乏经验,也很少有机会与其他有组织会议经验的人员进行交流。如果不学习和了解其他人办会的知识和经验,如何能确保我们的每一个步骤和流程都是正确的?怎么知道我们的筹备工作是否有不完善的地方呢?

本书也许会对你有所帮助。有效地组织和管理会议将使你事半功倍。但本书所提供的并不是组织和管理会议的单一处方,因为组织和管理会议的方法可以多种多样。本书中所写的只是我们多年来组织和管理各种大型会议所积累的经验和技巧,以便让大家了解从会议策划立项、筹备组织、前期宣传、现场实施和管理,到会后评估等过程中应该关注的一些问题,你可以结合自己或者别人的实践来不断完善你的会议组织方法和管理能力,从而更加成功、有效地组织和管理会议。

本书是按照组织会议的流程编写的,对应每个流程,详细描述了该流程中应做的工作和注意的问题,同时各流程间又具有连续性和关联性,以便于会议组织和管理实际运作中的对照检查。

在写此书的过程中,我得到了中国国际贸易促进委员会林宁、韩梅青、曲鹏程、李海峰和阮海斌等许多同事和朋友的大力协助,他们为编写此书提供了宝贵意见和建议,并提供了大量的会议组织参考资料。我也得到了家人的支持和鼓励,在此对他们给予我的大力协助和支持

表示衷心的感谢！同时，也非常感谢中国商务出版社的领导和朋友们的热心帮助和辛勤付出，使我写的这本书能够呈现在读者面前。

　　书中疏漏与不妥之处，热诚希望广大读者批评指正。

常　云

2011 年 3 月

目　　录

第一部分　会议策划与前期筹备

绪　　论

▷ 学习目标 ▷

通过本绪论的学习了解会议的种类，会议名称的含义，会议的作用以及会议的策划与管理。

▷ 技能掌握 ▷

——了解会议的种类

——了解会议名称的含义

——熟悉会议策划与管理的主要工作流程

第一节　会议的种类

会议的种类是多种多样的，其分类的方法也是多种多样的。

按其内容可分为：科技、文化、贸易、销售、新闻发布、公司年会、产品推广等；

按会议的范围可分为：国际、国内、地区性、地方性、单位内部会议等；

按其形式则可分为：大、中、小型会议、研讨会、专题讨论会、发布会、座谈会、网络会议（包括视频会议，电话会议等）等；

不同会议组织和管理的方式方法有所不同，本书重点讨论的是如何有效组织公众性的大型会议或研讨会。

第二节　会议名称的含义

一、大型会议（conference）

在英国，这是一个对各种会议的通称。但专业会议组织者一般将一个较大型的活动称为"大型会议或大型国际会议"。此类会议往往要开几天，参会人员少则几百，多则上千。大会期间组织复杂的社交活动、展览和展示活动。许多此类大会参会人员往往来自国内或国外各地，因此，一般是国内外瞩目并有影响力的活动。

二、会议（meeting）

被称之为 meeting 的会议规模都比较小，往往是几个管理层人员召开圆桌会议讨论业务

1

问题。但 meeting 也可用来泛指会议、研讨会等，作为一个集合名词来使用。

三、研讨会（seminar）

研讨会一般用于中小型会议，从几十人到 150 人不等（尽管 150 人以上的研讨会有时也可称为大型会议）。研讨会通常的举办时间为 1～2 天，旨在对与会者进行培训、提供信息和就某些共同关心的问题进行讨论。

四、专题研讨会（symposium）

此类会议与研讨会类似，但通常是围绕一个主题进行，并且会议形式更为灵活，比较注重双向交流。

第三节　会议的作用

会议已成为现代社会的商业和社会活动。我们需要有机会去与其他人相识、交流信息、分享经验、就共同关心的问题展开讨论。由此可见，会议的核心内容是要进行双向交流。但遗憾的是，现在大部分会议对会议组织者来说，一般仅把它做为一个单向交流的活动。对于实现以传达行政命令为目的而言，这种会议安排是合适的。但是，对于工商界和学术界等专业人士参加的会议来说，这种安排显然不能发挥会议的最大效果。如果会议组织者能够进行换位思考的话，就可以了解与会者通过参会希望获得的收益：

——与会者通常期望通过参加会议了解最新的发展趋势和最大量的信息；

——与会者希望会议能够为其提供高质量的会议服务、内容丰富的演讲或讲座和完整的会议资料；

——与会者参加会议是为了交往，通过会议结识合作伙伴，拓展商业机会；

——与会者有时参会也是为了介绍其新产品或展示其已取得的成就；

总而言之，人们会出于种种不同的动机前来参加会议，而我们作为会议组织者要想成功举办会议的话，就必须让与会者满意。而要使其满意最为关键的一点是要切记与会者的需求，尽可能地了解并满足他们的需求。

第四节　会议策划与管理

组织会议是一个系统工程。每一个子系统必须做好各自的工作，并且与其他子系统实现无缝对接，从而实现整个系统的顺利运转。专业的会议组织者需要对整个会议的流程进行周密的策划，并合理地分配资源，这样才能事半功倍地完成会议的组织。

具体而言，对会议进行组织和管理，首先要了解会议的组织流程，其次要了解各流程包含的主要工作内容，最后将流程与流程之间、各流程的工作内容之间的衔接处理好，才能确保会议策划、筹备和组织工作的顺利进行。

会议组织工作流程大致可分为以下几个阶段：策划立项、前期筹备、现场实施、总结评估。各流程包括的主要工作内容如下。

一、策划立项

策划的主要内容包括会议的目的与主题、议题与形式、人员、时间、地点、规模和经费概算。会议策划还包括组织机构和组委会等会议组织结构。立项则主要包括内部审批、外部协调和审批两方面的内容。

二、前期筹备

在此阶段主要围绕会议组织相关方面开展筹备工作，主要包括会议日程制定及活动安排、邀请演讲人、主持人和会议代表、会议预算及财务管理、选择和预订会议场地并进行场地设计和布置规划、选择和预订会议设备、联系食宿、交通及旅游等相关事宜、准备会议资料及相关物品、开展会议宣传及推广等。

三、现场实施

在前期会议策划和筹备的基础上，在会议现场要对与会人员，落实包括会议及其活动管理，贵宾、嘉宾、演讲人和会议代表现场接待，协调有关场地、设备、住宿、餐饮、交通、安全、现场注册和服务，会议宣传及组织等各方面的工作，以保证会议的顺利实施。

四、总结评估

此阶段的工作内容主要包括对会议的成效进行评估、总结和对相关人员进行表彰；对会议材料进行编辑和整理，发送给相关机构和与会者；对贵宾、嘉宾和演讲人前来参会表示感谢并结清会议相关费用。

我们将上述四个阶段划分为：会议策划及前期筹备和现场实施及总结评估两大部分分别加以论述，其中，第一部分会议策划及前期筹备，包含策划立项及前期筹备阶段的各项主要工作；第二部分现场实施及总结评估，则主要包含现场实施阶段及后期总结评估阶段的主要工作。

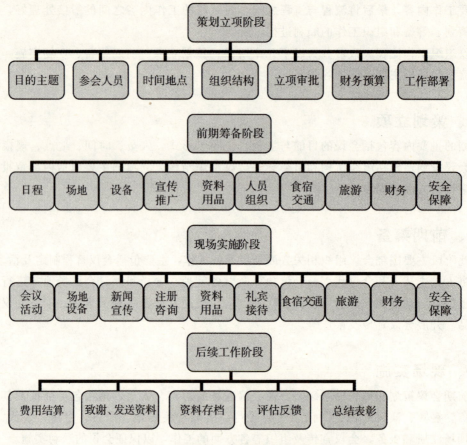

1.1.1 图例 会议组织流程图

本章小结

1. 会议的种类多种多样，本书重点讨论的是如何有效组织公众性的大型会议或研讨会，特别是几百人以上的大型会议或研讨会；

2. 组织会议主要目的是为了便于与会者的双向交流，因此会议组织者的职责在于创造条件满足与会者的这种需求；

3. 与会者满意是会议举办成功的关键所在；组织者要为与会者提供优质的会议服务、内容丰富的演讲及完整的会议资料；

4. 会议组织工作是个系统工程，各子系统间的无缝对接才能保证整个系统的顺利运转；

5. 会议组织的流程主要包括会议策划立项、前期筹备、现场实施和总结评估四个阶段。

思 考 题

1. 会议的种类与形式有哪些?

2. 为什么要举办会议?

3. 会议成功举办的关键是什么?

4. 会议的组织工作流程包括哪些阶段和内容?

第一部分

会议策划与前期筹备

第一章　会议策划立项

> 学习目标

通过本章的学习，了解会议策划所包含的主要内容及如何进行会议策划立项。

> 技能掌握

——确定举办会议的背景和目的

——确定会议主题、名称、议题、形式及初步日程

——确定会议的时间与地点

——确定参会群体、会议规模和经费概算目标

——了解会议组织机构和组委会的构成

——了解会议立项和报批程序

第一节　会议策划立项工作安排

一、工作人员

承担会议策划和立项的人员主要来自会议的主办单位或者承办单位。他们需要具备相应的会议策划和组织的能力及经验。为保持工作的连续性和协调性，策划人员最好能够参加会议的前期筹备和现场实施。

二、工作内容

策划立项主要包括确定会议的背景、目的、主题、名称、议题、形式和初步日程，并且确定会议举办的时间、地点、人员、规模和经费概算，以及确定会议的组织机构和组委会，并负责完成会议的立项审批程序。

三、工作流程

第一步，策划：完成会议背景、内容、相关事项和组织结构的策划，主要包括：会议背景、目的、主题、名称、议题、形式和日程、时间、地点、人员、规模和经费等，并且确定会议的组织机构和组委会；

第二步，内部立项：在会议策划基础上，将策划方案交本单位决策层批准。内部立项可能需要经过项目组、部门和单位等程序；

第三步，外部协调：与组织机构，包括主办、支持、承办、协办等单位进行沟通，获得

这些机构的确认。邀请组委会委员并得到其确认。此项工作根据不同情况，也可能在内部立项之前完成；

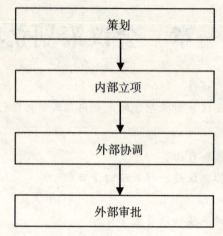

第四步，外部审批：根据相关管理规定向会议审批部门提交举办会议申请并获取批准。

1.1.1 案例

中国国际信用和风险管理大会会议立项工作方案

一、会议立项方案

1. 完成时间 6 月初～7 月初

2. 实施步骤

1）6 月 10 日前：落实会议组织机构、制定会议的初步日程、联系重要参会贵宾、嘉宾，了解会议需要报批和备案的相关主管部门以及报批和备案程序

2）6 月 10～20 日：按报批和备案相关要求起草会议报批和备案申请

3）6 月 20 日：向相关主管部门递交会议报批和备案申请

4）6 月 20～7 月 13 日：落实申请批复事宜

3. 负责人 ×××

二、安保备案

1. 完成时间 9 月

2. 实施步骤

1）9 月前：安保组了解报批和备案的相关主管部门及程序，制订安保方案

2）9 月初：组委会审核、修改并通过安保方案

3）9 月中旬：向相关部门提交报批和备案申请

4）落实申请批复事宜

3. 负责人 ×××

第二节　会议策划方案

会议策划就是在调研的基础上做出会议方案。会议策划包括策划会议背景、会议内容、相关事项和组织结构四个方面，其中会议内容主要包括会议目的、主题、名称、议题、形式和日程等会议的内在因素。会议相关事项包括时间、地点、人员、规模和经费概算。会议组织结构包括会议的组织机构和组委会。

一、会议背景

会议背景是指会议方案中对会议相关情况的描述性文字资料。会议背景资料主要描述会议内容相关的行业、地区、事项等历史、现状、问题、需求以及会议举办的条件，并且说明会议举办的缘由。会议背景资料的收集、整理、使用过程就是会议策划的调研过程，是会议策划工作的基础，也是会议组织决策层和相关单位决定是否举办会议或者协办会议的参考依据。

举办会议的背景是多种多样的，某些会议属于某一机构的年会性质，例如商协会的年会；也有一些是培训性质的，例如开展专业技能培训；还有一些是研讨性质的，例如围绕当前的一些重大问题进行交流和讨论。因此，在会议策划时首先要开宗明义地说明会议举办的背景，也就是说明为什么要举办该会议。

会议背景资料一般是概括性的，文字简明扼要。如果篇幅大、内容详尽，可以作为策划方案的附件，而将其概要列入策划方案的正文中。

1.2.1　案例

2008 年广州中国国际金融服务洽谈会会议背景

近年来，我国政府高度重视发展服务贸易，在《国民经济和社会发展第十一个五年规划纲要》中明确提出，2010 年服务贸易进出口额要达到 4000 亿美元。胡锦涛总书记在党的第十七次全国代表大会上也明确提出要"大力发展服务贸易"。进一步帮助和推动服务贸易企业开展国际交流、加强国际合作具有重要战略意义。金融服务是服务贸易领域的重要内容，中外金融国际交流与合作潜力巨大。在我国政府刚刚公布的"金融业发展与改革十一五规划"中明确提出，支持金融服务业国际交流与合作，鼓励境外金融机构为中小企业提供金融服务等内容。

广州历来重视金融业的发展，当前又确立了"金融强市"的发展战略。2008 年广州市政府明确提出把发展第三产业、尤其是现代服务业放在更加突出的位置；要大力发展金融业，加快市属金融机构改革重组步伐，完善金融产业政策体系，优化金融发展环境，吸引国内外金融机构和后台服务中心落户广州。"中国国际金融服务洽谈会"将充

分发挥广州金融业的优势，通过搭建中外金融机构与经贸企业（特别是华南地区企业）交流与合作的平台，研讨国际金融创新的多元化和系统化的新趋势；展示银行、证券、保险、投融资公司以及相关企业的新产品和新服务；参观和考察广州珠江新城金融区和投资项目，促进金融机构和企业的深入交流和互利合作。

二、会议内容

会议内容主要包括会议目的、主题、名称、议题、形式和日程等会议的内在因素。

（一）目的

会议目的是举办会议最重要和最基本的因素，也是会议工作的方向。因此，会议一切组织工作都要围绕会议目的开展。

会议目的也是会议预期的效果和结果，要清晰地表明会议预期取得何种效果，可以从会议组织者和参加者两个角度来加以考虑。

举办会议的目的多种多样，例如一些商协会举办年度大会是为了会员间的沟通与交流；一些组织发起会议是为了对公众进行宣传；有些会议是为了传递信息；还有些会议组织是出于培训的考虑。另外，有些会议是为了规划、决策或解决问题，或是为了进行总结和表彰。而一般举办大型会议的主要目的通常是为了交流信息、建立联系并且围绕一些共同关注的问题探讨解决的办法或推动彼此间的合作。但不同的大型会议因其所涉及的领域不同，其举办目的也会有所差异，因此，要基于举办会议的背景分析确定举办会议的具体目的。

会议目的要用简练的语言阐述，最好用一句话或者用几个短句来陈述。

1.2.2 案例

2004 年中国国际信用和风险管理大会举办目的

1. 学习和借鉴美国等发达国家在信用体系建设方面的先进经验，了解国际信用经济发展的最新动态，促进我国商业信用体系的建设。同时，使国外信用管理机构和相关企业了解我国商业信用体系建设的现状和信用市场的发展潜力，促进其与中国开展信用合作；

2. 为中外信用管理部门、行业协会、信用中介机构及广大中外诚信企业提供互相交流和合作的机会；

3. 学习和借鉴国际金融和贸易信用风险管理的先进技术和经验，提高我国金融和商业企业的信用和风险管理水平，拓展国际金融和商务活动。

（二）主题

会议主题即会议要探讨的最核心和最实质的问题，主题是会议目的的反映和表达，不仅有利于参会人员对会议目的的理解，也有利于会议的宣传。

基于会议目的，可以用一句话或几个词点明会议主题，但用词要精炼且具有概括性。

例如"APEC2001年工商领导人峰会"的主题是"新世纪，新经济，在全球化中发展"。"中国国际信用和风险管理大会"的主题是"交流、合作、以诚信赢天下"。"走进大西洋"大会的主题是"商业无边界"。"2006年第十八届国际仲裁大会"（18th Congress International Arbitration 2006）的主题是"回归基础?"（Back to Basics?）。

（三）名称

会议名称顾名思义是会议的名称。会议名称可以分为主要部分和附属部分，主要部分是会议基本内容的表述，一般固定不变。附属部分是届数等可能需要随着发展而变化的因素，例如：中国国际信用和风险管理大会。

国际性会议需要同时使用中外文名称，要注意中外对会议名称表述的方式可能不同，例如中文表述"2006年第十八届国际仲裁大会"，英文表述则为"18th Congress International Arbitration 2006"。

会议在使用名称的同时可以使用专有的会议标识（logo）。会议标识有利于加强宣传效果，也有利于会议的识别。

根据某些国家的管理规定，会议名称和标识可以列入知识产权保护范畴，通过办理登记注册而得到保护。

（四）议题

会议议题就是会议内容（狭义的会议内容），也就是会议具体讲什么。会议议题主要基于会议的目的以及目标参会人员的需求来确定。会议议题是否适当、是否能够满足参会人员的需求是会议能否成功的关键因素。

为准确选择并确定会议议题，策划人员应当对会议相关领域有所了解，不仅要了解该领域的发展现状以及趋势，还要了解相关领域的问题和需求，并在对上述情况分析的基础上选择并确定会议议题。一般规律是商协会的人员比较关注宏观问题，专业人士比较关注相关专业知识的交流，企业人士比较关注建立业务关系和寻找商业机会，地区性组织比较注重建立网络联系和区域性合作，而国际性组织则对共同面临的商业挑战、发展趋势或先进的管理经验比较感兴趣。

会议议题应在广泛调查研究的基础上加以选择、确定。可以委托专业机构做调查和评估。调查对象重点是相关机构和目标参会人员，要征询对相关领域尤其是对相关领域发展趋向有研究的机构或人士的意见和建议。

"2006年第十八届国际仲裁大会"的参会人员是来自世界各国的仲裁人员，会议议题既包括有关仲裁协定的内容也包括仲裁相关实务的内容。

"2004中国全球国际项目外包发展年会"参会人员主要是参与国际项目外包的人员，会议议题主要包括：

——中国企业在这个市场有哪些机会；

——在哪些领域将有所作为；

——潜在的项目空间容量有多大；

——中国作为被国际500强企业和发达国家看好的最具实力的项目外包基地，如何提高自己的接包能力，掌握国际项目外包的流程和方法。

选择确定会议议题时要结合考虑会议日程，也就是大会的议题和平行会议的议题。大会议题一般可以宏观、抽象、务虚一些，平行会议议题可以微观、具体、务实一些。

1.2.3 案例

2006 年加拿大国际发展日大会会议主题及议题

会议主题是"在发展中国家投资"，参会人员主要是在发展中国家开展项目合作的人员。演讲人主要来自能对发展中国家提供资金援助的机构和企业，例如加拿大国际发展署（Canada International Development Agency，CIDA）、世界银行等以及金融机构和私人投资者。根据参会人员的需求并围绕会议的主题，第一天上午大会（全体会议）的议题是："全球市场展望"和"发展与贸易——加拿大私营企业在发展中国家的作用及经验"。第二天上午大会的议题是："新机遇：双边援助机构及国际公司"。该会议还有 16 场平行会议，每一场平行会议都有不同的具体议题，例如："在发展中国家的援助、贸易和投资机会"、"项目融资研讨会：可为在发展中国家从事项目的加拿大公司提供的融资工具"、"在发展中国家农业及农产品合作机遇"、"如何准备 CIDA 公司申请项目建议"、"如何通过良好的管理在发展中国家建立良好的商务形态"、"IFI 及 CIDA 项目招标机会"、"教育行业：在发展中国家开展项目合作的机遇"、"非洲援助、贸易和投资机会"和"能源：在发展中国家再生能源的发展状况"等。

（五）形式

确定会议的议题是解决讲什么的问题，而确定会议的形式是要解决如何讲的问题。会议形式多种多样，主要包括大型会议、研讨会、小组论坛、洽谈会、交流会、对接会、圆桌会、展览会等等。规模小的会议，形式一般比较简单；而规模大、内容多的会议，形式可能比较复杂。

选择会议形式主要考虑两个方面。一是会议本身的形式，例如大型会议和平行会议；二是会议和与之匹配的活动，例如洽谈会和展示会等。

确定选择何种会议形式还要考虑具体的需要和条件。会议的目的、内容、议题、参会人员等会议内在需要是决定会议形式的主要因素。预算、会场、住宿、餐饮、交通、娱乐等外在条件也是决定会议形式的重要因素。

选择确定会议形式要从实际出发，要有利于提高会议的效率和效益，要有利于会议达到预期的目的。会议形式应该服从于会议目的和内容的需求。

（六）日程

在确定会议的目的、主题、名称、议题和形式后，可以制定一个会议的初步日程，主要包括会议计划开几天及其每天的会议和活动安排，其中包括几场全体会议和平行会议、分组讨论、洽谈和展示、宴请及交流活动等。

会议的初步日程将在工作部署阶段进一步筹划确定并可能在整个筹备期间需要不断进行调整。

三、会议相关事项

会议相关事项主要指对会议日期、地点、人员、规模、经费等会议组织工作因素的确定和安排。

（一）日期

会议举办日期的选择和确定需要考虑许多因素，包括行业特性、演讲人和参会人员的日程安排、相似会议和大型活动、自然季节、公众节假日、会议成本、场地需求和筹备时间等。要对上述因素进行了解并在综合平衡考虑的基础上选择、确定会议举办日期。

1. 行业特性

行业特性是选择会议日期最主要的考虑因素。每一个行业都有一定的运行规律，例如采购、订货会议，必须算好产品上市时间、生产和运输周期等来确定采购和订货会议的日期；财务人员需要参加的会议，就要考虑避开其需要年终决算或财务报表集中上报的时间。

2. 演讲人的日程安排

如果准备邀请知名人士到会演讲的话，要进行前期沟通和协调。同时也要考虑参会人员的时间安排，会议日期的安排还要考虑尽量减少对参会人员的时间占用，例如将会议日期选择在一周的中间，有可能要占用两个周末，而将会议日期选择在周一或周五，也许就只占用一个周末，便于一些工作繁忙的人员前来参会。

3. 相似会议和大型活动

要检索与会议主题相类似的会议举办的日期和地点，以避免不必要的冲突。同时也要了解会议所在城市或地区其他会议举办情况，例如届时是否举办年度娱乐节、其他大型商业活动或大型体育比赛。这些活动的举办可能会对同期举办的会议产生影响。

4. 季节性因素

应该尽量选择舒适季节开会，避免不舒适的季节，例如北方的严寒、南方的酷暑以及梅雨季节、台风季节等。

5. 公众节假日

在一些重要的节假日，例如中国的春节和西方的圣诞节，人们是不太可能参加公务会议的。由于人们越来越重视节假日和休假日，越来越不愿意在此期间参加公务活动，因此，会议日期安排一般要避开这些日子，而且公众节假日期间交通住宿往往很难安排。在此期间邀请人员前来参会也比较困难。

6. 会议成本

会议举办的时间不同，会议场地及参加会议人员的交通住宿费用会有较大差异。如果期望降低支出成本，可以考虑选择在会议设施和交通住宿费用价格等优惠的淡季组织会议。当然这种选择有利有弊，有利是降低了会议的成本开支，不利是也许对会议的整体形象产生不利影响。

7. 场地需求

如果会议需要比较多或者比较大的场地，在确定准确的会议日期前要和拟选择的场地进行前期联系和沟通。因为有些城市的会议场地有限或者会受销售旺季的影响，很难在选定的时间预订到合适的场地。

8. 筹备时间

会议筹备时间匆忙，会议质量便难以得到保证。从参会人员角度考虑，现代社会工作节奏快，计划周期长，一些管理人员的工作日程可能排到三个月甚至半年。除了工作安排因素外，预算也是需要考虑的因素。很多单位实行预算制度，没有列入预算的项目不予考虑参与。从筹办者角度考虑，会议组织需要做很多工作，从程序上看，工作一环扣一环，例如租用会议场地和设备、邀请演讲人、编印会议资料、开展会议宣传、组织参会人员等等，都需要一定的时间；另外，会议规模越大，工作量也越大，需要筹备的时间就越长。国际上一些著名会议，举办日期甚至提前5年以上确定。一般而言，地区性会议筹备时间不要少于半年，中小型会议的筹备时间一般需要6～9个月，大型会议筹备时间应该在一年以上。此外，还要注意会议筹备时间往往比预期的要长一些，因此要留足充分的会议筹备时间来确保会议的成功举办。

（二）地点

会议举办地点的选择和确定也要综合考虑多方面因素，包括参会人员、会议设施、住宿交通条件等。

第一要考虑参会人员因素，包括贵宾、发言人、目标参会人员。在参会人员相对集中的地区举办会议，招揽、组织工作比较容易做，会议影响也比较大。

第二要考虑会议设施因素，会议举办地要有符合会议标准和要求的设施，这是决定会议举办地的基本条件。

第三要考虑住宿、饮食、交通等因素。举办地要有充足、良好的住宿、餐饮设施，以及良好的城市交通和国内、国际交通条件。

另外，产业优势、商业环境、地方政府或机构的赞助也是选择举办地的考虑因素。

（三）参会人员

不管会议的主题简单还是复杂，要想成功地举办会议，接下来的一步是要确定潜在参会人员并分析潜在参会人员的需求，即要研究将邀请什么人来参会、分析谁有可能前来参会。

首先，可通过各种渠道收集潜在参会人员的情况并了解其需求。对参会人员了解得越多，越有助于会议内容的设计和会议代表的组织。

其次，了解潜在参会人员是否参加过与会议主题相关或相似的其他会议。此类信息可以从贸易研究类杂志或其他刊物或网站获得。此外也可以通过向潜在参会人员进行调研来获得，例如设计问询表，包括询问他们以往的参会经历、对什么题目的会议感兴趣等。

（四）规　模

确定会议规模时需要考虑人员、场地、经费和会议形式等诸多因素。

基于对潜在参会人员的了解，进而确定将邀请多少人前来参会，也就是确定会议的规模。只有初步确定了会议的规模，才能进一步规划会议的预算和选择场地，而预算和场地也制约着会议的规模。因此在确定会议规模时，要考虑大概能够邀请多少人前来参会。如果是国际会议的话，要初步判断一下，能从国外邀请多少，从国内邀请多少。如果是从国内邀请的话，要判断一下是在全国范围内邀请还是从周边地区邀请，或者只从当地邀请。邀请的人员范围对会议的规模产生多大的影响。

同时也要考虑会议的场地，基于对场地的了解初步确定会议的规模，首先要大概了解会议举办地的场地设施情况。例如该地有多少比较理想的会议场地，大约可容纳多少人。如果计划预订的场地只能容纳 200 人，结果邀请的人数远远超过 200 人，那么届时就会面临人太多坐不下的尴尬局面。

另一个要考虑的因素是经费，在初步确定参会人数后，要大致算一下参会人员预期能够交纳的会议注册费的数目，如果缺口比较大，可以考虑通过增加参会人数来解决，或者通过赞助等方式来解决。

还要考虑的因素是会议的形式，如果既有主题大会同时又举办平行研讨会，那么既要考虑主会场的容纳量，同时也要考虑分会场的容纳量，要确保主会场能容纳全体参会人员，同时需要若干分会场时也有相应的空间。

总之要在综合考虑预期的会议规模、实际的场地容量、预算的可平衡性及日程的兼容性等因素的基础上来确定会议的规模。

（五）经费概算

在会议策划阶段很难对会议所需经费有个精确的估算，但要对会议所需经费做出简要的概算。需要确定解决会议经费的基本来源问题，明确会议是公益性的还是商业性会议，经费来源主要依靠行政经费还是要通过商业运作来解决。

四、组织结构

会议的组织结构通常包括组委会、组织机构及下设的组委会秘书处。除组建组委会的方式外，有些会议还设立指导委员会、咨询委员会或工作委员会，其中指导委员会由一些主办方的领导人员组成，对大会给予指导。咨询委员会主要负责对会议的内容和形式等提出建议和意见，工作委员会则负责会议的具体筹备事宜。还有些会议设立日程委员会，专门负责会议日程的制定。

（一）组委会

组委会是会议举办的指导性机构，负责对会议的日程及重大安排提出要求，作出决定，

并监督检查实施情况。

组委会通常包括名誉主任和/或主任、常务副主任和/或副主任、委员、秘书长和副秘书长。组委会的主任可由富有声望的人士担任或由主办单位的领导担任，常务副主任是主抓具体筹备工作的领导，通常也由主办单位的相关领导担任，也可由相关联合主办单位或支持单位的领导或其他有名望的人士担任。如果与地方政府联合主办的话，也可请地方政府的领导担任。组委会的委员可由主办或支持单位的相关人员来担任，也可请著名学者或专业人士来担任。秘书长一般由负责具体承办事务的人员担任。副秘书长则主要配合秘书长开展工作，分管某一方面的筹备工作。（见1.2.4案例）

1.2.4 案例

中国国际信用和风险管理大会组委会组织方案

一、实施时间 5月9日~8月22日

二、组委会人员构成

  1. 名誉主任：待 定

  2. 主 任：主办单位主要负责人

  3. 常务副主任：主办单位次主要负责人

  4. 副 主 任：承办单位上级主管和/或联合主办单位领导

  5. 委 员：由主办单位和/或支持单位相关领导担任

  6. 秘 书 长：承办单位负责人

  7. 副 秘 书 长：承办单位相关人员

三、实施步骤

  1. 5月9日：确定组委会委员，起草组委会委员的邀请函，并报批

  2. 5月13日：邀请函批复，开始联系并寄送邀请函

  3. 5月27日：联系联合主办单位并邀请相关领导担任组委会副主任

  4. 6月10日：确定名誉主任的人选

  5. 7月13日：起草邀请名誉主任的函并报批

  6. 7月22日：邀请函批复，通过文件内部交换方式递送

  7. 8月22日：落实名誉主任

四、负责人 ×××、××

（二）组织机构

会议的组织机构是要确定会议的主办、支持、承办和协办单位等。为扩大会议的影响和便于更广泛地吸引潜在参会人员，需要邀请相关的政府部门或者机构参与共同主办，或者作为会议的支持、协办单位及其他类型的合作方。

会议组织机构的形式可以是多种多样的，主要包括主办单位、支持单位、承办单位和协办单位。其中，主办单位是发起组织会议的单位，可以是一家，也可以由多家联合主办。在

选择主办单位时，要考虑其他的主办方与发起会议的组织方相匹配。支持单位通常对会议的举办给予名义上和/或实际上的支持，而不参加会议的具体组织工作。协办单位则在大会的组织方面给予会议主办单位某一方面的协助，例如协助邀请发言人员、组织参会人员、提供相关资料或以不同形式对会议进行宣传和推广等。可以根据协办单位性质的不同加以细化，如分为单位协办和媒体协办等类别，也可以根据情况将媒体列为支持单位。承办单位要对会议的具体组织和实施工作负责，包括落实场地、邀请发言人员、组织参会人员、负责会议的后勤保障等。根据举办会议的实际经费需求，可以邀请若干单位作为赞助单位，为会议提供经费或物品及服务支持。

某些会议的组织机构可能会粗线条些，对所有主办单位之外的合作机构通称为合作伙伴，而有些则会划分得更细些，如根据性质的不同细分为支持媒体、网络支持媒体、公共合作伙伴、广告合作伙伴、宣传合作伙伴、活动合作伙伴、知识合作伙伴和赞助合作伙伴等。另外根据赞助金额的不同，还可细分为各种不同的赞助商。上面已介绍过主办、支持、承办和协办单位的不同作用，而对各种合作伙伴的含义则根据其性质而有所不同，其中的一些一看其名称便知道其性质，但有一些是国外会议组织者使用的一些名称，如公共合作伙伴是指政府部门等公共机构，宣传合作伙伴主要是吸纳一些大公司参加会议的组织。活动合作伙伴是指可参与会议期间的各种活动的赞助，如文体活动、宴请、茶歇等。知识合作伙伴是专为一些学术研究、培训机构和商协会而设立。尽管合作伙伴的名称各有不同，但最终是要从如何有利于调动各方面的积极性来参与会议的组织而设立的。

会议主办方要根据会议的需要来设定会议的组织结构，并明确各参与方的责、权、利。例如支持方，除名义上支持外，届时开会时是否邀请其参会、邀请几名参会人员。协办方需要在哪些方面提供协助，其提供协助是否有回报的条件、具体要求如何，需要其他合作伙伴提供哪些方面的支持。（见 1.2.5 案例）

1.2.5 案例

中国国际信用和风险管理大会
邀请主办、支持、协办单位工作方案

一、邀请主办单位

1. **时间** 现在～6 月 10 日前

2. **对象** ××市人民政府

3. **步骤**

　　1）4 月 26～28 日：与××机构商谈，由其与××市政府做好前期沟通

　　2）5 月 9～12 日：拜访××市政府的函的起草与审批

　　3）5 月 12～17 日：筹备拜访××市政府的事宜

4）5月19日：拜访××市政府，商谈主办单位事宜

5）5月23～27日：如××市政府初步同意，完成邀请××市政府作为主办单位并派人担任组委会副主任的函的起草和审批

6）5月30～6月10日：确认××市政府是否同意作为主办单位，以及担任组委会副主任的人选

4. 负责人　×××

5. 会谈人员　×××／×××／×××

二、邀请支持单位

1. 时间　5月9日～5月27日

2. 拟邀请对象

×××

×××

×××

······

3. 步骤：

1）5月9日：起草邀请作为支持单位及派人担任组委会委员的函的请示

2）5月11日：拟邀请单位的联系方式到位

3）5月13日：邀请函的请示批复，通过文件内部交换方式寄发邀请函

4）5月27日：确认作为支持单位及组委会委员的回函

4. 负责人　×××

三、邀请部分协办单位

1. 时间　5月9日～5月31日

2. 拟邀请对象

×××工作委员会

×××研究院

3. 步骤

1）4月26～28日：与××分会商谈协办单位事宜

2）5月8日：起草邀请函的请示

3）5月13日：邀请函的请示批复

4）5月16日：邮寄邀请函

5）5月18～26日：对邀请函进行追踪，争取确定协办单位的确认回函

4. 负责人　×××

（三）秘书处

秘书处在组委会的领导下，具体负责会议的筹划、组织和实施工作。秘书长和副秘书长由具体负责会议承办和筹备事务的人员来承担。会议规模较大时可在秘书处下设办公室或配备相应的工作人员协助秘书长开展工作。

根据会议筹备工作的实际需要,可以在秘书处下设会议管理组、服务组、推广注册组、接待组、新闻组、礼宾组、财务组和安保组等负责落实会议筹备各方面的相关工作。如果会议筹备人员有限,也不一定要分成不同的工作组,而是指定专人负责会议组织和筹备某一方面的工作,如指定某人负责会议和活动组织相关工作,另一人负责会议的后勤保障工作,再指定一人负责会议的宣传推广和参会人员组织相关事宜。

第三节 会议立项、协调与审批

会议策划完成后,需要进行会议的内部立项、外部协调和审批。

一、内部立项

组织会议首先要经过会议组织单位内部的批准立项。

(一) 立项内容

会议筹备项目负责人员起草举办会议的请示文件,提供会议策划中已确定的基本内容,主要包括会议背景、目的、主题、名称、议题、时间和地点;拟邀请的参会人员和规模,拟联系的主办、支持和协办单位及会议经费的初步安排。

如果是应外单位的请求而共同举办会议的话,要附上相关机构的背景情况及其来函或来电。如果会议拟邀请重要的领导或著名人士到会演讲的话,也需要一并提出。

(二) 内部报批

如果立项申请部门需要就会议举办相关事项与主办单位内部的相关部门进行协调或需要其他单位协助或支持时,需要将会议的请示件抄送给协调会签单位进行审核,听取其有关会议组织的建议和意见,然后提交给主办单位的主要领导进行审批。

二、外部程序

外部程序主要包括对外协调及审批两个方面。

(一) 对外协调

对外协调主要包括邀请会议主办、支持或协办单位和组委会人员两部分工作。

1. 组织机构邀请

希望邀请其他单位作为会议的主办、支持或协办单位时,需要行文征求其同意。商函中要提供会议举办的背景情况、目的、时间和地点、会议主题、拟邀请参加会议的潜在人员和规模,并提出具体的合作建议,如明确提出希望其作为共同主办单位还是支持或协办单位,请其以书面方式予以回复。此外,附上会议筹备机构草案及会议情况的简单介绍,同时附上主办单位联系人员的名称及电话,以便于对方联系。

在对外联系过程中,除正式发商函外,也要通过电话或其他方式,如拜会等方式进行及

时和细致的沟通，随时解答其有关会议情况的询问并了解对方的合作意向。

在联系相关单位作为会议的组织机构成员单位时，应注意以下问题：

——邀请函签发的名义，注意各单位间的相匹配性，即以同一级别的单位名义发函。

——发送的对象和方式，根据情况的不同，以合适的方式将邀请函发送到适当的机构或人员。

——注意各合作单位之间的关系协调，包括排名的先后次序、是否独家合作方等问题，如独家媒体支持、独家赞助商等。在最初策划会议时就要把这些问题考虑清楚，在宣传资料发送出去后最好不要轻易予以调整，以免失信于人或引起不必要的矛盾。在对合作方做出承诺前，也要权衡是否能够兑现自己的承诺。

——对于合作方的责权利要事先有所明确和约束，不要等发生问题后再互相推诿。有时一些小的细节问题没谈好，到现场就会造成较大的问题。例如与网络媒体谈合作，提到要现场直播，但事先没有明确是全部网上直播还是部分网上直播，结果现场可能就是直播一个小小的片断。再例如要在网上将发言人的讲话发布出来，但事先未明确由哪一方负责速记，结果到了现场发现没有速记员，致使与网络公司谈的合作实际上就落实不了。另外，在会议策划之初测算了会议所需的基本费用，计划通过赞助和注册费两块来解决，但当时测算的参会人员基数较大，而实际的场地容纳不了那么多人，但赞助的名额及金额已对外公布，那么也不便临时调整赞助方案以增加会议的收入。

1.3.1 案例

ＸＸ函（2004）ＸＸ号

关于邀请作为"中国国际信用和
风险管理大会"支持单位的函

ＸＸＸ单位：

党的十六届三中全会明确提出要建立以道德为支撑、产权为基础、法律为保障的社会信用制度，并作出了在五年内建立起我国社会信用体系基本框架和运行机制的统一部署。为了推动我国企业信用管理体系的建设，学习和借鉴西方国家信用和风险管理的体系经验、技术和操作方式，促进征信企业和从事金融、国际贸易的企业对外开展信用和风险管理方面的交流与合作，我会将和美国金融、信用和国际商业协会（FCIB）合作，于2004年10月28日～29日在北京共同举办"中国国际信用和风险管理大会"。

会议主要介绍中外信用体系基本情况、信用经济发展趋势、国际金融和国际贸易中信用和风险管理的基本知识和操作实务以及如何利用信用产品和服务拓展国际商业活动等。届时拟邀请中国政府部门主管领导、知名经济学家、金融、贸易和信用中介机构的专家以及美国进出口银行行长（待确认）、国际经济学家、国际金融和贸易专家、国际信用和风险管理专家到会演讲。拟邀请美方100人、中方200～300人参会，参会代表包括国内外信用管理机构、金融机构和从事国际贸易的公司和企业的信用和风险管理人员。

贵单位是促进我国信用体系建设和运行的重要部门，为共同推进我国信用体系的建设，促进我国与国际信用行业界的交流与合作，我会诚邀贵单位作为此次大会的支持单位，并希听取贵单位对筹办此次大会的建议和指导意见。此外，我会还希请贵单位×××作为大会筹办机构的委员，以便推动和协调大会的各项筹办工作。

请惠予支持，并切盼5月12日前赐复。

附件：

    1．"中国国际信用和风险管理大会"筹办机构（草案）

    2．"中国国际信用和风险管理大会"概要

年　月　日

联系人：×××　　电话：×××

附件1

"中国国际信用和风险管理大会"筹办机构（草案）

    主办单位：中国国际贸易促进委员会

                美国金融、信用和国际商业协会（FCIB）

    支持单位：商务部（拟邀请）

                 海关总署（拟邀请）

                 工商总局（拟邀请）

                 税务总局（拟邀请）

    承办单位：中国国际贸易促进委员会××部

    名誉主任：×××（中国商务部部长 拟邀请）

    主　任：×××（中国国际贸易促进委员会会长）

    副主任：×××（中国国际贸易促进委员会副会长）

    执行委员：×××（中国国际贸易促进委员会××部部长）

    委员：由支持单位，以及贸促会相关部门负责人组成

    秘书长：××（中国国际贸易促进委员会××副部长）

附件2

"中国国际信用和风险管理大会"概要

    会议名称：中国国际信用和风险管理大会

> 时　　间：××年10月28日~29日
>
> 地　　点：北京
>
> 主　　办：中国国际贸易促进委员会（CCPIT）
>
> 　　　　　美国金融、信用和国际商务协会（FCIB）
>
> 办会目的：学习和借鉴美国等发达国家信用体系建设的先进经验，促进我国社会信用体系建设。同时，使国外信用管理机构和相关企业及时了解我国社会信用体系建设的现状与发展趋势，增强与中国开展经贸合作的信心。帮助国内单位了解国际信用经济和信用管理发展最新动态，为中外信用管理部门、行业协会、信用中介机构和中外诚信企业提供互相交流与合作的机会，增加国际诚信企业间的经贸合作。学习和借鉴国际金融和商业信用和风险管理的先进经验，提高我国金融和商业企业的信用和风险管理水平，帮助其了解如何利用信用产品和信用服务拓展国际金融和商务活动。
>
> 主要内容：介绍国际信用和风险管理、出口相关的国家和客户风险评估、商账追收、信用交易、信用保险和跨国间金融交易等相关情况。
>
> 参会人员：信用管理机构和公司、金融机构和从事国际贸易的公司和企业的信用和风险高层管理人员。
>
> 规　　模：大会总人数为300~400人，其中由FCIB负责邀请外方演讲人和100名外方相关人员来华参会，由中国贸促会负责邀请中方演讲人和200~300国内人员参会。
>
> 外方合作单位：FCIB成立于1919年，隶属于NACM（美国全国信用管理协会，成立于1896年，是世界上历史最悠久、最具权威性的信用管理协会，现有2.8万家会员）。FCIB的宗旨在于促进国际金融、信贷和国际贸易的发展。FCIB在欧洲和加拿大分别成立了协会。目前，FCIB在全球30多个国家拥有近800家会员企业，其中多为世界知名的信贷和金融管理企业。FCIB每年都在欧亚主要城市举行国际会议和讨论会，汇集国际信贷和金融管理专家就信用和风险管理的热点问题进行讨论，并提出相应对策。经美国国务院批准，FCIB首次在中国举办此类的国际会议。因此，此次大会也将成为中外信用和风险管理业知名人士在中国的一次盛大聚会。

2. 组委会

根据已确定的组委会拟邀请人员名单来分别邀请组委会成员。要根据不同的情况来邀请相关人员。如拟邀请某个非常有声望的人士来担当组委会的名誉主任或者主任一职，那么就要通过相应的渠道发送以主办单位名义或主办单位领导名义起草的邀请函，事先最好能够通过电话或拜访的方式进行前期沟通，使其对会议的情况有个初步的了解。如果邀请其他共同主办单位或支持单位的领导担任组委会委员，一般要先征得相关单位同意作为会议的主办或支持单位，由其指定相应的人员担当组委会委员。可以在联系主办或支持单位的邀请函里提及如其同意作为会议的主办或支持单位，请指定相应人员担当组委会委员一事，请其回复时加以明确。如果邀请相关学者或咨询顾问人员担任委员，也要起草邀请函，并由专人负责与其沟通，解答有关会议组织的相关问题。

在邀请组委会相关人员的过程中，应注意以下几点：

——邀请单位或邀请人的署名是否妥当,例如邀请部委一级的人员,如果不用主办单位而用承办单位(下一级机构或公司)名义去邀请就不太妥当;

——邀请函的接收单位,在发邀请函前要了解清楚应该把邀请函发送给谁,可视具体的情况发给某单位的办公室或负责业务的具体部门或直接发给本人,总之要发对地方发对对象,以免在不必要的环节中转来转去,迟迟得不到回复;

——邀请函的发送渠道,部委之间可以通过内部渠道交换,也可视情况通过邮件、邮寄、传真或专人递送;

——保持联系人的连贯性,即指定专人负责联系邀请事宜,及时解答被邀请人提出的相关问题,并对联系进展情况心中有数,明了目前遇到了什么问题,是否有可能落实邀请;

——及时告知已确认的被邀请人会议的筹备进展情况,使其了解何时需要其参加何种活动,并提早做好日程安排。

(二)外部审批

根据相关的规定,组织大型国际会议,会议主办方需要向政府主管部门进行报批或备案,得到批准后方可开始筹备。如果是国际性会议,还需要向外交部、公安部和安全部报批和备案。各地报批和备案的要求和程序可能会有所不同。因此,首先要了解需要向哪些部门提交审批文件或报批和备案、需要提交的内容和需要的审批时间,并指定专人负责报批和备案事宜。

会议报批和备案的内容主要包括:会议举办的背景、目的、主承办单位、时间、地点、会议主要内容、规模及来访的重要贵宾的情况。并附上会议的初步日程及中外方主办单位情况简介。

进行会议报批和备案的时间要掌握恰当,应在相关主办和支持单位许可之后,向主管部门提交举办会议的报批和备案请示,在得到其批准后才能正式开展有关会议的对外联系工作。由于前期联系时间有限,因此在外部报批时可仅附上主办和支持单位的名单,其他协办单位,如媒体协办等单位可在批准后再进行联系。在请示件递送主管部门审批或备案前,首先要得到所有会签单位的同意。由于会议的内部和外部协调与报批均需要相当长的时间。因此,务必要留有充分的时间来完成会议的立项程序。

本 章 小 结

会议策划就是要确定会议的目的、主题、议题、形式和初步的日程,并确定会议的名称、时间、地点、参会人员及初步的经费预算。会议立项则包括举办会议的内部协调和立项、外部的协调和审批程序。

1. 会议目的要明确,会议主题要反映会议的举办目的,会议议题要围绕会议的主题来选定,会议的形式要有利于会议目的的实现;

2. 会议时间的选择受多种因素制约,包括行业特性、演讲人和参会人员的日程安排、相似会议和大型活动、自然季节、公众节假日、会议成本、场地需求和筹备时间等;

3. 会议举办地点的选择和确定也要综合考虑多方面因素，包括参会人员、会议设施、住宿交通是否便利等；

4. 对潜在的参会人员进行分析和评估，了解其需求，以便于设定会议内容和组织参会人员前来参会；

5. 确定会议规模时需要考虑人员、场地、经费和会议形式等诸多因素；

6. 会议的组织结构主要包括组委会、会议的主办、支持、协办和承办单位以及在组委会下设的秘书处；

7. 会议的立项程序包括内部协调及立项和外部协调及报批。

思 考 题

1. 会议策划包括哪些基本事项？
2. 如何确定会议的目的、主题、议题和形式？
3. 如何确定会议的时间、地点、人员及规模？
4. 会议的组织结构包括哪些？
5. 会议的立项程序包括哪些环节？

第二章　会议组织工作部署

> 学习目标

通过本章学习，了解如何组建会议的工作机构、选择会议承办方式、总协调人和筹备人员、制订相应的工作机制、方案及工作进程表。

> 技能掌握

——确定会议组织的工作机构

——学习如何选择会议的承办单位和人员

——掌握如何建立工作机制，如何制订工作方案，并通过工作进程表来掌握工作的进展情况

——明确筹备工作总协调人的职责及工作程序

——了解如何选择和配备会议工作人员及其管理

第一节　会议组织工作安排

一、会议组织人员安排

由会议主办单位及承办单位负责会议策划和立项的核心人员，负责组建会议的承办机构，并且落实会议筹备所需要的人员。负责筹备协调工作的人员需要具备相应的组织和协调能力。为确保会议筹备工作的顺利进行，在人员安排上要考虑其稳定性。

二、会议组织工作内容

负责选择会议的承办方式、选定总协调人、组成工作小组、选择会议筹备人员；制订会议筹备的分项工作方案和总方案；确定筹备工作进程和建立工作协调机制。

三、会议组织工作流程

第一步，承办方式：即选择具体的会议承办方式，主要包括委托承办、内部承办和联合承办；

第二步，总协调人：在确定承办方式的基础上明确会议筹备工作的总负责人；

第三步，工作小组：根据会议的具体承办方式，对筹备的工作进行分工并设立相应的工作小组，明确各小组的工作职责范围；

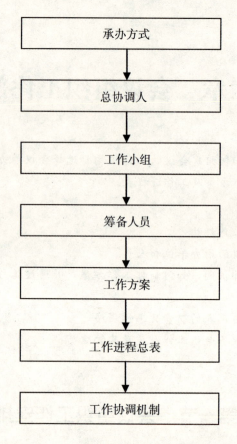

第四步，筹备人员：根据筹备工作的具体需求和进展情况确定需要的工作人员；

第五步，工作方案：由各工作小组制定分项工作方案，并在小组工作方案的基础上制定筹备工作总方案；

第六步，工作进程总表：在工作方案的基础上确定筹备工作的进程总表，并以文字或图形等方式加以表述，以便对照工作进程总表对筹备工作的进度进行核实和检查；

第七步，工作协调机制：由总协调人负责，建立会议筹备工作的检查、沟通和协调机制。

第二节　会议组织工作机构

一、承办方式

在策划好会议的基本事项和组织结构，并围绕会议进行立项和审批后，接下来要决定会议的承办方式，主要包括委托承办、内部承办和联合承办。

采取何种承办方式主要取决于会议的规模和难易程度，同时也受主办单位内部人员的能力、时间及其经费等因素的制约。

（一）委托承办

委托承办即选择相应的会议公司，通过签署委托协议，由会议公司承担会议的具体组织和筹备工作。

1. 委托承办的优劣势分析

选择会议公司承办会议的好处在于他们具有组织会议的专门经验，熟悉会议相关场地及设备供应商，已建立广泛的对外宣传及联络渠道，并且能够投入全部的时间来筹备会议，可以节省会议主办方内部人员的时间。但不利之处是会议公司可能对会议主办方的业务情况不了解，对所举办会议的目的和内容也并不太熟悉，如果不进行很好的沟通，有可能无法完全理解主办方的要求，进而不能完全实现主办方的办会目的。另外，主办方对会议公司筹备会议的情况需要进行密切地跟踪，否则有可能对整个组织筹备情况失去控制，而当最终发现问题时，已经来不及补救，并且需要支付相当多的会议组织费用。

2. 选择承办方

如果决定委托会议公司承办会议，需要多找几家进行比较，以便选择有经验、能满足主办方需求的会议公司来承办会议，可以从以下几方面来加以了解：

——与其沟通会议需求，了解其公司情况；

——了解其是否具备作为会议顾问的经验和技能，与其共同拜访一些会议设备供应商，看其能否与其进行顺畅沟通、进行有效协调；

——了解其是否具备现代化的办公设备，以保证会议筹备工作的有效进行；

——明确各自的职责，即哪些工作必须由会议公司承担，哪些工作会议公司可以委托第三方完成，并确保工作的质量；

——会议公司提供一些客户名单，通过对客户的跟踪了解其服务情况；

——观摩会议公司举办的其他类似活动，实地了解其办会能力；

——请其提供一些以往组织会议的剪辑或资料，如会议日程和资料等；

——请其报价，了解具体的服务项目和内容；对未报价项目的成本进行评估，并就其承办会议的旅费、住宿费和其他相关费用如何计算事先达成一致意见。

3. 应注意的问题

完全委托会议公司来承办会议，首先要对会议的组织费用有所明确，比如确定付给会议公司多少承办费用，并明确如果其达不到会议的预期规模或效果时该如何处置。如果需要会议公司通过商业运作来解决会议的承办费用时，也要明确其经费如何运作、相关费用如何支付、最终收益如何分配等。另外，会议承办公司往往是以会议主办方的名义开展对外宣传和联络。因此，对会议承办方如何使用会议主办方的名义事先应该有所约定和限制，以防主办方名义的滥用，并防范对主办方名誉不利的事情发生。

在选择会议承办公司时，一定要慎重挑选有能力且信得过的公司来作为会议的承办方，对其明确要求，并建立相应的工作机制，监督其筹备工作进展情况。有个别会议主办方因其

不具备筹备会议的人员和经验，便委托会议公司来承办会议，结果是会议的组织效果并未达到其预期的效果，会议主办方不仅要承担相当多的会议实际开支，且需支付会议公司大笔的会议组织费用。这对那些需要通过商业运作来解决会议经费的会议来说特别至关重要，因为一旦会议承办方没有能力筹措到会议组织所需的经费，那么会议主办方就要承担相当大的损失，如果事先未经约定，主办方只能是有苦难言了。

（二）内部承办

内部承办即由会议的主办单位内部的人员全权负责和落实会议的具体承办事宜。

1. 内部承办的优劣势分析

选择内部人员来承办会议有利有弊，其有利之处是内部人员对主办方的业务情况了解，对会议的举办目的和预期达到的目标比较明确，对内人际关系比较融洽，易于协商和沟通。此外，内部人员承办会议时，主办方比较容易掌握承办工作的进展情况，出现问题时便于及时沟通和解决。但内部人员承办会议所面临的问题主要包括缺乏会议的组织经验，对会议场地和设备等供应商不了解，对如何开展对外宣传和联络也不熟悉。另外，由于内部人员还承担其本职的工作，也许不能专门抽出来进行会议的筹备工作。

2. 选择内部筹备人员

如果决定从内部选择人员来承办会议，至关重要的是要选择具有相应能力和水平的人来承担此项任务，选择的要素主要包括：

——具备组织会议的素质，如责任心强、具有组织会议的专业知识和经验、沟通能力强、思维敏捷。如果举办国际会议时，还需要相关人员具有外语知识；

——具有良好的协调能力和团队精神；

——具有良好的组织纪律性，能够按照规章制度办事，同时有能够合理地应对突发事件的能力；

——能够承担组织会议的工作压力，能够加班加点工作；

——有足够的时间和精力来进行会议的筹备工作。

3. 应注意的问题

选择会议筹备人员不仅要看其工作态度和敬业精神，同时也要看其工作能力及时间安排。

会议筹备的内部人员如果不具备组织会议的经验，可以向有组织会议经验的人请教，或者通过查阅一些以往会议组织的资料作为参考。实际上组织会议并没有什么过于深奥的东西，只要肯用心，认真地把会议组织相关的问题考虑周全，并针对可能发生的情况和问题制定相应的对策，确保能够有条不紊地予以实施。

另外，组织会议也是一门实践性很强的学问，有时很难用语言把其表述清楚。会议组织经验丰富的人员就像一个熟练的棋手，能够一眼就看出破绽及危机所在，及时解决或采取补救措施，而缺乏会议经验的人可能就看不到即将产生的问题，结果是等问题发生了还不知道如何去应对。会议筹备人员不能只埋头于自己负责的一摊事务，不注意与其他筹备人员的沟通，有时尽管其工作方案做得很完美，但一旦实施起来就会发现有行不通或衔接不上的地方，因此要特别注意筹备人员之间的沟通与协作。

（三）联合承办

有时由于内部人员的经验、精力和时间有限，在组织国际会议或大型会议时也可以采取主要由内部人员对会议进行管理和协调，同时将一些外围性的工作内容分包给外部人员负责，例如会议设备技术保障和支持、会议相关服务，如机场接送、资料印刷、餐饮服务等。

1. 联合承办的优劣势分析

联合承办能够发挥内外双方的优势，即会议主办方明确会议目的和预期目标、内部关系易于协调，而外部承办方具有专业的服务经验和充足的筹备时间。其不利之处是协调起来的难度比较大，因为会议筹备的许多工作是相关联的，因此不仅要协调内部关系还要协调与外部的合作关系。

2. 合作方及合作方式的选择

如上所述，可以将部分工作外包给相应的公司，例如场地的设计和布置，会议设备的供应、会议资料的印刷、会议的住宿、车票、机票的订购和餐饮服务、接送机或站和参观游览等服务。其中会议场地的设计和布置可选择相应的负责会展设计和布置的公司来承担，可以将会议的相关资料，包括会议目的、内容、主承办单位等信息提交给相关公司，由其基于会议的相关资料提交设计方案并报相关费用预算。在选择时，需要通过多种渠道了解其专业能力及服务水平，可通过比较或招标方式选择合适的合作伙伴。会议设备供应商的选择也要基于其可提供的设备情况、服务水平和价格等多种因素来加以挑选，其中要特别注意其设备情况和现场技术支持的服务能力，尽管价格是必须考虑的一个因素，但设备的质量和现场的技术支持对确保会议的顺利进行更为重要。会议资料的印刷可通过对不同印刷厂能提供的印刷品的质量和价格进行比较来加以挑选，印刷品质量的好坏也在某种程度反映了会议的品位，当然选择会议资料的印刷商也要受会议经费的制约。会议的住宿和餐饮服务一般由会议的场地供应方提供，如饭店对服务商的选择与场地的挑选密不可分，可以在挑选会议场地时一并加以考虑。会议的接送机或站和参观旅游活动可以委托给相关旅行社，要挑选那些信誉良好、服务周到的旅行社。

3. 应注意的问题

内外联合承办要注意责、权、利的划分，承包方只能在其职责范围内开展活动，主办方要与承包方就所要开展的工作进行及时有效的沟通，提供相应的信息，协助其开展与相关方的联系，例如要与场地提供方协调会场布置、设备安装的时间，要与会议内容管理人员协调何时向会议资料印刷方提供所需印刷的资料，以确保其有充足的时间进行印刷。另外，需要向负责机场接送和安排参观游览的人员提供参会人员抵离的飞机、火车等时刻表及入驻酒店信息及其参观旅游要求等，有时为便于沟通也可由参会代表直接与旅行社联系参观旅游相关事宜。

二、总协调人

在策划、筹备和实地组织会议时，不管会议规模大小，总要由一个人对会议负全责，我们称其为会议的总协调人。一般而言总协调人由会议组委会中的秘书长担任。

（一）职责

总协调人负有如下责任：

——督导协调：负责对会议从策划、筹备到现场实施方方面面的工作进行督导和协调；总协调人可以通过召集筹备会议或定期报告的方式对各小组工作进行协调，并及时向组委会汇报和沟通相关进展情况及协调解决相关问题；

——审核批准：负责审核各小组的工作方案，并在其基础上审核会议筹备工作总进程表、会议工作手册并对其实施负全责；

——全权负责：总协调人可以将会议的相关筹办工作交给各小组负责实施，但其不仅要督导工作进程，对筹备工作进行时间控制，并且要对实施的结果负总责；

——成本控制：在核定的预算和时间内开展工作，负责审批会议筹备相关经费的预算和支出；

——总结评估：对会议成果进行总结和评估，检查会议文件的资料归档，对相关协作单位表示感谢，褒奖会议筹备人员。

（二）工作流程

为了有效协调会议的筹备和实施，会议总协调人可以按照下述步骤开展工作：

第一步：建立资料档案，分门别类地收集会议筹备工作的相关信息，主要包括筹备工作流程图、会议情况（时间、地点、目的、主题等）、会议筹备人员名单及联络方式、每个筹备环节的情况，包括各个环节的工作流程表、主要来往函电、合同、工作进展情况小结等，这些资料不仅有利于总协调人了解会议筹备的进展情况，也有利于会后的评估和总结；

第二步：落实各小组会议筹备负责人，明确各小组的分工，由各小组按其分工制订各自的工作方案，并明确各项工作完成的时间和具体负责人员；关键岗位人员最好自始至终参与筹备工作，不要中途轻易换人；

第三步：在各分项工作方案的基础上核定筹备工作总进程表，列明具体的工作内容、完成时间、相关负责人及完成情况；依据筹备工作总进程表督促、检查各项工作的筹备落实情况；

第四步：定期和/或不定期召开筹备会议，了解和沟通各小组筹备工作情况，协调各小组间的工作及其进度；

第五步：制定现场工作方案，责成各小组对相关工作人员和志愿人员进行培训；

第六步：作为现场总指挥，协调会议的现场组织工作，会议期间组织碰头会，总结当天情况，协调第二天相关活动；

第七步：做好会后评估和总结工作，给相关方及时反馈会议情况。

（三）前期工作方案审核表

作为会议总协调人，首先要使各小组对其需要完成的各项工作做到心中有数，并由各小组围绕不同的工作内容制定较为详尽的分项工作方案。工作方案中包括需要完成的工作内容、实施步骤、工作进度安排及负责人。会议总协调人可通过使用表格来检核各小组的工作方案制定情况。

在各分项工作方案的基础上，会议总协调人制定筹备工作总方案及总进程表，以随时掌握各项工作的进展情况。

（四）应注意的问题

作为会议的总协调人，应切记自己是个指挥官，是要对全局负责的人，因此要把主要的精力放在会议的统筹规划、总体协调和监督各项筹备工作的进展情况上，不要把自己陷在具体的筹备事务中。

要完成各项筹备工作，首先要选择好各小组负责人，由小组负责人选择相应的筹备人员，独立承担其应该承担的筹备工作。为便于筹备工作的连贯性，无特殊情况最好不要轻易更换筹备人员，特别是关键岗位的筹备人员。

作为总协调人不要对各小组负责的具体事务管得过细，而要注意发现各小组间协调不一致的地方或者小组工作中未考虑到的关键性问题，及时提请其注意并找出相应的解决办法。

总协调人最为重要的作用是要起到极好的协调作用。总协调人要像钢琴演奏家一样，学会用十个手指头把相应的键弹好，使整个乐队奏出和谐优美的曲目来。也就是说要在各个层面营造出和谐的协作关系，使参与会议筹备的各方人员能够配合默契，协调共进。

总协调人可以要求各小组制订工作方案，明确其需要完成的工作及时间安排，通过工作进程表的方式来检查其筹备工作落实情况，召开筹备会议听取各小组在筹备工作中所面临的问题，协调各小组的工作进度和需要互相配合才能解决的问题。总协调人就像个棋手，能够在下棋时眼观全局，及时发现所面临的危局及可能带来的不利局面，及时调整布局，从而赢得最终的胜利。

三、工作组

如果采取内部承办的方式，可以根据会议筹备的实际情况需要设立工作组，负责筹备各方面工作的开展。如设立管理组、服务组、接待组、推广注册组、新闻组、礼宾组、财务组和安保组等。

如果采取联合承办方式，可以将会议筹备的部分工作（非核心业务）外包，例如，将会议代表的招募工作交给专门的会议公司来做，现场注册和发资料等也由其负责，将火车票、机票订购、参观、游览等活动交给旅行社安排，将会议设备等交由会场提供方（酒店等）负责，而会议主办方主要负责会议的策划以及会议日程和相关活动的管理、会议贵宾及演讲人

的邀请等事宜，以节省人力、提高工作效率。在这种模式下，会议主办方只需指定某方面工作的负责人员，由外包承接方负责具体筹备工作的完成。

如果会议规模不大或者人员有限，也可以指定专人负责某项筹备工作，而不必设立工作组。例如，由一个人负责会议的策划、演讲人的邀请等工作，另一人负责会议代表的组织和后勤保障等工作。

（一）管理组

作为秘书长或秘书处的助手，具体负责：

——协调各组工作的配合；

——制定与会议筹备工作相关的规章制度，负责档案管理；

——组织制定筹备工作进度表，了解并督促各组工作进展情况；

——制定现场工作手册；

——负责文件的流转、收发、事务通知和督办、会议记录、公文、剪报等；

——负责收集、筹备与工作有关的信息并及时向秘书处、组委会领导及各组人员通报；

——工作人员配备、管理及培训；

——提出会议议程、活动计划及筹备工作总体规划；

——拟定与会代表注册费、赞助商待遇和收费标准、代表待遇等，并负责审核赞助商资格；

——起草、报批会议文件，起草相关领导讲话稿，并准备相关背景资料；

——编辑会议筹备期间的工作文件、宣传资料及会议期间发放给与会代表的各种文件和资料；

——联系政府相关部门领导人、国内外演讲人等参会事宜；

——管理每场会议，记录每场会议的发言要点，会后起草会议纪要；

——前期规划会场相关的场地用途；

——协调与会议设备供应商的现场配合；

——同传议员现场管理。

（二）服务组

服务组主要负责会议的后勤保障相关事宜，主要包括：

——洽谈落实会议场地并对各相关场地的使用进行管理；

——负责相关设备（会议设备、网络设备和办公设备）的租赁；

——负责会议相关场地的设计、布置和设施配备，提供并管理必要的技术人员以保障所有设施和设备的正常使用；

——落实和保障会议餐饮服务；

——负责会议资料和文件的印制，管理会议资料台、赞助商台；

——设计和制作会议所需的资料袋、请柬、桌签及其他相关物品及礼品等；

——资料装袋；

——提出或解决工作人员和志愿人员的着装要求；

——会场引导；

——为与会人员及工作人员安排住房，提供后勤保障。

（三）推广注册组

推广注册组在会议筹备前期负责会议代表和赞助商的组织和招募工作，包括与会议代表的前期联系，在会议现场负责会议代表和赞助商的注册、现场咨询和服务工作。

——散发会议宣传品；

——筹划会议销售活动，通过合作组织、参加国际会议等渠道向国内外商界宣传会议，组织与会代表；

——招揽赞助商和会刊广告；

——接受代表报名并发出确认邀请；

——提供制作与会代表、随从、贵宾及工作人员的数据；

——现场注册并发放证件及会前准备好的资料；

——赞助商接待；

——会议期间如需将有关事项通知或发放到与会代表，则负责通知和发放；

——会议期间设咨询台，回答与会代表、随从有关会议安排和后勤安排的询问。

（四）接待组

负责会议相关人员的接送和采购游览等事宜：

——中外嘉宾、与会代表（包括其配偶及随从）及工作人员的机场与饭店的接待及交通；

——安排会议代表、代表配偶或随行人员的参观旅游活动；

——安排饭店与活动场地间的接送。

（五）新闻组

新闻组负责会议的前期和现场对外宣传工作：

——策划会前及会间通过报纸杂志、广播电视、网站等多种渠道的宣传、报道活动；

——管理、联络采访会议的媒体人员；安排媒体人员的采访、报道活动；

——准备和提供新闻素材；

——会议及各场活动的摄影、摄像；

——编写会议快讯或简报等。

（六）礼宾组

礼宾组主要负责领导人及贵宾的接待事宜及会议活动的安排：

——负责贵宾的礼宾安排，包括确定其抵离时间、路线、迎送人员及方式、礼仪引导、座次安排、随行人员安排、发放其证件和资料等；

——安排领导人会见等有关事宜（包括翻译）；

——安排午宴、晚宴及文艺演出的座次；

——对晚宴、招待会、午宴场地的布置、菜单、服务风格等提出要求，并与会议服务组及饭店具体落实；

——安排专场文体活动及宴间助兴活动。

（七）财务组

财务组负责会议的预决算和收支等相关事宜：

——负责管理会议收支；

——监督预算的执行。

（八）安保组

安保组负责会议相关的安全和交通保障事宜：

——负责与相关安保部门联系落实会议相关的安全保障工作；

——协调会议及其活动期间的安全保卫工作事宜；

——负责与有关部门落实与会代表、工作人员的急救保障工作；

——负责会议安全工作、交通保障等。

四、筹备人员

（一）人员范围

会议筹备人员主要指负责会议前期筹备的主要工作人员，不包括筹备工作中的辅助人员，如负责会议场地布置、设备技术服务、翻译和餐饮服务等相关人员。

可按照前面介绍的各工作组的分工，由各小组确定所需要的工作人员的人数及其职责，由会议筹备委员会的秘书处或会议管理组负责会议筹备人员的调配。

可以根据会议组织和筹备的主要工作方面来确定机构的设置和人员的调配。就会议组织的主要组成部分而言，需要有组委会来全面协调会议的组织工作、会议内容和日程策划、社交活动安排、演讲人和贵宾邀请、会议代表和赞助商招募、对外宣传、后勤保障、财务管理和安全保卫等相关人员。

（二）人员配备

对筹备人员的选择要求前面已经提及，对所需要的筹备人员的配备可以根据工作的需要和筹备进度逐步配备到位。

根据会议筹备阶段的不同，需要的人员数目也不同。通常在会议策划立项阶段，主要需要的是会议策划人员。而在会议对外宣传推广阶段，则需要增加会议宣传和推广人员。而在会期临近或现场时才需要配备比较多的负责礼宾接待和安全保卫的人员。

因此要根据会议筹备阶段的不同需求，确定对会议筹备人员的具体需求，然后通过相应的渠道选择会议的筹备人员和辅助人员。（见2.2.1案例）

2.2.1　案例

中国国际信用和风险管理大会会议工作人员配备方案

一、实施时间　5月～11月

二、工作人员规划

工作人员包括筹备会议人员及辅助工作人员

会议筹备人员××名拟从主办单位中抽调，要求有责任心和团队精神，有一定的会议组织经验及相应的沟通能力，并懂英文和计算机

辅助工作人员主要包括：

技术人员××名：由场地和设备供应商提供

餐饮服务人员××名：由酒店配备

接待人员×名：由接待公司提供

同传翻译×名：通过翻译公司联系外聘人员

志愿人员××名：通过××大学联系，要求懂英文和计算机

三、实施步骤

1）5月底落实会议组织机构，划分工作小组，并确定各小组负责人，请各组报所需工作人员要求及人数

2）6月底前配备各小组筹备主要工作人员，开展相应的筹备工作

3）6月底前落实同传翻译人员，并与其签订合作协议

4）7～10月间视工作进展情况及人员需求补充各小组人员

5）8月～9月联系志愿人员

6）7月底前落实会场设计和布置公司，并由其派人届时负责完成会场布置

7）7月底前落实会议设备供应商，并由其派人届时负责提供现场技术支持；但主办方需派专人负责协调视频资料现场播放相关事宜

8）7月底与相关酒店签订会议场地租赁及餐饮服务协定，由酒店方指定人员与主办方协商相关服务事宜，并届时派人负责提供现场的餐饮服务

9）11月20日前完成现场工作方案和手册的制定，落实现场工作人员

10）12月2日前由各组分别完成对工作人员的培训

11）12月2日前编写现场技术支持工作手册，由会议组织相关人员与技术人员就现场配合问题进行沟通，必要时进行彩排和演练

四、负责人　×××

五、协助　各组

（三）工作流程

1. 确定会议筹备人员的数目

根据选择的承办方式来确定需要的筹备人员的数目。如果主要由会议主办单位来组织和承办会议的话，需要的内部筹备人员就要多一些。如果由主办单位主办，但另有其他单位来承办会议的话，需要的内部筹备人员就会相应少一些。如果将会议的具体承办工作全部交给会议公司来负责，主办方只要指定一个内部人员负责对外联系，把会议的要求明确，并负责随时检查会议公司的筹备工作进展情况。

另外，有些工作在前期筹备时主要由内部工作人员或会议公司的人员来承担，而到会议现场则可以请志愿人员来承担，例如会议的注册、接待、现场的辅助工作（传递话筒、发资料等），而有些工作可以由同一组人员负责，例如前期负责会议代表组织的人员，在现场可以负责会议代表的注册，之后可以负责会议期间的咨询工作。

2. 明确筹备人员的职责

对每一个筹备人员都要明确其工作的职责，并加以细化，使其确切地了解在会议筹备期间及会议期间所要担负的具体工作，由其制定相应的工作方案和工作进程表，同时提出完成此工作是否需要辅助人员，需要的数量及具体承担的工作。

3. 筹备人员相关费用的考虑

使用内部筹备人员时，主要考虑其在筹备会议期间的通信及劳务费用。会议公司及其他承办方的人员费用由主办方与其协商解决。通常来说，会议公司会告知承办会议，如场地、设备、餐饮、对外宣传、接待等需要多少费用，并将其人员的劳务费包括在各项活动的报价中。

4. 筹备人员的选择标准

除前面提到的对筹备人员的一般选择标准外，对承担不同筹备工作的人员要求的标准会有所差异，例如，对负责场地布置的人员，最好能够具备设计和施工的相关知识。负责设备的人员，对会议设备的基本需求有所了解。负责媒体宣传人员，具有进行新闻报道或对外宣联的基础经验。

5. 筹备人员选择渠道

筹备人员可以从会议的主办单位中选拔，也可以从会议的承办单位或其他合作单位中选择。

6. 需向筹备人员提供的资料

应向筹备人员提供会议的基本资料，并且告知其需要承担的具体工作及其要求，为其提供筹备机构的组织结构图及相关人员的联系方式。

第三节　会议组织工作方案

工作方案分为总方案和分项方案两部分，其中总方案是筹备工作的核心指导性方案，分项方案则是针对会议筹备某项工作而制订的具体实施方案。（见2.3.1样表）

2.3.1样表　　　　　　　　　**小组前期工作方案检核表**

工作内容	前期工作方案	组别	提交时间	审核人
策划立项	组委会	管理组		
	组织机构	管理组		
	会议报批和备案	管理组		
工作部署	工作总方案及进程表	管理组		
会议与活动	会议日程	管理组		
	会议活动	管理组 礼宾组		
	文体活动	管理组 礼宾组		
场地	场地规划、预订及布置	服务组		
设备	设备租赁及保障	服务组		
宣传	宣传推广	宣传组		
人员组织	贵宾、嘉宾邀请	管理组		
	发言人员邀请	管理组		
	参会人员组织	推广注册组		
	代理商	推广注册组		
	工作人员配备	管理组		
	工作手册及人员培训	管理组		
资料及用品	会议资料	服务组		
	会议用品	服务组		
后勤	住宿安排	服务组		
	餐饮安排	服务组		
	交通安排	接待组		
	参观游览	接待组		

续表

工作内容	前期工作方案	组别	提交时间	审核人
礼宾	礼宾接待	礼宾组		
安全	安全保障	安保组		
财务	会议预算	财务组		
	财务管理	财务组		
	赞助商招募	管理组 推广注册组		

一、总方案

总方案是在分项方案的基础上将会议的相关信息汇总而制定的具有对整个会议筹备工作具有指导意义的方案，其主要内容包括：

——会议名称、时间、地点、规模；

——组织机构：主办、支持、协办和承办单位；

——组委会构成：主任、常务副主任、副主任、执行委员或委员、秘书长、副秘书长；

——会议背景；

——会议目的和主题；

——会议组织工作机构：秘书处、工作组、负责人及小组工作职责；

——大会形式及日程安排：如大会拟采取开幕式、全体会和平行研讨会（或分组会议）相结合的方式，并安排一次欢迎晚宴、两场午宴；

——拟邀演讲嘉宾和演讲人：单位名称、拟邀请人员姓名、职务、民族等；

——拟邀参会贵宾、嘉宾：姓名、职务民族等；

——拟邀参会代表：范围、人数及目标群体；

——媒体邀请与宣传策划：如拟通过举办新闻发布会、建立并更新大会网站、与报纸、杂志、电台、电视台、门户网站等的合作，开展对外宣传推广；

——大会预算：简单说明会议的经费来源及支出项目；

——合作各方职责：简单列明各联合主办单位、支持、协办单位的相关职责；

——筹备工作进程安排：简明扼要介绍会议筹备主要工作的进程安排。（见 2.3.1 案例）

2.3.1 案例

中国国际信用和风险管理大会工作方案（草案）

一、会议名称、举办时间、地点及主承办单位

会议名称：中国国际信用和风险管理大会

会议时间：××年 12 月 7 日～9 日

会议地点：上海

主办单位：中国国际贸易促进委员会

美国金融、信用和国际商业协会（FCIB）

上海市人民政府

支持单位：（拟邀请）

商务部

国家发展和改革委员会

海关总署

国家工商总局

国家税务总局

协办单位：（拟邀请）

××工作委员会

××研究院

承办单位：中国国际贸易促进委员会××部

会议规模：400～500 人，其中外方代表约 100 人

二、会议背景

市场经济的发展以信用关系的日益透明和不断扩大为基础。加快建立有中国特色并与国际接轨的信用体系，有利于统一、开放、竞争、有序的市场体系的形成，优化我国的投资和贸易环境，降低社会交易成本，有效防范包括金融风险在内的各类交易风险，扩大对外开放和信用交易规模。目前，国家有关部门和企业对信用担保、信用评级、信用标准、信用立法、信用公示、信用公平和信用监管等一系列问题十分关注，迫切需要学习和借鉴西方发达国家在信用风险管理方面的先进经验、技术和操作方式。

在此背景下，中国贸促会与世界上最具权威的信用管理机构－美国金融、信用和国际商业协会（FCIB）合作，于××年 10 月 27～29 日在北京成功举办了"第一届中国国际信用和风险管理大会"。大会得到了中国贸促会领导与美国 FCIB 高层的重视，也得到了商务部、海关总署、国家工商总局和国家税务总局等单位以及美国财政部的支持。中国贸促会万季飞会长等会领导和美国 FCIB 协会柏为联主席、嘉里逊总裁及其上级机构美国信用管理协会（NACM）会长华莱士·库克等出席了大会相关活动并致辞。应主

办方的邀请，商务部张志刚副部长、海关总署盛光祖副署长、国家开发银行陈元行长、美国财政部长对华财经大使保罗·斯佩尔兹先生、北京大学中国经济研究中心林毅夫主任等二十多位国内外信用风险管理的专家到会演讲，受到与会中外代表的关注和好评。大会参会人员超过了 400 人，其中包括来自欧美、东南亚、日本、韩国等 8 个国家和地区的约 100 名代表。根据会后的反馈调查显示，50％的参会代表认为本次大会非常精彩，100％的人认为对其日常业务有帮助，64.3％的人表示今后有兴趣参加这样的信用风险管理大会或研讨会。此外，参会代表还希望贸促会能够继续举办国际信用管理大会，并通过这一交流平台了解信用风险管理的具体措施、制度和流程、信用评级模型、针对不同行业进行信用风险管理的具体分析和应对方案、规避风险的手段、中国社会信用体系建设的具体目标和进程表等内容。有鉴于此，中国贸促会拟与美国 FCIB 合作于 2005 年 12 月初在上海举办"第二届中国国际信用和风险管理大会"。

三、会议目的

通过举办"第二届信用大会"，旨在达到以下目的：

1. 进一步学习和借鉴西方发达国家信用体系建设的先进经验，同时使国外信用管理机构和相关企业及时了解我国社会信用体系建设的现状与发展趋势，增强与中国进行经贸合作的信心。

2. 在"第一届信用大会"的基础上，根据听众的反馈意见调整和深化演讲内容，使其更有针对性和实用性，以提高我国金融、保险和商业企业的信用风险管理水平；

3. 了解国际信用经济和信用管理发展的最新动态，为中外信用管理部门、行业协会、信用中介机构和中外诚信企业提供互相交流与合作的机会，增加国际诚信企业间的经贸合作。

四、组织机构

组委会

名誉主任：待　定

主　　任：×××（中国国际贸易促进委员会会长）

常务副主任：××（中国国际贸易促进委员会副会长）

副 主 任：×××（中国国际贸易促进委员会秘书长）

　　　　　待　定（上海市人民政府）

执行委员：×××（中国国际贸易促进委员会经济信息部部长）

委　　员：由以下单位和部门领导担任：

　　　　国家发展和改革委员会

　　　　全国整顿和规范市场经济秩序领导小组办公室

　　　　海关总署调查局

　　　　国家税务总局税收征管司

　　　　国家工商总局企业注册局

　　　　中国国际贸易促进委员会办公室

中国国际贸易促进委员会国际联络部

中国国际贸易促进委员会会务部

中国国际贸易促进委员会资产监督管理委员会财务部中国国际贸易促进委员会机关服务中心

中国国际贸易促进委员会宣传出版中心

秘 书 长：××（中国国际贸易促进委员会××部长）

副秘书长：××（中国国际贸易促进委员会××处长）

工作组

1. 管理组

　　负 责 人：×××

　　内　　容：1）规划并落实工作方案、实施方案、筹备工作进度表

　　　　　　　2）各组之间的工作协调

　　　　　　　3）设计大会的日程和内容，邀请中方演讲人、参会嘉宾和贵宾

　　　　　　　4）邀请大会支持单位和组委会委员

　　　　　　　5）复核赞助商待遇和赞助商资格、协办单位、承办单位资格

　　　　　　　6）编辑大会相关资料

　　　　　　　7）召集筹备会议，编写会议纪要并向相关人员通报

　　　　　　　8）大会现场的管理、协调

2. 宣传组

　　负 责 人：×××

　　内　　容：1）对大会进行宣传、推介，组织落实新闻发布和媒体采访

　　　　　　　2）大会网站的构建及中英文内容的更新

3. 招商会务组

　　负 责 人：×××

　　内　　容：1）起草落实赞助商招募和保障条款，招募赞助商并进行资格初核

　　　　　　　2）起草大会预算方案

　　　　　　　3）大会场地和相关设备的租赁及会场布置

　　　　　　　4）招募参会代表

　　　　　　　5）相关证件和资料的制作

　　　　　　　6）大会会场的后勤和服务保障

　　　　　　　7）资料台、赞助商台、咨询台的管理

　　　　　　　8）嘉宾和参会人员的注册、接待、引导

　　　　　　　9）参会代表及其配偶、随行人员的机场接送和旅游安排

4. 礼宾组

　　负责人：××

　　内　容：1）负责贵宾礼宾安排，制作其活动日程安排和前期联络协调工作

　　　　　　2）贵宾的现场注册、接待、引导

　　　　　　3）排定宴会的礼宾顺序

　　　　　　4）安排领导人会见等相关事宜

5. 安保组

　　负责人：×××

　　内　容：1）大会及相关活动期间的安全保障和交通保障工作

　　　　　　2）与有关部门负责落实参会代表、工作人员的急救保障工作

6. 财务组

　　负责人：××

　　内　容：1）管理大会收支

　　　　　　2）监督预算的执行

五、大会形式及日程安排

大会形式

　　大会拟采取开幕式、主题大会、商业信用风险管理、金融信用风险管理、国际贸易信用风险管理 3 个研讨会分会场（含现场提问）相结合的方式，并安排一次欢迎晚宴。拟请会领导出席大会相关活动并致辞（请示另报）

初步日程

12 月 7 日

　　全天：注册

　　晚上：欢迎晚宴

12 月 8 日

上午

开幕式

　　——拟请致辞人：1 位国家领导人、1 位会领导、FCIB 协会总裁

主题大会：信用信息体系建设

　　1）中国的信用信息体系建设

　　　　——中国信用信息体系建设的情况？建设过程中出现的问题和解决方法？信用信息体系建设的目标？目前有哪些可供企业利用的信用信息渠道？

　　　　——拟请演讲人：中国商务部领导或国家发改委领导

　　2）欧洲信用信息体系建设

　　　　——欧洲信用信息体系建设的情况？建设过程中曾出现的问题以及解决方法？企业可从哪些渠道获取信用信息？对中国信用信息体系建设的建议？

　　　　——拟请演讲人：欧洲相关政府部门领导

茶歇

主题大会（续）

3）中国信用信息行业情况

——中国信用信息行业的发展过程和现状？中国的相关信用信息行业组织或社团的现状？如何加强中国信用信息行业与国际的合作？

——拟请演讲人：1位中国专家

4）美国行业信用信息交流情况

——美国行业信用信息交流现状？如何加强行业内的信用信息交流？有无行业信用信息交流机制或相关的协会？这些机制的运作模式？这些协会的运作机制？对中国建立类似的信用信息交流机制的建议？

——拟请演讲人：1位美国专家

下午

研讨会分会场 A、企业信用风险管理研讨会

主题、企业信用风险管理部门

1）企业信用风险管理部门的建立和工作流程

——建立企业信用风险管理部门的重要性；该部门的职责；该部门的工作流程；建立该部门的基本要素和资源配置；如何加强信用管理部门和销售部门之间的整合协作？案例分析。

——拟请演讲人：1位专家

茶歇

2）信用经理的作用

——信用经理在信用风险管理部门中的职责？在客户资信调查和管理方面的具体作用？在应收账管理方面的具体作用？在商账追收方面的具体作用？案例分析。××年美国信用管理协会（NACM）信用经理调查情况

——拟请演讲人：1位美国 NACM 协会专家

3）信用风险的外源化管理

——信用风险的外源化管理的含义？运作模式？适用的企业类型和规模？

——拟请演讲人：1位专家

研讨会分会场 B、国际贸易信用风险管理研讨会

主题：国家贸易信用风险及其管理

——国际信贷与国内信贷的区别；卖方关心的主要问题；信贷管理的核心内容；信贷与国际法；信用保险；支付方式和单据；卖方需考虑的买方商业信用风险和国别风险

——拟请演讲人：1位专家

茶歇

主题：国别信用风险管理

1）美国、加拿大的信用状况

——美国、加拿大的宏观经济指标；商业环境；信用环境；信用信息渠道；使用信用信息的便利程度；商账追收的方式；商账追收过程中可能遇到的障碍和解决方法。案例分析

——拟请演讲人：1位专家

2）东南亚主要国家的信用状况

——东南亚主要国家的宏观经济指标；商业环境；信用环境；信用信息渠道；使用信用信息的便利程度；商账追收的方式；商账追收过程中可能遇到的障碍和解决方法。案例分析。

拟请演讲人：1位专家

研讨会分会场 C、金融信用风险管理研讨会

主题：银行信贷风险内控体系管理

1）外国银行的信贷风险内控体系

——外国银行的信贷风险内控体系的模式；运行机制；对中国银行信贷风险内控体系建设的建议？案例分析

——拟请演讲人：1位外国的银行专家

2）中国银行的信贷风险内控体系

——中国的银行的信贷风险内控体系的建设现状；运行模式和机制；案例分析。

——拟请演讲人：1位中国的银行专家

茶歇

主题：信贷政策的制订和信贷控制系统

1）外国银行的信贷政策制定和控制系统

——外国银行制定信贷政策的依据；如何加强信贷控制系统？案例分析。

——拟请演讲人：1位外国的银行专家

2）中国银行的信贷政策制定和控制系统

——中国的银行制定信贷政策的依据；中国的银行如何加强信贷控制系统；案例分析。

——拟请演讲人：1位中国的银行专家

12 月 9 日

上午

研讨会分会场 A、企业信用风险管理研讨会（续）

主题、客户资信调查和评估

1）客户资信调查和管理

——客户资信调查的方式和渠道；如何综合利用调查结果建立客户档案；如何对档案进行动态化管理；案例分析

　　　　——拟请演讲人：1 位专家

　　2）对客户的信用风险评估

　　　　——如何通过分析客户的财务信息对客户进行财务评估？如何对客户进行信用评级？两种方式的优劣势？案例分析

　　　　——拟请演讲人：1 位专家

茶歇

　　3）在信用风险评估的基础上制定企业的信用政策

　　　　——如何制定合理的信用政策？如何根据客户的财务信息和信用信息确定信用额度？如何谨慎处理新客户的订单和老客户的订单？案例分析

　　　　——拟请演讲人：1 位公司信贷管理经理

研讨会分会场 B、国际贸易信用风险管理研讨会（续）

　　1）IT 产品的信用风险管理

　　　　——IT 产品的国际贸易存在的信用风险；引起风险的原因；如何管理这些风险；案例分析

　　　　——拟请演讲人：1 位 IT 业专家

　　2）纺织品或电子产品的信用风险管理

　　　　——纺织品或电子产品的国际贸易存在的信用风险；引起风险的原因；如何管理这些风险；案例分析

　　　　——拟请演讲人：1 位纺织品或电子产品行业专家

茶歇

　　3）正确处理买方的合理扣款问题

　　　　——买方合理扣款的表现；出现买方合理扣款的原因；卖方如何正确处理买方的合理扣款问题；案例风险

　　　　——拟请演讲人：1 位专家

研讨会分会场 C、金融信用风险管理研讨会（续）

主题：新巴赛尔协议和银行业实施新巴赛尔协议

　　1）新巴赛尔协议

　　　　——新巴赛尔协议的内容

　　　　——拟请演讲人：1 位专家

　　2）外国银行业实施巴赛尔协议

　　　　——外国银行实施新巴赛尔协议的情况介绍

　　　　——拟请演讲人：1 位外国的银行专家

茶歇

　　3）中国银行业实施巴赛尔协议

　　　　——中国的银行实施新巴赛尔协议的情况介绍；实施过程中可向外国银行借鉴的地方

　　　　——拟请演讲人：1位中国的银行专家

下午

研讨会分会场 A、企业信用风险管理研讨会（续）

主题、应收账管理和商账追收

　　1）应收账管理

　　　　——西方企业的应收账管理模式；中国企业在应收账管理方面的不足之处；对提高中国企业应收账管理水平的建议

　　　　——拟请演讲人：1位专家

　　2）商账追收

　　　　——商账追收与应收账管理的区别；商账追收的方式；商账追收的步骤；商账追收的4大优势；中外商账追收的不同点；对中国企业在商账追收技巧上的建议

　　　　——拟请演讲人：1位专家

茶歇

　　3）对倒闭破产公司的商账追收

　　　　——如果债务人公司不再营业，能否追收欠款？如果债务人公司已经倒闭破产，能否追收欠款？如何追收？如果债务人公司已将原公司资产转移到新开设的公司，能否追收欠款？如何追收？案例分析

　　　　——拟请演讲人：1位专家

　　4）运用中国法律，解决贸易商业纠纷

　　　　——在中国解决贸易商业纠纷的适用法律；解决纠纷的形式；如何委托代理人？如何选择诉讼地？其他注意事项；案例分析

　　　　——拟请演讲人：1位中国法律专家

研讨会分会场 B、国际贸易信用风险管理研讨会（续）

主题：国际贸易避险工具

　　1）银行提供的国际贸易避险工具

　　　　——银行提供的国际贸易避险工具种类；避险工具的原理和优势；如何利用这些工具；案例分析

　　　　——拟请演讲人：1～2位银行专家

　　2）担保公司提供的国际贸易避险工具

　　　　——担保公司提供的国际贸易避险工具种类；避险工具的原理和优势；如何利

用这些工具；案例分析

　　　　拟请演讲人：1～2位担保公司专家

茶歇

　　3）保险公司提供的国际贸易避险工具

　　　　——保险公司提供的国际贸易避险工具种类；避险工具的原理和优势；如何利用这些工具？案例分析

　　　　——拟请演讲人：1～2位保险公司专家

研讨会分会场C、金融信用风险管理研讨会（续）

主题：银行信用风险管理

　　1）外国银行的信用风险管理

　　　　——外国银行信用风险管理的现状；机制；工作流程；出现问题后的补救措施；对中国的银行的信用风险管理的建议；案例分析

　　　　——拟请演讲人：1位外国的银行专家

　　茶歇

　　2）中国银行的信用风险管理

　　　　——中国的银行的信用风险管理现状；工作机制；工作流程；出现问题后的补救措施；案例分析

　　　　拟请演讲人：1位中国的银行专家

六、拟邀演讲贵宾和演讲人

　　一位国家领导人

　　中国国际贸易促进委员会会长

　　美国金融、信用和国际商业协会（FCIB）总裁

　　美国金融、信用和国际商业协会（FCIB）主席

　　美国信用管理协会（NACM）会长

　　中国商务部领导或发改委领导

　　欧洲或美国政府相关部门官员

　　国际贸易信用风险防范和管理专家

　　银行、保险公司和担保公司中主管信用风险防范工具的部门负责人

　　中国知名企业的信用风险管理部门负责人

　　国际知名企业的信用风险管理部门负责人

七、拟邀参会嘉宾

　　中外政府机构中的信用主管高层

　　国际信用风险管理专家

　　中国政府相关部门领导

　　支持单位、协办单位领导

　　各级政府信用管理部门和行业协会领导

八、拟邀会议代表

　　FCIB 协会会员

　　贸促会会员企业

　　中外银行、保险业、担保业的信用风险管理人员

　　中外企业（特别是国际贸易企业、出口型企业）的信用风险管理人员

　　征信机构代表

　　信用风险管理相关的商协会代表

　　各级政府部门中的信用管理人员

　　研究机构的信用管理专家

九、媒体邀请与宣传策划（宣传方案另报）

　　拟通过举办新闻发布会、建立并更新大会网站、与报纸、杂志、电台、电视台、门户网站等的合作，开展对外宣传。希望得到我会办公室新闻处的支持

十、大会预算

　　本次大会以商业运作为主，会内拨款为辅。会内拨款部分由××部监管，商业运作部分由×××部监管

1. 收入预测

　　1）会议注册费　　　　　　　　　　　　×××元／人×300 人＝×××万元

　　2）赞助费、广告费　　　　　　　　　　　××万元（赞助方案另报）

　　总计：　　　　　　　　　　　　　　　　×××万元

2. 支出预算

　　1）场地租赁费　　　　　　　　　　　　　　　　　××万元

　　　　（大会场地、现场秘书处办公室、现场贵宾室、机场贵宾室）

　　2）设备租赁和场地布置费　　　　　　　　　　　××万元

　　（灯光、同传、音频、视频、录像、现场办公设备、背板等）

　　3）新闻发布会（北京、上海）　　　　　　　　　×万元

　　4）中方演讲人、贵宾、嘉宾费用　　　　　　　　××万元

　　　　（礼品费、差旅费、接待费）

　　5）工作人员差旅费、通讯费　　　　　　　　　　××万元

　　6）大会资料的设计、印刷费　　　　　　　　　　×万元

　　　　（宣传册、会刊、专刊等）

　　7）大会相关物品的设计、制作费　　　　　　　　×万元

　　　　（资料袋、文件夹、邀请函、胸卡等）

　　8）翻译费（笔译、同传）　　　　　　　　　　　×万元

　　9）宣传广告费　　　　　　　　　　　　　　　　××万元

　　　　（记者劳务费、广告投放、网站）

　　10）推广代理费　　　　　　　　　　　　　　　××万元

（11）参会人员餐饮费　　　　　　　　　　　　　　　××万元

    （1次欢迎晚宴、4次茶歇、2次自助午餐）

  12）演讲人演讲费　　　　　　　　　　　　　　　　××万元

  13）外方演讲人和贵宾费用　　　　　　　　　　　　××万元

    （礼品费、差旅费、接待费）

  14）工作人员费用　　　　　　　　　　　　　　　　×万元

    （劳务费、志愿者费用、速记人员费用）

  15）后期影音资料录制翻录费　　　　　　　　　　　×万元

  16）安保费　　　　　　　　　　　　　　　　　　　×万元

  17）不可预见的费用　　　　　　　　　　　　　　　×万元

  18）代交个人所得税20%　　　　　　　　　　　　　×万元

    小计　　　　　　　　　　　　　　　　　　　×××万元

  营业税（税率：5.5%）　　　　　　　　　　　　　×万元

  营业所得税（税率：33%）　　　　　　　　　　　　×万元

    总计：　　　　　　　　　　　　　　　　　　×××万元

十一、筹备工作进度安排

3月：确定大会工作方案（草案）

4月：落实大会场地

  确定大会日程

  确定大会筹备工作方案

  起草并落实赞助商和广告条款

  开始邀请支持单位、协办单位、组委会委员

5月：编印大会宣传册、建立大会网站

  落实设备租赁和同传译员

5～7月：邀请演讲人

5～11月：对外宣传、推介大会

   招募赞助商和广告

   邀请会议代表

9月：召开新闻发布会（北京、上海）

9～11月：编印会刊、资料夹、工作手册等资料

   制订现场实施管理总方案和各组的现场工作方案

   确认参会的演讲人、贵宾、嘉宾

   安排报道和采访相关事宜

12月：各组按照现场实施管理总方案和各组工作实施方案，完成大会前期的所有准备工作

  会议实施

12～1月：完成大会的项目总结

   完成大会的资料整理和归档

二、分项方案

各工作组根据各自的工作分工，提出其分项工作方案，主要包括工作内容、实施步骤、时间进程和主要负责人。分项工作方案提交到秘书处，由其进行审核和协调后制定出会议筹备工作总方案及总进程表，由总协调人负责监督、检查各小组的执行情况。

（一）策划与立项

相关方案已在前一章提及，主要包括组委会、组织机构和会议报批和备案方案。

（二）工作部署

主要包括工作总方案和筹备工作主要进程安排。

（三）会议与活动

1. 会议日程方案

规划整个会议的日程，确定全体会议和平行会议的时间和地点、演讲的主要内容、每节会议拟邀请的演讲人数目及资格，以及与相关方就有关会议日程进行沟通的程序和机制，例如如何与其他相关组，如推广注册、宣传、接待、服务等各小组保持密切联系，及时将日程修改的内容通知各组，以便于其对外开展工作。

2. 会议活动方案

主要包括会议期间的开幕式、闭幕式、会见、洽谈及展示、娱乐等活动的安排。其中开幕式和闭幕式主要包括策划拟邀请出席的人数及资格、邀请程序、进程规划、活动的形式等。会见活动包括策划准备安排哪些会见活动、参加的人数及资格、会见时间、场地安排、届时是否需要合影或摄录等。如果计划举办洽谈活动的话，需要规划洽谈活动的方式、时间和地点、组织方式等。如果涉及展示活动，需要设定展示活动的内容、形式、时间和地点、展商数目及如何组织展商等。

3. 文体活动方案

根据会议需要安排相关的文体活动，如文艺演出的人员、规模、曲目、时间和地点、相关费用预算。体育活动的场地、人员规模、活动时间、交通安排及相关费用预算等。

（四）场地

场地规划、预订和布置方案

首先，根据会议的日程安排和实际需求确定会议场地的需求数量和面积，根据功能场所的不同来划分各场地的用途。

其次，根据对场地的规划，寻找合适的会议场地，预订会场并制定如何设计和布置会场、会场前厅等场地及其各功能场所的工作方案，并制定时间进度表和所需预算。

（五）设备

设备租赁及保障方案

主要包括规划各场地需要配备何种设备，包括会议设备、网络设备和办公设备及其数量、如何进行现场的技术支持和保障，制定工作进程表和预算。

（六）宣传

宣传推广方案

制订会议对外宣传和推广的工作方案，包括宣传的途径、方式、频率等，可以通过寻找合作媒体以及网站、期刊、杂志、广告、新闻发布会和媒体采访等多种渠道和多种方式开展对外宣传。

（七）人员

1. 贵宾和嘉宾邀请方案

明确会议拟邀请的贵宾和嘉宾人数、人员名单、参加的具体活动和时间、联系步骤及相关接待事宜。由于贵宾和嘉宾的邀请工作需要与其他相关小组，例如礼宾组、安全保卫组、会议服务组等的相互配合，因此，在制订工作方案中要明确需要哪些方面的协助。

贵宾和嘉宾通常是受邀前来参加会议的开幕式、闭幕式、全体大会和/或宴会等相关活动，其中还有些人员是作为致辞人或嘉宾演讲人到会演讲。一般而言，贵宾和嘉宾的工作比较繁忙，活动日程安排较满，如果邀请其参会的话，一定要尽早与其沟通，但有时如果邀请得过早的话，也难以确定届时其是否能够前来参加。因此，需要有专人来负责贵宾和嘉宾的邀请工作，并与其保持及时沟通与联系，同时与其他相关组的人员合作，一同保障其安全、顺利地参会。

2. 发言人员邀请方案

发言人员包括主持人、贵宾或嘉宾致辞人、主旨演讲人及普通演讲人。邀请方案中应该写明拟邀请的致辞人、主持人及演讲人的人数、名单、演讲时间及需要演讲人提交个人简历、演讲提纲（包括电子版）和讲稿的时间，以及邀请的方式、发言人可享受的待遇，并指定专人负责此项工作。

演讲人要尽早落实，并且需要随时把已落实的演讲人名单及其背景资料提供给推广注册组和宣传组，以便于对外组织会议代表和开展会议宣传。

演讲人的演讲提纲和资料的提交要有一定的提前量，以保证会刊能够在开会前印刷完毕并且运抵会场。

根据会议情况的不同，有时可为演讲人提供往返机票和当地食宿，也有的会议仅为演讲人提供当地食宿或者只免除其会议注册费。此外，有些会议召开的目的是为演讲人宣传其业务搭建一个平台，有可能不仅不能为演讲人提供任何费用资助，反而要演讲人付费才能演讲，而会议代表则可免费参会。

3. 会议代表组织方案

方案主要包括如何组织会议代表，包括拟邀请的人数、构成、邀请渠道及时间进度安排。

此外，要制定会议代表申请、确认与会资格和注册相关的管理规定和工作流程，明确缴费方式、指定人员安排落实签证邀请和住宿交通相关事宜。

4. 代理商方案

代理商主要是经主办单位的授权，协助组织参会人员前来参会的协助单位及公司。方案中应明确对代理商的要求及其负有的责任和享有的权利，以及代理的工作流程及相关费用的结算方式和时间。

5. 工作人员配备方案

根据会议筹备和现场工作的实际需求提出筹备人员和辅助人员的需求数目、人员要求和招募的渠道，明确各类人员需要负责落实的具体工作及工作进程安排。

6. 人员培训方案

人员培训方案主要针对会议现场所需的各类人员。各组会前应该对现场所需的工作人员和辅助人员进行规划，并制定人员管理办法，明确何时以何种方式对工作人员，包括志愿人员进行培训以及对工作人员如何进行现场管理，提出所需经费预算。

（八）资料及用品

1. 会议资料方案

会议资料包括前期所用的宣传册及现场所用的会刊等资料。首先要规划会议宣传册的主要内容，例如，包括大会的组织机构、主办方领导的欢迎致辞、主办单位情况简介、往届会议情况回顾、大会日程、会务信息、饭店信息、旅游信息、大会注册表和饭店预定表等。

然后，要规划宣传册材料准备的时间，明确人员分工，例如，宣传册的内容由会议管理组指定专人负责收集和审核（以确保信息正确无误），交给会议服务组协助印刷，之后再将印刷好的宣传资料交给宣传推广组对外发送。由于此项任务的完成需要相应若干小组的配合，例如，旅游信息由接待组提供、饭店和会务信息由服务组提供、日程要由管理组提供。因此，要协调好各组的进度，以确保能够按时提交印刷。

除印制大型会议宣传册外，还要准备会议期间需要的会刊，其内容要求正确无误。主要包括：组织机构、组委会、主办单位领导欢迎致辞、主办单位情况介绍、大会日程、演讲人简介和大会指南，标明注册咨询台、现场秘书处办公室及会场分布图、胸牌说明、就餐指示、饭店商务设施、饭店地图和联系方式、会议所在地地图及相关信息等。

会刊的印刷也和会议宣传资料的准备一样，需要相关小组的密切配合。此外，会议资料还包括资料夹、反馈表、参会人员名录、新闻稿、演讲提纲和演讲稿等。

会议资料方案中除确定会议资料的种类、内容和印刷数量外，还要包括如何设计、印刷和运送大会需要的宣传资料、会刊、宣传品，及如何确保按时将相关材料运送到会场指定场所。

2. 会议用品保障方案

会议所需用品的种类是多种多样的，主要包括大会所需的台卡、证件、礼品、文具、工作服等的设计、制作或采购及其管理。会议用品要保证及时供给，并且要特别注意对会议证件的妥善保管。

（九）后勤保障

1. 住宿安排方案

根据会议人数和对入住酒店的要求，为参会人员提供若干家酒店供其选择，或者协助参会人员办理酒店预订、入住、就餐和结算房费等相关事宜。

2. 餐饮安排方案

餐饮服务包括宴会、招待酒会、午餐、晚餐、茶点及贵宾室、发言人准备室、秘书处的餐饮服务及工作人员的餐饮服务。需要对晚宴、招待会、午宴会场地的布置、菜单、服务风格等要提出要求，包括时间、地点、人数、服务方式等以及与会者对餐饮的特殊需求。

3. 交通安排方案

参会人员的接送包括机场、火车站的接送以及会议安排的活动期间的接送，例如观看演出或参加体育活动等或者在相距较远的会场间的移动，要制定在多个场所间移动时相关的活动衔接方案，提供车辆以便于会议代表参加活动。

根据实际需求制定工作时间表、司机车辆人员规划、贵宾、会议代表及工作人员车辆分配表和相应的预算。

4. 参观游览方案

为会议代表或者其随行人员安排参观和游览路线并安排相关接待事宜，包括参观游览的路线、时间安排、交通安排和相关费用预算等。

（十）礼宾接待方案

联系贵宾、嘉宾、赞助商及重要参会代表接待相关事宜，包括确定其抵离时间、行进路线、迎送人员及方式、礼仪引导、座次安排、随行人员安排、证件和资料发放、合影、采访和领导人会见等有关事宜（包括翻译）。

（十一）安全保障方案

安全保障工作主要涉及两部分，第一部分根据会议参会人员的规模及参会贵宾、嘉宾的安全保卫等级向相关主管部门进行报批和备案。第二部分主要针对会议所涉及的安全问题制定较为详尽的保障方案，包括现场急救、消防和交通保障等。

（十二）财务

1. 会议预算方案

就会议的收入和支出制定预算，其中收入主要包括注册费、赞助费和内部拨款等，支出则包括组织会议相关的费用支出。

2. 财务管理方案

对会议财务相关事宜制定相关管理规定，明确对大会相应的收入和支出如何进行管理。

3. 赞助方案

主要包括赞助分类、赞助金额、对赞助商的资格要求及其回报、赞助商招募渠道、赞助商前期联系和现场服务规划等。同时要规划工作进展时间，指定专人负责此项工作。

第四节 会议组织工作进程管理

筹备会议重在管理。会议总协调人承担着会议筹备工作主要协调和管理任务，因此要建立有效的工作机制，对会议筹备工作进行合理规划和管理，并随时协调各小组的工作进程，不断完善会议日程。会议总协调人可以通过表格或图表等方式使相关人员对要完成的工作及其进程一目了然，以便于检查和实施。

一、工作进程总表

工作进程总表是在各小组制定的工作方案基础上，将各小组负责的主要工作内容提炼出来，以工作进程总表的方式加以体现，以便于会议筹备人员、各小组负责人和总协调人了解各项筹备工作的进程安排，及时落实和检查相关筹备工作。

工作进程总表是将会议筹备和组织的主要内容及时间节点提炼出来加以汇总，用文字、表格、图表等方式加以具体体现，或者以时间为序加以表述。

（一）以文字方式表述的工作进程总表

工作进程总表以文字方式表述时可以将工作内容体现得更为具体些，例如，以工作项目为序，在工作项下再以时间为序把具体工作内容及完成时间一一列出。其不利之处是不太容易看出各项工作在时间上的交叉点，不利于各项工作进程间的协调。

2.4.1 案例

中国国际信用和风险管理大会各项筹备工作进程总表

策划立项

1. 落实组织机构及组委会

   5月9日～31日：邀请共同主办、支持单位、部分协办单位、组委会委员

   6月20日：确认相关单位作为主办、支持和协办单位

   7月25日：确定组委会名誉主任

2. 报批和备案

   6月10日～7月25日：相关机构审批

工作部署

3. 制订前期工作总方案和筹备进度总表

   6月27日：完成总体前期方案和筹备进度总表

会议与活动

4. 会议和活动日程

   6月10日前：确定大会形式、大会及活动日程

场地

　5.　场地及餐饮

　　　6月10日前：确定场地及餐饮要求

　　　7月15日：签订场地租赁合同

　　　7月30日：出会场布局平面图

　6.　背景板

　　　10月：确定背景板制作商

　　　11月1日～18日：设计和内容审核

　　　11月21日～25日：制作

　　　12月7日：安装；

设备

　7.　设备租赁及保障

　　　6月10日前：确定设备供应商

　　　7月15日：签订设备租赁合同

　　　7月30日：提出设备保障方案

宣传推广

　8.　网站维护管理

　　　7月15日前：网站全面改版

　　　7月15日～12月2日：转载行业相关新闻、发布大会相关信息

　　　12月12日～12月16日：报道大会内容

　9.　支持媒体

　　　6月9日～14日：确定邀请名单、支持媒体邀请函

　　　6月23日：确定支持媒体

　　　6月～11月：利用支持媒体发布各类消息、软广告

　10.　广告投放

　　　9月～11月底：××报（每周一次）

　　　10月下旬：××报、×××报

　11.　新闻发布会

　　　7月1日：整体策划、确定时间

　　　7月15日：督促服务组落实场地

　　　9月5日～16日：联系相关领导参会

　　　9月12日～16日：完成各类稿件、邀请新闻媒体等参会人员

　　　9月19日～23日：举行新闻发布会

　　　9月下旬～10月15日：收集媒体有关报道

　　　12月5日：举行媒体通气会

12. 媒体采访

　　9 月 12 日～16 日：前期采访策划

　　9 月 19 日～10 月 21 日：采访会外人员

　　10 月 17 日～21 日：书面采访相关领导

　　10 月 21 日～28 日：收集有关采访报道

　　11 月 14 日～18 日：起草、审定新闻稿；督促服务组落实速记人员

　　11 月 21 日～25 日：安排媒体采访、录像摄像

　　11 月 21 日～30 日：印刷大会新闻稿

　　11 月 28 日～12 月 2 日：完成现场采访方案；邀请参会媒体

人员组织

13. 贵宾和嘉宾

　　8 月 10 日～10 月 10 日：联系外方贵宾和嘉宾、发邀请函

　　10 月 17 日～26 日：联系中方嘉宾

　　10 月 19 日～31 日：联系中方贵宾

　　10 月 28 日～11 月 23 日：邀请中方嘉宾，安排或协助安排食宿行等相关事宜

　　11 月 2 日～11 月 23 日：邀请中方贵宾，安排或协助安排食宿行等相关事宜

　　11 月 4 日～23 日：协助外方贵宾、嘉宾办理签证及食宿行等相关事宜

　　11 月 30 日：再次确认中方贵宾、嘉宾名单

　　12 月 1 日～6 日：接机

14. 发言人、简历、演讲稿

　　5 月 18 日～6 月 3 日：推荐演讲人

　　6 月 30 日前：确定演讲人

　　7 月 4 日～9 月 12 日：联系演讲人简历

　　8 月 18 日～31 日：联系相关领导致辞

　　9 月 5 日～21 日：联系出席大会的相关领导

　　9 月 5 日～26 日：联系出席开幕式并致辞的贵宾

　　9 月 19 日～10 月 12 日：联系贵宾简历

　　9 月 19 日～10 月 24 日：联系演讲稿

　　9 月 19 日～11 月 4 日：联系贵宾致辞

　　11 月 7 日前：审核演讲稿

　　11 月 8 日～12 月 8 日：准备视频资料

15. 会议代表组织

　　6 月 20 日：完成工作方案

　　6 月 29 日：请相关机构协助做好组织工作

　　7 月 1 日：整理名录

7月1日～22日：制作邀请函

7月19日：落实主要代理商

8～9月：全国范围内邀请会议代表

7～10月：协助会议代表进行会议注册，为国外会议代表发签证邀请函

10月：重点地区邀请

11月18日：邀请工作结束（以后报名公司不出现在参会名录中）

16. 与国外商协会的联系

6月27日：国外主要商协会的名录到位

7月1日：开始与协会建立联系，并向协会寄送宣传册

7月18日～11月中旬：与协会做好沟通跟进工作，争取会员参加大会

17. 人员培训

6月10日前：确定各组人员

7月17日前：确定同传译员

8～9月：招聘志愿者

11月18日～30日：制作工作手册

12月2日前：完成各组培训

资料及用品

18. 宣传册、会刊、资料夹、反馈表、背景板、资料袋、参会名录

宣传册

5月12日～17日：联系给会议题辞的知名人士或领导

6月10日：确定印数

6月20日：确定印刷设计公司

6月21日～28日：审核初稿（除饭店信息、会务信息、饭店预订表外）

6月20日～30日：确定封面设计

6月30日：相关机构题辞到位

7月1日～5日：审核饭店信息、会务信息、饭店预订表

7月6日～12日：内容设计、排版、印刷

会刊

8月1日～9月5日：联系相关领导的题辞

8月22日～31日：封面和内页总体设计

9月23日～10月14日：编辑

10月14日～11月11日：设计排版

11月11日～21日：印刷

资料夹及相关用品

8月1日～15日：确定资料夹内容

8 月 15～30 日：确定是否印刷或购买资料夹

11 月 16 日前：内容到位

11 月 18 日：装订

参会名录

11 月 1 日～10 日：外观设计

11 月 20 日：完成名录整理

11 月 21 日～28 日：内容设计排版

11 月 28 日～12 月 1 日：印刷

反馈表

11 月 7 日～10 日：设计反馈表

11 月 10 日～15 日：印刷

资料袋

7 月 22 日～31 日：内容和设计审核

8 月 1 日～9 日：印刷

19. 证件(贵宾证、嘉宾证、代表证、工作证、媒体证、车证、赞助商证)

11 月 1 日～10 日：设计

11 月 15 日：制证名录整理完毕

11 月 16 日～25 日：制作

12 月 6 日：送至会场

后勤保障

20. 会议代表饭店预订

8～12 月：协助会议代表落实饭店预订

21. 会议代表接送

8～12 月：联系会议代表接送机事宜，预订车辆

22. 安排会议代表参观游览

8～12 月：落实会议代表参观游览路线，接受会议代表报名

23. 礼宾方案

10 月～11 月：制订现场接待礼宾方案

24. 安保方案

10 月～11 月：完成安保备案，制订现场安保方案

财务

25. 会议预算

6 月 27 日前：完成会议初步预算，制定财务管理相关规定

26. 赞助

5 月 31 日：确定主要赞助商的选择目标

7月5日：完成赞助招募和保障方案

7月15日～22日：制作诚征赞助函

8月～11月：征求平面图文广告、礼品、午餐、茶歇、印刷品等赞助商

现场实施

11月21～30日：编辑、制作演讲稿及大会PowerPoint

　　　　　　　　与主持人沟通协调

　　　　　　　　制作桌签、台卡

12月6日：与设备商协调播放流程，调试设备

12月7日：资料装袋、准备会议用品

　　　　　　布置会场（贵宾室、贵宾注册台、资料台、主席台等）

12月8～9日：召开大会

　　　　　　　发反馈表

12月9日：结账

后续工作

12月12日～13日：寄发感谢信

12月12～23日：资料整理、分类、归档

12月12日～30日：收集大会新闻报道

12月15～21日：反馈表的整理、分析、总结

12月19日～23日：制作大会影音资料、照片

12月26日～28日：邮寄大会影音资料

12月30日前：各组完成工作总结

2006年

1月2日～13日：项目整体总结

1月16日～31日：编写工作简报、发布项目总结、工作简报

（二）以表格方式表述的工作进程总表

以表格方式表述的工作进程总表的特点是更为简洁明了，即以表格形式简明扼要地列出会议筹备和组织工作所涉及的主要工作内容，同时可列出起始及完成工作的时间、相关组别、具体负责人及需要协调的组别及工作完成情况。

这种表述方式便于检核工作项目的完成情况，并列明了工作小组间需要配合的组别，以利于会议总协调人对会议筹备各项工作进展情况进行督导，其不利之处是没有标明具体的工作步骤安排。因此，此表比较适合于各小组负责人和总协调人使用，具体工作内容由具体项目的筹备人员掌控。

2.4.2 案例

中国国际信用和风险管理大会筹备工作总进程检核表

工作项目	起始时间	完成时间	组　别	负责人	相关组	是否完成
策划立项						
落实组织机构及组委会	5月9日	7月25日	管理组	×××		
报批和备案	6月10日	7月15日	管理组	×××		
工作部署						
前期工作方案及进程总表		6月27日	各组	×××	各组	
会议与活动						
会议形式与日程	6月10日	管理组	×××			
场地						
场地预订及设计	6月10日	7月30日	服务组	×××	管理组 礼宾组 新闻组	
背景板	10月	12月7日	服务组	×××	管理组	
设备						
设备租赁及保障	6月10日	7月30日	服务组	×××	管理组 新闻组	
宣传推广						
网站维护管理	7月15日	12月16日	新闻组	×××	管理组	
支持媒体	6月9日	11月	新闻组	×××	管理组	
广告宣传	9月	10月	新闻组	×××	管理组	
新闻发布会		9月	新闻组	×××	管理组	
媒体采访	9月12日	12月2日	新闻组	×××	管理组	
人员组织						
贵宾、嘉宾	8月10日	12月6日	管理组	×××	礼宾组、 接待组、 安保组	
邀请发言人、落实简历、讲稿	5月	11月7日	管理组	×××	服务组	
准备视频资料	11月8日	12月8日	管理组	×××	服务组	
会议代表邀请及注册	6月20日	12月	推广组	×××	新闻组 管理组	

续表

工作项目	起始时间	完成时间	组　别	负责人	相关组	是否完成
与国外商协会联系	6月27日	11月	管理组	×××	礼宾组 接待组	
落实工作人员	5月	6月10日	管理组	×××	各组	
落实同传译员	5月	6月17日	管理组	×××		
落实志愿人员	8月	9月	各组	×××	各组	
人员培训	11月	12月2日	各组	×××	各组	
资料及用品						
宣传册	5月12日	7月12日	管理组	×××	服务组	
会刊、资料夹及相关用品	8月1日	11月21日	管理组	×××	服务组	
参会名录	11月1日	12月1日	推广组	×××	服务组	
反馈表	11月7日	11月15日	管理组	×××	服务组	
资料袋	7月22日	8月9日	服务组	×××		
制证	11月1日	12月6日	服务组	×××	安保组	
后勤保障						
饭店预订	8月	12月	服务组	×××	推广组	
餐饮安排	6月10日	7月30日	服务组	×××	推广组	
车辆预订	8月	12月	接待组	×××	推广组	
旅游安排	8月	12月	接待组	×××	推广组	
礼宾方案	10月	11月	礼宾组	×××	管理组	
安保方案	10月	11月	安保组	×××	管理组 推广组 礼宾组	
财务						
制定会议预算	5月	6月	财务组	×××	各组	
招募赞助商	5月31日	8月11日	推广组	×××	管理组 服务组	
现场实施						
现场管理	12月8日	12月9日	管理组	×××	各组	
后续工作						
后续工作	12月9日	12月30日	管理组	×××	各组	
评估和总结	12月12日	1月30日	管理组	×××	各组	

表中所列只是筹备工作流程中需要完成的主要工作，每项工作中又包含各自的工作细节和步骤，需要在各小组工作进程表中列明。例如，准备会议宣传册，首先要收集内容，然后要设计、排版、校对和印刷。

（三）以图表方式表述的工作进程总表

以图表方式列出的工作进程总表则更为直观，使人一看便知从何时到何时应该完成何种工作以及需要的时间长短，并且易于找出各项筹备工作之间的时间衔接点。此表的优点是使筹备人员、小组负责人员和总协调人对筹备工作的进程能够做到一目了然，但不利之处是对每项工作的细节不加以体现，需要看分项工作方案。

以此方式表述时，需要在分项工作方案的基础上把主要的工作项目和时间节点挑选出来，以便制定工作进程总表。

2.4.3 案例

中国国际信用和风险管理大会筹备工作总进程一览表

工作项目	5月	6月	7月	8月	9月	10月	11月	12月	1月
策划立项									
落实组织机构及组委会	→————→								
报批和备案		→——→							
工作部署									
前期工作方案及进程表	→——→								
会议与活动									
会议形式与日程	→——→								
场地									
场地预订及设计		→——→							
设备									
设备租赁及保障		→————→							
宣传									
网站维护管理			→——————————————→						
支持媒体			→——————————————→						
广告宣传			→————————————→						
新闻发布会				→——→					
媒体采访				→——————————————→					
人员组织									
贵宾、嘉宾				→————————————→					
邀请发言人、落实简历、讲稿			→————————————→						

续表

工作项目	5月	6月	7月	8月	9月	10月	11月	12月	1月
准备视频资料							→————→		
会议代表邀请及注册			→————————————————→						
与国外商协会联系			→————————————→						
落实工作人员					→————————→				
落实同传译员	→————→								
落实志愿人员			→————→						
人员培训					→————→				
资料及用品									
宣传册			→————→						
会刊、资料夹及相关物品				→————————→					
参会名录						→————→			
反馈表						→————→			
资料袋			→————→						
制证						→————→			
后勤									
饭店预订				→————————————→					
餐饮安排	→————→								
车辆预订					→————————————————→				
旅游安排					→————————————→				
礼宾方案									
安保方案									
财务									
制定会议预算	→————→								
招募赞助商							→→		
现场实施									
现场管理							→————→		
会后工作									
后续工作								→————→	
评估和总结								→————→	

（四）以时间为序列出工作总进程表

会议工作总进程表的表述方式是多种多样的，但其主要目的是便于筹备工作总协调人、

各小组负责人及相关筹备人员能够掌握筹备工作的进度安排。

下面的案例中是以时间为序列出的筹备工作进度总表，从中可以看到各小组在不同时段要完成的工作内容。此表的特点是把大会的相关筹备工作以时间为主线连接起来，非常清晰地看出每个月的工作重点，而其中的每一项具体工作如何去完成在表中并没有列出，需要各组在其工作方案中加以体现。这样表述的特点在于抓大放小，特别有利于会议总协调人和各小组负责人对筹备工作总进程的把握。（见 2.4.4 案例、2.4.5 案例）

2.4.4 案例

××年 APEC 工商领导人峰会工作进度总览

时间	工作内容
3 月中旬	制定大会初步日程
	邀请相关领导到会发言
	会议专用网站开通
3 月底	印制会议宣传册
4 月上旬	落实会议工作人员
	各小组提交设备、设施需求清单
	服务组就会议设备、设施采购或租赁进行招标
	推广组确定邀请名单，向会议代表发送宣传资料
	开始接受代表注册
4 月中旬	新闻组举办第一次新闻发布会
	推广组继续推广宣传会议
4 月底	活动组就文艺晚会与演出单位签订协议
	确定各组所需志愿人员
5 月上旬	服务组提出各种场地的布置设计方案并初步审定
5 月中旬	确定会议日程
5 月下旬	演讲人员全面确认
6 月	向代表发送会议日程
	开始确认与会代表，同时向代表发出饭店订房单
8 月	对工作人员和志愿人员进行培训
8 月底前	汇编与会代表名单
9 月	对会议日程进行必要的微调
	印刷会议文件（中英文）
9 月 10 日	最终确定演出方案
9 月 20 日	确定陪同人员活动方案
9 月 30 日	确定晚宴、午宴的布置要求、菜单及桌次
10 月 10 日	会议所需材料、文件袋、请柬、标识等制作完毕

	会议秘书处布置完毕
10 月 11 日	落实会前各项准备工作
10 月 16 日	开始接受代表注册
10 月 17 日	安装会场设备及场外信息台、赞助单位标志及整体必要设施
10 月 17 日	领导现场复查
10 月 18~20 日	召开大会

另一种以时间为序的表格方式如下：

时间	管理组	服务组	推广注册组	宣传组	礼宾组
年月日	具体工作内容	具体工作内容	具体工作内容	具体工作内容	具体工作内容
……					

　　这种表述方式是以时间为序，在同一个时间内把不同工作组的主要工作内容体现出来。这种列表的好处是会议筹备人员对会议筹备的时间进度和主要工作安排一目了然，也便于各工作组之间就相关工作进行协调，可以非常清晰地看到在同一时间段，不同工作组需要完成的任务，易于找出不同组之间需要衔接的工作交叉点。

2.4.5 案例

××年 APEC 工商领导人峰会工作进度总表

时间	会议管理组	礼宾(活动)组	服务组	推广组	新闻组	接待组	安保组	财务组
6月 4~10日	1. 继续邀请外方发言人、微调日程 2. 与赞助商签订协议 3. 制定统筹组预算 4. 制定组内人员分工细则				1. 进一步细化工作方案并分工落实到人 2. 商讨请会外专家撰写有关文章 3. 进一步修改上呈××部的原则请示 4. 与××电视台磋商专访问题 5. 与××部门沟通摄影记者场地划分及记者场地证问题 6. 根据在上海实地察看情况制作用地布置细节并提交服务组 7. 与××日报磋商 CEO 峰会特刊事宜 8. 定期与网站联系、修改、丰富峰会上内容		针对 APEC 会议安保办公室制定的 CEO 峰会安全保卫工作实施方案(草案),结合峰会议内容日程的实际情况,进行认真研究,并及时向 APEC 安保办公室提出相关的具体要求和意见	

68

续表

时间	会议管理组	礼宾(活动)组	服务组	推广组	新闻组	接待组	安保组	财务组
6月 11~17日	1.邀请中方发言人（微调日程） 2.继续与赞助商签订协议 3.落实统筹组所需会内工作人员并让其熟悉其工作分工 4.开始履行与赞助商的协议 5.开始寻找外聘的专家、速记、司仪等 6.就初步及全局提出解决方案，如代表助手的事项安排，保障助手的安排等		1.继续落实与××公司合作事宜 2.提交本小组费用预算 3.采购文具、礼品样品	1.整理中方与会代表名单 2.上报邀请中方代表的函件 3.同国外对口组织联系、催问	1.完成给"××"杂志第三期要刊登的广告内容式样并发出 2.与其他境外媒体沟通关于免费宣传峰会事 3.完成原则问题的修改呈领导审核 4.协调并修改"×××"一书的广告征集 5.完成新闻组的费用预算并报财务 6.定期与峰会专用网站联系、修改、丰富峰会网上内容	筹备去上海考察，了解情况及去上海工。考察，与上海筹备委了解住房、车、旅游的情况	同上	
18~24日	1.继续邀请是主要是赞助商领导人，微调日程 2.履行赞助商协议，如网站链接、宣传等 3.宣传品上印徽标等		1.提交局域网方案 2.初步选定设备供应商 3.提供场地设计规格 4.与××部协商场地设计事宜	1.发出部分中方与会代表邀请函 2.同驻外使馆、代表处联系、跟踪 3.商讨制订工作计划 4.继续落实中方与会代表名单	1.正式将新闻报道原则请示经会领导批准后发出 2.与××卫视电视台商专访节目同题 3.完成"专辑""专刊""×××"一书的广告函集修改协议的修订 4.正式复函境外媒体关于免费宣传我刊 5.再次更新网上峰会内容及版块 6.与××××日报、×××经济时报商磋峰会报道问题	通知上海筹备委落实的××饭店住房：初步制定车、房、志愿者需求草案	同上	

续表

时间	会议管理组	礼宾（活动）组	服务组	推广组	新闻组	接待组	安保组	财务组
6月25～30日	1. 继续邀请发言人 2. 落实外聘专家、速记、司仪、签订协议		1. 提交礼品、文具设计方案 2. 继续备租赁办公设备租赁事宜	1. 继续发出部分中方与会代表邀请函 2. 检查重点CEO的报名情况、继续落实 3. 同饭店核对住店情况 4. 继续落实中外方报名代表工作、检查地区分布情况 5. 商议现场宜、落实报到工作实报到方案	25～30日： 1. 汇总请会外专家撰写文章情况，划分具体分布和刊出进度 2. 安排撰写领导同志讲话的人选与时间进度 3. 对峰会专访节目制作问题进行汇总、落实方案人选、拿出初步方案 4. 正式向我保卫组提交记者证具体制作内容 5. 准备秘书长就峰会筹备最新进度对新闻界的吹风会内容（待定） 6. 继续与峰会专用网站联系、修改、丰富峰会网上内容 7. 向前几届CEO峰会主办方索要峰会成果资料供我宣传用，并将索要函发出	初步与饭店接触、了解是否有CEO的订房 同上		

续表

时间	会议管理组	礼宾(活动)组	服务组	推广组	新闻组	接待组	安保组	财务组
7月 2~8日	1. 基本确定日程 2. 了解发言人的设备需求,并将后勤安排需求通知发言人 3. 继续履行赞助商协议	1. 基本配备齐本组工作人员(6人) 2. 制定出本组承办的10项活动的安排草案	提交场地设计方案	1. 与接待接待衔接接待事宜 2. 落实邀请情况,统计报名情况确认情况	7月2~8日: 1. 向××杂志、××日报、×××论坛网、××多媒体、美国××基金会等发出要刊登广告的免费广告内容 2. 将"专辑"、"专刊"、"世纪商流"一书的广告征集正式对外发出 3. 开始在××报上针对CEO峰会问题进行重点宣传报道 4. 与××日报、××经济时报、×商报落实开始刊登专家撰写的有关文章 5. 向推广组索要最新的峰会宣传册,包括中文版	继续与饭店联系,了解住房预订及旅游报名情况	前往上海市实地勘察现场,尽快与上海警方研究确定CEO峰会安全保卫工作具体的组织实施方案,明确会议安保期间与警方安保组的联络、协调、配合的形式和方法	
9~15日	1. 就个别更改的发言人空缺邀请新的发言人 2. 开始编纂发言人简介 3. 寻找志愿人员	1. 同有关方面提出和落实各大型活动的菜单 2. 同上海有关方面落实活动的有关事宜	1. 继续落实会议设备租赁事宜 2. 确定设计和制作公司	1. 外方代表前期报名截止时间 2. 外访小组出访 3. 推广组总结、部分工作移交接待组 4. 继续与会中方代表人员 5. 落实与会全体代表助手	9~15日: 1. 向统筹组提交新闻组赴上海工作人员名单,以供制证用 2. 向统筹组发言人名单 3. 向推广组索要外企业名单 4. 安排秘书长对新闻界的吹风会 5. 继续修改、丰富网站内容	保持与上海考联系;实地考察旅游路线及其安排、导游情况等	同上	

续表

时间	会议管理组	礼宾（活动）组	服务组	推广组	新闻组	接待组	安保组	财务组
7月 16~22日	同上	3.落实联络员和志愿人员 4.全组人员赴上海熟悉各地活动场地等情况	1.制订本小组工作方案 2.通告设计招标结果	继续落实报名注册事	16~22日： 1.与服务组再次协调会议期间新闻用地的布置问题、车辆问题 2.就专访节目涉及境内外与会人员日程安排问题，接待组，涉及重要经济活动组员人员的、行文致外交部礼宾官员或照会该经济贸易报、网站抄送活动组 3.将要到的前几届CEO峰会的资料译出准备提供给贸易报、网站发出 4.审核领导同志讲话初稿	初步统计报名情况，制订会议接机及会议期间的交通的初步方案	同上	
7月 23~31日	落实志愿人员		1.会议设备再询价 2.继续落实礼品、文具制作	1.中方代表报名截止时间，制册 2.现场接待志愿人员及其工作手册 3.候补代表落实	23~31日： 1.在××报上开始出现第一篇专家撰写的文章 2.与峰会专用网站会议期间网上直播工作细节 3.调整、细化新闻组会议期间的用地布置 4.按时向境外媒体提供我宣传用的广告内容 5.落实美国××方面同上海某大学的合作 6.再次修改的峰会日程提交外交部新闻司 7.将新闻组关于在会议主会场内再找出一工作间问题商服务组并落实	了解住房及旅游报名情况、初步确定志愿者人数	同上	

续表

时间		会议管理组	礼宾(活动)组	服务组	推广组	新闻组	接待组	安保组	财务组
8月	1～12日	1. 编纂与会代表参会指南会会指南 2. 编纂会议日程		1. 继续落实礼品、文具制作 2. 进一步落实场地设计制作事宜 3. 与设计制作公司签合同 4. 与××办协调设备供商事宜 5. 与××办人员进行场地新资源的开发工作	1. 中外方代表报名全部截止时间,制册 2. 全部移交接待组、现场注册工作小组	8月 1～12日: 1. 再次审核领导同志讲话,并准备拟就上呈稿件请示 2. 在××日报、××经济时报等刊出由专家撰写的文章 3. 向统筹组提交会议期间新闻组各方面人员配备位置新闻发布与分工 4. 准备第二场专访节目制作方案 5. 正式提交修改、丰富网站内容 6. 继续	制作整个接待组的计划,落实人员分工负责具体项目	请示秘书处确定会议期间安保工作,落实期间工作人员的工作,激护工作人员和经费预算及我会会安保工作人员数量、名单、到位时间,通信器材等	
	13～19日	上述工作继续	同××部商谈 18 号开幕式和晚宴等事宜	1. 与相关供应商签意向合同 2. 要求设备供应商提供设备配置图、线路图 3. 与相关饭店协调并落实地安排问题 4. 继续修改设计方案		13～19日: 1. 中国贸易报、××日报、××经济时报等报纸第二次显现专家撰写的文章 2. 向境外媒体写出广告费××外交部国际司 3. 修改领导同志讲稿,并将初稿上呈刊登内容 4. 与中央电视台 1,9,2,4 频道沟通直播与转播细节 5. 研究会议期间新闻组新闻把关同题	了解报名情况,进一步落实住房、交通及旅游计划	同上	

续表

时间		会议管理组	礼宾(活动)组	服务组	推广组	新闻组	接待组	安保组	财务组
8月	20～26日			审核、修改设备配置图、线路图		20～26 日：同上	同上，并落实志愿者、分配志愿者任务草案	同上	
	27～31日	1. 培训组内工作人员 2. 与其他各组就现场程序进行排演 3. 审核发言人发言稿	1. 落实领导与会事宜 2. 同××部具体协商领导与会事宜	继续落实设备租赁事宜		27～31 日：1. 在××报、××经济时报、××日报等报纸第三次呈请现显专家撰写的文章 2. 完成领导同志讲话并上呈显示 3. 向境外媒体合作方继续发出免费刊登广告经内容 4. 最后落实、敲定会议期间新闻组各摊工作细节	进一步了解住房、旅游情况	同上	
9月	3～9日			1. 落实会议相关物品制作 2. 培训组内工作人员 3. 与上海相关方协调设计和设备方案		9 月 3～9 日：1. 同统筹组安排 2. 继续修改、丰富网站内容 3. 向新闻司询问届时采访 CEO 峰会的大致记者数量 4. 通过保卫组询问记者证地制作情况	本组内志愿者培训，将着整个住房、交通及旅游的计划落实，并与其他组一起进行程序排演	安保工作人员定人、定位，定任务、定职责，并参与上海警方与 CEO 峰会安全保卫工作方案的会前演练，确保我安保工作人员提前进入实战工作状态	

续表

时间		会议管理组	礼宾（活动）组	服务组	推广组	新闻组	接待组	安保组	财务组
9月	10～16日	1.培训组内志愿人员 2.审核发言人发言稿	1.细化各场活动日程和领导人路线 2.培训志愿人员和联络员	1.培训组内志愿人员 2.检查设计制作落实情况 3.与供应商签正式合同 4.与设计公司签正式合同		10～16日： 1.同统筹组安排 2.在中国贸易网、××日报、××商报等报纸第四次显现经济时报、××将显现专家撰写的文章 3.督促、协助贸易报对峰会的宣传	将交通、住房及旅游的详细情况制定成册，交付其他各组和本组所有人员，了解每个人所负责的详细情况	同上	
	17～23日	与会设施提供商的技术人员会议、就工作流程进行衔接商和会议程序与设备磨合、排演	全组人员赴上海各同各组合作进行商和的排演	1.与统筹组就会议程序衔接 2.礼品、文具运抵上海 3.礼品保管		17～23日： 1.再次对峰会网站内容进行把关并充实内容，将最后定稿交网站发布 2.加强与经济日报等会外大报的联系，提供××峰会材料 3.撰写出在××日报上发表的评论员文章，经××领导批改后送××日报 4.在××时报、××日报、××商报等报纸第五次显现经济专家撰写的文章		同上	
	24～30日	1.参会指南、会议日程、与会代表名单、发言人简介定稿 2.审核发言人发言稿	向统筹组了解有关中外VIP人员情况、人员简历等情况	1.继续落实计划制作事宜 2.继续落实设备租赁事宜		24～30日： 1.在中国贸易网、××日报、××经济时报、××商报等报纸第六次显现专家撰写的文章 2.将定稿的参会指南、会议日程、与会代表名单、发言人简介在网上发布 3.正式举行第二场新闻发布会 4.处理新闻发布后的新闻跟踪工作		同上	

续表

时间		会议管理组	礼宾(活动)组	服务组	推广组	新闻组	接待组	安保组	财务组
10月	1~9日	印刷参会指南、会议日程、与会代表名单、发言人简介				10月1~9日：1.网站方面人员赴上海落实网上直播线路问题的布置 2.同××电视台专访节目制作经济部、××卫视落实人、明确赴上海时间 3.同国外交部新闻司再次沟通最后事宜 4.在中国国贸易报、××日报、××商报等报纸上最后显现专家撰写的文章 5.新闻组做上海工作细节		对我会工作人员配合进行行政审把关	
	10日	部分人员赴上海	部分人员赴上海同志愿人员和联络员熟悉场地	1.秘书处布置 2.局域网联接		10日：新闻部分人员赴上海配合服务组落实新闻用场地的布置工作		安保工作人员陆续赴上海进住会议	
	11日					11日：同上			
	12日					12日：同上			
	13日					13日：同上			
	14日					14日：同上			

续表

时间		会议管理组	礼宾（活动）组	服务组	推广组	新闻组	接待组	安保组	财务组
10月	15日	在饭店接受印刷的材料	活动组全体人员到位，开始工作	1. 香格里拉大宴会厅、前厅布置 2. 香格里拉大会厅设备安装 3. 香格里拉注册设备安装 4. 办公设备保障		15日：新闻组全部人员到上海，重点落实主新闻中心的CEO柜台工作内容、人员到位			
	16日			1. 香格里拉大宴会厅、前厅布置 2. 香格里拉大会厅设备安装 3. 领导人会见室布置 4. 新闻中心访谈室、记者会布置 5. 金茂赞助商会客会厅布置 6. 金茂凯悦大宴会厅设备安装 7. 办公设备保障 8. 准备资料袋、礼品		16~17日：主新闻中心CEO柜台第一场专访节目制作			

时间	会议管理组	礼宾(活动)组	服务组	推广组	新闻组	接待组	安保组	财务组
10月 17日	发言人招待会	同服务组检查晚宴开幕式和晚宴布置情况	1. 香格里拉大宴会厅、前厅布置 2. 香格里拉至VIP室布置 3. 香格里拉大宴会厅设备安装 4. 金茂凯悦大宴会厅布置 5. 金茂凯悦秘书处、宴会厅布置 6. 金茂凯悦嘉宾厅 7. 金茂凯悦大宴会厅设备安装 8. 金茂凯悦大宴会厅设备安装嘉宾厅设备安装 9. 办公设备保障 10. 文印、资料发放 11. 茶点供应		17~18日： 启用香格里拉大酒店新闻中心，记者访谈室；金茂凯悦大酒店新闻记者咨询柜台，记者观摩室；第二场专访节目制作；督促媒体合作伙伴的资料发放；开幕式、晚宴登记者管理，疏导；注意将CEO的消息和图片在××报发表的同时，及时让××日报的APEC TODAY专刊获得使用			

续表

时间	会议管理组	礼宾（活动）组	服务组	推广组	新闻组	接待组	安保组	财务组
10月18日	会议现场管理	上午陪同有关领导检查开幕式和晚宴场地。（待定，有可能提前到17号下午或晚上）	1. 香格里拉大宴会厅、上海厅会场布置 2. 金茂凯悦大宴会厅会场布置 3. 金茂凯悦嘉宾厅宴会场地布置 4. 香格里拉、金茂凯悦设备调试 5. 办公设备保障 6. 文印、资料发放 7. 茶点供应 8. 布置会场引导员 9. 笔记本电脑操控 10. 同传耳机管理	现场注册、咨询	18～19日： 几场总统到场的记者管理与疏导；重点在金茂与香格里拉；安排重点媒体与专访与随时采访；继续有专会重要人士的联系与接洽；继续同新闻司的联系与接洽；注意将CEO的消息和电视台报，网站发表的同时，及时让××日报的APEC TODAY专刊获得使用			

续表

时间		会议管理组	礼宾 (活动)组	服务组	推广组	新闻组	接待组	安保组	财务组
10月	19日	会议现场管理	现场活动组织	1. 香格里拉分会场布置 2. 金茂凯悦嘉宾厅布置 3. 香格里拉分会场设备安装 4. 办公设备保障 5. 文印、资料发放 6. 茶点供应 7. 会场引导员和资料台服务人员安排 8. 笔记本电脑操控 9. 同传耳机管理	现场注册、咨询	19~20日： 几场总统到现场时的记者管理与疏导；安排会议闭幕前向媒体的吹风；注意将 CEO 的消息和图片在××报、网站发表的同时，及时让××日报的 APEC TO-DAY 专刊获得使用			
	20日	会议现场管理	现场活动组织	1. 会场一午会场一晚会布置 2. 办公设备保障 3. 文印、资料发放 4. 茶点供应、办公耗材采购 5. 会场引导员和资料台服务人员的安排 6. 笔记本电脑操控 7. 同传耳机管理	现场注册、咨询	20日：落实安排会议领导的记者吹风会(或第三场峰会)，总结本次峰会；继续保持同大报与大电视台的接触。注意将 CEO 的消息和图片在××报、网站发表的同时，及时让××日报的 APEC TODAY 专刊获得使用			
	21日	会议结束		设备拆除					

二、协调机制

（一）协调方式

1. 及时汇报：

各小组按照各自的分工对其应开展的工作负责，及时将筹备工作进展情况汇报到秘书处，由秘书长协调各小组的工作进度，并就重大问题向组委会汇报。

2. 筹备工作会议、会议纪要及会议简报

秘书处要定期召开由各小组参加的筹备工作会议，听取各小组筹备进展情况汇报，并将会议筹备情况以会议纪要方式加以记录并通过会议简报发送给组委会成员和相关合作单位。

会议纪要是对筹备工作会议中所讨论的问题进行如实的记录，以便具体工作的落实和留作组织会议的相关资料。会议纪要的内容主要包括参加会议的人员、开会的具体时间、探讨的主要议题及其讨论的基本情况。会议纪要的发送范围通常以实际负责会议组织的相关负责人员为主。

会议简报则是不定期将会议筹备和组织的情况汇总起来，发送给会议的组委会成员以及会议的其他支持和协办单位的主要负责人员，使其了解会议筹备和组织工作的进展情况。

会议筹备期间的简报与会议进行期间的简报内容有所区别。筹备期间的简报内容以通报会议筹备情况为主，而会议进行期间的简报则以报道会议现场的组织情况和会议期间所取得的成果为主，例如多少贵宾和代表参加了会议、会议期间所探讨的主要内容、会议期间达成的成果等。

会议简报和会议新闻稿也不相同，一是发送范围的对象和范围不同：会议简报主要发送对象为组织会议相关的机构和人员，而会议的新闻稿的发送对象主要为媒体人员，并通过媒体向大众传播。二是其内容不同：会议简报的内容主要涉及会议筹备和组织相关事宜，而新闻稿主要侧重于对会议内容的报道和宣传。

（二）应注意协调的问题

会议总协调人即秘书长应该与组委会及各小组保持上通下达的密切联系，及时反映和解决筹备工作中遇到的问题，督导和协调筹备工作的顺利开展。

在会议筹备过程中，许多工作是相互关联的，因此要特别注意协调各项工作间的进度，掌控各项工作的时间进程，以确保筹备工作能够协调有序地开展。

1. 会议日程与场地和设备预订

首先要有初步的日程规划，确定开几天的会、安排几场全体会议、几场研讨会、会议的规模。另外，还要确定参会人员注册费、赞助费的标准，测算会议的收入与支出，并有部分资金到位，在此基础上才能预订合适的会议场地和设备。

2. 宣传推广

要确定会议的组织结构、组委会、初步的会议日程、注册费标准、赞助商招募条款等，

才能开始正式对外宣传推广、招募赞助商、组织会议代表。

网站的宣传也需要各相关组提供相应的资料，如会议日程、演讲人情况、会议代表报名情况、赞助商资料等。此外，还需要注意网站内容的及时更新和内容的准确性。

3. 资料印刷

不管是会议的前期宣传资料，还是会刊，都要收集好相关内容，进行编辑、设计、排版和校对后才能印刷，这就要求管理组按时提交相关资料，服务组联系好相应的印刷所，相互配合才能保证按时把资料印出来。

4. 礼宾接待

礼宾接待需要各相关组的配合，包括机场接送、对外宣传、活动安排、安全保卫等方方面面的配合。

5. 后勤保障

在会议筹备期间需要收集参会人员有关酒店预订、接送机、参观游览、餐饮需求等相关信息，才能够根据这些情况制定现场实施所需要的住宿、餐饮、参观游览和交通等相关方案。因此，在会议注册表中应该提供相关信息并供参会人员进行选择和提供，例如，选择列明的酒店、是否参加参观和游览活动、是否需要接送机、有何饮食禁忌等。

6. 会议注册与接待

在参会人员前期报名期间，应及时统计并注明其参会的身份，如贵宾、嘉宾、演讲人、会议代表或陪同人员，是否交费等，以便于制作参会人员证件、通知会议注册相关事宜和实施现场接待。

本章小结

本章主要介绍了会议组织工作机构的组成、承办方式选择、总协调人的责任及工作机制、工作方案和工作流程的制定及其管理，以及工作人员的选择和管理。

1. 在组委会秘书处下设立工作小组承担各方面的会议筹备工作；

2. 确定会议的承办方式，即选择内部承办、委托承办还是联合承办。委托会议公司承办会议的优势在于他们有丰富的会议组织经验和广泛的联系，可以指定专人全身心地投入会议的承办工作，而内部人员承办会议的优势在于便于内部管理，但不利之处是相对而言缺乏组织会议的经验，且有其他工作任务，无法确保专职办会。联合承办会议则可发挥内外会议筹办人员的各自优势，不利之处是协调起来比较复杂；

3. 要保证会议筹备工作的顺利进行，关键一点是要指定一个人，即会议总协调人，由其全权负责会议的筹备协调工作，并对会议负责；

4. 会议的筹备人员要根据会议的规模和实际需求来确定，根据工作的性质不同，选择合适的人员来筹备会议；

5. 筹备的工作流程可采取自下而上的做法，即由各小组根据其分工制订小组分项工作方案，然后汇总各分项工作方案，以最主要的工作项目为主线或以筹备时间为序列出筹备工作进度表，但要注意各项工作间的时间衔接和配合问题；

6. 确保筹备工作按时进行的关键在于有具体的规划、具体的人员负责、明确的完成时间和及时的检查落实，发现问题及时沟通、及时解决，这样才能保证全局一盘棋，不会因为某个环节的进度过缓或疏漏而影响整个筹备进度；

7. 定期或不定期召开筹备会议，沟通和解决筹备过程中出现的问题，并根据新的情况及时调整、修改和补充筹备工作方案，或根据筹备工作的实际工作进度协调各组的配合。

思 考 题

1. 如何确定会议的承办方式？其利弊是什么？

2. 会议总协调人的职责是什么？应该如何开展工作？

3. 会议工作总方案的主要内容是什么？

4. 分项工作方案主要包括哪些内容？

5. 如何对会议的组织工作进行有效管理？

6. 如何建立会议组织工作的协调机制？

第三章　会议日程与活动策划

> 学习目标

通过本章的学习，了解如何选择会议的形式、策划会议活动和制定会议日程。

> 技能掌握

——学习如何选择会议的形式

——如何策划会议活动

——如何制定会议日程

第一节　会议日程与活动策划工作安排

一、工作人员

会议日程的制定主要由会议管理组人员负责，会议活动的策划则由会议管理组和礼宾组共同完成，其中由会议管理组安排会议活动的时间，礼宾组具体负责会议活动的前期筹备相关事宜。在筹备人员有限的情况下，可以指定专人负责制定会议日程和策划会议期间的活动。

二、工作内容

主要包括选择会议的形式、策划会议活动以及制定具体的会议日程。

三、工作流程

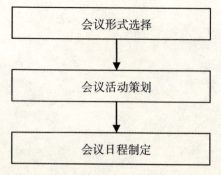

第一步，会议形式选择：即确定会议将组织几场全体会议、几个平行会议及其相应的活动，明确各节会议开始和结束的时间；

第二步，会议活动策划：即确定会议期间举办何种活动，活动开始和结束的时间及其相应安排；

第三步，会议日程制定：在确定会议形式及活动的基础上制定初步的会议日程；按照确定的大会、平行会议和活动的规划，确定每个会议和活动的主题和内容。

第二节 会议形式选择

在会议策划立项一章中我们已经介绍了如何确定会议的背景、目的、主题和议题等会议的基本事项。确定会议的议题主要解决讲什么的问题，而确定会议的形式则是要解决如何讲的问题。

会议的形式通常包括全体会议、平行或分组会议等。

一、全体会议

即由全体代表参加的大会，一般包括开幕式和闭幕式、主旨演讲、演讲、互动性讨论等多种形式。

可以根据大会的整体时间安排，在会议期间安排一次或多次全体会议。例如组织两天的会议时，可以安排一个半天或两个半天的全体会议，其余时间安排平行会议；或者每天先安排 1～2 个小时的全体会议，然后再组织平行会议或者分组会议；也可以在大会的开始或者结束时安排全体会议，其他时间安排平行会议或者分组会议。具体如何安排主要取决于会议的议题、时间、场地和费用等相关因素。

1. 开幕式和闭幕式

会议开幕式时通常会安排会议主办和支持方领导及其邀请的贵宾或者嘉宾上主席台或者在前排就座，由主办方领导或者主办方邀请的贵宾致开幕词。开幕式发言人可安排 1～2 人，主办单位的欢迎致辞以不超过 15 分钟为宜。开幕式上可以安排主旨演讲。

闭幕式上通常由主办方或者其他相关人员对会议的情况加以总结、通报大会达成的成果，例如，通过的宣言、拟成立的相应机构或者宣布下届会议的时间和地点。

2. 主旨演讲、演讲

会议组织方可以邀请一名重要或知名的人士围绕会议主题在全体会议上做主旨演讲报告，其演讲的题目通常是全体会议代表都普遍关注的话题。

主旨演讲的时间可以安排在会议的开幕式上，也可以安排在全体会议、会议的午宴或晚宴上。此外，会议组织方还需要邀请若干演讲人围绕会议的议题进行演讲。

3. 互动性讨论

在全体会议上除安排主旨演讲和演讲外，还可以安排一些互动性的讨论，有多种方式可供选择。方式一是安排一组会议代表（通常 3～5 人）坐在台上，由其向演讲者提出一些听众关心的问题；方式二是安排一组专家，由其从不同的角度讨论某个问题并回答听众的提问；方式三是安排一组专家和一组会议代表，共同围绕一个会议主题进行讨论和辩论；方式四是由一个会

议主持人或者一组人对演讲者提问；方式五是由两个人或者两队人就一个议题以正反方各自的立场进行辩论。

二、平行或分组会议

除全体会议外，还可根据不同的会议议题安排若干平行或分组会议，即在不同的场地同时组织若干不同题目的研讨会或者专题讨论会，使参会人员可以根据其兴趣点的不同与相应的演讲人有机会进行深入地沟通和交流。例如，在国际信用风险管理大会期间，根据相关行业人士关心的问题将大会分解成贸易风险管理、金融风险管理两个平行的研讨会，以便于贸易与金融界人士选择参加，围绕其关注的领域进行深入交流和探讨。

平行或分组会议一般安排在全体会议之后，根据议题和会场情况可以同时安排 2~3 个或者更多个平行或分组会议。每个平行或分组会议可以安排半天时间，或者分成不同主题的节会议，每节会议可以安排 1~1.5 小时。

平行研讨会或专题研讨会的组织形式除采用与上述全体会议相同的形式，即包括主旨演讲、演讲、互动交流等以外，也可以采用下述形式：

1. 圆桌会议

由会议主持人引导少量会议代表就一个或多个题目进行讨论。圆桌会议的参加人数不宜过多，一般需要参加会议的人员更多地参与会议议题的讨论。

2. 小组讨论会

会议代表被分成若干小组，各自讨论不同的议题。小组讨论会的参加人数也不宜过多，并要求参加会议人员更多地参加会议议题的讨论。

三、会议形式选择应考虑的因素

在选择会议形式时，不仅要考虑会议的议题、形式的互动性、演讲人员的数量、演讲的时间长度，同时还要考虑参会人员的特性和会议预算情况。平行研讨会或专题研讨会的时间长短也会受到场地、经费和发言人数量的制约。

在确定每节会议的时间长短时，要考虑给演讲人充分的演讲时间，同时安排相应的时间来回答参会人员的提问。

会议议题：以何种方式更有利于议题的表述，例如，演讲式或互动交流式；

形式互动性：以何种方式能够更好地吸引参会人员的关注和积极参与；

演讲人员的数量：每节会议拟邀请的演讲人数目；

演讲时间：每个演讲人拟安排演讲的时间长度及回答问题的时间；

参会人员特性：是否有一定的业务基础，更适合于安排哪种会议形式，例如，是否需要参加会议的人员参与讨论并上台陈述自己的看法；

会议预算：根据现有经费概算，可以预定的会场数量、面积与时间；

会场情况：可以使用的会议场地数量、面积与时间。要考虑会场的摆台方式，如剧场式还是课桌式，不同摆台方式能够容纳的实际数量。另外，也要考虑餐饮等问题，如果会议的场地还需要用来举办午宴或晚宴，就要考虑会议与宴会活动的场地转换与衔接。

第三节 会议活动策划

会议已经日益成为国内外人士彼此进行联络、交流和合作的最佳场所之一。相关人士参会，一方面是为了进一步了解相关行业或领域的最新发展动态，另一方面也是为了接触更多的参会人员，通过交流彼此建立联系、增进了解，为今后的合作奠定基础。因此，在会议期间安排相应的交流活动显得日益重要。

交流活动的形式多种多样，例如，组织开幕式或闭幕式间的活动、举办欢迎酒会或宴会、安排交流早餐、午餐或晚餐、设台交流或展会式交流、一对一洽谈等，此外，还可以安排文体、参观考察或游览活动。

各种活动的性质不同，在会议期间安排的时间也不尽相同。

一、开幕式或闭幕式

会议的开幕式或闭幕式除安排演讲外，也可以安排1～2个特色表演，例如，演唱当地的民族歌曲或演奏民族乐曲，安排一些其他当地特色的仪式，或者安排剪彩及启动仪式等。

二、酒会或餐会

会议期间主办方通常会组织欢迎酒会或宴会、午宴、晚宴、早餐会、午餐会、晚餐会、告别酒会或告别晚宴等餐饮活动，为参会人员提供充分的联络和交流的机会，同时也可以适当安排贵宾或嘉宾在上述餐饮活动期间进行演讲。

一般而言，在欢迎或告别酒会或宴会上可以安排会议主办方领导或其邀请的贵宾进行致辞和/或演讲。在早餐、午餐或晚餐会上可以安排1～2个贵宾或嘉宾进行主题演讲，但不宜安排的人数过多而影响会议代表的正常就餐，并要为会议代表提供充分的自由交流时间。

在酒会或宴会上也可以安排主要赞助商来介绍到场演讲的贵宾或嘉宾。在欢迎晚宴或告别晚宴上可以考虑适当安排一些小型的演出或表演活动，或安排颁奖活动。

三、展示会或展览会

为配合会议的召开，可以根据需要在会议召开期间举办展示会或展览会。展示会一般规模比较小，可以利用会议场地的前厅等场地举办。而展览会通常需要的面积比较大，可以安排专门的展览场地，参加的企业数目也比较多。

可以根据会议或展览的场地情况设置标准展位，即三面有展板、一面面向过道，也可以设置岛式展位（四面均无展板）和半岛式展位（三面无展板）。展位可按产品、行业或地区划分。此外，还可设立信息资料台，供会议的主办方和其合作方展示和发送其信息产品，例如，出版物、音像制品等或提供现场咨询服务。

展示会或展览会可以在会议召开期间同期举办，但展示或展览的开放时间应早于会议每天开始的时间，如展示时间为早上 8：00 开始，会议的开始时间可以安排在 8：30 或 9：00，这样便于参会人员有时间参观展示或展览。另外，也可以把会议茶歇的时间适当安排长一些，如半小时，或将午餐时间安排长一些，如安排 1.5～2 个小时，以便于参会人员观展。

四、一对一洽谈或分组洽谈

有时为了使参会人员能够进行深入地交流，还可以安排一对一洽谈。可以在拟参加人员会前已经报送的合作意向的基础上，提前排定洽谈对象及时间，届时按已经排定的时间表一对一进行洽谈。也可以在活动开始前，将其中一方的名字列出，并排出洽谈的时间段，然后由会议代表在相应的时间段填上自己的姓名，届时双方进行一对一洽谈。还有一种方式是在现场摆上桌椅，按公司或行业的名称或者不同的会议主题分成若干组，同时在桌上摆上相应的桌卡，由会议代表视情况参与洽谈，也可称之为分组洽谈或圆桌洽谈。

五、随行人员活动

在策划会议活动时，还要考虑会议代表配偶、随行人员、嘉宾及其他相关人员的日程安排。妥善安排好上述人员的活动日程有助于会议代表更好地参加会议的核心活动，同时也要鼓励其配偶、随行人员等参加会议相关活动，如晚间宴请或社交活动等，这有助于增加会议收入、扩大参加活动的人员规模。

要了解随行人员的兴趣、爱好，与相关旅行社联系，推荐一些会议所在地附近相关的参观游览项目，也可适当组织一些参观或购物活动，但要注意不要把活动安排得过满，要给随行人员留有自由活动的时间。另外要注意的是，随行人员是否参加会议组织方安排的活动的变数较大，因此最好事先进行统计，并在活动通知上注明届时将根据参加人数多少决定是否能够安排。

操作方法是联系一家信誉好的旅游公司到会上进行参观浏览项目的介绍和推荐，并敦请旅游公司和与会人员购买参观浏览保险以免防止发生意外。

六、参观考察或者游览活动

根据会议的主题和日程安排，可以考虑在会前、会中或会后安排一些适当的参观考察或者游览活动，例如，参观相关企业和园区等，以增强参会人员的感性认识。

七、文体活动

视情况，在会议前后或者会议期间组织文体活动，例如，在晚宴上安排节目表演或者组织会议人员观看文艺节目，在会前或者会后组织高尔夫/网球活动。

第四节　会议日程制定

一、主要内容

在确定会议的主题、形式和组织的相关活动后，便可以开始拟定一个会议的初步日程。会议日程中一般包括会议时间、议题/活动题目、会议主持人及演讲人、会议场地等信息。

制定会议日程时要切记举办会议的目的，日程是为实现会议目的服务的。另外，在制定会议日程时，要多从参会人员的需求角度加以考虑，相关人士参加会议主要是为了获取信息、对其感兴趣的问题进行讨论、结识其他会议代表并且得到良好的会议服务，那么在制定会议日程时就要考虑尽可能满足其需求。

二、框架结构

在制定日程时，首先要划定会议的框架结构，例如，全体会议、平行会议及相关活动的数量和时间；其次，要考虑每个全体会议或研讨会的具体日程如何安排，需要考虑的因素主要包括：

——会议时间和场地安排；

——会议的时段分配；

——会议形式与议题；

——演讲人；

——活动安排。

（一）时间和场地安排

在制定日程时首先要考虑举办会议时间的长短，例如，是半天、一天还是两天的会议。同时要考虑会议场地的需求，例如，是否有足够的场地举办多个平行会议。就目前大多数酒店的设施而言，一般拥有2~3个较大的会场（可容纳100~200人）并有若干小会场。在考虑场地时需要对每个场地需要容纳多少人做一个初步的估算。

如果组织400~500人的全体会议和2~3个平行会议时，要考虑在举办全体会议和安排400~500人就餐的情况下，是否还有相应的小型会场场地用来组织平行会议。如果需要将全体会议的场地分成平行会议的场地使用，需要考虑场地变换期间是否有足够的时间完成分会场的场地布置，以及是否另外有场地供参会人员就餐。

（二）会议时段分配

在确定会议的时间总长度后，接下来要确定全体会议、平行会议及相关活动的时间段。例如，要安排一个3天的会议，可以安排第一天为注册和欢迎晚宴，其中注册时间从上午9：00至下午19：00，欢迎酒会为17：00~18：00，欢迎晚宴从晚上18：00~20：00；全体会议半天，时间是从第二天上午9：00至12：00，午宴12：00~13：30。2~3个平行研讨会一天，时间是第二天下午的13：30至17：00，第三天上午9：00至12：00。第三天下午

13：30至17：00可以安排平行研讨会或全体会议；在第三天晚上安排告别晚宴。第四天可安排参观、游览等活动，也可在会议开始前或会议期间安排参观、游览活动。

在会议期间每个半天的活动时间里，要安排15～30分钟的茶歇时间，这一点十分重要，因为会议代表需要一定的间歇时间来调节一下，使注意力更加集中。如果不安排茶歇时间，会议代表根据需要去洗手间或感觉疲劳时需要出去休息一下，这样进进出出会影响会场的秩序，也会影响其他会议代表听会。另外，不同会议主题间需要换若干演讲嘉宾时，也可以安排10分钟左右的间歇，让会议代表休息一下，以便组织者在间隙时间调换主席台上的演讲人台卡、茶水等，或者便于相关贵宾退场。

3.4.1　案例

××年 APEC 工商领导人峰会日程
新世纪、新经济，在全球化中发展

××年 10 月 18 日（星期四）

08：30—19：00	注册（峰会各指定饭店一楼）
13：30—13：50	1. 开幕式（金茂君悦大酒店大宴会厅） 发言人：××× 主持人：×××
13：55—14：55	2. 中国专题会议（金茂君悦大酒店大宴会厅） 发言人：××× 主持人：×××
15：00—15：20	3. 新世纪香港的发展战略（金茂君悦大酒店大宴会厅） 发言人：××× 介绍人：×××
15：25—15：45	4. 新世纪中的澳门（金茂君悦大酒店大宴会厅） 发言人：××× 介绍人：×××
15：45—16：00	5. 主题报告：新经济与全球化对亚太地区的机遇与挑战（金茂君悦大酒店大宴会厅） 报告人：×××
17：00—18：00	欢迎酒会（浦东香格里拉大酒店大宴会厅前厅）
18：30—20：30	欢迎宴会（浦东香格里拉大酒店大宴会厅） 演讲人：××× 介绍人：××× 致　谢：×××

××年 10 月 19 日（星期五）

09：00—10：00　　　6. 21 世纪的增长行业（浦东香格里拉大酒店大宴会厅）

　　　　　　　　　　发言人：×××、×××、×××

　　　　　　　　　　主持人：×××

10：00—10：45　　　7. 全球经济中企业的责任（浦东香格里拉大酒店大宴会厅）

　　　　　　　　　　发言人：×××、×××

　　　　　　　　　　主持人：×××

10：45—11：00　　　茶歇

11：00—12：00　　　8. 全球化的双刃剑：怎样取得效率与公平的平衡？（浦东香格里拉大酒店大宴会厅）

　　　　　　　　　　发言人：×××、×××、×××

　　　　　　　　　　主持人：×××

12：40—13：50　　　午餐会（金茂君悦大酒店大宴会厅）

　　　　　　　　　　演讲人：×××

　　　　　　　　　　介绍人：×××

14：30—15：30　　　9. 亚太地区的未来趋势和问题：对商界的战略影响（浦东香格里拉大酒店大宴会厅）

　　　　　　　　　　发言人：×××、×××、×××

　　　　　　　　　　主持人：×××

15：30—16：00　　　10. 在知识经济时代竞争：需要具备哪些条件（浦东香格里拉大酒店大宴会厅）

　　　　　　　　　　发言人：×××、

　　　　　　　　　　主持人：×××

16：00—16：15　　　茶歇

16：15—16：45　　　11. 管理变化，培育创新（浦东香格里拉大酒店大宴会厅）

　　　　　　　　　　发言人：×××

　　　　　　　　　　主持人：×××

16：50—17：20　　　12. 俄罗斯在 21 世纪亚太地区的作用与责任（浦东香格里拉大酒店大宴会厅）

　　　　　　　　　　演讲人：×××

　　　　　　　　　　主持人：×××

19：00—22：00　　　晚宴及文艺晚会（上海大剧院）

××年 10 月 20 日（星期六）

08：45—09：15　　　13. 墨西哥与亚太地区不断增长的联系（浦东香格里拉大酒店大宴会厅）

	演讲人：×××
	主持人：×××
09：30—10：15	14.分组会议—使世界改变面貌的科技
	A、数字未来（大连/长春厅）
	发言人：×××、×××、×××
	主持人：×××
	B、生物技术与生命科学的未来（北京厅）
	发言人：×××、×××
	主持人：×××
	C、能源未来：超越化石燃料（上海厅）
	发言人：×××、×××、×××
	主持人：×××
10：15—10：30	茶歇
10：30—11：20	15.分组会议—新经济问题
	A、新经济环境中的知识产权（大连/长春厅）
	发言人：×××、×××、×××
	主持人：×××
	B、管理不断变化的技术（北京厅）
	发言人：×××、×××、×××
	主持人：×××
	C、亚洲的资本市场：新经济的资金来源（上海厅）
	发言人：×××、×××、×××
	主持人：×××
11：40—12：45	午宴：APEC 对于商界的意义（浦东香格里拉大酒店大宴会厅）
	演讲人：×××
	介绍人：×××
12：50—13：20	16.APEC 展示（长春/大连厅）
13：30—14：00	17.在全球化中共同发展（浦东香格里拉大酒店大宴会厅）
	演讲人：×××
	介绍人：×××
14：15—14：45	18.新经济展望（浦东香格里拉大酒店大宴会厅）
	演讲人：×××
	介绍人：×××
14：45—15：30	19.全球金融体系的未来：前景如何？（浦东香格里拉大酒店大宴会厅）

发言人：×××、×××

主持人：×××

15：30—15：45	茶歇
15：45—16：45	20. 多边经贸体系的未来：前景如何（浦东香格里拉大酒店大宴会厅）

发言人：×××、×××、×××

主持人：×××

16：45—17：00	21. 会议主席总结（浦东香格里拉大酒店大宴会厅）

发言人：×××、×××

19：30—21：00	闭幕招待会（浦东香格里拉大酒店大宴会厅）
21：00—21：30	焰火晚会（滨江大道）

【案例分析】该峰会的举办时间为3天，其主题为"新世纪、新经济，在全球化发展"。

会议的形式包括全体会议、分组会议及社交活动。全体会议分成若干节，每一节有专门的议题。分组会议为三个平行的研讨会。社交活动包括：欢迎酒会、欢迎宴会、午餐会、晚宴和文艺晚会、闭幕招待会及焰火晚会。

3.4.2 案例

加拿大走进大西洋会议日程

商业无边界（Business Without Boundaries）

××年6月8日（星期四）

15：00—20：00	会议代表注册，信息台开放
19：00—21：00	欢迎酒会

××年6月9日（星期五）

07：30—18：00	会议代表注册，信息台开放
07：30	早餐会
08：00—10：00	大会开幕早餐演讲
	主旨演讲：放眼大西洋地区
10：00—17：00	商务和新闻中心开放
10：00—10：30	茶歇
10：30—12：00	平行会议
	1. 能源研讨会：北美能源及能源项目进展情况

	2. 旅游业研讨会：大西洋地区面临的挑战与机遇
	3. 交通业研讨会：大西洋地区及经济的驱动力量
	4. 商会研讨会：商会融资及商会结构调整
12：00	午餐会
12：30－13：30	午餐演讲：大西洋能源
13：30－15：00	平行会议
	1. 能源研讨会：吸引能源投资
	2. 旅游业研讨会：合作的力量
	3. 交通业研讨会：地区竞争力
	4. 商会研讨会：在大西洋地区的业务创新
15：00－15：30	茶歇
13：30－17：00	平行会议
	1. 能源研讨会：为地区能源投资做准备、主要能源项目进展情况
	2. 旅游业研讨会：服务创新－旅游业发展的基础
	3. 交通业研讨会：地区发展面临的障碍
	4. 商会研讨会：如何吸引终身会员
18：30－24：00	文娱活动

××年6月10日（星期六）（活动日程见附件）

【案例分析】加拿大相关商协会举办会议时通常在第一天安排注册，在晚上安排招待酒会，第二天安排早餐会，并在早餐会上安排主题演讲，之后再安排平行会议。在午餐会上安排主题演讲，之后是平行会议，晚上安排欢迎晚宴或其他娱乐活动。第三天安排早餐会及主题演讲，之后是平行会议，然后再安排午餐主题演讲，晚上举办告别晚宴或酒会。

该大会举办目的是为了通过探讨合作机遇与挑战、协助参会者建立新的战略伙伴关系从而推动大西洋地区间的贸易合作。因此"走进大西洋"这一会议名称使人对会议的举办目的一目了然，其主题为"商业无边界"，更能表明其对推动该地区合作所持的开放态度。

该大会为期3天，第一天主要安排的是会议代表注册和欢迎酒会。第二和第三天为全体会议和平行会议，全体会议安排在上午的前半时段，平行会议分为四个专题讨论会，其中三个为该地区的重点会议，商会会议为会议组织者——大西洋地区商会同期进行的工作会议。会议期间的交流活动时间较为充分，包括早餐、午餐时间和茶歇时间，同时安排了酒会和文娱活动，以便参会者有充分的时间进行交流。

按加拿大当地的习俗，会议开始的一般比较早，因此要提供早餐。另一个特点是在参会者就餐时安排演讲，通常是先供餐，等到上甜点和饮料时开始演讲。其文娱活动包括酒会、自助晚餐、乐队演奏和舞会，重在让参会者有更多相识和交流的机会。欢迎酒会上也会安排若干人进行简短致辞。其茶歇的时间一般也稍长些，也是为了给参会者更多的交流时间。在会议结束时安排闭幕宴会，请相关人员致辞。

（三）会议形式与议题

　　在划定全体会议与平行会议的时段后，还要选择全体会议和平行会议的形式，如采用演讲还是讨论的形式。同时，确定全体会议与平行会议的具体议题。选定议题时要紧扣会议主题，全体会议的议题要围绕会议的主题来选定，而平行会议的议题需要围绕全体会议的议题来进行细分，进行专题性的研讨。全体会议或平行会议也可以分为不同的节，如半天的全体会议或平行会议可以划为2~3节会议，每节会议有不同的议题。

　　在会议过程中，可以安排提问、小组讨论等多种方式以便于会议代表参与。会议代表一般喜欢在每个演讲人讲完后现场提问，这样效果会好一些，但是也可以安排在每节会议结束时对该节会议的演讲人集中提问。

（四）演讲人

　　根据全体会议和平行会议的时段安排和形式进而确定拟邀请的演讲人数目。如果是演讲方式的话，需要的演讲人数目比较少。每个演讲人的演讲时间不要安排得过长，一般以30~40分钟为宜。

　　如果是小组讨论方式的话，每个议题可以选择多名演讲人作为小组成员，同时需要寻找一位专业人员作为协调人来主持会议的现场讨论。

（五）活动安排

　　在制定会议日程时还要考虑安排相应的活动，如开幕式、闭幕式、宴会、洽谈、展示、参观游览、文体活动等。其中开幕式一般安排在第一天召开的全体会议上，可以在主题演讲前安排十几分钟的开幕式讲话或者将开幕式与会议的欢迎晚宴相结合。

　　闭幕式可以安排在会议最后一天结束前或者与告别晚宴相结合。展示活动可以与会议同期进行，开放时间应该早于会议开始时间。洽谈活动可以安排专门的时段来进行，也可以提供场地与会议同时进行。参观游览或者文体活动可以安排在会议前后或者会议期间。

三、应注意的问题

（一）尽早确定会议日程

　　会议日程是整个会议策划和筹备的核心部分，应该尽早加以确定。日程不确定，就无法开始联系演讲人、无法确定场地的预订和布置，也无法预订会议所需的设备和餐饮，更无法准备会议相关的宣传材料并进行对外宣传和组织会议代表。

（二）随时通告和更新会议日程

会议日程将随着筹备工作的进行不断更新。因此，要注意把更新后的日程及时通告所有工作人员，特别是负责会议推广、会议代表组织的人员，并且要注意及时更新会议网站的相关内容。

（三）专人负责日程的修改

指定专人负责日程的修改，以保证其连贯性。根据日程确定的活动，及时协调场地和设备预订及餐饮安排等相关事项，同时注意协调会议与其相关文体活动的衔接问题。

本章小结

1. 会议的形式主要包括全体会议、平行会议或分组论坛，也可以通过演讲、小组讨论、展示或辩论等多种形式组织专题研讨会；

2. 会议的活动主要包括开幕式、闭幕式、欢迎或告别酒会和宴会、展示和洽谈活动、参观游览及文体活动等；

3. 会议日程主要包括会议的时间、地点、每节会议的演讲人、演讲题目及时间、演讲内容简介、会议活动时间的安排和地点、茶歇时间及地点、赞助商信息（如午餐、晚餐或茶歇赞助商的名称或标志）。

思考题

1. 会议的形式主要包括哪些种类？选择会议形式要考虑哪些因素？

2. 会议活动包括哪些种类？如何策划会议活动？

3. 如何制定会议日程？

第四章　会议财务安排

> 学习目标

通过本章的学习，了解会议相关经费预算及支出所要考虑的因素，以及如何对会议经费进行管理和解决会议经费的来源。

> 技能掌握

——掌握如何制定会议经费预算

——了解如何对会议经费进行管理

——了解解决会议经费的来源和渠道

——制定赞助和广告条款和招募赞助商

第一节　会议财务工作安排

一、工作人员

财务工作由财务组人员负责，但是需要各小组配合。各小组需要根据其负责的具体工作提出相应的开支预算，由财务人员进行汇总后报秘书处审批。

二、工作内容

财务工作主要包括制定会议预算、对会议的收入和支出进行管理。财务组需要制定会议财务收支管理办法并监督各小组执行，以便有效地控制会议的费用支出。

在会议筹备阶段很难对会议所需经费作出精确的估算，要确定解决会议所需费用的基本原则，即要确定解决会议经费的基本来源。首先要确定会议是公益性的还是商业性会议，经费来源主要依靠行政经费还是要通过商业运作来解决。

会议预算包括预期的收入和支出两部分。不管是商业性或非盈利性的会议，合理地制定预算和有效地控制费用支出都至关重要。而在经费运作和管理过程中，要注意解决经费的现金流问题，同时要注意节省经费开支，扩大赞助费和注册费的经费收入来源。

三、工作流程

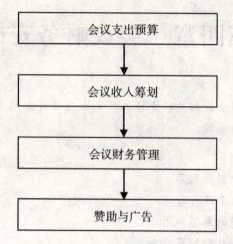

会议支出预算

↓

会议收入筹划

↓

会议财务管理

↓

赞助与广告

第一步，会议支出预算：首先要制定会议的支出预算，由各小组根据其工作分工，将相关费用初步测算出来，在此基础上汇总成会议的总预算；

第二步，会议收入筹划：确定会议的注册费、赞助费和广告费的收取标准，在此基础上测算会议的预期收入；

基于对会议成本和收入的测算，对各支出项进行检核和调整，减少不必要的支出，确定会议的基本预算。

第三步，会议财务管理：制定会议财务收支管理办法，由财务组负责对会议的收入和支出进行管理；

第四步，赞助和广告：赞助和广告是会议经费来源最重要的组成部分，需要制定相应的赞助和广告方案，并指定专人负责落实。

第二节　会议支出预算

制定会议预算先要计算会议的成本，即需要支付多少费用。会议成本主要由固定成本和可变成本两部分构成。其中固定成本是不管参加会议的人员多少都需要支出的成本，而可变成本将依据参会人员的多少而变化。

一、固定成本

固定成本主要包括：

（一）场地租赁费

根据会议规模大小，要租赁的场地包括：主会场、分会场、贵宾室、宴会和酒会场所，有时还包括秘书处、新闻采访室、赞助商室、演讲人休息室、新闻中心、工作间等，其中安排宴会和酒会时所使用的场地费一般可以免交。此外，有时也可以要求饭店提供免费的贵宾室和工作间，但具体情况因酒店不同而异。

（二）设备租赁费

会议设备可以由酒店提供。如果酒店提供的设备不能满足会议的设备要求时需要另行租赁，主要包括：音响设备、视频设备、灯光设备、同传设备和办公设备，有时还需要预订发言提示器、媒体设备接口等相关设备。

（三）设计及制作费

场地布置的设计和制作因会议的需求不同而异。一般性设计主要包括会议背景板和指示牌的设计和制作，重要会议有可能涉及整个会议舞台包括演讲台、注册台、赞助商展示台、会议资料台、新闻采访室、会场前厅、会场外宣传品等的设计和制作，此外还有可能包括会场布置用的花草等。

（四）人员相关费用

1. 演讲人相关费用

需要支付演讲人的费用主要包括交通费、食宿费和演讲费，具体支付何种费用视会议具体情况而定。有时不需要另外支付演讲费，只要免除演讲人的会议注册费即可。对于有利于演讲人或其所在单位或公司宣传的会议，有时还需要演讲人提供费用来支付举办会议所需的部分成本。

2. 贵宾和嘉宾招待费

有时可能需要为特别邀请的贵宾免费提供食宿、交通及机场贵宾室租用费等。同时邀请一些嘉宾参会有时也需要免除会议注册、餐饮等费用。接待重要贵宾或者演讲人可能还需要支付宴请费。

3. 翻译费

它包括会议口头翻译和会议资料翻译所需费用。如果异地聘请同声传译或翻译前往其他城市为会议翻译时，还要考虑翻译人员的交通和食宿等费用。

4. 技术及保障人员相关费用

有时需要支付相关技术人员，如摄影、摄像师、速记员的劳务费。重大的国际会议需要请相关部门派人员进行会议的安全保障，同时进行食品安检、急救和电力保障等，因此会涉及一定的人员和设备方面的费用支出。

5. 工作人员相关费用

如果需要异地办会，需要考虑相关工作人员的差旅、交通、食宿和通讯等费用。即使在当地举办会议，也要考虑工作人员当地交通和通讯等费用，以及需要住会时的食宿费用。此外，有时还要考虑相关工作人员的劳务费。需要志愿人员时，也要支付相应的交通和伙食等费用。如果需要临时雇佣工作人员时，还要考虑支付其相应的工资。

（五）宣传推广费

会议网站设计及维护费、新闻发布会的场地租赁、会议资料印刷和发送、媒体相关费用，甚至包括广告宣传等相关费用，以及对内外联系、传递资料涉及的通讯（传真、电话）和邮递费。

（六）会议管理或服务费

即会议组织或服务费，这一部分比较难以计算。因为有些机构组织会议，由内部人员承担会议的组织工作，其人员工资不作为会议的直接成本加以计算。在会议组织过程中，通讯费、交通费等相关费用均会有所增加，但往往将其作为日常业务经费处理。此外，组织会议的工作人员一般都是额外承担会议的组织工作，在会议筹备期间工作量会增加，还要加班，同时办公设备的使用量也会加大，而这些成本往往在会议预算中没有充分体现出来。而专业的会议公司，其人员的费用和成本支出中能够较好地体现此项费用。

在组织重大的会议时，有时需要聘请专门的会议公司人员协助会议的管理及组织，因此需要支付相应的管理费或者服务费。

二、可变成本

可变成本主要包括：

（一）餐饮费

主要包括欢迎酒会和晚宴、告别酒会及晚宴、午餐、晚餐和茶歇。此外，还包括贵宾室、赞助商室、新闻中心、秘书处等地的茶水供应，以及工作人员和志愿人员的餐饮费。

（二）住宿费

如果不是由参会代表自行支付宿费的话，还要考虑会议代表住宿所需费用。

（三）代理费

如果请一些公司或机构协助赞助会议代表或招募赞助商，需要支付一定比例的代理费，通常代理费根据代表组织的具体数目或赞助的费用按一定比例提取。

（四）会议代表交通费

如果会议组织单位负责安排会议代表的接送机，或者在组织文体活动、参观游览或需要安排距离较远的活动场地间的转换时，需要租车来解决会议代表的交通，因此需要支付相应的交通费。

（五）会议活动费

如果安排文艺演出需要支付场地和演职员的劳务费。如果安排高尔夫球赛需要支付场地费，安排参观游览时也要支付相应的门票等费用。

（六）会议资料和用品制作费

会议资料包括前期宣传资料和相关物品，如：信封、信纸和邀请函等，以及举办会议时所需的会刊、演讲稿印刷、资料手提袋、资料夹、笔和本、台卡、胸卡、会议标识或徽章、接机牌、车证、行李标签、宴会请柬、桌签和菜单。如果准备将会议录音或录像进行剪辑、制成光盘，还要考虑后期制作费。

（七）相关税费

会议经费运作中需要按照国家财政税费标准支付相应的税费。

（八）不可预计支出

预算时应留有一定的费用（约占总预算的 10%）用以支付不可预见的一些项目支出。（见 4.2.1 样表）

4.2.1 样表　　　　　　　　　　**会议费用预算检核表**

场地租赁费					
序号	项　目	分项描述	数量	单价	费用
1	场地	主会场			
		分会场			
		酒会场地			
		宴会场地			
		展示场地			
		贵宾接待室			
		新闻采访室			
		新闻中心			
		演讲人休息室			
		赞助商室			
		秘书处			
		储藏室			
	小　计				
餐饮费					
序号	项　目	分项描述	数量	单价	费用
2	餐饮	欢迎酒会			
		欢迎晚宴			
		告别晚宴			
		午餐			
		晚餐			
		茶歇			
		接待室饮料			
		工作人员餐			
	小　计				

设备租赁费					
序号	项　目	分项描述	数量	单价	费用
3	视频设备	投影机			
		投影屏幕			
		矩阵系统			
		监视器			
4	音频设备	全频音箱			
		功放			
		均衡器			
		24 调音台			
		滤波器			
		抑制反馈器			
		无线领夹式麦克			
		无线手持麦克			
		有线桌式鹅颈麦克			
		有线立式麦克			
		DVD			
		MD 机			
5	传译设备	无线发射机			
		无线翻译器			
		翻译间			
		耳机			
6	灯光系统	筒灯 PAR1000			
		成像 ETC			
		追光灯			
		H 型灯架			
		可控硅			
		控制台			
7	办公设备	传真机			
		打印机			
		复印机			
		电话、网络			

续表

8	胶卷及冲印				
9	录像带				
10	录像带转接费				
		小计			
会议用品及印制品					
序号	项 目	分项描述	数量	单价	费用
11	资料手提袋				
12	会刊 演讲稿印刷				
13	背景板				
14	会议资料后期整理				
15	笔、本				
16	文件夹				
17	胸卡				
18	行李标签				
19	车证				
20	宴会请柬 宴会菜单				
21	宴会桌签 台卡				
22	签到指示牌				
23	会场指示牌				
24	赞助商展位布置				
25	赞助商易拉宝				
26	礼品				
27	贵宾胸花				
28	场地布置用花草				
	小 计				
人员相关费用					
序号	项 目	分项描述	数量	价格	费用
29	演讲费				
30	演讲人招待费				

续表

31	会议代表交通费 会议代表住宿费				
32	贵宾招待费				
33	嘉宾招待费				
34	笔译费				
35	口译费				
36	安保费				
37	摄影师				
38	摄像师				
39	速记费				
40	工作人员差旅费				
41	工作人员劳务费				
42	工作人员交通费				
43	工作人员通讯费				
44	志愿人员交通费 会议活动费				
45	会议管理或服务费				
	小　计				
宣传推广费					
46	新闻发布会	场地费、记者劳务费、胸花、饮料等、背景板			
47	会议宣传册 邀请函				
48	宣传费	广告、网站			
49	信封				
50	信纸				
51	邮费				
52	电话费				
53	传真费				
54	代理费				
	小　计				

续表

税费					
序号	项　目	分项描述	基数	税率	费　用
55	营业税				
56	个人所得税				
57	不可预见费				
	小　计				
费用总支出					
	合　计				
预期总收入					
序号	项　目	分项描述	数量	标准	费　用
58	注册费				
59	赞助费				
60	广告费				
	合　计				
预期盈余					
	盈　余				

第三节　会议收入筹划

一、会议经费来源

在确定会议所需经费的基础上，要进行会议经费的筹划，解决会议所需经费的来源问题。会议经费的解决途经主要包括以下。

（一）行政或者内部经费

通过行政渠道或者组织方内部解决部分或全部所需经费。此种解决办法仅限于少数政府部门主办、交办的会议或者组织方支付费用组织的会议。

（二）国外经费

某些举办会议的国际组织或者会议的国外合作方有时可以协助解决或者承担部分会议相关费用。

（三）会议注册费

向会议代表收取注册费以支付会议相关费用。

（四）商业赞助和广告

通过商业策划来招募赞助商和广告商等解决部分所需经费，国外商协会的会议通常依赖赞助商来弥补会议经费的不足。

（五）合作方式

通过与相关政府部门或机构合作，解决会议的场地，或者通过与相关机构或媒体合作节省部分代表招募或媒体宣传费用。

（六）销售会议资料

有时可以通过提供出售会议资料或会议录音等方式获取部分收入。

（七）展览展示费用

通过组织展览或展示活动获取部分费用。

（八）演讲费

根据会议的性质不同，有些宣传、推广性质的会议可以由演讲人支付会议的相关费用，而听众可免费参加。

二、会议注册费的计算方法

会议注册费可通过计算或从参会代表的角度来评估获得。在计算会议注册费时一定要留有余地，以免在参会代表人数未能达到预期人数时出现入不敷出的问题。同时，要考虑对提前注册的人员给予一定的价格优惠。

（一）会议规模计算方法

会议注册费可用净固定成本除以参会代表人数再加上人均可变成本的方式计算出来。所谓净固定成本即不包括广告、赞助和展示所能负担的费用时需要支出的成本。在此计算过程中，比较难确定会议代表人数，如果以前开过会还好估算会有多少人参会，如果是第一次组织，会议代表人数可选择可使收支相抵的人数，也就是说有多少人参会才能打破收支平衡点，开始使会议盈利。在估算人数时要留有余地，通常要将预期人数减少1/3作为计算的人数。

（二）市场导向的估算方法

以潜在会议代表人数计算所获得的注册费也许会和参会代表能够接受的价格不符，有时会比较高，那么就要看可以在哪些方面节省经费、在哪些方面可以获得经费补充。但实际上，计算出的费用有时会低于参会代表心目中的市场价值，有时候投入更多的宣传费用也许会吸引更多的人员参会，但运作需要经费，而将费用订得过高，也要承担相当大的风险。

第四节　会议财务管理

一、会议现金流

组织会议通常需要资金的前期投入，因为会议注册费要在临近开会时才会到账，而会议前期需要印刷宣传材料、设立网站、预订会议场地和设备等，都需要资金的支持。因此要计算好会议前期需要多少经费投入并设法解决前期的经费问题，如通过申请行政经费、国外机构经费、赞助等方式予以解决。同时，也要确定会议后期需要多少经费，并知道何时通过何种方式来获得。

二、控制经费开支

制定会议预算是为了更有效地控制会议的实际经费开支。

控制会议经费开支的第一点要经常检查各项经费是否已超出预算范围，并对有可能出现的问题加以预防，这样才能够在会议预算的范围内有效地组织会议，提高会议的盈利水平。

控制经费开支的第二点是要精打细算，因为在筹备会议时有很多因素可以影响会议的开支，如会议举办的地点。在本地举办会议就比在外地开会节省工作人员的差旅费和住宿费。选择场地时，同一家酒店在旺季和淡季的价格也会有很大差异。不管是预订设备还是餐饮，经过比较和挑选就可以有效地降低成本。印刷和制作相关物品也是一样，进行多家比较，挑选价格合适、服务优良的厂商合作不仅可以保证质量同时也能减少成本开支。

有效控制经费要注意的第三点是预算人员和开支人员要分开，如果由同一个人既负责预算又负责开支，就有可能出现预算不准确、支出得不到有效控制的问题。而由不同的人员负责审核各项开支情况，就有可能把开支尽可能控制在预算的范围内。

同时要注意的是，如果要减少开支的话，最好在做预算的时候就把不必要的开支数额降下来，不要等发现经费不够时再做调整。而且在做预算时比较容易进行各项费用间的平衡和调整，也容易把相关费用预算降下来。

要有效的控制开支，必须建立严格的财务收支管理办法，明确由财务组负责对大会财务进行统一管理，建立专门账户，单列核算。会议有关的收入，包括会议代表注册费、赞助费、广告费以及其他收入，均需纳入为会议开立的专门账户。非财务组人员不得自行收受与会议有关的任何收入。财务组要会同各组制定详细的支出预算，然后汇总成全盘预算，报组委会秘书长批准后执行。各小组在批准的预算内发生的费用，由各组负责人签字、经秘书长复签后，由财务组报销。超出预算的部分必须由小组负责人提出后，经财务组审核、报秘书长批准后执行，但必须在全盘预算范围内掌控。如需对经批准的全盘预算作出调整，应由管理组提出，秘书长核签后报相关领导批准。

第五节　会议赞助和广告

举办商业性的大型会议或研讨会，赞助和广告是必不可少的一部分收入来源。赞助和广告的方式多种多样，组织者可根据其具体情况来决定。

一、工作安排

（一）工作人员

赞助方案可以由会议管理组负责起草，经会议组委会审核批准后，报财务组备案后，交由推广注册组负责开展对外招商工作，赞助相关款项由财务组负责收取。

（二）工作内容

制定赞助方案，包括赞助条款、赞助商等级划分、对赞助商资格要求、对赞助商的回报条款。策划如何招募赞助商、落实对赞助商的承诺、安排其参会相关事宜。

（三）工作流程

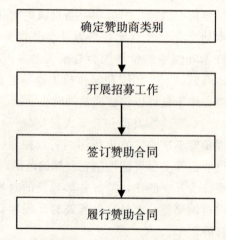

第一步，确定赞助商的类别：根据会议的需求，确定会议赞助商的分类标准、每类的赞助金额及回报条件，准备赞助方案；

第二步，开展招募工作：基于确定的赞助商的类别和金额，对外联系赞助事宜，与潜在赞助商进行沟通，听取其对会议赞助的意见和建议；

第三步，签订赞助合同：在协商一致的基础上，由会议组织方与赞助方签署赞助合同，明确双方的责权利，就赞助款的金额、赞助回报及纠纷的解决等进行明确的规定；

第四步，履行赞助合同：赞助商根据合同向会议赞助方提供相应的赞助，会议组织方根据其承诺兑现对赞助商的回报条款。

二、赞助商的类别

（一）独家或多家赞助

首先，要决定是由独家还是由多家来提供赞助，独家赞助的优势在于只同一家赞助商打交道，减少了协调多家赞助商的难度，但要求的赞助金额通常较大。多家赞助的好处在于对每一家所需提供的赞助数额有所降低，但不利之处是需要做大量的协调和联系工作。

如果是多家赞助的话，一般会将赞助商根据赞助金额的多少划分成不同的等级并冠以不同的名称，如特级、一级、二级赞助机构或"钻石赞助商"、"白金赞助商"和"黄金赞助商"等。其次，也可以按照全程赞助、主会场赞助或分会场赞助的名称来加以区别，将其分别称为"特别支持赞助"、"全程协办赞助"、"主会场协办赞助"或"分会场协办赞助"或××会议赞助等。有时不直接体现赞助字样，以特别鸣谢合作伙伴的方式体现。此外，也可根据情况设置一些单项赞助，如晚宴赞助、午餐赞助、茶歇赞助、代表证赞助、资料袋赞助、分桌赞助等。

（二）赞助方式

赞助可以是资金赞助，也可以提供实物赞助或服务赞助，具体采用哪种方式完全取决于主办单位的需求及与赞助商协商的结果。

根据赞助方式的不同可以划分为不同的赞助商，如资金赞助商、实物赞助商或服务赞助商。资金赞助商是按照赞助的金额来向会议提供资金方面的赞助。而实物赞助商则按照会议的需求为会议提供会议用品方面的赞助，例如，提供会议文件夹、文件包、计算机、音视频设备、纸笔、礼品、鲜花、食品等。但以物品方式提供时，一定要确保所提供的物品符合会议代表的身份，如以食品赞助时更要当心，以防因质量问题或其他问题危害与会者的健康。此外，也可以通过会刊等宣传资料为相关公司进行广告宣传，确定各类广告的价目表。

服务赞助商根据会议的服务需求，提供相关服务而获得对其公司的宣传。如提供会议接待、注册、印刷资料、邮寄资料、对外宣传、网站宣传、翻译、现场服务。以服务方式提供时，也要明确服务的具体内容和要求。

（三）赞助方案

在赞助方案中，要提供会议的背景情况，包括会议名称、时间、地点、会议目的、演讲嘉宾、会议人员及人数、会议的初步日程，然后要列名赞助的项目、金额及回报条款。

对赞助商的回报方式也是多种多样的，会议主办者要根据会议的经费、场地和形象问题等加以综合考虑。回报的方式主要包括：

——在会议背景板、会刊、网站、桌卡上进行宣传，如刊登其名称和/或 LOGO，或进行网站链接；

——提供赞助商台或将赞助商资料或其提供的纪念品装入资料袋中发放；

——在宴会厅或会场外设置宣传台或宣传展板，或悬挂赞助商旗帜；

——请其派代表参加会议的特别活动，如在宴会主桌上为其安排位置或以其名义保留桌子；

——由会议组织单位在会议上感谢赞助商，或以展板或易拉宝方式鸣谢赞助商；

——在会议或宴会活动中请赞助商介绍演讲贵宾或在会议中演讲；

——参加领导或主办单位会见活动；

——为其提供贵宾室；

——享受一定的免费参会名额；

——提供会议代表名单和会议资料。

一般而言，特别重大的大型会议在会场内不体现赞助商名称，如在会场内的背景板上，主要以通过在场外提供赞助商台、宣传台，在会刊或网站上刊登广告等方式体现，同时可给予赞助商一定的免费参会名额，在举办宴会上可以给赞助商在主桌就座的礼遇或为其保留一桌，由其邀请目标客户群一同就餐，为其提供赞助商休息室。商业性会议往往给予赞助商更高的回报，除上述提及的回报外，可能会安排其在主会场背景板上显示其公司名称或LOGO、为其在场内设置宣传板、悬挂旗帜；安排其在宴会、会场上发言或开幕式时在主席台就座；安排相关媒体对其进行专访；安排其与国内外贵宾会见与交流，或介绍演讲嘉宾，和者为其提供其他个性化服务。（见4.5.1案例）

4.5.1　案例

××会议赞助方案

一、赞助机构分类

（一）分级赞助机构

特级赞助机构（钻石级，限1家，××万元，冠名晚宴）

一级赞助机构（白金级，限2家，每家××万元，冠名午宴）

二级赞助机构（黄金级，限5家，每家××万元）

三级赞助机构（白银级，限8家，每家××万元）

（二）单项赞助机构

茶歇（4次，每次×万元）

代表证赞助机构（×万元）

资料袋赞助机构（×万元）

礼品赞助机构（×万元）

分桌赞助（×千元）

（三）广告赞助

会刊广告（16开铜版纸）

目录前页（不含封二）　　　　　　　　　　×万元人民币/页

彩色内页（不含封二、目录前页和封三）　　×万元人民币/页

黑白内页（不含封二、目录前页和封三）　　×千元人民币/页

（以上价格不含设计费和翻译费）

二、赞助机构资格

　　诚信及有影响力的企业

三、各类赞助回报条款

（一）特级赞助机构

　　1. 参加出席论坛的相关领导人或主办方领导的会见及合影（若安排，仅限1名）

　　2. 公司领导人在晚宴中享受入座贵宾席的待遇（仅限1名）

　　3. 晚宴中为其保留一桌席位（价值×××元人民币），可邀其他参会代表共进晚餐

　　4. 享受3个免费参会名额（含公司领导人的名额，价值×××元人民币）

　　5. 主持人在大会开幕式或闭幕式中特别致谢

　　6. 冠名一次重要晚宴招待全体代表，体现在会刊活动安排、晚宴背景板、其他相关宣传中；在晚宴中介绍或感谢演讲人

　　7. 在会刊封底上刊登整版彩色广告（价值×××元人们币）

　　8. 在会刊正文刊登2页赞助机构介绍（中英文对照，价值×××元人民币）

　　9. 在大会官方网站鸣谢页中出现赞助机构LOGO或名称，并与赞助机构网站链接

　　10. 在大会场内外背景板、合作媒体的报刊上得到鸣谢

　　11. 在大会期间组织媒体采访赞助机构领导

　　12. 在一个A类时段（首日上午茶歇期间）播出赞助机构宣传片（5分钟）

　　13. 在大会茶歇区提供专用宣传展位一个（9平方米，价值×××元人民币，由赞助机构负责布置）

　　14. 在大会资料袋中派发赞助机构资料（资料由赞助机构提供）

　　15. 得到经编辑的大会影音资料及参会人员名单

　　16. 赞助机构领导可享受接送贵宾待遇，可参与贵宾活动，在贵宾区落座

　　17. 由主办单位联合签发赞助荣誉证书、感谢信及赠送礼品

（二）一级赞助机构

　　1. 参加出席论坛的相关领导人及主办方领导的会见及合影（若安排，仅限1名）

　　2. 公司领导人在晚宴中享受入座贵宾席的待遇（仅限1名）

　　3. 晚宴中为其保留一桌席位（价值×××元人民币），可邀其他参会代表共进晚餐

　　4. 享受2个免费参会名额（公司领导人的名额，价值×××元人民币）

　　5. 主持人在大会开幕式或闭幕式中特别致谢

　　6. 冠名一次午宴招待全体代表，体现在会刊活动安排、午宴菜单或请柬、其他相关宣传中；在午宴中介绍或感谢演讲人

　　7. 在会刊封二或封三中刊登整版彩色广告（价值×××元人们币，早签约者优先选择）

　　8. 在会刊正文刊登1页赞助机构介绍（中英文对照，价值×××元人民币）

　　9. 在大会官方网站鸣谢页中出现赞助机构LOGO或名称，并与赞助机构网站链接

　　10. 在大会场内外背景板、会刊及合作媒体的报刊上得到鸣谢

11. 在大会期间组织媒体采访赞助机构领导

12. 在一个 A 类时段（首日上午茶歇期间）播出赞助机构宣传片（5 分钟）

13. 在大会茶歇区提供专用宣传展位一个（9 平方米，价值×××元人民币，由赞助机构负责布置）

14. 在大会资料袋中派发赞助机构资料（资料由赞助机构提供）

15. 得到经编辑的大会影印资料及参会人员名单

16. 赞助机构领导可享受接送贵宾待遇，可参与贵宾活动，在贵宾区落座

17. 由主办单位联合签发赞助荣誉证书、感谢信及赠送礼品

（三）二级赞助机构

1. 参加出席论坛的相关领导人或主办方领导的会见及合影（若安排，仅限 1 名）

2. 公司领导人在晚宴中享受入座贵宾席的待遇（仅限 1 名）

3. 享受 1 个免费参会名额（价值×××元人民币）

4. 主持人在大会开幕式或闭幕式中特别致谢

5. 在会刊中刊登 1 页整版彩色广告（价值×××元人民币，早签约者优先选择）

6. 在会刊正文刊登 1 页赞助机构介绍（中英文对照，价值×××元人民币）

7. 在大会官方网站鸣谢页中出现赞助机构 LOGO 或名称，并与赞助机构网站链接

8. 在大会场内外背景板、会刊及合作媒体的报刊上得到鸣谢

9. 在一个 B 类时段（下午茶歇期间）播出赞助机构宣传片（5 分钟）

10. 宣传资料可免费放在大会资料台上

11. 在大会资料袋中派发赞助机构资料（资料由赞助机构提供）

12. 得到经编辑的大会影音资料及参会人员名单

13. 赞助机构领导可享受接送贵宾待遇，可参与贵宾活动，在贵宾区落座

14. 由主办单位联合签发赞助荣誉证书、感谢信及赠送礼品

（四）三级赞助机构

1. 参加主办方领导的会见及合影（若安排，仅限 1 名）

2. 公司领导人在出席会议各种社交活动时，优先安排座次（单次于特级、一级、二级赞助机构待遇）

3. 享受 1 个免费参会名额（公司领导人的名额，价值×××元人民币）

4. 在会刊中刊登 1 页整版内页彩色广告（价值×××元人民币，早签约者优先选择）

5. 在会刊正文刊登 1 页赞助机构介绍（中英文对照，价值×××元人民币）

6. 在大会官方网站鸣谢页中出现赞助机构 LOGO 或名称

7. 在大会场内外背景板、会刊、合作媒体的报刊上得到鸣谢

8. 宣传资料可免费放在大会资料台上

9. 得到经编辑的大会影音资料及参会人员名单

10. 赞助机构领导可享受接送贵宾待遇，可参与贵宾活动，在贵宾区落座（但次于特级、一级、二级赞助机构待遇）

11. 由主办单位联合签发赞助荣誉证书、感谢信及赠送礼品

（五）茶歇赞助

参加主办方领导的会见及合影（若安排，仅限 1 名）

在茶歇区的指示牌上显示赞助机构的企业 LOGO 或名称

享受 1 个免费参会名额

赞助机构名称在会议日程中加以体现

宣传资料可免费放在大会资料台上

得到大会的参会人员名单

赞助机构领导可享受接送贵宾待遇，可参与贵宾活动，在贵宾区落座（但次于特级、一级、二级和三级赞助机构待遇）

由主办单位联合签发赞助荣誉证书、感谢信及赠送礼品

（六）代表证赞助机构

在代表证上体现赞助机构名称

享受 1 个免费参会名额

得到大会的参会人员名单

在资料袋上体现赞助机构名称

享受 1 个免费参会名额

得到大会的参会人员名单

（七）资料袋赞助机构

得到会刊若干本（数目另行确定）

（八）礼品赞助机构

在资料袋上体现赞助机构名称

享受 1 个免费参会名额

得到大会的参会人员名单

（九）分桌赞助

在大会举办的欢迎晚宴或告别晚宴上以赞助单位名称邀请代表就餐

（十）广告赞助

根据确定的广告页价位在会刊的相关位置刊登广告

四、赞助联络、协议签署及付款

赞助联络事宜由主办方指定人员或机构全权负责，赞助方与相关人员或机构协商一致后，赞助协议将直接由赞助方和论坛主办单位代表共同签署，赞助回报执行以双方最终签署的协议为准。协议签署后 3 天赞助方支付总金额的 50% 作为保证金，另外 50% 于××年×月×日前汇至论坛主办方指定账号。

五、工作进度安排

5 月 31 日：确定主要赞助商的选择目标

7 月 5 日：完成赞助招募和保障方案

7 月 15 日～22 日：制作诚征赞助函

8月～11月：征求分级赞助商、单项及广告赞助商

11～12月：落实对赞助机构的汇报条款，接待赞助商

六、负责人 ×××

三、招募赞助商

（一）招募方式

一般有直接和间接两种招募方式，直接招募即由主办单位人员直接与相关机构或公司联系，商谈赞助相关事宜。间接招募主要通过中介公司或者协办方与相关机构或公司商洽会议赞助相关事宜，由主办单位负责支付中介公司或者协办方相应的代理费。采用间接招募方式时，会议组织者应对中介公司或者协办方有明确的授权并掌握赞助事宜商谈进展情况，特别是对赞助商所承诺的回报条件严格把关，以免因为中介公司或者协办方沟通不利而引起赞助商的不满。

（二）对外联系

根据已制定的赞助条款，选择适宜的目标对外进行宣传，围绕赞助事宜进行沟通和前期联系，选定相应的赞助商。

首先列出潜在赞助商名单，然后逐一进行联系。可以先与其进行口头沟通，再提供相关资料并进行面谈，解答其关心的问题。

在联系赞助商时，先要提供会议的基本情况，主要包括：

——会议组织者相关信息：会议主办方名称、地址、联系电话、传真、邮箱及联系人；

——会议基本情况：会议名称、举办的时间、地点、会议目的、主题、日程、背景情况、拟邀请的演讲人、预期参会人数、会议的媒体宣传及影响力等；

——赞助方案：赞助价值、项目、回报条款、实物或服务赞助项目、赞助事宜联络人及付款方式等。（见4.5.2案例）

4.5.2 案例

××年 APEC 工商领导人峰会赞助商邀请函（英文）

××年 APEC 工商领导人峰会筹委会

APEC CEO Summit ×× Organizing Committee

1, Fu Xing Men Wai Street, Beijing 100860, China

Tel：＋86 10 68041275　Fax：68023554　Email：qupc@ccpit.org, Website：www.apecceo2001.org

---

March 22, ××
Chairman & CEO：×××
×× Corporation
USA
Attn：Ms. ×××, Dept. of Marketing
Fax：×××××××

Dear Mr. ××

Invitation to Sponsor the APEC CEO Summit ××

I am pleased to write you about the captioned subject. As you may be well aware, China will be hosting a series of APEC meetings this year, including the Leaders' Meeting and CEO Summit. As an important part of the activities to be hosted by China, the APEC CEO Summit will be organized by the China Council for the Promotion of International Trade.

In the first year of the new century, people always hope to get a clear perspective of all significant undertakings. In ××, the 4th WTO Ministerial will be convened, after the Seattle debacle. World business will certainly have an interest in influencing the agenda setting. China by then will most likely have joined the organization. After 20 years of opening and reform, China has already developed into a good position to compete as a full member of the international economic regime. The position will be further consolidated by the 10th Five Year Development Program launched this year as well as the West China Development Program, which will enter into a critical stage in ××. Specifically, Shanghai, as a leader of the Chinese economy quickly striding towards an international business center, adds its own appeal to the meeting. All the factors have come together to present an APEC CEO Summit ×× of the highest profile. It has already aroused enormous interest from the business community in the region even if publicity has not yet started seriously.

Themed on "New Century, New Economy: Developing in the Globalizing World", the Summit will invite a host of APEC state leaders and world famous corporate leaders as well as great thinkers from the academic world to share with delegates their thoughts

on the various topics (see Tentative Program as attached). Constrained by space, however, only some 700 delegates, at CEO or equal levels, can be invited to attend the Summit (see Delegate Criteria as attached).

Presenting such a high profile Summit will surely incur enormous expenses. To ensure the full success thereof, we are open to accept voluntary sponsorship from companies with international prestige and offer them publicity accordingly, like similar international conferences do (see Sponsorship Policy as attached).

Many world—renowned companies have expressed their profound interest in becoming sponsors of the Summit. In light of your company's prominent position in your sector and your serious interest in expanding your presence in China, we thought your company might be delighted to learn of the opportunity. We believed that your company's outstanding position in the minds of the business community of the region and the public in China particularly would be further solidified by your prominent presence at such an event in the spotlight of world attention.

Please be assured that it is entirely at your company's discretion whether or not to sponsor the APEC CEO Summit ××. Any decision will not affect your business in China in a negative way. It's purely a business judgment.

However, if your company decides to become one of the sponsors, please contact us as soon as possible. As the number of sponsors is limited in each category, the status will be granted on a first come, first serve basis, except for Premium Diamond. Should your company wish to become Premium Diamond Sponsor, please write formally to us before April 15, 2001. After that date the company who has committed the most in financial terms will become Premium Diamond Sponsor. Apparently the sooner you indicate your commitment, the more you can benefit from the status. A sponsor company is entitled to publicize its role as a sponsor of the APEC CEO Summit ×× on its own, in addition to those benefits offered by the Organizer of the Summit.

Please note however we are contacting you only for sponsorship for APEC CEO Summit ××. Sponsorship of other APEC events in China is handled separately by the appropriate Chinese government bodies. If your company is interested, we will be happy to refer you to them.

Looking forward to hearing from you soon.
Sincerely yours,

×××
Secretary General

Organizing Committee
APEC CEO Summit ××

Encl. :

1. Tentative Program
2. Delegate Criteria
Contact：

Mr. ×××
Tel：×××
Fax：×××
Email：×××

四、签订赞助合同

在与赞助商协商一致的基础上还要与赞助商签订合作协议，明确双方的合作条件，合同中应包括：会议的时间和地点、赞助金额、支付方式和时间、回报条款、展位或资料台的尺寸、广告的尺寸、发布位置及频率、广告和资料的提交时间和具体要求、免费参会人数、在会议活动中的相关安排、联系人及联系方式，然后由双方代表签字。

五、履行赞助合同

赞助商要基于赞助合同按时提供资金、物品或相关服务，并按要求提供宣传所需的资料。主办方则要基于赞助合同制订对赞助商的服务方案，逐一落实对赞助商承诺的条件，指定专人负责落实赞助商宣传、广告、展示台设计或参加会议等相关事宜，保持与赞助商的联系。相关负责人员最好对照相关条款列出何时需要提交何种资料，何时需要提供何种服务，并随时检查对赞助商的服务是否已落实到位。

本章小结

合理制定会议预算和严格管理经费支出是有效组织和管理会议重要的组成部分。

1. 合理计算会议的固定成本和可变成本，为制定会议预算奠定基础；

2. 在成本预算基础上确定会议的收入来源，确定注册费标准和赞助原则；

3. 制定严格的财务管理制度，严把经费支出，在预算范围内筹备会议；

4. 制定赞助条款、招募赞助商及履行赞助合同。

思 考 题

1. 会议经费开支涉及哪些方面？如何制定会议预算？

2. 会议的收入来源有哪些？

3. 如何加强财务管理制定，把好经费开支关？

4. 如何确定赞助和广告条款？

第五章　会议场地安排

▷ 学习目的 ▷

通过本章的学习，了解有关会议场地的规划、选择、预订、设计、道具制作和布置等。

▷ 技能掌握 ▷

——了解各种会议场地的不同需求及如何规划会议场地

——掌握选择会议场地时需要考虑的各种因素，学会如何考察、选择场地

——了解场地预订需要注意的问题

——了解场地布置要求，如何落实会议场地的设计、道具制作及布置

第一节　会议场地工作安排

一、工作人员

会议管理组负责场地的规划，其他相关各组提出具体的场地需求及布置要求，由会议服务组负责场地的选择、预订及其设计和布置相关事宜的落实。

二、工作内容

管理组在会议日程的基础上明确会议场地的具体要求，主要包括需要多大的会场、需要几个分会场、预期参会人数多少、需要使用的具体时间等，以及对会场场地的选择和布置要求，例如，是否需要预订五星级酒店，届时场内的摆台方式。各相关组提出对其相关场地的布置要求，例如，会议推广注册组提出会议注册和咨询场地的布置要求，礼宾组提出对宴会场地的具体布置要求，新闻组提出对媒体访谈室或媒体中心的场地布置要求。

会议服务组根据会议场地需求选择和预订场地，并根据场地的布置要求落实场地的设计及相关物品制作事宜。基于上述各项要求，负责场地的人员制订工作方案，方案中应该包括场地的具体需求和工作进程安排。

三、工作流程

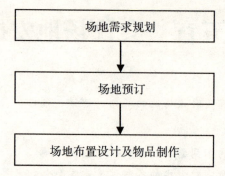

第一步，场地需求规划：依据会议的初步日程确定会议场地需求，包括场地需求的种类、数量、面积及其使用时间，并根据功能场所的不同来划分各场地的用途，明确各场地的设计和布置要求；

第二步，场地预订：基于场地需求和会议的初步预算，选择合适的会议场地，进而在实际考察的基础上选定会议拟使用的场地，并且通过与场地提供方协商签署场地租赁合同来完成场地的预订；

第三步，场地布置设计及物品制作：根据会议各场地的设计和布置要求，寻找相应的公司进行场地布置设计，并且制作需要的道具和物品，或者通过其他渠道获取会议需要相关物品。

会议场地工作方案。（见 5.1.1 案例）

5.1.1 案例

中国国际信用和风险管理大会会议场地工作方案

一、实施时间 7 月～12 月

二、会议场地需求

（一）对场地的要求

该场地应该具有一个能容纳 500 人左右的主会场、3 个分别容纳 200 人左右的分会场（课桌式）、2 个能容纳 15 人的贵宾室（其中 1 个希望能够免费提供）、 1 个 15～20 平方米的秘书处办公室（希望免费提供）， 能安排 500 人同时就餐的晚宴（圆桌式）和自助午餐、茶歇的场地，交通便利、安全有保障、具有大型国际会议接待能力的四星级或五星级酒店。

（二）场地使用时间

12 月 7 日

1）一个能容纳 500 人同时圆桌式用餐的大厅（用餐时间：18：30－20：30）

2）交流及展示区（2个注册台、大会资料台、3个赞助商资料台、1个公共资料台、咨询台、背景板等）（使用时间：全天）

3）2个能容纳15人的贵宾室（使用时间：17：00－19：00）

4）1个15～20平方米的秘书处办公室（使用时间：全天）

12月8日
上午

1）一个能容纳500人（部分课桌式）开会的主会场

2）主会场内有放置主席台、背景板、2个投影、翻译间、调音台的空间

3）茶歇及展示区（注册台、大会资料台、3个赞助商资料台、1个公共资料台、咨询台、背景板等）

中午

4）可供500人同时用餐的自助餐场地（圆桌式）

下午

5）3个分别容纳200人左右同时开会（课桌式）的分会场

6）每个分会场内有放置主席台、背景板、投影、翻译间、调音台的空间

7）茶歇区及展示区（注册台、资料台、3个赞助商资料台、1个公共资料台、咨询台、背景板等）

全天

8）2个能容纳15人的贵宾室

9）1个15～20平方米的秘书处办公室

12月9日
上午、下午

1）3个分别容纳200人左右同时开会（课桌式）的分会场

2）每个分会场内有放置主席台、背景板、投影、翻译间、调音台的空间

3）茶歇区及展示区（注册台、资料台、3个赞助商资料台、1个公共资料台、咨询台、背景板等）

中午

4）可供500人同时用餐的自助餐场地（圆桌式）

全天

5）2个能容纳15人的贵宾室

6）1个15～20平方米的秘书处办公室

三、新闻发布会场地

（一）场地要求

　　该场地应具有一个能容纳 60～80 人的会场、1 个能容纳 8 人左右的贵宾室，交通便利、安全有保障的四星级或五星级酒店

（二）使用时间

　　9 月底，使用半天

四、场地布置需要制作的物品

　　1. 背景版

新闻发布会	2 块（北京、上海各一块）
欢迎晚宴	1 块
开幕式、主题大会	1 块
分会场	3 块（视情况而定，其中一块与主会场合用）
赞助商背景板	3 块
场外主题背景板	1 块

　　注：1）部分背景板只需更换布上的文字即可继续使用

　　　　2）尺寸按照场地大小而定

　　2. 接机牌　　　　　　　3 个

五、实施步骤

　　1. 5 月～6 月根据会议对场地的需求选择适宜的会议和新闻发布会场地，进行比较和评估

　　2. 7 月与选定的场地所有方进行洽商，并签订租赁合同

　　3. 8 月选择合适的公司负责会场的设计及布置工作

　　4. 8 月底完成会场相关物品的设计稿，由主办方进行审核

　　5. 11 月底完成会场相关物品的制作

　　6. 12 月 6 日到现场进行布置和安装

六、负责人　×××、××

第二节　会议场地需求规划

一、场地种类

根据场地使用功能的不同，会议场地可分为以下几类。

（一）会议场地

它即用来召开全体会议、平行会议、专题讨论会或研讨会、圆桌会议等所使用的场地。

（二）活动场地

即组织展示会和洽谈会等会议配套的业务活动所需要的场地。

（三）接待场地

主要用来接待参会人员、贵宾和发言人员并为其提供服务，主要包括注册台、咨询台、贵宾室、发言人准备室、记者接待处等。

（四）交流场地

用于和参会人员进行沟通和交流，主要包括资料台、赞助商台和新闻采访室等。

（五）餐饮场地

用来组织招待酒会、欢迎或告别宴会、午餐或晚餐会以及供参会人员休息的茶歇区。

（六）办公场地

供会议组织者在会议期间设立秘书处或临时办公室，以及用来储存会议设备或资料的设备室和储藏室等。

（七）其他场地

如安保、急救、存放衣物、文艺演出或体育活动等所需场地，以及工作人员或者参会人员所需的住房等。（见 5.2.1 案例）

二、场地使用因素

在确定场地需求时，主要考虑以下因素。

（一）日期、日程和时间

会议组织方首先要确定举办会议的具体日期、制定会议的初步日程并明确每场会议及活动的具体使用时间。

（二）功能

根据会议和活动的初步日程安排，确定需要安排的功能性场地的种类、面积及其数量。

（三）规模

对每场会议和活动预期参加的人数进行初步的估算，基于拟参加的人数确定每个场地所需要的面积或者拟容纳的人数。

（四）形式

会议和活动场地的摆台形式的不同会影响场地可以容纳的人数，因此要先确定届时会议或活动场地将采用的摆台方式，例如，会场是采用剧院式、课堂式或是圆桌式。宴会是摆桌式还是自助式。确定各场地拟配备的讲台、舞台、音响、投影设备及其屏幕、同传翻译室的数量和尺寸等，因为这些设备控制台和翻译室的数量多少将影响会场可容纳的实际人数。

5.2.1 案例

APEC工商领导人峰会会议香格里拉饭店场地分配表

场地名称	10 Oct Wed	11 Oct Thu	12 Oct Fri	13 Oct Sat	14 Oct Sun	15 Oct Mon	16 Oct Tue	17 Oct Wed	18 Oct Thu	19 Oct Fri	20 Oct Sat
3 Fl Grand Ballroom						布置	布置	布置	欢迎晚宴	全体会议	全体会议
VIP room								布置	贵宾室	贵宾室	贵宾室
Hangzhou							布置	通信中心	通信中心	通信中心	通信中心
Nanjing							布置	新闻访谈室	新闻访谈室	新闻访谈室	新闻访谈室
Suzhou Wuxi& Guilin							布置	贵宾室	贵宾室	贵宾室	贵宾室
Bridal room	储藏室	储藏室	储藏室	储藏室	储藏室	储藏室	储藏室	储藏室	储藏室	储藏室	储藏室
2nd Fl. Shenyang							布置	新闻中心	新闻中心	新闻中心	新闻中心
Qingdao	布置	秘书处	秘书处	秘书处	秘书处	秘书处	秘书处	秘书处	秘书处	秘书处	秘书处
Dalian	布置	工作人员就餐室	工作人员就餐室	工作人员就餐室	工作人员就餐室	工作人员就餐室	工作人员就餐室	工作人员就餐室	工作人员就餐室	工作人员就餐室	第一分会场
Changchun							布置	赞助商室	赞助商室	赞助商室布置	第一分会场
Beijing							布置	赞助商室	赞助商室	赞助商室布置	第二分会场
Shanghai							布置	赞助商室	赞助商室	赞助商室布置	第三分会场
5 Fl. #511—514	备用	备用	备用	备用	备用	备用	备用	备用	备用	备用	备用

（五）位置

首先是会议所选场地要交通便利，例如，便于去机场或火车站，周边的交通情况比较畅通，可提供出租车服务，能够为会议代表提供适宜的停车场。其次是场地的周边环境良好，例如，具有良好的商业和餐饮设施，并且比较安全。

（六）设施

会议场所的设施要能够保障会议对场地的基本需求，并且具有良好的通讯、电力保障、安全和急救等设施。

1. **会议场地**

——要能够满足会议对各类场地的基本需求，主要包括主会场、分会场、贵宾室、宴会和/或酒会场地以及注册台、咨询台，有些会议还包括秘书处、新闻采访室、赞助商和演讲人休息室等。在选择场地时，不能仅依据酒店提供的数据作出判断，在举办重大的大型会议时，应进行实地摆台，以确保有充足的会议和宴会场地；

——除容纳拟定的人数外，场内要有足够的空间摆放会议舞台、背景板、设备、同传间，甚至设立媒体采访区域或媒体摄像台；

——注意场内的固定装饰物、柱子、吊灯、镜子等不会影响舞台、讲台和投影屏幕的安装和使用效果，并适于座位的摆放而不会影响参会人员的视觉效果；

——具备良好的隔音效果，可以避免同时举办的不同会议间产生的相互干扰；

——场内装饰良好，灯光适宜；

——场内空气新鲜。

2. **其他相关场地**

——会议前厅应该有足够的空间为会议人员提供舒适的休息和交流场地，并可以同时摆放资料台、注册台、赞助商台、展示台及茶歇区；

——可提供的设备间、现场办公室或储藏室等；

——场地的出入口、楼梯和电梯便于参会人员使用；

——场地间连接便利，易与参会人员行走；

——贵宾室或发言人准备室临近会场，有便利的电梯可供贵宾使用；

——洗手间清洁整齐、数量充足；

——可提供相应的停车位。

3. **会议用房**

——可以为会议代表提供的房型、数量、价格、预订和支付方式；

——可以提供的工作人员用房的数量及使用时间；

——周边可供选择的其他酒店房间可提供的房型、数量、价格、预订和支付方式。

4. **服务**

餐饮

——可以提供与会议需求相匹配的餐饮服务，能够满足会议对餐饮的特殊需求；

——服务人员具有会议服务的经验和水平。

礼宾

——可以提供礼仪服务，例如，迎送贵宾、引导会议人员等。

会议

——可以为会议制作指示牌、台卡、桌签等；

——可以为会议提供电话、传真、网络、电视等线路保障；

——可以提供的会议设备、数量及型号；

——可以为会议提供所需的桌椅、沙发、舞台和讲台。

客户服务

——可以为参会人员提供衣帽间、银行、商务、保险箱等服务；

——可以安排接送机或参观游览活动；

——解答会议人员有关酒店服务设施等问题。

安全急救

——能够确保会议场地及参会人员的安全，具备消防急救的能力；

——电力保障，特别是在停电时具备紧急供电系统；

——能够进行食品安全检疫；

——具备为参会人员提供医疗急救的设施和人员。

管理水平

——场地的知名度与会议的档次相匹配；

——场地提供方具备为会议提供服务的经验，具有良好的管理水平，能够配合会议组织方顺利举办会议。

费用

——场地租金，可否提供淡季或周末价格优惠，是否收取晚间空场费；

——设备租金；

——外部施工人员的进场和出场时间及具体要求；

——餐饮相关费用；

——可否免费提供贵宾室和/或工作间；

——费用支付及结算方式；

——财产损失赔偿方式；

——会议代表住房费用支付方式。

三、需求确定

要明确会议场地的具体需求，如各类场地需求的数量、面积、使用时间和具体的设计要求等。

1. 会议场地

要制定会议的具体日程，明确其中包括几场全体会议、几场平行会议，每节会议的时间安排，每节会议拟容纳的人数，对会议场地的设计要求，例如，是摆成课桌式还是剧场式，场内是否安装舞台、设备台和翻译间等，所需数量或者面积。提出场地布置进场和撤场的时间。

2. 活动场地

确定会议期间拟举办几场活动，明确每场活动拟举办的时间、所需的面积或者拟容纳的人数及设计要求。如果安排展示活动的话，确定将设立多少个展位、每个展位的面积多大、设计及布置要求。

3. 接待场地

确定会议期间将设立几个接待场所，每个场地所使用的具体时间和设计要求。例如，明确需要几个注册台或者咨询台。另外，可以安排一个机票代理公司的位子，给与会者订票，每个注册台或者咨询台的面积大小或可以容纳的人数及其开放的时间等。

4. 交流场地

确定会议期间所需的交流场地，每个场地所使用的时间、面积、设计及布置要求。例如，确定资料台和赞助商台设置的数目，每个的面积和设计要求。

5. 餐饮场地

确定会议期间将举办几场宴会、酒会、晚餐或午餐会，各场地的使用时间及设计要求，例如，是安排正式宴会还是招待酒会，摆成圆桌式还是自助式，预计的参加人数。确定会议期间安排几次茶歇，每次茶歇摆几个台，每次预期接待的人数。

6. 办公场地

确定会议期间是否需要安排临时办公场所。如果需要的话，需要的办公室数目、面积、使用的时间及设计要求，以及需要的储藏室或设备间的数目。

7. 其他场地

会议期间如果安排其他活动的话，场地需求的数量和时间，例如，安全和急救场地的具体需求、衣帽间、工作人员或会议代表住宿需求，文体活动需要的场地及布置要求。

在确定上述场地需求的基础上，拟订场地需求建议书，以便用来对外发送，进行场地招标。场地需求建议书的主要内容可包括：

——会议举办的时间、组织机构、会议规模；

——会议初步日程安排，包括每节会议的时间及预期参会人数；

——场地需求：具体列明对会议、活动、接待、交流、餐饮、办公和其他场地的具体需求。会议的场地需求可以用文字方式或表格方式来体现；

——场地投标的联系人及截止时间。

将准备好的书面会议场地需求建议提交给相关场地供应方，由其根据会议的场需求进行报价并且提供场地基本资料，以便供会议组织者进行场地的初步选择。

5.2.2 案例

中国国际信用和风险管理大会会议场地需求表

场地名称	数量	人数或面积	使用时间	布置要求
会议及活动场地				
主会场	1	500 人	×日 9：00—12：00	剧场式、设备台、同传间
分会场	3	每场 150 人	×日 14：00—17：00	课桌式、设备台、同传间
展台	10	每个 9 平方米	×日 08：30—17：30	展位式、1 桌 2 椅
接待场地				
注册台	2	每个 2 人	×日 08：30—17：00	2 桌 4 椅
记者接待台	1	每个 2 人	×日 08：30—17：00	1 桌 2 椅
咨询台	1	每个 2 人	×日 08：30—17：00	1 桌 2 椅
贵宾室	1	10 人	×日 08：30—17：00	会客式
发言人准备室	1	10 人	×日 08：30—17：00	会客式
交流场地				
资料台	6	每个 2 人	×日 08：30—17：00	6 桌 12 椅
赞助商台	6	3×3 平方米	×日 08：30—17：00	标准展位
新闻采访室	1	5 人	×日 08：30—17：00	1 茶几、3 个沙发
餐饮场地				
午餐	1	500 人	×日 12：00—14：00	自助式
晚宴	1	600 人	×日 18：00—20：00	圆桌式
茶歇	2 次	500 人	×日 9：15—9：35 15：15—15：35	每次摆 2 个茶歇台
办公场地				
秘书处	1	15 人	×日 08：00—20：00	3 桌 15 椅
储藏室	1	6 平方米	×日 08：00—20：00	
其他场地				
会务用房	1	2 人		标准双人间

第三节　会议场地预订

在会议组织方明确场地的基本需求基础上，基于上面所述的选择场地需要考虑的因素开

128

始选择和确定场地，就场地租用事宜进行洽商并签订场地租用合同。

一、选择

　　选择可以通过网络、名录、期刊杂志等检索信息，或者经他人（如旅行社或会议公司）推荐一些候选场地，并且索取相关场地的基本资料，如场地平面图及相关数据（面积、可摆放的桌椅数等），在此基础上进行初步筛选。

　　与初步筛选出的场地提供方进行联系，将具体的会议场地需求提交给对方，了解其可否提供相应的场地，并从中选择 2～3 个场地作为实地考察的对象，并约定实地考察的时间和联系人。（见 5.3.1 案例）

5.3.1　案例

中国国际信用和风险管理大会场地及设备供应招标书

一、大会的基本情况

会议名称：中国国际信用和风险管理大会（简称"信用大会"）

会议时间：××年 12 月 7 日～9 日

会议地点：上海

主办单位：中国国际贸易促进委员会

　　　　　美国金融、信用和国际商业协会（FCIB）

　　　　　上海市人民政府（拟邀请）

会议规模：500～600 人

会议形式：大会拟采取开幕式、主题大会、商业信用风险管理、金融信用风险管理、国际贸易信用风险管理 3 个研讨会分会场相结合的方式，并安排一次欢迎晚宴、两次午餐和四次茶歇

初步日程安排：

> 12 月 7 日

全天：注册

晚上：欢迎晚宴

> 12 月 8 日

上午

开幕式

主题大会：信用信息体系建设

茶歇

主题大会（续）

午餐

下午

      研讨会分会场 A、企业信用风险管理研讨会

      研讨会分会场 B、国际贸易信用风险管理研讨会

      研讨会分会场 C、金融信用风险管理研讨会

茶歇

12 月 9 日

上午

      研讨会分会场 A、企业信用风险管理研讨会（续）

      研讨会分会场 B、国际贸易信用风险管理研讨会（续）

      研讨会分会场 C、金融信用风险管理研讨会（续）

茶歇

午餐

下午

      研讨会分会场 A、企业信用风险管理研讨会（续）

      研讨会分会场 B、国际贸易信用风险管理研讨会（续）

      研讨会分会场 C、金融信用风险管理研讨会（续）

茶歇

二、场地要求

    该场地所属的酒店应具有一个能容纳 500 人以上的主会场、3 个分别容纳 200 人的分会场（课桌式）和能安排 500 人晚宴（圆桌）及自助餐、交通便利、安全有保障、具有大型国际会议接待能力的五星级酒店

12 月 7 日

一个能容纳 500 人同时圆桌式用餐的厅

用餐起止时间 18：30—20：30

12 月 8 日

上午

一个能容纳 500 人（部分课桌式）开会的主会场

主会场内有放置主席台、背景板、翻译间、调音台的空间

有茶歇及展示区（注册台、资料台、赞助商台、咨询台等）

中午

可供 500 人同时有座位用自助餐的场地

下午

需要三个能容纳 150～200 人同时开会（课桌式）的分会场

场内有放置主席台、背景板、翻译间、调音台的空间

有茶歇区及展示区（注册台、资料台、赞助商台、咨询台等）

全天

可提供两个小厅作为贵宾室和大会秘书处

12月9日

分会场要求与 8 日下午相同，此外，全天可提供两个小厅作为贵宾室和大会秘书处

三、设备需求

会议设备应质量可靠、技术有保障：

1. 同声传译设备：包括无线接收机、主机、发射板、无线翻译器、翻译间

2. 视频设备：投影机（注明流明）、投影幕含支架（注明大小）、1024 转换器、监视器、专业摄像师、录像带等

3. 音响设备：全频音箱、功放、均衡器、调音台、压限器、返送音箱、分频器、无线领夹式麦克、无线手持麦克、有线桌式鹅颈麦克、有线立式麦克、MD 机、效果器、专业录音卡座、电缆线材等

4. 灯光系统：筒灯、数字硅箱、流动灯架、调光台、灯光线缆

四、报名、投标日期、招标文件发送方式

报名日期：××年 5 月 9 日起至 13 日

投标期限：××年 5 月 13 日起至××年 5 月 21 日止

招标文件发送方式：可通过传真或电子邮件根据上述场地和设备要求将相关报价发送至我方，联系方式附后

五、开标、评标时间及方式，中标依据和通知

开标时间：××年 5 月 23 日

评标结束时间：××年 6 月 10 日

开标、评标方式：第二届信用大会组委会招商会务组将邀请大会组委会各级领导、各组负责人参加讨论，采取集体评议方式进行评标、定标工作

中标依据及通知：本项目评定中标单位的依据是质量优良、工时适当、标价合理、信誉好。评定结束后 5 日内，我单位将通过传真或邮寄（快递或专人送达）方式将中标通知书送发给中标单位，并与中标单位在一个月（最多不超过两个月）内签订合同

六、其他

投标书应字迹清楚，加盖单位公章，不可逾期到达。投标书一经发出，不得以任何理由要求收回或更改

信用大会招商会务组

地址：×××　邮编：×××

联系人：×××

电话：×××

传真：×××　　电子邮件：×××

年　月　日

二、实地考察

在进行实地考察前，应明确场地选择的要求，最好能够列出场地选择检核表，主要从场地的使用时间和数量、所在位置、场地的规模、场内设施、灯光和隔音效果、会场外部场地及设施、管理、服务和价格等几个方面进行检核，并将相关情况及时填入表中，以便于考察结束时对场地进行客观比较并提交考察报告。同时，列出相关场地服务人员的联系表，包括姓名、职务、所负责的事宜、电话、传真、邮箱等，以便于今后联系。对所选场地进行考察时的第一印象至关重要，随着对场地的相关情况进行详尽了解后，基本上可以就是否用某一场地作出一个初步的判断。（见 5.3.1 样表）

5.3.1 样表　　　　　　　　会议场地选择检核表

一、城市选择

（一）知名度

（二）交通便利

（三）招商潜力

（四）旅游景点

（五）气候

（六）安全

二、场地选择

（一）位置

1. 交通便利

——机场、火车站

——出租

——道路交通

——停车场

2. 周边环境

——商业

——娱乐设施

——餐饮

——安全

（二）设施

1. 会议场地

——足够的会议场地：主会场、分会场、贵宾室、宴会、酒会、茶歇和交流场地以及注册台、咨询台、秘书处、新闻采访室、赞助商室、演讲人休息室、展示场地等

——场地可使用的时间

——场地隔音效果

——场地清洁度

——场内宜于布置舞台、足够的桌椅及会议设备

——适宜的灯光

——贵宾室邻近会场

——会场设计：桌椅的数量、尺寸、舞台、灯光

——可提供的会议设备

——通讯设施

——布置进场和撤场时间

——场租及支付条件

2. 会议相关设施

——整洁的大厅

——充足的茶歇和交流场地

——易于设置注册、咨询、赞助商台等

——足够的电梯

——场地间便于行走

——洗手间清洁整齐、数量充足

——贵宾专用电梯及通道

——停车位充足

——大厅及酒店外部设计要求

3. 会议代表用房

——房间类型、数目及价格

——房间设施、整洁度

——房间价格、预订和支付方式

——入住和退房时间

——取消订房的相关规定

——办公人员住房

——周边可供选择的酒店房间数目、价格及预订和支付方式

（三）服务

1. 餐饮

——可提供的餐饮种类和菜单

——价格及预订要求

——餐饮场地摆台要求

——服务水平

——餐饮服务人员数量

2. 礼宾

——大厅引导

——贵宾室等服务

——礼仪小姐

3. 会议

——制作场地指示牌、桌卡、桌签、菜单等

——办公服务：电话、网络等

4. 客户

——衣帽间、银行、礼品店、旅游、保险箱等

——接送机

5. 安全急救

——安全保障

——食品安全

——急救

——电力

（四）管理

——知名度

——管理和服务水平

——会议管理经验

（五）费用

——会场租金、设备和餐饮费用情况

——可否免费提供贵宾室和/或工作间

——淡季或周末价格优惠

——晚间空场费

——外部设备供应商的进场费

——预订金和费用结算

——费用的支付方式及时间

——会议代表住房的支付方式

——财产损失如何赔偿

对拟选择的场地进行实地考察时，与场地管理方商谈的主要内容包括：

（一）时间

根据会议的初步日程，了解会议相关场地可以使用的具体时间，包括场地布置和设备安装进场及撤场的时间。

（二）场地数量及容量

根据会议需要的各种场地的功能逐一对每个场地进行考察。了解拟使用的每一个场地的面积，提出场地的摆台要求，以便确定是否能够容纳预期的人数。此时应特别注意实际的场地是否能够容纳宣传资料上所显示的人员数目，以及是否有足够的空间布置讲台、安装会议所需的设备，包括同传间、设备控制台等。

（三）位置及周边环境

考察场地所在的位置，了解其周边的交通便利程度，与机场、火车站相距的距离。能否为参加会议的贵宾和会议代表提供足够的停车位。考察酒店内及其附近的服务设施。如果需要在会场外进行会议宣传的话，还要了解是否允许在场外设置宣传品，可以用的空间及是否需要提前向有关部门报批。例如，如果需要悬挂热气球的话，需要提前进行相应的报批手续。

此外，也要注意酒店周边的安全程度。

（四）设施

对场地内外的设施进行详尽的考察，特别注意场地的清洁度、隔音效果、电梯或滚梯的位置、洗手间的数量及位置、会议需要的设备、舞台、讲台及桌椅的数量等问题。

（五）服务

就有关餐饮、礼宾、电力保障、安全保卫和急救、客房服务及会议组织经验等情况进行逐一了解。在进行实地考察时，可以提前到达，在相关场地转一圈，对其有所了解，再与场地管理人员进行会谈，提出一些细节性问题，同时要注意考察相关人员的服务态度，以确定其在会议组织期间是否能够密切配合并积极提供所需要的服务。

（六）价格

根据会议的基本需求，请场地提供方提出一个初步的报价。其中应明确各场地、餐饮和设备相关的价格，如果需要提前进场施工的话，也需要了解是否需要预付一定的费用。

场地报价可以单项报，也可以一揽子报。有的酒店的一揽子报价包括场地、餐饮及设备等相关费用。（见5.3.2案例）

5.3.2　案例

××酒店报价

尊敬的××先生，

　　感谢您对我们酒店的支持，我们很高兴为即将到来的客人作如下安排，并希望得到您的确认。

一、会议及用餐安排

提前布场

　　日期：××年×月×日

　　时间：22：00以后

　　地点：国际报告厅

　　场租：酒店收取成本费人民币×××元/每晚

备注：22：00 以前，布场不超过半天酒店不收取任何费用，超过半天酒店收费人民币×××∗元/每晚每次

工作室安排

日期：×× 年 × 月 × 日至 × 日

时间：24 小时使用，共 3 天

人数：20 人

地点：会议中心一层 会议厅 1 号

厅房布置：待定

场租：酒店提供优惠价格每 24 小时收费人民币××××元

备注：酒店免费提供 3 部电话机，电话号码分别为×××（内线 ×××）、×××（内线×××）、×××（内线×××）以上三部电话均为酒店内部通话使用（如开通外线，费用另算）。

休息室安排

日期：×× 年 × 月 × 日至 × 日

时间：待定

人数：待定

地点：会议中心一层 会议厅 3 号

会议中心一层 会议厅 6 号

场租：酒店提供优惠价格收费每间每天人民币××××元

备注：酒店免费提供茶水服务，咖啡按照每人××元净价另行收费

大厅展示

日期：×× 年 × 月 × 日至 × 日

时间：08：00—18：30

地点：会议中心一层 会议室 7 号前厅

厅房布置：展示会摆台

酒店提供 1.8m×0.5m 两种不同尺寸的条形台作为展示台

大堂背景板

日期：×× 年 × 月 × 日至 × 日

时间：24 小时使用，共 3 天

地点：× 月 × 日和 × 日会议中心一层 宴会厅前厅

× 月 × 日 会议中心一层 国际报告厅门口侧方

场租：酒店提供优惠价格每 24 小时收费人民币×××元

1. 晚宴

时间：18：30—20：30

××年×月×日

人数：500 位

保证人数：450 位

地点：会议中心三层××宴会厅

厅房布置：圆桌摆台，每桌十位（主桌待定）

晚宴：每位收费人民币×××元起步另加 15％服务费，不含酒水

酒水包价：每位每次人民币××元另加 15％服务费

含：百事可乐、七喜、本地啤酒和本地红酒

备注：用餐期间酒店提供背景音乐

2. 贵宾休息室

时间：16：30—19：30

人数：待定

地点：会议中心三层 ××接见厅

厅房布置：休息室摆台

场租：酒店提供优惠价格每半天收费人民币××××××元

备注：酒店免费提供茶水服务，咖啡按照每人××元净价另行收费

3. 休息室

时间：17：30 - 20：30

人数：待定

地点：会议中心一层 会议厅 3 号

会议中心一层 会议厅 6 号

场租：酒店提供优惠价格每间每半天收费人民币××××元

备注：酒店免费提供茶水服务，咖啡按照每人××元净价另行收费

××年×月×日

1. 开幕式

时间：9：20—12：20

人数：500 人

保证人数：450 人

地点：会议中心一层 国际报告厅

厅房布置：剧院型摆台

场租：酒店提供优惠价格每半天收费人民币××××元

含：笔，纸及矿泉水 、标准会议设施（屏幕，活页板及笔，话筒，音响）和场租费

电脑投影仪：客人自带投影仪酒店不收取任何费用

备注：酒店提供录音服务，每个厅收取人民币×××元/次，客人自带录音带

2. 贵宾休息室

时间：08：00—20：00

人数：待定

地点：会议中心一层会议厅 7 号

厅房布置：休息室摆台

场租：酒店提供优惠价格每天收费人民币××××元

备注：酒店免费提供茶水服务，咖啡按照每人××元净价另行收费

3. 茶歇

时间：10：30—10：50

人数：500 人

保证人数：450 人

地点：会议中心一层 国际报告厅前厅

咖啡/茶：每位每次人民币××元另加 15％ 服务费

含：咖啡/茶、迷你曲奇

4. 午餐

场地：会议中心三层 ××宴会厅 1 号

　　　会议中心三层××宴会厅 3 号

　　　会议中心二层 大厅走廊

时间：12：20—13：30

人数：500 人

保证人数：450 人

厅房布置：圆桌摆台，每桌十位

午宴：中式或中西式自助午餐每位收费人民币×××元起步，另加 15％服务费，不含酒水

酒水包价：每位每次人民币××元另加 15％服务费，含：百事可乐、七喜和本地啤酒

5. 分会场

时间：14：00—17：10

人数：200 人/厅

保证人数：200 人/厅

地点：会议中心三层××宴会厅 2 号

　　　会议中心一层 国际报告厅

厅房布置：教室型摆台

场租：酒店提供优惠价格

会议中心三层××宴会厅 2 号半天收费人民币××××××元

会议中心一层 国际报告厅半天收费人民币×××××元

含：笔，纸及矿泉水、标准会议设施（屏幕，活页板及笔，话筒，音响）和场租费

电脑投影仪：客人自带投影仪酒店不收取任何费用

6. 茶歇

时间：15：00—15：20

人数：200 人/每场

保证人数：150 人/每场

地点：会议中心三层 泰达宴会厅前厅

　　　会议中心一层 国际报告厅前厅

咖啡/茶：每位每次人民币××元另加 15％ 服务费

含：咖啡/茶、迷你曲奇

7. 交流活动

时间：17：30—18：30

人数：200 人

保证人数：150 人

地点：会议中心三层 宴会厅前厅

厅房布置：招待会摆台

酒水包价：每位每次人民币××元另加 15％服务费，含水、七喜及百事可乐，两小时内无限畅饮

8. 晚宴

时间：18：30—20：30

人数：450 人

保证人数：400 人

地点：会议中心三层××宴会厅

厅房布置：圆桌摆台，每桌十位（主桌待定）

晚宴：每位收费人民币×××元起步另加 15％服务费，不含酒水

酒水包价：每位每次人民币××元另加 15％服务费

含：百事可乐、七喜、本地啤酒和本地红酒

备注：用餐期间酒店提供背景音乐

××年×月×日

1. 分会场

时间：09：00—18：00

人数：200 人/厅

保证人数：200 人/厅

地点：会议中心三层××宴会厅 2 号

　　　会议中心一层 国际报告厅

厅房布置 ：教室型摆台

场租 ：酒店提供优惠价格

会议中心三层××宴会厅 2 号每天收费人民币×××××元

会议中心一层 国际报告厅每天收费人民币×××××元

含：笔，纸及矿泉水 、标准会议设施（屏幕，活页板及笔，话筒，音响）和场租费

电脑投影仪：客人自带投影仪酒店不收取任何费用

备注 ：酒店提供录音服务，每个厅收取人民币×××元/次，客人自带录音带

2. 茶歇

时间 ：10：30—10：50

15：30—15：50/15：00—15：20

人数 ：450 人

保证人数 ：400 人

地点 ：会议中心三层 ××宴会厅前厅

　　　　会议中心一层 国际报告厅前厅

咖啡/茶 ：每位每次人民币××元另加 15％ 服务费

含：咖啡/茶、迷你曲奇

3. 午餐

场地：会议中心三层××宴会厅 1 号

　　　会议中心三层××宴会厅 3 号

　　　　会议中心二层　大厅走廊

时间：12：05—13：30

人数：450 人

保证人数 ：400 人

厅房布置；圆桌摆台，每桌十位

午宴 ：中式或中西式自助午餐每位收费人民币×××元起步，另加 15％服务费，不含酒水

酒水包价 ：每位每次人民币××元另加 15％服务费，含：百事可乐、七喜和本地啤酒

备注 ：

1. 酒店将分别于×日、×日、×日在 3 号会议室提供 30 杯咖啡，每杯收取人民币××元净价，其余休息室提供咖啡机以备零点，按照每杯××元净价收取费用

2. 所有休息室及贵宾室均免费提供茶水服务

3. 会场部分同声传译设备由客人自带，并请提前调试

二、其他

取消预订：如果这次活动在合同签订以后被××单位取消，我们将收取一定费用作为赔偿，具体方案如下：

7 天以上 30％的会议及用餐费用

7～3 天 50％的会议及用餐费用

3 天以内 70％的会议及用餐费用

当天 100％的会议及用餐费用

保证人数

酒店会按照您的预计出席人数再额外加 10％来做准备工作。如出席人数低于保证人数，酒店将按照已确认保证人数收取费用；如出席人数高于保证人数，酒店将按照实际人数收取费用。

活动实际出席人数如果低于保证出席人数，酒店有权更改活动或用餐场地。

变动、附加及修订：

××酒店及会议中心及××单位对协议有任何变动、附加、及删改都必须得到双方的书面同意，否则将视为无效。

根据以上安排，酒店有权根据时间表按比例取消没有担保的预定。对于任何的取消将按照合同中的取消条款操作，取消的费用将由××单位或者个人支付。

定金

我们将收取总费用的 50％作为定金，请在×月×日前将定金汇入酒店账号。

人民币账号：

开户名：×××

银行账号：××××－××××

开户银行：×××

银行地址：×××

会议及用餐费用由××单位支付。所有费用请在会议结束当天即 2006 年×月×日付清，如果酒店在 14 天内没有收到全部的款项，酒店将收取未付费用月息 1.5％（年息 18％）的滞纳金，以及其他相关费用，包括律师费。

外带设备

贵司所有带入酒店的设备，如：电脑，笔记本电脑，投影仪等设备，需在酒店保安部核对登记。××单位需加强对外带设备的看管，对于任何没有在保安部登记备案物品的遗失，酒店将不负责相关责任。

横幅和指示牌

对于所有带入酒店的横幅和指示牌，请贵单位提前向酒店提交实物的样本。酒店有权拒绝所有未经酒店许可，不符合酒店标准的横幅，背景板，标志等在酒店范围内使用。

展览布置 / 背景布置 / 陈列布置

贵单位在酒店举办活动过程中，如需涉及特殊的摆台与布置，请务必根据合同确保所有涉及活动的安全，同时也包括酒店财产的安全与保护。

外部供应商和承包商

如果贵单位在酒店所举办的活动涉及酒店以外的供应商和承包商，酒店要求贵单位的供应商和承包商与酒店签订单独的合同。如存在以下情况，酒店有权阻止酒店外的供应商和承包商在酒店范围内的活动：

1) 贵单位没有能够提前通知酒店供应商和承包商的用途。

2) 酒店外的承包商和供应商没有能够遵守和酒店所签署的协议。

3) 承包商和供应商在酒店留有不良记录。

路标指示牌：酒店提供路标指示牌。

有效签单人：

本次活动有效签单人为：

签字样本为：

赞同

此合同请于××年×月×日前签订且回复后即生效，对双方都有制约作用。签订合同的个人代表授权方。如果在上述日期前××酒店未能收到××单位完全签署的合同复印件，××酒店将取消××单位预订的所有会议场所。双方对此合同不再有任何义务。

××先生，我们希望以上安排能够满足你们的要求，如有任何疑问，请随时和我们联系。如确认以上安排，请在右下角签字，并将此传真发回给我们。

谢谢！确认

××酒店	××单位
负责人：×××	负责人：×××
职务	职务

三、洽商签约

（一）价格洽商

在选择和考察场地的基础上，与场地提供方就场地的需求进行进一步沟通，逐一明确会议对场地和餐饮的具体需求，包括需要多大、多少场地、预期使用人数、场地的具体布置要求、需要提供的餐饮服务以及需要提供的其他服务，在明确总体需求的基础上，协商所需的相关费用。

一般而言，举办宴会和酒会的场地不需要另外支付场地使用费。会议的前厅如果只用于设立注册、咨询和资料台，通常也不需要支付场地使用费。但是如果设立展示台，有可能需要支付一定的场地使用费。会场布置和撤场的时间要与场地提供方提前协商好，如果占用的时间不长，通常也不需要另外付费。如果需求的场地比较多，也可以要求场地提供方免费或者优惠为会议组织方提供办公或会客用房。如果会议代表用房包括在内的话，甚至可以要求免费提供会议所使用的场地。

会议场地可依据已商定的场地租金预订，也可以按照场地提供方规定的每个参会人员的收费标准（例如每人每天收费×××元，包括场地、餐饮等）乘以总人数的方式来预订。

　　（二）签署合同

　　在协商一致的基础上，要与场地提供方签订正式的合同。如无正式合同，届时场地无法得以保证。

　　场地预订合同中应标明：

　　——费用：列明场地使用时间及其租金、使用人数、食品、饮品和茶歇费的具体标准；

　　——付款方式：标明付款的开户名、银行账号、开户银行及银行地址；

　　——预订金：列明预订金的数额、结算方式；

　　——违约金：列明违约时应承担的责任；

　　——会议/宴会具体要求：列明摆台方式、菜单、饮品种类、指示牌、台卡等；

　　——布置和拆除：列明设备安装的相关要求，明确进场的相关时间及对外部供应商的要求；有时，场地提供方还会对有关保险、损坏等进行约定；

　　——双方代表签字：合同只有经双方代表签字后才能生效。

四、应注意的问题

　　选择和预订会议场所是一件费时又费力的事情，但由于会议场所的好坏直接影响到会议的形象和成败，一定要慎重选择，并在选择过程中注意以下问题：

　　（一）提前预订

　　良好的会议场所一般活动安排较多，需要提前预订，否则临时去租很难预订上，且价格也比较贵。

　　（二）眼见为实

　　不要轻易相信宣传资料所提供的图片和数据，一定要进行实地考察，在考察时首先要清楚己方需求，并且保持清醒的头脑和应有的警觉，按照检核表审视所有细节并且及时提问。特别要注意会场和宴会能够容纳的人数，并且根据切实的需要作出准确的判断。

　　（三）深入调研

　　对于会议相关的场所和服务，要与相关负责人员分别进行交谈，如负责会场、设备、餐饮和安保协调的相关人员，就自己所关心的问题提问。要记住服务比场所更重要，与其选择场所好而服务差的会场，不如选择场所条件一般而服务优良的会场；另外，在举办重要的大型会议时，对会议场所的电力保障、内部网络和安全急救等问题要特别加以关注，即使是五星级的酒店有时也未必能够提供完善的保障。

　　（四）相信直觉

　　在对拟选择的会场进行考察时，考察者的印象也是参会人员对会场的第一印象，而这第一印象将会直接影响到参会人员对会议的整体看法。如果会场清洁、整齐、服务人员热情周到，那么就有可能选择其作为会议的场所。如果会场不干净、充满难闻的异味，负责接待的

人员迟迟不来，或者来了以后一问三不知，那么其管理和服务水平就可想而知了。

（五）不要受人情因素的影响

为使考察人员满意，会议销售人员往往只注重介绍其有利的一面，其存在的问题如果不认真考察的话就很难发现。为联络感情，场地提供方人员有时也会邀请考察人员就餐，在美酒佳肴的作用下有可能降低考察人员对会场选择的标准。因此，在与场地销售人员见面以前考察人员最好能够在酒店和会场里转一转，也许会发现一些潜在的问题。

（六）征询第三方意见

可以咨询一些在相关场所举办过活动的第三方的意见，例如，会议公司或者设备公司，因为他们与场地提供方进行过合作，可以提供一些更为切实的信息或者指出一些会议组织者尚未想到的问题。

（七）明确联系人

会议组织方和场地提供方都应该明确联系人，不要多头联系。由会议组织方的联系人协调内部需求，并且最好在考察和预订会场时一并提出，例如，餐饮、会场布置、礼宾接待、安保急救、停车、住宿、票务、设备安装、接送机、展览展示、参观游览等方面的相关要求，以免临时提出需求时难以安排，或者增加不必要的费用支出。会议相关要求在进行口头沟通后可以以书面方式加以确认。

（八）签订合同

在考察选定会议场所后，要尽早与会场提供方签订书面合同。

——明确要求：在合同中要明确包括具体的服务项目及相关费用、中止和违约相关条款、进场和清场的时间等。注意列明需要的场地名称、数量和时间，同时注明场地布置的相关要求，包括需要酒店提供的相关物品，餐饮服务也要注明就餐人数、餐饮的标准，并附上相应的菜单。总之，要明确对场地和餐饮的具体要求，尽可能把相关情况在合同中加以明确，以免日后引起不必要的纷争。

——明确费用计算的依据和结算方式：场地费用有些是固定不变的，有些则可视出席人员情况予以调整。例如，就餐人数，可以粗略计算一个人数，同时与场地提供方商谈一个保底数，结算费用时根据实际就餐人数进行结算。此外，要明确费用的结算方式，考虑费用的支付时间时要与会议的收入情况相结合。

第四节　会议场地布置设计及物品制作

场地布置设计即在预订会议场地的基础上，根据各场地的不同需求进行布置设计并制作相应的道具或者物品，此项工作主要由会议服务组负责。

一、场地布置设计需求

在确定各会议场地布置设计需求时，首先要对会议的总体情况有所了解，主要包括会议的具体日程、拟容纳的人数及设备、各场地需要具备的功能及其布置风格。

（一）会议场地

1. 布置需求

在会议场地需求的基础上进一步细化设计需求，逐一列明每个会场场地具体的使用时间和拟容纳的人数，明确各场地的设计风格、确定拟设的主席台、讲台、同传间、设备台、投影屏幕和媒体台等的数量及拟占用的空间。

2. 布局

会场的布局风格主要包括以下几种。

剧院式。剧院式会场的座位往往是固定的，一般适用于组织全体会议、开幕式、闭幕式等。这种会场的好处在于会议设备齐全，不需要太多的布置。不足之处是讲台距离听众较远，不太有利于演讲者与听众间的交流，而且没有课桌，不便于参会人员做笔记。

课桌式。此种布置方式在任何场所都比较适于摆放，其优势在于为会议人员提供了书写用的桌子，便于其做笔记同时也可摆放饮料和纸笔。不利之处是比剧场式布置容纳的人数要少，而且会议人员进出时不太方便。因此，在摆放时要尽可能留出供会议人员走动的空间或通道。

圆桌式。此种布置方式多用于宴会，但在国外举办会议时也常常使用此种布置方式开会。其好处在于便于会议人员之间的沟通和交流，其不利之处是比剧场式或课桌式容纳的人数还要少，因为圆桌背对演讲人的一面通常可以不坐人。

剧场式。即只摆椅子，这种布置方式的优势在于能够更有效地利用场地，容纳更多的人员，使会议人员的注意力集中在演讲者身上，不利之处是会议人员没有可以书写用的桌子，后面座位上的人也看不清前面的人，不太有利于会议人员间的交流。如果把椅子摆成稍倾斜一些，使会议人员至少看到几个人感觉可能会好一些。一般在全体会议时多采用此布置方式。

有时也可将剧场式布置的会场的前1～2排摆成课桌式，以供贵宾、嘉宾或演讲人使用。

U型桌。把桌子摆成U型，会议人员坐在桌旁，这种布置方式便于沟通和交流，但不利之处是容纳不了多少人。

3. 设施及其物品

桌椅。会议主办方根据不同的会议需求和拟容纳的人数多少来选择会场的布局风格，要求会议场地提供方按照主办方场地设计要求提供和摆放所需的桌椅。

舞台。会场的舞台设计也可以多种多样。如果是剧院式的会场，其舞台是固定的，而一般的会场则需要搭建舞台。通常酒店可以提供标准的舞台，主办方根据舞台上就座人数的多少来确定舞台的长度和宽度，并且提前与酒店明确舞台搭建的时间和要求，届时由酒店负责搭建。有些会议则由于其有特殊的需求，也可自行设计和制作舞台。舞台相关用品如地毯等也要一并考虑在内。

此外，如果需要在舞台下走线的话，设备供应方需要预先告知舞台设计和制作的公司，以便预留线路槽或孔。

讲台。会议所使用的讲台通常也可以由场地提供方准备，但是某些重要的大型会议需要

根据其特殊的需求自行设计和制作讲台。此外，由几位演讲人进行小组讨论或采访式问答时也要在舞台上摆放相应的桌椅或沙发，上述用品也可由场地提供方准备或由主办方自制或自行提供。

在自行设计和制作讲台时要考虑演讲人所站位置的高低适度，有些参会领导人的讲台需要量身定做。同时要考虑话筒、笔记本电脑、讲稿和水杯等的摆放需要的位置。

背景板或幕布。会议所用的背景板或幕布通常是要自行设计和制作的，主办方可以委托相关设计公司负责设计和制作。有时也需要专门设计赞助商背景板。

设计背景板和幕布的高低要考虑具体预定的场地的高度及场内设施的影响，例如，室内是否有支柱、水晶灯饰物，同时要考虑舞台的高度。如果在幕布中镶嵌投影屏幕的话，还需要预先协调投影屏幕的尺寸，以便确定幕布的开孔尺寸。此外，也要了解安全消防的相关要求。

易拉宝等宣传品。有些会议需要为参加会议的赞助商或参展商设计制作易拉宝等宣传品，国外开会时有时需要制作可以悬挂的宣传旗或可以摆在支架上的宣传品来表达对相关赞助商的谢意。

设备台和媒体采访台。如果不需要使用同传设备的话，可以直接使用场地提供方的设备，主要包括音视频设备，由于这些音频设备一般都是已安装好的，因此不需要另行安装，也就不必考虑在会场内留出专门的设备控制台的位置。但如果要使用外部同传设备时，一般也要使用外部的音视频设备，因此在考虑会场设计时要考虑留出设备控制台和同传翻译间的相应位置。如果有灯光设备的话，也需要预留一定的空间。

一般而言，需要预留一个同传间的位置。但如果计划安排三种以上语言的同传的时候，需要的同传间数目将会相应的增加。

有些重要的会议还需要设立专门的媒体采访区域或搭建媒体采访台。设计媒体采访台时候，要考虑配备相应的电源插座。

消防和安全出口。场地的布局一定要符合消防要求，预留安全通道和出口。如果场地有限，需要占用会场的某一出口时，需要事先得到场地提供方的认可。

另外，如果要在酒店外布置大型氢气球等物品时，需要根据相关规定得到场地提供方和相应主管部门的批准或者认可。

花草饰物。如果需要用花草来装饰讲台、舞台时，要事先商定是由场地提供方还是会议主办方负责场地的装饰和布置。

场地平面图、指示牌。为便于会议人员参会，可以在会场外摆放场地平面图、指示牌，或者由酒店在电子指示牌上加以引导。场地平面图、指示牌可以由场地提供方提供，也可以由会议主办方通过设计公司设计和制作。但是，事先应该商定由哪一方负责，并由主办方审核相关指示内容。

桌签或台卡。在会议主席台、讲台或贵宾席上需要摆放相关人员的桌签或台卡，可以由场地提供方负责提供，也可以由会议主办方通过设计公司进行设计和制作。见（5.4.1案例、5.4.1图例、5.4.2图例、5.4.3图例、5.4.4图例）。

5.4.1 案例

××年 APEC 工商领导人峰会会议场地布置要求

一、设计

（一）施工前期准备

7月16日前	就会议场地设计进行公开招标
7月16～22日	通告设计招标结果，文件起草人×××
7月23～31日	确定施工公司后，通知中标和未中标结果，文件起草人×××
8月1～12日	在上海进一步落实场地设计制作具体事宜。与施工公司签意向合同
	负责人××、×××，财务组1人参加
8月13～31日	继续落实修改设计中的局部方案，为签正式合同做准备

负责人××、×××

9月1～15日	签正式合同，负责人××、×××，财务组1人参加
9月16～30日	在上海继续落实施工情况，同施工公司制定现场施工进程表，落实施工公司人员名单
	负责人 ××
10月10～14日	全组人员到上海，进入施工前的工作状态

（二）相关小组配合事项

会议管理组

——7月31日之前提供大会中英文名称，包括大会主会场、分会场背景板文字、新闻中心背景板文字、指示牌文字、对外广告文字、赞助商板文字和 LOGO

礼宾（活动）组

——8月5日之前提供菜单文字、请柬内容文字、座签名单文字和18日晚会节目单文字

二、实施场地设计和布置

现场总负责人：×××

现场负责人：×××、施工公司设计人员1名

现场施工公司值班工作人员：木工3人、电工2人

现场花草负责人：×××

（一）金茂凯悦饭店

1. 开幕式及中国专题会场（金茂凯悦饭店二楼大宴会厅，10月18日下午开幕式和中国专题会议）

设施：大舞台、背景板、赞助商板（2个）、讲台（2个）、超大背投屏幕（2个）、记者台（2区）、座签、灯光、花草、日程表、会场平面图、指示牌等

布置要求：舞台正方设背景板，显示会议名称、会标、主办单位名称、会议时间、地点、主题等；两侧设大幅投影屏幕，供正投发言人发言内容及发言人发言现场情况用；屏幕周围或单独展板显示赞助单位、合作单位名称及徽记。舞台配演出和会议灯光。在舞台两端各设演讲台一个。设4种语言同传声道，平时提供中、英文同传，如一些国家提出，可加设日、俄等语言同传。会场后区设媒体区域，提供媒体摄像用舞台。座位为剧场式布置，共500人位置。前一排为保留区域，约40个位置，供赞助商代表、特邀贵宾及领导人随从用

布置、使用时间：10月15日晚10：00运材料，16日上午8：00开始布置，17日中午12：00以前完成，下午3：00领导审查布置，供18日下午开幕式及中国专题会议使用

2. 秘书处、安保急救室（金茂凯悦饭店二楼双鱼 & 白羊厅，10月17～20日）

设施：桌椅

布置要求：部分按办公格局、部分按休息区布置

布置、使用时间：10月16日晚布置，17～20日使用

3. 演讲人彩排、等候室（金茂凯悦饭店二楼宴宾厅Ⅰ，10月18日）

设施：沙发、茶几、鲜花

布置要求：会见式布置

布置、使用时间：10月17日布置，18日下午使用

4. 领导人会见室（金茂凯悦饭店二楼嘉宾厅Ⅰ区，10月18日13：15）

设施：沙发、茶几、鲜花

布置要求：会见式布置（容纳约30人）

布置、使用时间：10月17日布置，18日下午使用

5. 晚宴（金茂凯悦饭店二楼大宴会厅、嘉宾厅Ⅰ区、Ⅱ区、Ⅲ区，10月19日晚）

设施：大宴会厅设施与19日午宴同，嘉宾厅加背景板、鲜花。

布置要求：宴会布置（合计容纳600～700人）

布置、使用时间：10月19日下午布置，晚上使用

6. 记者中心（金茂凯悦饭店二楼嘉宾厅Ⅱ区，10月18日下午开幕式、19日午宴）

设施：背景板、简式舞台、演讲台、鲜花、桌椅

布置要求：部分作为记者听会区、部分作为记者办公区

布置、使用时间：10月17日布置，18～19日使用

7. 新闻发布厅（金茂凯悦饭店二楼嘉宾厅Ⅱ区，10月20日）

设施：壁挂式软背景、简式舞台、演讲台、座签等

布置要求：新闻发布会格局

布置、使用时间：10约19日晚布置，20日使用

8. 记者接待台（金茂凯悦饭店二楼休息厅）

设施：背景板、桌椅

布置要求：接待式布局

布置、使用时间：10 月 17 日晚布置，18～20 日使用

9. 资料台、赞助商台（二楼休息区）

设施：大会资料台、赞助商形象展示台（6 个）、赞助商资料台

布置要求：设施摆放位置要合理，并要安排与会代表休息区

布置、使用时间：10 月 17 日布置，18～20 日使用

10. 大会通道

设施：花草

布置要求：从饭店 6 号门到二楼大会场地的通道二侧需布置花草（注：不要菊花、荷花和兰花）

布置、使用时间：10 月 18 日上午布置，18～20 日使用

11. 饭店周围

设施：彩旗（若干）

布置要求：醒目，能营造会议氛围

布置、使用时间：10 月 16 日布置，17～20 日使用

（二）浦东香格里拉大酒店

12. 主会场（浦东香格里拉大酒店大宴会厅，10 月 18 日晚宴带小型演出，19～20 日全体会议、20 日午宴和自助晚餐）

设施：大舞台、背景板、赞助商板（2 个）、讲台（2 个）、超大背投屏幕（2 个）、记者区、座签、灯光、花草等

布置要求：舞台背面正方设背景板，显示会议名称、会标、主办单位名称、会议时间、地点、主题等；两侧设大幅投影屏幕，供背投发言人发言内容及发言人发言现场情况用；屏幕周围或单独展板可显示赞助单位、合作单位名称及徽记。舞台配演出和会议灯光。在舞台两端各设演讲台一个。设 4 种语言同传声道，平时提供中、英文同传，如一些国家提出，可加设日、俄等语言同传。会议时前 4 排约 100 人为教室式布置，以后排数为剧院式布置，共 500 人位置。会场后区设媒体区域，提供媒体摄像用舞台。前一排为保留区域，约 40 个位置，供赞助商代表、特邀贵宾及领导人随从用。18 日晚为宴会布置（约 600 人），19 日为会议布置（700 人），20 日上下午为会议布置（约 600 人），中午为宴会布置（约 600 人）

布置、使用时间：10 月 14 日晚 10：00 点运材料，15 日下午 2 点开始布置，18 日下午 4：00 点完成布置，5：00 领导审查，18 日晚宴用，结束后改会议布置，19 日使用。20 日大会结束后开始布置宴会，之后再将宴会改会议布置，如有自助晚餐，尚需将会议布置改自助晚餐布置

13. 分会场（浦东香格里拉大酒店二楼长春/大连厅、北京厅、上海厅，10 月 20 日分组会议）

设施：壁挂式软背景（3幅）、简式舞台（3个）、座签、日程表（3个）等布置要求：壁挂式软背景，显示会议名称、主题、会标。设简式舞台，发言人坐木椅上，半圆形围坐，电视采访风格。设投影屏幕一幅，投发言人内容用。中、英文同传

布置、使用时间：10月19日晚布置，20日使用

14. 注册/咨询区域（注册区域拟设在浦东香格里拉大酒店一楼前厅或二楼扶手电梯口，10月17～18日使用；咨询区域拟设在三楼休息厅19～20日咨询）

设施：会议背景板、注册/咨询台、证件盒、赞助商形象展示台（6个）、联邦快递接待台、会议资料台、赞助商资料格、通知牌、日程表（2组）、会场平面图（2组）、指示牌、茶点等

布置要求：注册台可置放手提电脑，会议资料格按日期分别摆放发言人讲稿，其他设施摆放位置要合理，并要安排与会代表休息区。赞助商台10月18日晚之前暂存于二楼，18日晚宴会结束后布置在三楼休息厅

布置、使用时间：10月15日布置，17～20日使用

15. 新闻访谈室（浦东香格里拉大酒店三楼南京厅，10月17～20日）

设施：壁挂式软背景、简式舞台、沙发、茶几、座签等布置要求：靠窗处，布置一小舞台，宽2米，长4米，靠舞台下周边有鲜花、绿色植物点缀。台上设背景板并以1对3扇形式样摆放4把沙发和一个三角形茶几，台下剧院式摆放15～20把普通椅子。届时此厅基本用于对重要和著名人物专访的节目制作室

布置、使用时间：16日晚布置，17～20日使用

16. 通讯中心（浦东香格里拉大酒店三楼杭州厅，10月17～20日）

设施：壁挂式软背景、电脑台、桌椅等

布置要求：电脑台设计应与房间色调相协调，布局要合理以便与会代表上网、收发传真、电子邮件、打电话用

布置、使用时间：10月16日晚 布置，17～20日使用

17. 演讲人彩排、等候室（浦东香格里拉大酒店三楼VIP房间，10月18～20日）

设施：沙发、茶几、鲜花

布置要求：会见式布置

布置、使用时间：10月17日晚 布置，18～20日使用

18. 领导人会见室（浦东香格里拉大酒店三楼苏州、无锡、桂林厅，10月17～20日）

设施：背景板、照相台

布置要求：18日晚小型酒会布置，照相台每排可站15人，共4排，约60人，背景板上字样应可在相片上显示出来。17日、19～20日为会见式布置，约容纳30人

布置、使用时间：16日晚开始布置，17～20日使用

19. 记者中心（浦东香格里拉大酒店二楼沈阳厅，10月17～20日）

设施：壁挂式软背景、简式舞台、演讲台、鲜花、桌椅

布置要求：

1）入门处左侧部位，设工作台及背景板，工作柜台上放 2 台 PC 机

2）入口处右侧墙面，布置出一块大约 3 平方米（1 米×3 米）的峰会专用网站工作台面，配有 5 把椅子

3）右侧墙面一侧，摆放 2 部 29 寸彩电，为英文闭路频道，电视前再摆放 10 把椅子；靠左侧墙面一侧，摆放 1 部 29 寸彩电，为中文闭路频道，用于播放会场内的实况供进不了会场的文字记者使用，电视前再摆放 5 把椅子

4）厅内中间地面空余处，散落性摆放 5 个小圆桌，面积大约 1 平方米大小，每桌上放 1 部 IP 电话，围绕性摆放 4 把椅子，共需 20 把椅子

布置、使用时间：10 月 16 日晚 布置，17～20 日使用

20. 新闻发布厅（浦东香格里拉大酒店二楼上海厅，10 月 19 日）

设施：壁挂式软背景、简式舞台、演讲台、座签等

布置要求：新闻发布会格局

布置、使用时间：10 月 16 日晚，10 月 19 日用

21. 赞助商会客室（浦东香格里拉大酒店二楼北京、长春厅，17～19 日、上海厅 17～18 日、苏州、无锡/桂林 17～18 日）

设施：壁挂式软背景、沙发、茶几、鲜花

布置要求：会见式布置

布置、使用时间：10 月 16 日晚 布置，17～19 日使用

22. 秘书处（浦东香格里拉大酒店二楼青岛厅，10 月 11～19 日）

设施：桌椅

布置要求：办公格局布置

布置、使用时间：10 月 10 日布置，11～20 日使用

23. 工作人员开会及休息室（浦东香格里拉大酒店二楼大连厅，10 月 10～19 日）

设施：桌椅

布置要求：可供工作人员（约 30 人）开会和就餐

布置、使用时间：10 月 10 日布置，11～19 日使用

24. 警卫室（浦东香格里拉大酒店三楼衣帽间，10 月 18～20 日）

设施：沙发、茶几

布置要求：可供安保、急救和接待组人员休息

布置、使用时间：10 月 17 日布置，18～20 日使用

25. 休息室（浦东香格里拉大酒店 511～514 房间）

26. 大会通道

设施：花草

布置要求：从饭店 6 号门到二楼大会场地的通道二侧需布置花草（注：不要菊花、荷花和兰花）

布置、使用时间：10月18日上午布置，18～20日使用

27. 饭店周围

设施：彩旗（若干）

布置要求：醒目，能营造会议氛围

布置、使用时间：10月16日布置，17～20日使用

28. 虹桥、浦东机场

设施：每个机场2组接待台和大会背景板、桌椅

布置要求：醒目，便于为与会人员提供接待服务

布置、使用时间：10月15日布置，16～21日使用

29. APEC CEO 媒体咨询台（东方明珠电视塔裙楼）

设施：大会背景板、咨询台、桌椅

布置要求：醒目，便于为新闻记者提供接待服务

布置、使用时间：10月14日布置，15～20日使用

[案例分析]

××年举办的 APEC 工商领导人峰会根据会议策划的场地功能就不同的场地提出不同的布置要求。为明晰起见，将不同的场地布置要求以文字形式加以表述，并且附上相应的场地布置平面图以使相关人员能够明确各场地需要配置的设施、具体的布置要求、完成和使用的时间。

下面简单介绍一下该峰会各场地的布置要求：

1. **会议场所**

会议场所主要包括开幕式、闭幕式、主会场、专题研讨会等所用场地，布置内容一般包括背景板、主席台、讲台、花草、会场指示牌、桌椅、桌签、灯光、日程表、会场指示牌，有时还包括赞助商板、记者台、同传室等。要说明会场内桌椅摆放的方式（酒会、宴会、课桌式或剧场式），并在场内划出会议设备及其控制台、电视转播机位及记者台的位置，并确定固定讲台的数目和位置。另外，还要考虑发言人是否需要在讲台旁放置工作台，如可以放手提电脑或讲座用资料等。

2. **招待场所**

招待场所主要包括宴会、午餐、晚餐和茶歇区，宴会场地的布置一般包括背景板、讲台、花草、餐桌和餐台等，午餐、晚餐和茶歇区按酒店一般餐饮布置即可。

宴会场地应确定主桌、次主桌的数量、摆放的位置和每桌的人数，台布的颜色和款式，桌上是否摆献花或其他装饰物。如果有重要贵宾出席，还要考虑其座位附近是否存在不安全的隐患并及时加以清除。整个宴会场地的布局应尽可能合理，桌与桌之间要有相应的空间以便于参加宴会的人员进出。餐台摆方位置也要合理，既便于服务人员服务，也要利于发生紧急情况时人员的疏散。注册台、咨询台、资料台和媒体宣传台应有相应的标志牌，有时也可设置背景板，赞助商台一般设有背景板，同时配有相应的花草饰物。在此区域还应设置会场平面图、会议日程表及指引标识。

3. **接待场所**

　　接待场所主要包括贵宾室、赞助商室、演讲人彩排室等，其布置一般为会见式布置，配有沙发或椅子、茶几、花草等。

4. **办公场所**

　　办公场所主要包括秘书处、新闻采访室、记者接待处、通讯中心等。秘书处以办公式布置为主，应配置座椅，同时部分区域可按休息区布置，以便临时商谈工作时使用。新闻采访室可按访谈式布置，如配置背景板、简式舞台、沙发或椅子、茶几、桌签、花草。记者接待处应便于记者工作，配以座椅、电话、电脑设备和鲜花，并要有充足的电源接口。记者接待处可配置桌椅、电话、电视、电脑、打印机等，以便于记者接收会议信息和对外发稿。通讯中心可配置桌椅、电脑和传真设备，主要供与会代表收发传真、电子邮件。储藏室主要用于储存会议所需的部分设备、文件和物品。

5. **展示场所**

　　根据需求的不同，可设置标准展位，也可设置展板和桌椅或特设展台。

6. **交流场所**

　　为进行洽谈或对接活动安排的场所，可安排桌椅、台卡，并以花草进行装饰。

7. **场外氛围布置**

　　可考虑以彩色布幔、条幅、升空大气球、灯杆旗、指引牌等不同的方式烘托大会氛围。

8. **会议场地平面图及指示**

　　在会议注册宣传咨询场所应有整个会议的会场平面图和会议活动安排表，根据场地的不同情况，确定设置会议指示牌的数目和具体摆放位置。在各活动场所的前面可设立该场地所举办活动的名称和日程表。

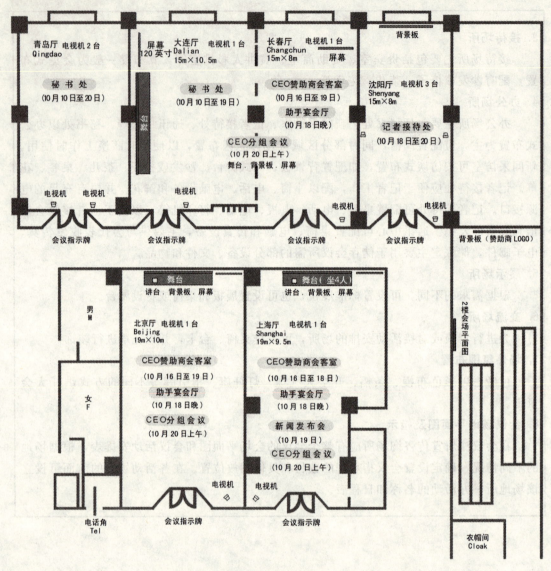

5.4.1 图例 ××年 APEC 工商领导人峰会 2 楼会场分布图

154

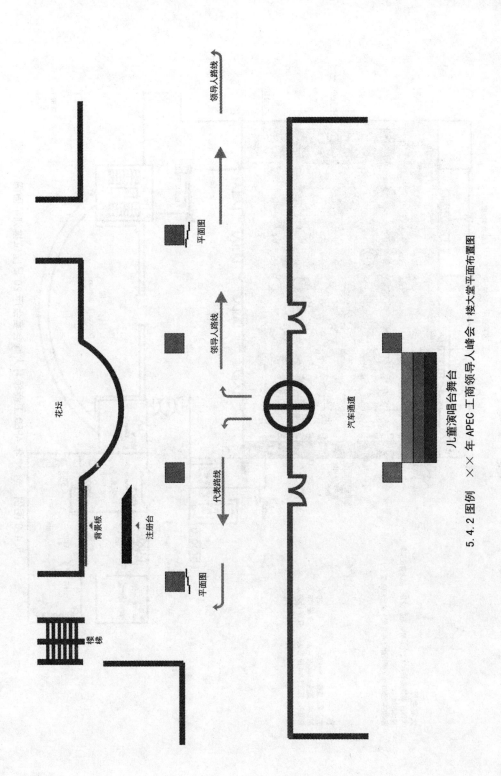

5.4.2 图例　××年 APEC 工商领导人峰会 1 楼大堂平面布置图

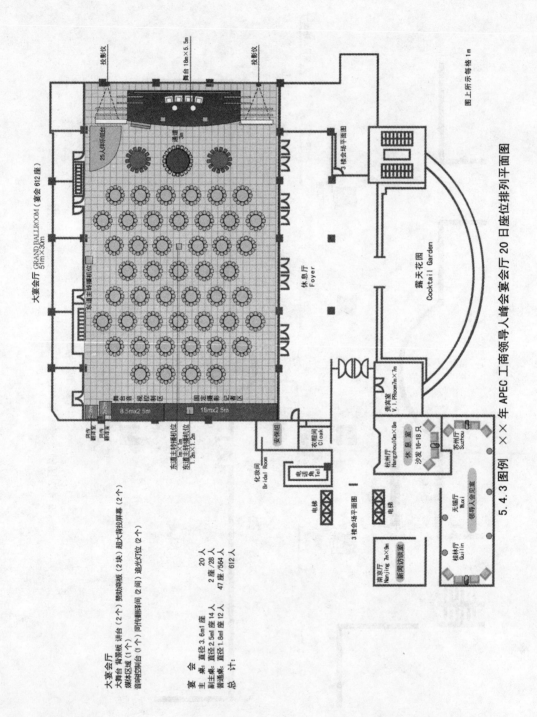

5.4.3 图例 ××年 APEC 工商领导人峰会宴会厅 20 日座位排列平面图

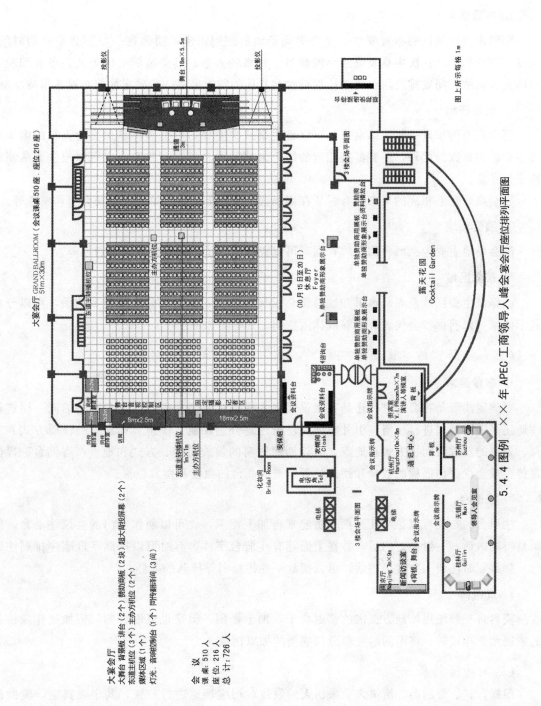

5. 4. 4 图例 ××年APEC工商领导人峰会宴会厅座位排列平面图

（二）招待场所

1. 布置要求

要确定招待场所的布置要求，先要明确场地的使用需求，明确每一场宴会举办的时间、规模、拟设的主桌、次主桌及普通桌的数目、每桌的人数、宴会或酒会的形式、午餐和晚餐的形式、茶歇时间安排及摆台要求。根据这些具体的需求来进一步确定如何布置各招待场所。

2. 宴会场地

宴会场地的布置一般为圆桌式，可以设主桌或次主桌，根据具体参加宴会人数的多少来确定摆放的桌数。此外，还要留有相应的摆台来放置饮料等。有些宴会也可以把主桌从圆桌换成长条桌。

宴会桌要配上相应的桌布，有时要在桌上摆上鲜花等饰物、菜单、公司台卡和桌签等。

3. 酒会场地

酒会场地主要包括酒台的摆放，同时可设置些小台子供参会代表放置酒杯等。

4. 茶歇区域

此区域主要摆放茶点、水果和饮料供会议代表饮用。如果参会人数较多的话，可以分成若干区域，以确保参会代表有足够的休闲空间。

（三）注册宣传咨询场所

1. 布置要求

要确定注册是在会场进行还是在会议代表入住的主要酒店进行、是在会场的同一层进行注册还是不同楼层进行注册、中外宾同时注册还是分别注册、演讲人和嘉宾的注册方式和地点、资料的发放时间、方式和地点，会议期间资料的发放时间、方式和地点；咨询台、媒体宣传台或会议宣传展板的数量和摆放位置；赞助商台的数量和摆放位置。

2. 注册台

注册台的布置可以是将几张桌子拼起来再加上裙围，也可以制作专门的会议注册台。如果是特制的话，一般会有门眉，并在上面标有注册台字样，有时可以按照字母顺序排列注册台，如果届时注册人数过多的话，可以摆放一些栏杆引导排队的人群。

3. 资料台

资料台一般使用场地方提供的普通桌子，加上裙围，但是也可以自制，例如制作成格状的或展示架样式的，将不同的资料分门别类的加以摆放。

（四）接待场所

根据贵宾、赞助商、演讲人、采访人的数目对相应场地进行布置，其中贵宾室、赞助商室和演讲人休息室一般可以布置成会见式，即摆上沙发和茶几，访谈室则可以设置背景板，在背景板前放上沙发和茶几。记者接待室的布置可以布置成咖啡厅式的，同时提供可供其工作使用的座椅，以便于其写稿和发稿，另外可以设置资料台来摆放会议的新闻稿和相关报道。

（五）办公场所

根据会议工作人员的数目来设置办公场所，其布置可以是办公式的，即摆放相应的办公桌椅，同时设置复印、传真区域。根据会议需求，设置相应的储藏室。

（六）展示场所

1. 明确需求

会议期间是否同期举办展览或展示活动？预期多少家参加展览或展示？所需面积多大？是否提供标准展位？

2. 布置方式

会议展示或展览场地的布置可以分为几种，第一种是展示板方式，此种方式比较适用于成果展示；第二种方式是标准展位式，可以用展板或幕布将各展商分隔开来；第三种是特种装修式，即划分某一场地由展商按其独特的风格进行布置和装修。

（七）交流场所

1. 明确需求

除宴会、茶歇等社交活动外，是否安排专门的对接活动？如举办洽谈活动？如需要的话，以何种方式举办？多少人参加？

2. 对接活动

对接活动的布置可以多种多样，例如，在会场四周摆上桌椅和单位名称，或者摆成课桌式，分桌进行洽谈。另外也可在会场内摆些小吧台，由会议代表自行组合进行沟通。

（八）其他场所

是否需要会议场所以外的人员提供安全和急救服务，如需要的话，需要多大的场地？是否举办文体活动？是在会场所在饭店举办还是另选场地？多少人参加？是否在会场外进行布置？有何布置要求？

二、物品制作

根据场地布置的要求，需制作部分道具或者用品，主要包括背景板、赞助商形象展示台、会场平面图、会场指示牌、台卡和桌签等。

背景板上一般应显示会议名称、会标、主办单位名称、会议时间、地点、大会主题等，有时可将投影屏幕嵌入背景板，以形成良好的整体视觉效果。背景板的设计应该与大会相关物品的设计风格相一致。赞助商形象展示台可由赞助商自行设计或由大会统一设计制作。

场地布置所需的其他物品，如舞台、讲台、桌椅、沙发、茶几等可与会议所在酒店协商解决，必要时可另行定做或购买。在设置舞台时应考虑相关设备线路的安装问题。

台卡和桌签可以与酒店协商请其协助提供或自行设计。

本章小结

本章重要介绍了会议场地的选择、预订、设计及其相关物品的制作，在选择会议场地时主要考虑的问题包括：

1. 明确会议场地需求：基于会议的目的、规模和日程安排，确定会议的场地需求，如将组织什么活动、使用时间的长短、参加的人数及具体的布置要求等；

2. 选择会议地点和场所：选择会议地点主要考虑会议的定位、交通、气候和相关活动的安排。选择会议场所，主要从场所所在地点、场所的大小和位置、会场内部设施、灯光和隔音度、会场外部场所及设施等几个方面进行检核，并一定要进行实地考察，以获得第一手的信息；

3. 预订会议场地：尽早预订会议场地，并以合同形式落实场地相关事宜，以避免出现不必要的麻烦；

4. 场地布置：根据会议场地的不同需要，制订会议场地布置方案，并注意协调场地布置公司与场地提供方之间的关系，以确保场地布置的按时和顺利完成。

5. 根据会议场地的布署需求与酒店或者相关服务商协商落实会议布置需要的相关物品事宜。

思 考 题

1. 会议场地的种类有哪些？
2. 场地选择要考虑哪些因素？
3. 如何确定会议场地的具体需求？
4. 如何选择场地并进行场地的实际考察？
5. 预订场地时应注意的问题？
6. 如何确定场地的布置需求？
7. 怎样落实会议场地的设计和布置相关事宜？

第六章 会议设备安排

第一节 会议设备工作安排

一、工作人员

会议设备的提供主要由会议服务组负责，但是需要会议管理组、新闻组和其他相关组提出对设备的具体需求，然后由会议服务组负责具体落实。

二、工作内容

会议设备，主要包括音频设备、视频设备、同传设备、灯光设备。此外，有时还会包括办公设备和网络设备。服务组人员负责确定会议设备需求、落实供应商、签订供货和技术保障合同。

三、工作流程

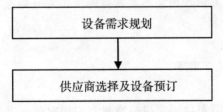

第一步，设备需求规划：要根据会议的需要，明确会议设备的具体需求，包括会议设备、办公设备和网络设备的具体需求；

第二步，供应商选择及设备预订：基于具体的设备需求，寻找合适的设备供应商。在协商一致的基础上，与设备供应商就设备提供、安装和技术保障等签订正式的合作协议。如果

是组织重要会议的话，需要对投影仪、同传耳机等关键性设备通过测试或考察等方式进行检核。（见6.1.1案例）

6.1.1 案例

××年APEC工商领导人峰会设备配置和安装方案

一、会议设备

1. 各场地设备配置及安装

现场总负责人：××

香格里拉现场负责人：××、技术人员若干

金茂凯悦现场负责人：×××、技术人员若干

主会场、中国专题会场和分会场等场地所需灯光设备、音频设备、视频设备和同传设备将全部租用。各场地会议设备配备和要求如下（略，6.3.1案例）。

2. 现场技术支持

现场总负责人：××

笔记本电脑和音视制品管理负责人：××、志愿人员6名

同传耳机管理负责人：×××、志愿人员10名

各会议场地设备主要由设备供应商负责安装和技术支持，但笔记本电脑的操控和同传耳机的管理除外。

3. 工作进度规划

——7月中下旬我们将根据目前确认的设备要求向初步选定的设备供应商再询价；

——8月初最终选定设备供应商并要求其提交各场地设备清单和配置图、线路图；

——8月中旬与设备供应商签合作意向协议；

——8月下旬对设备供应商的方案进行审核和修改；

——9月初安排设备供应商与饭店工程和宴会部、安保、会议管理组等各方面进行现场衔接，并培训志愿人员；

——10月10日工作人员到现场熟悉各自的岗位并开始按本方案一中所述时间和要求进行现场安装和技术支持。

4. 需办公室和相关小组配合事项

办公室

——7月底之前确认需租用的对讲机数量和租用时间、提出现场配置方案；

——8月15日之前确定现场设备配置方案、上海办公室现有设备与现场设备的衔接方案，以便尽早确定尚需租用的设备清单并落实相关租赁事宜。

会议管理组

　　——7 月 23 日前审核本方案中所列会议设备配置并提出修改意见（已完成）；

　　——8 月 30 日前核定发言人所需设备；

　　——8 月 30 日前提供较为详尽的现场内容管理流程，以便我们制定相应的设备操作流程；

　　——9 月 15 日前提供需要 PowerPoint 进行演示的发言人名单、发言时间、彩排时间、文稿内容及其所用 PowerPoint 文件（由会议管理组编制）的软盘；

　　——9 月 15 日前提供需要发言提示器的人员名单、发言时间、文稿内容及彩排时间；

　　——9 月 15 日前提交会场内播放的音视制品以便会议设备供应商试机；

　　——9 月 17～23 日与会议设备供应商就会议程序与设备的衔接继续磨合、彩排。

活动安排组

　　——7 月底提供 10 月 18 日晚文艺演出对灯光和设备的要求。

新闻组

　　——8 月底之前进一步确认新闻单位对设备的要求；

　　——8 月底之前提供新闻单位现场所带设备的用电需求量。

推广组

　　——7 月底之前进一步确认对注册和咨询设备的要求。

二、办公设备

　　现场总负责人：××

　　现场负责人：×××、×××、志愿人员若干、技术人员若干

1. 设备配置和安装时间

　　秘书处、新闻中心、通讯中心等场地所用办公设备主要包括传真机、复印机等普通办公设备和局域网设备两部分，其中笔记本电脑、数码相机和少量网络设备自行解决，其他办公设备将以租赁方式解决。

网上直播（网络公司提供）

2. 工作进度安排

　　——7 月底与上海 APEC 筹备办协调对讲机配备事宜，争取于 8 月初与相关公司签租赁合同；

　　——8 月中下旬落实其他办公设备租赁事宜并签合同；

　　——9 月中旬落实线路租用问题。局域网方案已报，需继续落实设备集成和布线事宜，并需与香格里拉联系落实届时施工问题。

三、其他设备

负责人：××

1. 发言时间提示设备（如电子时钟）；

2. 入场提示设备（如闹铃/提示牌）；

根据会议管理组的要求，拟寻找此类设备的供应商。

第二节　会议设备种类

一、音频设备

主要包括全频音箱、功放、均衡器、调音台、压限器、返送音箱、分频器、无线领夹式麦克、无线手持麦克、有线桌式鹅颈麦克、有线立式麦克、MD 机、效果器、专业录音卡座和电缆线材等。

二、视频设备

主要包括投影机（注明流明）、投影幕含支架（注明大小）、1024 转换器、监视器、摄像机和录像带等。

三、同声传译设备

主要包括无线接收机、主机、发射板、无线翻译器和翻译间。

四、灯光系统

主要包括筒灯、数字硅箱、流动灯架、调光台和灯光线缆。

五、办公设备

根据会议的具体需求来决定是否需要预订办公设备。一般而言，大型会议，为便于对会议的服务，会设立秘书处、通信中心、媒体中心，在这种情况下需要配备专门的办公设备，主要包括电话、电脑、传真机、复印机、打印机、碎纸机、饮水机、对讲机，有时还需要闭路电视，以监控会场情况。

第三节　会议设备使用因素

一、需求数量

要确定会议设备需求数量，首先要有初步的会议日程，然后根据会议日程的安排逐一明确各会场对会议设备的需求。

（一）全体会议和平行会议

1. 麦克风

确定需求时要考虑的因素主要包括：是否设主席台？主席台上就座人数？有几人发言？是站着发言还是坐着发言？发言人和司仪是否用不同的讲台？是否要进行现场问答？

根据对上述问题的回答来确定主席台上需要配备几只麦克风，是否需要立式话筒。假如主席台上就座5人，其中有3人需要发言，且发言时是在讲台上站着讲，那么在主席台上就不需要配备过多的麦克风，而如果是5人都要发言，且在座位上讲时，那么主席台上至少应配备3只麦克风。

如果发言人和司仪要用不同的讲台，那么就要配备2个麦克风。如果会议还需要翻译（交传）时，就多配备2个以备翻译使用。如果要进行现场问答的话，要根据会议代表的多少在不同的位置安装立式麦克或者配备几个无线麦克供其提问时使用。麦克风的数量要根据实际需求来确定，但在关键部位，例如讲台上，最好有备用麦克，以便其中一只出现问题时可以马上换一只，而不至于影响会议的进行。

除确定麦克风的需求数量外，还要根据不同的需求来选择麦克风的种类，例如，在主席台或讲台上一般使用固定麦克，但演讲人在演讲时需要走动时，也许就需要无线麦克或领夹式麦克。翻译则一般使用立式话筒。现场提问多使用立式麦克或无线麦克。各种麦克都有其不同的特点，要进行比较和选择。

2. 音频设备

需要考虑的主要因素包括：会议场地提供方可否提供音频设备？场地的大小如何？

如果场地提供方可以提供音频设备，那么就不需要另外寻找设备供应商来提供会议所需的音频设备了，但如果会议要使用同传设备的话，即使会议场地提供方能够提供音频设备，也需要另外寻找设备供应商来提供音频设备，以使其与同传设备相匹配。如果需要另外安装音频设备的话，就要考虑预订的音频设备的具体种类和数量，场地的大小对需求的设备数量有一定影响，同时要考虑设备如何安装才能够保证声音的传输质量，并要兼顾参会代表的视觉效果以及参会代表的行走安全问题。

3. 投影设备

确定需求时要考虑的主要因素包括：会场多大？参会人数多少？是一边设投影屏幕还是

两边设投影屏幕？是背投还是正投？会场比较大、参会人数多时，就要考虑在背板两边各设一块投影屏幕。反之，如果会场较小，参会人数也不多，可能一块投影屏幕就够了。此外，房间的高度也会对所需投影屏幕的尺寸产生影响，另外也要考虑参会代表观看的视觉角度，屏幕不能挂太高或太低。要对会议场地进行实地考察，并确定会议的参会人数及会场的布置方式，在此基础上来确定会议对投影设备的需求量以及需要哪种投影设备。如果要考虑将投影屏幕镶嵌在框架中的话，还需要和场地布置方事先沟通投影屏幕的尺寸，特别要注明是否包括幕布的边框尺寸，以确保届时能将投影屏幕镶嵌在制作的框架内。另外，也要确定是用背投还是正投，如果是背投，在会场布置时要留足屏幕后的场地，以供投影使用。如果是正投，则要确定投影仪摆放的位置，如果是悬挂在会场上，要与场地提供方确定悬挂的地点，如果是摆在前排桌上，则要考虑留出一定的空位，不要在相关位置上安排参会代表。

对于重要的大型会议，最好能够有备份投影仪，并要求设备供应商能够在主设备出问题时马上进行切换。而对相连接使用的电脑，一般也要备两台，将演讲稿分别存在两台电脑内，当其中一台发生问题时，另一台可以马上切换过去。

4. CD 机和 DVD 机

如果会上需要摆放音乐或录像的话，还要考虑预订相应的 CD 机和 DVD 机。

5. 摄像机

如果需要将会议录像的话，需要预订摄录机，并且提出具体的摄录像要求。例如，是主要录制演讲人还是包括会议现场情况。如果需要摄录像机将演讲人或现场的画面投放到会议屏幕上，那么就要确定投放何种图像以及何时投放。

一般的会议主会场或每个分会场需要一台摄录机，可以录演讲人和现场情况，并将画面投到屏幕上。重大的大型会议，如果想录完整的演讲人资料，那么可以预订两台摄录机，其中一台录演讲人的资料，另一台录会场的情况，或者安排一台在前场摄录，另一台在后场摄录。如果会场有两块投影屏幕的话，可以同时投画面，也可以一块投画面，另一块投演讲提纲，但后一种线路连接复杂一些，因此一般会议两个屏幕的图像是一致的。

在确定摄录像需求时还要考虑录像带的提供问题，要事先明确是由主办方自行提供还是由设备商代为购买。

6. 录音设备

如果会议需要录音的话，要确定是用普通的录音机来录还是用专业设备来录，专业设备录制的录音带主要用于复制用途。另外，要明确是录原声、翻译声还是现场的声音，并就相关要求事先与设备供应商进行沟通，由其负责按要求录音并将相关录音带提交会议主办方。

7. 同传设备

确定需求主要考虑的因素包括：需要几种同传翻译语言？会场面积多大？参会人数多少？

了解会议需要几种同传翻译语言才能确定会议同传间的需求数量。会场面积及参会人数决定了对同传设备的需求量。

8. 灯光设备

要实地考察会议场地的灯光情况，根据实际需求来确定是否需要预订额外的灯光设备来弥补现场灯光的不足。例如，背景板上是否需要灯光？如需要的话，可由场地布置公司提供，而不是由设备供应商来提供。但演讲人、会场或会议相关活动，如演出灯所需要的灯光则需要设备供应商来提供。

（二）现场对话活动

现场对话活动需要的设备数量主要取决于参加对话活动的人数多少、摆台的方式。如果参加对话活动的嘉宾在会议桌旁就座的话，通常需要备有线桌式鹅颈麦克。如果嘉宾在沙发上就座的话，可以备有线桌式鹅颈麦克或手持无线麦克等。

（三）圆桌会议

1. 麦克风

参加会议的人数和发言模式对麦克的需要数量有所影响。如果会议中允许问答或自由讨论，配备麦克风数量就要多一些，以便于参会人员使用。

2. 摄像机

是否需要摄录像？以此确定摄录机的需求数量。

3. 同传设备

需要翻译的语言种类、场地的大小和参加人数的多少决定同传间及同传设备的需要数量。如果只是安排交传的话，要考虑给翻译人员配备相应的麦克风。

4. 录音机

是否需要录音？如果需要的话，需要预订录音机（会场专用）。

5. 投影设备

如果需要投放演讲稿或现场情况，需要预订相应的投影设备。

（四）宴会及其他活动

1. 麦克风

如果安排宴会期间讲话，就要考虑需要的会议设备，例如，所需的麦克风数量及种类。如果不安排同传翻译的话，宴会所需的音频设备一般可由场地提供方解决。

2. 摄像机

是否安排摄录像？以此确定对摄录机的需求。

3. 同传设备

是否需要同传翻译？以此确定对翻译设备的需求。

4. 录音机

是否需要录音？以此确定对录音机的需求。

5. DVD 机

是否需要播放音乐或图像，如需要的话，DVD 一般可由场地提供方提供。

6. 投影设备

如果宴会期间需要投放演讲人或现场的画面的话，就要考虑预订投影相关设备。

（五）办公设备

办公设备的需求数量主要取决于会议期间工作的需求量和办公场地设置情况。小型会议如果只设秘书处，那么办公设备需求的就少。大型会议如果要设立媒体中心、通信中心等，需要的设备数量就多一些。可以先对会议的场地进行规划，然后就每一个场地确定办公设备的具体需要数量。（见 6.3.1 案例、6.3.2 案例）

6.3.1　案例

××年 APEC 工商领导人峰会会议设备需求清单

浦东香格里拉 3F / 大宴会厅

	10 月 15 日	10 月 16 日	10 月 17 日	10 月 18 日	10 月 19 日	10 月 20 日
使用时间	24 小时	24 小时	24 小时	18：30—20：30	09：00—17：30	09：00—10：45 /12：30—14：00 /15：45—17：30
用途	安装	安装	安装	晚宴	主会场	主会场/午宴

设备提供要求：

1. 投影系统

➤ 2 个 200" 正/背投屏幕，嵌在背景板左右两侧；

➤ 2 台高亮度/高清晰度投影机连接视频及电脑信号，要求可同时切换不同的电脑及视频信号；

➤ 2 台高亮度投影机做备份，要求在会议中保持待机状态，随时可切换上屏幕，投影要求同 2 台主机；

➤ 同时连接的信号源有：3 台笔记本电脑（全部在控制台上），1 台 Betacam 放像机，2 台 VHS 放像机，2 台摄像机（1 个固定机位，1 个活动机位）并配备专业摄像师进行操作，1 个转播车视频信号；

以上信号源除电脑和转播车以外，均要求 AV 公司提供；

➤ 在所有信号切换过程中要求淡进淡出，并要求切换画面的稳定，不得出现黑屏/彩条或图像抖动/跳跃的情况；

➤ 在舞台前方提供 2 台大屏幕显示器（不得小于 29"），可将正在投影的内容实时反映给演讲人，要求不论电脑信号或视频信号均要清晰显示。

2. 音响系统

➤ 音源设备有：CD 机 1 只 & MD 机 1 只（要求提供有版权的各种会议用音乐，如进场音乐，串场音乐等），主席台有线桌式麦克风 5 只，演讲台有线电容麦克风 2 只，领夹式无线麦克风 5 只，无线手持麦克风 2 只，立式有线麦克风 4 只（观众席内），笔记本电脑 1 台，放像机 3 台；

➤ 声音输出：转播车 1 个，现场摄像机 2 个，同传设备 1 个；

➤ 录音要求：分 4 种语言（现场及同传）同时进行全场录音；

➤ 音响要求：声场分布均匀，麦克风无啸叫，音色圆润饱满，声音清晰干净，无杂音及干扰；

➤ 其他要求：提供音频分配放大设备，将现场扩声提供给 30 家中外新闻机构进行录音，请注意提供相应数量的音频线；

➤ 演出用各种效果设备待节目确认后再行报价。

3. 灯光系统

➤ 根据背景板方案及演出方案再行报价。

4. 同传设备

➤ 主机要求：可同时提供 4 种语言的翻译，并可将信号反送给调音台进行分语言的现场录音；

➤ 耳机要求：500 只，有 4 个以上频道；

➤ 翻译间：3 间，每间可同时容纳 2 人；

➤ 设备要求：声音传递清晰，在场内及舞台上无盲区。

5. 发言提示设备

➤ 软件要求可支持中英文两种语言；

➤ 设备要求提供 2 套并同时使用，分别位于发言人左右两侧；

➤ 要求操作人员熟悉软件使用，具有丰富经验，可配合发言人习惯调节操作速度。

浦东香格里拉 3F／南京厅

	10 月 16 日	10 月 17 日	10 月 18 日	10 月 19 日	10 月 20 日
使用时间	18：00—22：00	08：00—22：00	08：00—22：00	08：00—22：00	08：00—22：00
用途	安装	新闻发布中心	新闻发布中心	新闻发布中心	新闻发布中心

设备提供要求：

音响系统

➤ 音源设备有：CD 机，演讲台有线电容麦克风 2 只，无线手持麦克风 2 只；

➤ 声音输出：无；

> 录音要求：无；

> 音响要求：声场分布均匀，麦克风无啸叫，音色圆润饱满，声音清晰干净，无杂音及干扰；

> 其他要求：提供音频分配放大设备，将现场扩声提供给 30 家中外新闻机构进行录音，请注意提供相应数量的音频线。

浦东香格里拉 3F / 贵宾室

	10 月 17 日	10 月 18 日	10 月 19 日	10 月 20 日
使用时间	18：00—24：00	08：00—22：00	08：00—22：00	08：00—22：00
用途	安装	演讲人休息室	演讲人休息室	演讲人休息室

设备提供要求：

> 提供 1 台大屏幕电视机（不得小于 29"），可将会场的摄像信号进行实况转播；

> 现场声音也要求同步传输；

> 支持中英文发言提示设备 1 套，并配有专人配合发言人进行语速配合。

浦东香格里拉 2F / 大连厅＋长春厅 / 北京厅 / 上海厅

	10 月 16 日	10 月 17 日	10 月 18 日	10 月 19 日	10 月 20 日
使用时间	18：00—24：00	08：00—18：00	08：00—18：00	08：00—8：00	11：15—12：30/ 14：00—15：15
用途	安装	赞助商会客室	赞助商会客室	赞助商会客室	赞助商会客室

赞助商会客室设备提供要求：（每个房间）

> 提供 1 台大屏幕电视机（不得小于 29"），可将会场的摄像信号进行实况转播；

> 现场声音也要求同步传输。

分会场设备提供要求：（每个会场）

1. 投影系统

> 1 个 150" 正/背投屏幕；

> 1 台高亮度/高清晰度投影机连接视频及电脑信号；

> 1 台高亮度投影机做备份，要求在会议中保持待机状态，随时可切换上屏幕；

> 同时连接的信号源有：2 台笔记本电脑（全部在控制台上），1 台 VHS 放像机；

> 以上信号源除电脑以外，均要求 AV 公司提供；

> 在所有信号切换过程中要求切换画面的稳定，不得出现彩条或图像抖动/跳跃的情况。

2. 音响系统

> 音源设备有：CD 机 1 只（要求提供有版权的各种会议用音乐，如进场音乐，串

场音乐等），主席台有线桌式麦克风 4 只，演讲台有线电容麦克风 2 只，领夹式无线麦克风 2 只，无线手持麦克风 2 只，放像机 1 台；

- ➢ 声音输出：同传设备 1 个；
- ➢ 录音要求：分 2 种语言（现场及同传）同时进行全场录音；
- ➢ 音响要求：声场分布均匀，麦克风无啸叫，音色圆润饱满，声音清晰干净，无杂音及干扰。

3. 灯光系统
- ➢ 根据背景板方案再行报价。

4. 同传设备
- ➢ 主机要求：1 台，可同时提供 2 种语言的翻译，并可将信号反送给调音台进行分语言的现场录音；
- ➢ 耳机要求：200 只，有 4 个以上频道；
- ➢ 翻译间：1 间，可同时容纳 2 人
- ➢ 设备要求：声音传递清晰，在场内无盲区。

浦东香格里拉 2F ／ 沈阳厅

	10 月 16 日	10 月 17 日	10 月 18 日	10 月 19 日	10 月 20 日
使用时间	18：00—24：00	08：00—22：00	08：00—22：00	08：00—22：00	08：00—22：00
用途	安装	记者中心	记者中心	记者中心	记者中心

设备提供要求：
- ➢ 提供 3 台大屏幕电视机（不得小于 29"），可将会场的摄像信号进行同步实况转播；
- ➢ 现场声音也要求同步传输。

浦东香格里拉 2F ／ 青岛厅

	10 月 16 日	10 月 17 日	10 月 18 日	10 月 19 日	10 月 20 日
使用时间	24 小时	24 小时	24 小时	24 小时	24 小时
用途	安装	秘书处	秘书处	秘书处	秘书处

设备提供要求：
- ➢ 提供 2 台大屏幕电视机（不得小于 29"），可将会场的摄像信号进行同步实况转播；
- ➢ 现场声音也要求同步传输。

金茂凯悦 2F / 大宴会厅

	10 月 16 日	10 月 17 日	10 月 18 日	10 月 19 日
使用时间	24 小时	24 小时	14：00—17：00	12：30—14：00 /18：00—19：30
用途	安装	安装	开幕式	午宴/晚宴

设备提供要求：

1. 投影系统

➤ 2 个 200" 正/背投屏幕，嵌在背景板左右两侧；

➤ 2 台高亮度/高清晰度投影机连接视频及电脑信号，要求可同时切换不同的电脑及视频信号；

➤ 2 台高亮度投影机做备份，要求在会议中保持待机状态，随时可切换上屏幕，投影要求同 2 台主机；

➤ 同时连接的信号源有：3 台笔记本电脑（全部在控制台上），1 台 Betacam 放像机，2 台 VHS 放像机，2 台摄像机（1 个固定机位，1 个活动机位）并配备专业摄像师进行操作，1 个转播车视频信号；

➤ 以上信号源除电脑和转播车以外，均要求 AV 公司提供；

➤ 在所有信号切换过程中要求淡进淡出，并要求切换画面的稳定，不得出现黑屏/彩条或图像抖动/跳跃的情况；

➤ 在舞台前方提供 2 台大屏幕显示器（不得小于 29"），可将正在投影的内容实时反映给演讲人，要求不论电脑信号或视频信号均要清晰显示。

2. 音响系统

➤ 音源设备有：CD 机 1 只 ＆MD 机 1 只（要求提供有版权的各种会议用音乐，如进场音乐，串场音乐等），主席台有线桌式麦克风 5 只，演讲台有线电容麦克风 2 只，领夹式无线麦克风 5 只，无线手持麦克风 2 只，立式有线麦克风 4 只（观众席内），笔记本电脑 1 台，放像机 3 台；

➤ 声音输出：转播车 1 个，现场摄像机 2 个，同传设备 1 个；

➤ 录音要求：分 4 种语言（现场及同传）同时进行全场录音；

➤ 音响要求：声场分布均匀，麦克风无啸叫，音色圆润饱满，声音清晰干净，无杂音及干扰；

➤ 其他要求：提供音频分配放大设备，将现场扩声提供给 30 家中外新闻机构进行录音，请注意提供相应数量的音频线；

➤ 演出用各种效果设备待节目确认后再行报价。

3. 灯光系统

➤ 根据背景板方案及演出方案再行报价。

4. 同传设备

> 主机要求：1 台，可同时提供 4 种语言的翻译，并可将信号反送给调音台进行分语言的现场录音；

> 耳机要求：500 只，有 4 个以上频道；

> 翻译间：3 间，每间可同时容纳 2 人；

> 设备要求：声音传递清晰，在场内及舞台上无盲区。

5. 发言提示设备

> 软件要求可支持中英文两种语言；

> 设备要求提供 2 套并同时使用，分别位于发言人左右两侧；

> 要求操作人员熟系软件使用，具有丰富经验，可配合发言人习惯调节操作速度。

金茂凯悦 2F / 水晶厅Ⅱ

	10 月 16 日	10 月 17 日	10 月 18 日	10 月 19 日
使用时间	18：00—24：00	08：00—22：00	08：00—18：00	12：45—14：00 /18：00—19：30
用途	安装	安装	记者中心	午宴/晚宴

设备提供要求：

1. 投影系统

> 2 个 180" 正/背投屏幕，嵌在背景板左右两侧；

> 2 台高亮度/高清晰度投影机连接视频及电脑信号，要求可同时切换不同的电脑及视频信号；

> 2 台高亮度投影机做备份，要求在会议中保持待机状态，随时可切换上屏幕，投影要求同 2 台主机；

> 同时连接的信号源有：1 台笔记本电脑（在控制台上），1 个摄像机信号（从大宴会厅的摄像机给出）进行实况转播；

> 以上信号源除电脑以外，均要求 AV 公司提供；

> 在所有信号切换过程中要求切换画面的稳定，不得出现彩条或图像抖动/跳跃的情况。

2. 音响系统

> 音源设备有：CD 机或 MD 机 1 只（要求提供有版权的各种用餐背景音乐）；

> 声音输出：无；

> 录音要求：无；

> 音响要求：声场分布均匀，麦克风无啸叫，音色圆润饱满，声音清晰干净，无杂音及干扰；

> 其他要求：将大宴会厅的声音直接传输，进行实况转播。

3. **灯光系统**

> 根据背景板方案再行报价。

金茂凯悦 2F / 白羊厅＋双鱼厅

	10 月 16 日	10 月 17 日	10 月 18 日
使用时间	24 小时	08：00－24：00	08：00－20：00
用途	安装	秘书处	秘书处

设备提供要求：

> 提供 2 台大屏幕电视机（不得小于 29"），可将金茂会场的摄像信号进行同步实况转播；
> 现场声音也要求同步传输。

金茂凯悦 2F / 贵宾厅 Ⅰ

	10 月 17 日	10 月 18 日	10 月 19 日	10 月 20 日
使用时间	18：00－24：00	08：00－22：00	08：00－22：00	08：00－22：00
用途	安装	演讲人休息室	演讲人休息室	演讲人休息室

设备提供要求：

> 提供 1 台大屏幕电视机（不得小于 29"），可将金茂会场的摄像信号进行实况转播；
> 现场声音也要求同步传输；
> 支持中英文发言提示设备 1 套，并配有专人配合发言人进行语速配合。

6.3.2　案例

××年 APEC 工商领导人峰会办公设备需求清单

一、秘书处

（一）香格里拉饭店 2 楼青岛厅

1. **文印设备**

设备名称	数量	使用时间	布置时间
高速复印机	2 台	11～20 日	10 日
复印纸	若干	11～20 日	

2. 电脑、视频及其他设备系统

设备名称	数量	使用时间	布置时间
电脑（预装 Windows98、Office2000、中文之星等软件，网卡等）局域网（包括 1 台服务器、6 台 PC 机）	1 套	11～20 日	10 日
笔记本电脑	2 部	11～20 日	10 日
激光打印机	1 台	11～20 日	10 日
碎纸机	1 台	11～20 日	10 日
饮水机	1 台	11～20 日	10 日
闭路电视	2 台	18～20 日	16 日

3. 固定通讯设备

设备名称	数量	使用时间	布置时间
激光传真机	2 台	11～20 日	10 日
ISDN 线路（直线）	4 条	11～20 日	10 日
数字专线	1 条	11～20 日	10 日
饭店内线	2 条	11～20 日	10 日
电话机	10 部	11～20 日 10 日	

4. 文具

（二）金茂凯悦饭店二楼双鱼 & 白羊厅

1. 印设备

设备名称	数量	使用时间	布置时间
高速复印机	1 台	18～20 日	17 日
复印纸	若干	18～20 日	

2. 电脑、视频及其他设备系统

设备名称	数量	使用时间	布置时间
PC 机（预装 Windows98、Office2000、中文之星等软件，网卡等）	2 台	18～20 日	17 日
激光打印机	1 台	18～20 日	17 日
碎纸机	1 台	18～20 日	17 日
饮水机	1 台	18～20 日	17 日
监视器	1 台	18～19 日	16 日

3. 固定通讯设备

设备名称	数量	使用时间	布置时间
激光传真机	1 台	18～20 日	17 日
ISDN 线路（直线）	2 条	18～20 日	17 日
饭店内线	2 条	18～20 日	17 日
电话机	4 部	18～20 日	17 日

4. 文具

二、记者中心

（一）香格里拉饭店 2 楼沈阳厅、带会议背景

设备名称	数量	使用时间	布置时间
壁挂式软背景	1 套	17～20 日	16 日
接待台、资料台	1 套	17～20 日	16 日
笔记本电脑	1 台	17～20 日	
PC 机	2 台	17～20 日	16 日
复印机	1 台	17～20 日	16 日
复印纸	若干	17～20 日	
闭路电视	3 台	17～20 日	16 日
碎纸机	1 台	17～20 日	16 日
文具若干		17～20 日	16 日
直线电话（IP）	5 部	17～20 日	16 日
内线电话	2 部	17～20 日	16 日
饮水机	1 台	17～20 日	16 日
记者工作台、椅	50 位	17～20 日	16 日

（二）金茂凯悦饭店 2 楼嘉宾厅、带会议背景

设备名称	数量	使用时间	布置时间
壁挂式软背景	1 套	18～20 日	17 日
舞台	1 个	18～20 日	17 日
接待台、资料台	1 套	18～20 日	17 日
PC 机	2 台	18～20 日	17 日
闭路电视	3 台	18～20 日	17 日
文具	若干	18～20 日	17 日
直线电话（IP）	2 部	18～20 日	17 日
内线电话	2 部	18～20 日	17 日
饮水机	1 台	18～20 日	17 日
记者工作台、椅	50 位	18～20 日	17 日

三、通讯中心（香格里拉饭店 3 楼杭州厅、带会议背景）

设备名称	数量	使用时间	布置时间
壁挂式软背景	1 套	17～20 日	16 日
PC 机（与局域网相连）	5 台	17～20 日	16 日
电脑桌（设计）	5 张	17～20 日	16 日
打印机	1 台	17～20 日	16 日
复印机	1 台	17～20 日	16 日
复印纸	若干	17～20 日	
传真机	1 部	17～20 日	16 日
电话机	10 部	17～20 日	16 日
ISDN 线路（带 IP 电话拨号）	5 条	17～20 日	
饮水机	1 台	17～20 日	16 日
以上设备的工作台、椅		17～20 日	16 日

四、注册、咨询（香格里拉饭店 3 楼前厅、带会议背景）

设备名称	数量	使用时间	布置时间
注册、咨询工作台	6 人	17～20 日	15 日
证件盒	若干	17～20 日	
直线电话	1 部	17～20 日	15 日
内线电话	2 部	17～20 日	15 日
PC 机（与局域网相连）	2 台	17～20 日	15 日
笔记本电脑（其中 3 台与局域网相连）	6 台	17～20 日	15 日
数码相机	1 台	17～20 日	15 日
打印机	1 台	17～20 日	15 日

五、现场工作人员联络设备

设备名称	数量	使用时间	布置时间
步话机（带耳机）	60 部	17～20 日	
移动电话卡（预付卡）	若干		

六、赞助商会客室（香格里拉饭店 2 楼长春厅、北京厅、上海厅，带会议背景）

设备名称	数量	使用时间	布置时间
壁挂式软背景	3 套	18～20 日	16 日
闭路电视	3 套	18～20 日	16 日
沙发（会见式布置）	若干	18～20 日	16 日
直线电话	2 部	18～20 日	16 日
内线电话	2 部	18～20 日	16 日晚

七、新闻发布中心（香格里拉饭店 3 楼南京厅、带会议背景）

设备名称	数量	使用时间	布置时间
壁挂式软背景	1 套	17～20 日	16 日
简式舞台	1 个	17～20 日	16 日
演讲台	1 个	17～20 日	16 日
演讲台双头麦克	1 套	17～20 日	16 日
椅子	30 把	17～20 日	16 日
直线电话	1 部	17～20 日	16 日
内线电话	1 部	17～20 日	16 日

八、贵宾室（香格里拉饭店 3 楼 VIP 房间、带会议背景）

设备名称	数量	使用时间	布置时间
壁挂式软背景	1 套	18～20 日	17 日
闭路电视	1 台	18～20 日	17 日
发言提示器	1 台	18～20 日	17 日
笔记本电脑	1 台	18～20 日	18 日
内线电话	1 部	18～20 日	18 日

九、储藏兼文印室（香格里拉饭店 3 楼衣帽间）

设备名称	数量	使用时间	布置时间
内线电话	1 部	10～20 日	9 日

十、会见厅（香格里拉3楼无锡、苏州、桂林厅）

　　会见式布置、鲜花，使用时间17～20日。

十一、组委会会议/用餐室（香格里拉饭店2楼大连厅）

设备名称	数量	使用时间	布置时间
桌椅	30人使用	11～19日24小时提供餐饮服务	10日
闭路电视	2台	18～20日	16日
内线电话	1部	18～20日	16日

十二、网上直播（网络公司提供）

二、设备质量

　　会议设备的质量对会议的效果会产生最为直接和重大的影响，如果会议的音频设备或同传设备出现问题的话，会议代表就无法听清会议的演讲内容，而投影设备如果出问题的话，也会对会议代表理解演讲内容产生重大影响。

　　（一）音频设备

　　会议设备的质量取决于会议的定位和具体要求，如果需要将会议情况进行现场直播的话，对声音的质量要求就比较高。另外会议录音将用来复制的话，对录音设备和录音带的质量要求也比较高。

　　话筒的种类也是多种多样的，有固定话筒、手持话筒、领夹式话筒、无线话筒等，要根据不同的会议日程安排和演讲的模式选择相适应的话筒，并且要比较各种话筒的质量及其优劣势，讲台上应该有备份话筒。

　　音频设备的种类也很多，要进行比较和选择，同时要根据场地的情况来选择和设置音频设备，如果会议组织人员对设备的种类、如何设置和连接等不太了解的话，可以找专业会议公司的会议设备顾问来协助挑选和审核。

　　（二）视频设备

　　就视频设备而言，要达到不同的视觉效果也需要不同的设备，如投影仪的流明度。有些投影仪的品牌和型号都不错，但有时由于使用过久，其流明度已达不到原来的指标，因此需要更换灯泡。因此，在选择视频设备时不仅要询问其品牌、型号，还要观看投影仪的实际投放效果。

　　（三）同传设备

　　不同品牌的同传设备及其设备的安装会对会场声音的接收效果产生巨大影响。因此，在选择会议同传设备时要明确对设备具体的技术要求，而且最好在设备使用的情况下派人实际测试其接收效果。

　　另外，对于同传耳机最好能逐一检核，以确保其能够正常使用。

（四）灯光设备

重大的大型会议对灯光的要求极为严格，且要求打在演讲人身上的光不要泛黄，并且要求测试演讲人的面部及背部受光度等，要非常注意演讲人的形象和拍摄效果。因此需要与相关方进行前期沟通，事先进行测试和验收。另外，需要考虑灯光对演讲人的影响，即不要使演讲人感到太刺眼或感到灼热。

（五）设备连接

设备的连接方式和连线的质量也会对会议设备的质量产生重要影响，因此重大的大型会议不仅要对会议设备进行严格的挑选，对会议设备的连接方式和连线也要进行审核，以确保会议的顺利进行。（见 6.3.1 图例、6.3.2 图例）

三、兼容性

会议的音视频设备、同传翻译设备间要相互兼容，要协调音视频设备供应商与同传翻译设备间的信号传输问题，同时注意手提电脑与投影仪间的信号连接。

四、现场技术保障

设备供应商在会议现场提供的技术保障对会议的顺利进行至关重要，在选择会议设备的同时要考虑供应商的技术保障能力，对所提供的技术人员提出要求。并在会议之前向会议设备供应商提供会议的日程安排和现场配合的技术脚本，提出技术保障的具体要求，例如，现场的画面如何切换、何时投演讲提纲、何时播放影视片和音乐等。

五、费用

会议设备的租赁费用因设备的数量和质量的不同而异，各设备供应商间的报价也会存在一定的差异。比较和选择适中的报价有助于减少会议的成本开支，但不能因为价格问题而忽略设备的质量，因为确保会议顺利是选择设备时首要考虑的问题。会议设备检核表，（见 6.3.1 样表）

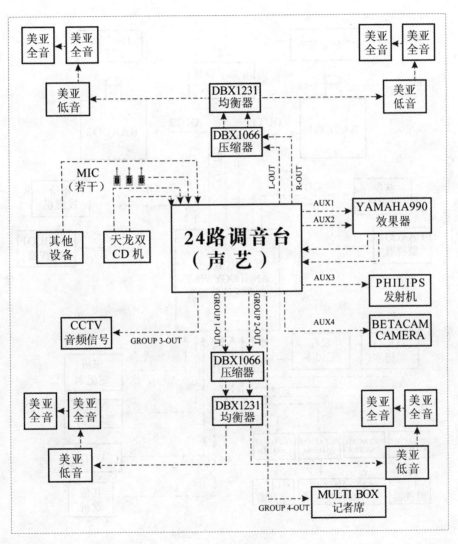

6.3.1 图例 ××年APEC工商领导人峰会音频设备连线图

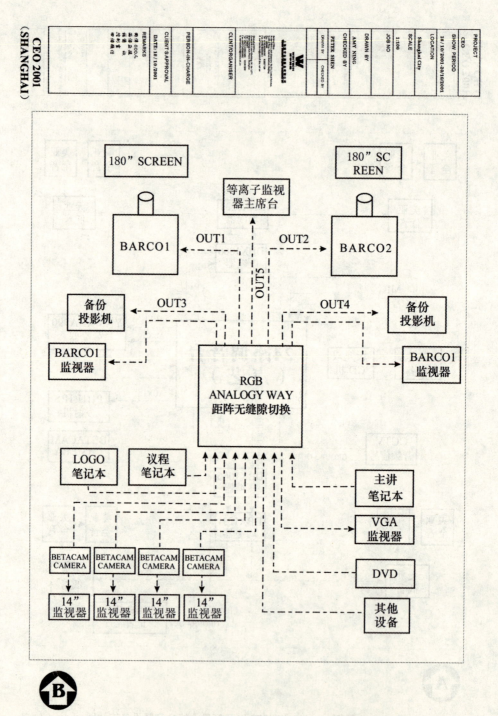

6.3.2 图例 ××年 APEC 工商领导人峰会视频设备连线图

6.3.1 样表　　　　　　　　　　会议设备检核表

音频设备					
设备名称	数量	使用时间	使用地点	品牌/技术参数	价格
CD 机					
演讲话筒					
主席台话筒					
领夹无线麦克					
手持无线麦克					
有线桌式鹅颈麦克					
有线立式麦克					
设备名称	数量	使用时间	使用地点	品牌/技术参数	价格
录音机					
录音带					
音频分配放大器					
调音台					
数字均衡器					
数字音频处理器					
反馈抑制器					
音箱					
功放机					
图示均衡器					
峰值压缩/限幅器					
音频分配器					
电缆线材					
价格小计					
视频设备					
设备名称	数量	使用时间	使用地点	品牌/技术参数	价格
屏幕					
投影机					
电脑图像切换台					
电脑信号放大器					
电脑信号切换器					

监视器					
图像切换台					
DVD 播放机					
摄像机（含人员）					
录像带					
价格小计					

灯光系统

设备名称	数量	使用时间	使用地点	品牌/技术参数	价格
电动升降灯架					
电脑灯					
电影聚光灯					
光束灯					
调光硅箱					
灯光控制台					
电脑控光台					
消耗品					
价格小计					

同传设备

设备名称	数量	使用时间	使用地点	品牌/技术参数	价格
无线接收机					
主机					
发射板					
无线翻译器					
翻译间					
价格小计					

办公设备

设备名称	数量	使用时间	使用地点	品牌/技术参数	价格
高速复印机					
复印纸					
电脑					
笔记本电脑					
激光打印机					

碎纸机				
饮水机				
激光传真机				
ISDN 线路（直线）				
数字专线				
饭店内线				
电话机				
对讲机				
价格小计				
价格总计				

第四节　会议设备供应商选择及设备预订

会议需要的基本设备主要包括音频设备、视频设备、同传设备和灯光设备，对一些高级别的大型会议，如 APEC 工商领导人峰会等，除需要上述基本设备外，还需要办公设备、网络设备、发言提示器等相关设备，有时甚至包括网络设备。

会议设备的供应商主要包括会议场地提供方和设备供应商两大类。如果会议场地已配备上述设备，那么可由场地提供方负责提供。如果会议场地提供方仅能提供音频设备和投影仪，而同传设备等需要外部的设备供应商提供，那么在此情况下，为确保所订设备间互相匹配，最好会议所需的全部设备均由外部的设备供应商提供。

办公设备有些可以自行解决，如电脑，但需要配备相应的网线或无线上网设备。其他则可由酒店或办公设备供应商解决，其中如电话和闭路电视一般由酒店提供为好，其他办公设备可由专门的设备供应商提供。

根据会议所需的设备种类和数量，通过与场地提供方或设备供应商的沟通选择会议所需的设备及其供应商。

一、选择的方式

（一）由场地提供方提供

在洽谈场地预订时，可以一并了解拟预订的场地是否配备会议所需的相关设备及其数量，如果能够满足会议的设备需求，则可在价格合理的情况下通过场地提供方直接预订。

此外，可以根据会议的日程安排去规划哪些设备需要外部设备供应商提供，哪些设备可以由场地提供方解决。例如，欢迎晚宴、午宴等活动，如果不涉及同传翻译时，一般可以由场地提供方负责提供音视频设备。如果需要同传翻译时，一般则需要外部设备供应商提供音

视频及同传设备。会议场地提供方能够提供的音视频设备因其场地配置的不同情况而异。

（二）由场地提供方及其所推荐的设备供应商共同提供

一些经常举办会议的酒店通常都可提供最基本的音视频设备（摄像机除外），但较少配备同传翻译设备，或者配备的同传耳机数量不足。而这些饭店往往与某些设备供应商建立了长期的合作关系，上述供应商对饭店的环境比较熟悉，与场地提供方配合起来较为便利，因此也可考虑由酒店或由其推荐的设备供应商全部或部分承担设备提供事宜。

（三）自行选择设备供应商

根据会议的具体需求，直接与会议设备公司联系，由其提供会议所需设备，如音频、视频、灯光和同传设备。视具体情况，也可将同传设备与其他设备分离开单独挑选，以确保同传设备的数量和质量。

二、选择的程序

（一）就所需设备开展公开招标或询价

根据会议的日程逐一确定会议各场地所需的设备，并列出会议设备需求清单，然后发给相应的公司，由其就可供的设备进行报价。在招标书中要明确投标的截止日期、联系人和联系方式。

在报价时要求标明设备的名称、品牌、型号、技术参数、购进年份、数量、单价、金额小计和总计。此外，要求供应商介绍其公司基本情况及以往为相关会议提供服务的情况。（见6.4.1案例）

6.4.1　案例

××年 APEC 工商领导人峰会会议设备报价表

音频系统

主会场							
设备名称	品牌	型号	技术参数	购进年份	数量	单价	小计
CD 机	YAMAHA	930		1995	1		
演讲话筒	SCHOEPS	MK41		2000	4		
主席台话筒	Audio—Technica	AT859		1999	4		
领夹无线 MIC	SENNHEIESR	MKE2—2R		2000	2		
手持无线 MIC	SENNHEIESR	SKM5000		2000	2		
有线话筒	AKG	D140		1995	5		
电容话筒（演出）	SCHOEPS	MK41		2000	4		
电容话筒（演出）	AKG	CK1		1997	4		

续表

设备名称	品牌	型号	技术参数	购进年份	数量	单价	小计
录音机	MARANTZ	PMD－430		1997	4		
音频分配放大器	ADM			1995	1		
调音台	DDA	CS－8		1999	1		
数字均衡器	YAMAHA	2031		1998	2		
数字均衡器	YAMAHA	1027		1998	2		
数字音频处理器	SONY	MU－R201		1993	1		
反馈抑制器	SABINE	FBX－902		2001	1		
音箱	EAW	KF－750F	3 分频 1800W	2000	8		
音箱	EAW	LA－215	2 分频 600W	2000	4		
功放机	QSC	PL－1.8	700W * 2 （4 欧）	2000	3		
功放机	QSC	PL－3.4	1225W * 2 （4 欧）	2000	2		
功放机	QSC	PL－4.0	1600W * 2 （4 欧）	2000	4		
图示均衡器	Symetrix	531EE		1998	2		
峰值压缩/限幅器	Symetrix	501E		1998	1		
音频分配器	Symetrix	581E		1998	1		
话筒，喇叭线					若干		
人工费							

分会场

设备名称	品牌	型号	技术参数	购进年份	数量
主席台电容 MIC	Audio－Technica	AT859		1999	12
演讲台电容 MIC	SCHOEPS	MK41		2000	6
领夹无线 MIC	RAMSA	WM－LA02		1997	6
手持无线 MIC	RAMSA	WX－TA820		2000	6
调音台	SONY	P－61		1997	3
调音台	SONY	MX－P210		1997	3

续表

设备名称	品牌	型号	技术参数	购进年份	数量	单价	小计
音箱	BOSE	802		1995	4		
音箱	BOSE	402		1995	4		
功放机	YAMAHA	P2200		1993	6		
录音机	MARANTZ	PMD－430		1997	7		
话筒，喇叭线					若干		
人工费							
新闻发布会							
主席台电容 MIC	Audio－Technica	AT859		1999	4		
演讲台电容 MIC	SCHOEPS	MK41		2000	2		
领夹无线 MIC	RAMSA	WM－LA02		2000	2		
手持无线 MIC	RAMSA	WX－TA820		2000	2		
调音台	SONY	P－61		1997	1		
调音台	SONY	MX－P210		1997	1		
音箱	BOSE	402		1995	2		
功放机	YAMAHA	P2200		1993	2		
录音机	MARANTZ	PMD－430		1997	1		
话筒，喇叭线					若干		
人工费							
音频系统运输费							
音频系统总报价							
灯光系统							
主会场							

设备名称	品牌	型号	技术参数	购进年份	数量
电动升降灯架					1
电脑灯	ORLAND	1200			8
电影聚光灯					20
光束灯		PAR64			60
调光硅箱		HDL24＊6KW			2
灯光控制台		TL48PLUS			1
电脑控光台					1

续表

设备名称	品牌	型号	技术参数	购进年份	数量	单价	小计
消耗品					若干		
人工费							
运输费							
税收							
总计							
管理费							
灯光系统总报价							
多媒体系统							
主会场							

设备名称	品牌	型号	技术参数	购进年份	数量
背投屏幕	DA－LITE		200"		2
投影机（主）	BARCO	9200	4500ANSI		2
投影机（备）	SANYO	9000			2
电脑图像切换台	ANALOGWAY	SMART FADE			2
电脑信号放大器	LONGHUR				4
电脑信号切换器	LONGHUR				2
监视器	SHARP		14"		2
图像切换台	PANASONIC	WJ－MX50A			1
DVD 播放机	PIONEER				2
摄像机（含人员）	BVW	400AP			2
线缆及配件					
等离子电视机	SONY		42"		1
分会场					
电视机	SHARP		29"		7
电视机	SHARP		29"		3
正投屏幕	DA－LITE		120"		1
正投屏幕	DA－LITE		100"		2
投影机（主）	EPSON	8000	2200ANSI		2
投影机（主）	EPSON	7600	2200ANSI		1
投影机（备）	SONY	500M			3

设备名称	品牌	型号	技术参数	购进年份	数量	单价	小计
等离子电视机	SONY		42″		1		
DVD 播放机	PIONEER				1		
VHS　放像机					1		
摄像机（含人员）	SONY				3		
多媒体系统 总报价							
提示系统							
立式演讲提示器					3		
管理费							
提示系统总报价							
注：本系统含应用软件及主机控制系统并配技术人员负责技术支持							
有线电视网络							

设备名称	品牌	型号	技术参数	购进年份	数量
邻频调制器		GI－450MC			5
视频分配器					1
信号混合器					1
SYWV-75-5 发泡电缆			四屏蔽双向		1KM
SYWV-75-9 发泡电缆			四屏蔽双向		1KM
SYK-5F 接头					100
SYK-9F 接头					50
分支分配器					12
信号放大器					1
各种附件					
材料总价					
工程设计、施工					
小计					
工程税收					
总计					
管理费					
有线网络总报价					

（二）评标

在收到各供应商的报价后，对其提供的设备和价格进行评估和审核，比较各供应商的优劣势。在评价时不仅要看其所报价格的高低，更重要的是看其设备的质量如何，以及其以往为会议服务的经验，特别要关注其服务的态度及敬业精神。此外，也要考虑价格问题，要在比较的基础上选出质优价廉的设备。

（三）选定设备供应商

在初步评估的基础上选出潜在的设备供应商，赴其公司进行实地考核，特别是对关键性的设备，如投影仪，看其实际的播放效果。对于同传设备，则可以考虑在其他会议使用时前往试听其效果。同时，也可以按以往使用过其设备的客户了解其设备和服务情况。

三、签订设备供应及技术保障合同

通过评估和实地考察选定设备供应商后，在充分协商的基础上应尽早签订设备供应和技术保障合同。

在合同中不仅要明确设备供求双方的名称、地址和联系方式、设备的名称、数量、品牌和技术标准、服务内容和价格，还要明确设备的安装和撤离时间和地点、现场技术保障的要求、双方的权利和义务、付款方式、保密协议、违约责任、争端解决、合同的变更及其效力，然后由双方代表签字、盖章，标明签署日期，必要时还要提供技术人员名单。如果签订合同之后有所变更的话，应就变更的内容签署补充协定。（见 6.4.2 案例）

6.4.2 案例

编号：×××

××年 APEC 工商领导人峰会设备供应及技术保障合同

甲方：×××单位（以下简称"甲方"）代表人：×××

地址：×××

电话：×××

传真：×××

乙方：×××（以下简称"乙方"）

代表人：×××

地址：×××

电话：×××

传真：×××

191

　　甲乙双方经友好协商，就为将于××年 10 月 18～20 日在上海举办的亚太经合组织 2001 年工商领导人峰会（APEC CEO Summit ××）香格里拉会场提供设备保障和技术服务事宜达成如下协议：

一、乙方提供设备和技术服务的时间和地点

　　使用时间：××年 10 月 18～20 日

　　安装时间：见附件×

　　地　　点：上海浦东香格里拉大酒店

二、乙方服务项目

　　乙方将按附件×"APEC CEO 会议设备清单及报价"所列设备、价格、期限和具体地点，将设备安装调试完毕，以供甲方组织的会议使用，并按附件二"APEC CEO 会议技术保障人员名单"提供相关设备的操作人员及设备技术保障，以保证所列设备的正常使用。

三、甲方权利和义务

　　1. 甲方进行整体会议的安排和管理，有权对乙方提供的服务项目质量进行监督，并提出调整意见。

　　2. 甲方有权监督乙方按照已审定的设备安装实施方案、配置图和线路图进行设备安装、调试工作。

　　3. 甲方应为乙方施工人员和技术人员的工作通行提供便利，并负担会议相关的电费和人员制证费用。

　　4. 甲方应按照本合同的规定按时向乙方支付服务费用。

四、乙方权利和义务

　　1. 乙方有权要求甲方按合同规定支付服务费用。

　　2. 乙方应保证提供附件所列的设备，且提供的设备应具备该设备的正常使用功能，并能满足该会议的要求。乙方应按照甲方认可的服务项目、内容、期限、已审定的设备安装实施方案、配置图和线路图进行设备安装、调试工作。

　　3. 乙方应保证附件所列技术人员的到位。在会议进行中，乙方技术人员应按照甲方的要求或会议程序的需要操作设备，并提供现场技术支持，以保证会议的正常进行。

　　4. 对项目实施过程中需要调整的内容，乙方应按照甲方提出的调整意见，与甲方商定调整方案，在双方认可的期限内完成。针对会议现场临时增加的设备，乙方应以保障会议正常进行为前提，优先提供增加的设备，尽一切可能使会议正常圆满进行。

　　5. 乙方负责全部设备的运输和拆卸，并对其提供的设备进行保管及维护。对由于乙方施工不当或其设备故障造成的租用场地及其设施的损坏或人员事故由乙方负责修复或赔偿。

6. 乙方保证传送给同传设备供应商的音频信号的质量，但对同传设备供应商送出的同传信号的质量问题不承担责任。

7. 乙方按照已审定的方案进行设备安装完毕后，由于甲方原因造成设备系统重新安装的，甲方将按所涉及的设备需要的日人工费标准支付费用。

五、付款方式

1. 甲方书面确认附件 1 所列设备之日起 3 日内，甲方向乙方支付合同总金额的 30％作为预付款。

2. 在××年 10 月 20 日会议结束后一周内，即××年 10 月 26 日之前，根据附件及补充条款内容双方共同核定减少或超出项目的实际费用，由甲方按最终结算数字向乙方支付剩余的全部费用。

六、保密协议

双方对在本合同签订和执行过程中获悉对方的机密事宜和商业机密，应严格保密，不得向第三方透露或擅自利用。

七、违约责任

1. 本合同一经签订，乙方即投入一定的人力和物力为此会的顺利召开做准备，并不再承揽与甲方本次会议同期的第三方会议，因此甲方不得随意取消或推迟本合同中规定日期的会议。

若甲方在会议举办 20 日前与乙方协商取消合同或更改会议举办日期，经乙方同意，甲方须支付合同总金额的 20％作为对乙方损失的赔偿。

如在乙方的设备安装调试完成之后，甲方取消或推迟本合同中规定日期的会议，甲方须支付合同总金额的 50％作为对乙方损失的赔偿。

2. 合同订定后，若乙方不能为本次会议提供设备保障和技术服务，必须于会议举办前 30 天通知甲方，经甲方同意并按合同总金额的 20％向甲方支付违约金。如甲方已向乙方支付合同总金额的 30％作为预付款，则乙方应在违约之日起 3 日内返还甲方已支付的预付款并按合同总金额的 30％向甲方支付违约金。

3. 甲方如逾期支付乙方服务费用，每天将按逾期金额的 2‰向乙方支付滞纳金，滞纳金总额不超过合同总金额的 20％。

4. 乙方如违反第四款的规定，甲方有权酌情减扣支付给乙方的相关费用，但扣减额不超过本合同总金额。

八、合同的变更和效力

1. 本合同一式两份，甲乙双方各执一份。本合同一经签署即对甲乙双方具有约束力，任何一方不经相对方同意，不得随意变更或撤销。

2. 本合同所附的附件及补充条款，经甲乙双方指定的代表人签字（或加盖公章）后，即为本合同不可分割的组成部分，与本合同具有同等法律效力。

3. 甲方应于 9 月 25 日之前向乙方书面确认本合同附件一所列设备名称和数量，确认后该附件所列内容生效，但本合同签署时已列明的设备和服务的价格未经双方认可不得随意变更。

4. 甲方在合同附件一生效后需增减设备，应经双方认可，并以书面方式列明增减设备所涉及的费用作为本合同的补充条款。

九、争议解决

凡因本合同引起的或与本合同有关的任何争议，均应提交××仲裁委员会，按照申请仲裁时该会现行有效的仲裁规则进行仲裁。仲裁裁决是终局的，对双方均有约束力。

甲　　方：（公章）　　　　　　　　　　　　　乙　　方：（公章）

授权代表签字：　　　　　　　　　　　　　　　授权代表签字：

日　　期：　　年　月　日　　　　　　　　　日　　期：　　年　月　日

附件 1：APEC CEO 会议设备清单及报价
附件 2：APEC CEO 会议技术保障人员名单

四、应注意的问题

会议设备配置不当会直接影响会议的形象和效果，选择会议设备时要注意以下问题。

（一）明确设备的需求

不仅要明确会议需要的设备种类和数量，还要提出对相关设备的技术、品牌和质量要求，例如，投影仪的品牌和型号、亮度及使用年限。有些投影仪虽然所报的流明度较高，但是已经使用多年的话，实际的亮度有可能达不到表明的流明度。同传耳机也要注明品牌和型号、使用年限。

（二）考虑设备间的连接和兼容性

重要的大型会议还需要提供设备连接图，审核其线路连接是否合理、所用线路质量如何等。同时要考虑所订设备间是否可兼容，例如，会议组织者或演讲人所带的手提电脑是否能接到投影仪上。

（三）要求提供备份设备

根据所预订音视频设备的类别，对关键设备要求提供相应的备份设备或配件，如投影仪或灯泡、同传设备。特别是召开重要的大型会议时，一定要做相应的备份，并且要制订一旦出现故障如何进行设备的切换方案，以确保会议顺利进行。

（四）对设备供应商进行实地考察

对拟选择的设备供应商进行实地考察，查看其拟提供的设备的数量和质量。有些设备供应商自己并没有那么多设备，需要从其他供货商处临时租用。在此情况下更要注意确保其届时能够租到相应的设备。如可能的话，可在设备供货商组织其他活动时前往观摩，既可以实地看其设备的效果，也可了解其现场服务的情况。

（五）选择可靠的设备供应商

选择可靠和有组织大型会议经验的设备供应商十分重要，好的设备供应商不仅可以按照要求提供设备，还可以基于其经验提出设备改进的建议，同时能够确保现场提供良好的技术支持。在选择时要了解供应商的技术人员构成情况、从业经验，并请其提供一些客户名单，以便从第三方了解其以往的服务情况。

（六）建立良好的合作关系

会议组织者与设备供应商应该建立有效的沟通机制和良好的合作关系，这一点至关重要。另外，要与供应商密切联系，随时关注其筹备工作进展情况，有问题及时沟通和解决，同时要注意就有关沟通情况及时进行记录。开会前要将相关筹备工作流程图和工作安排告诉已选定的供应商，使其明确在何时应完成哪几项任务。

（七）协调设备供应商间的关系

由一家设备供应商为会议提供服务从管理的角度来说比较方便，但有些重要的大型会议，因其规模大、需要的设备要求高或数量多，有时需要由几家设备供应商共同提供服务。在此情况下，可由一家公司提供音视频和部分灯光设备、由另一家提供同传设备、再由会议场地布置公司提供与场地布置相关的灯光设备，也可能还需要网络公司提供网络服务。会议组织者需要协调这几家供货商间的协作，如提供视频设备的公司需要把投影屏幕的尺寸预先告知场地布置公司，由其将屏幕镶嵌在预制的框架中，同时要告知舞台上如何走线，让场地布置公司在设计舞台时留出走线槽。同传设备供应商要与音视频供应商协商信号的接入和输出问题等等，如果前期协调不好，有可能出现现场安装时对不上或返工等问题。

（八）签订设备供应合同

尽早签订设备供应合同有利于保障会议设备的顺利提供，合同中应该明确对设备的要求、安装和使用的时间，以避免引起不必要的纷争。如果在设备安装时才发现问题的话，有可能来不及更换新的设备。（最好附有合同）

本章小结

会议设备的良好保障对会议是否能够顺利进行起着至关重要的作用，选择会议设备时主要考虑：

1. 明确会议设备和办公设备的需求：会议组织者要对将使用的会议设备和办公设备的数

量和质量有明确的要求，并及时与设备供应商进行沟通；

2. 严格挑选设备：对会议所需要的设备要按照会议的要求来严格挑选，对重要设备要进行测试来看其实际使用效果如何；

3. 选择可靠的技术人员来保障：技术人员服务的质量对会议现场设备的正常运行非常重要，要选择有技术、有经验的人员来为会议提供现场服务；

4. 签订合同明确服务的项目和内容：以合同形式明确设备供应商应提供的服务内容和项目，以避免不必要的冲突。同时在与供应商打交道时要有理有节，并注意协调好会议组织者与设备供应商及供应商之间的协作关系。

思 考 题

1. 会议设备主要包括哪几大类？
2. 如何确定会议的设备需求及其数量？
3. 如何挑选设备供应商？
4. 选择会议设备应注意哪些问题？

第七章 会议宣传与推广

> 学习目标

通过本章学习，了解会议宣传和推广的基本方式和途径，学习如何制订和实施宣传和推广的工作方案。

> 技能掌握

——了解会议新闻宣传的方式和途径，学会规划会议的新闻宣传方案

——学习如何准备新闻宣传资料

——了解如何实施新闻宣传方案

——了解会议的推广途径，学会规划会议的推广方案

——了解如何准备会议的推广资料

——学习如何实施会议推广方案

第一节 会议新闻宣传

一、工作安排

（一）工作人员

会议的新闻宣传主要由新闻组负责，但是需要会议管理组协助提供基本的会议资料。

（二）工作内容

会议宣传主要是指会议的整体新闻宣传工作，例如，通过网站、组织新闻发布会、访谈、编辑专题文章、做广告等方式进行对外宣传，以引起人们对会议的关注，提高会议的知名度和影响力。会议新闻宣传是会议推广的一个有机组成部分。

会议宣传资料的准备是宣传和推广工作的主要组成部分，其中会议管理组负责提供会议相关内容，如会议目的、日程、演讲人背景资料等，会议服务组负责相关宣传资料的印刷，新闻组则根据上述宣传资料和内容进行对外宣传，因此要特别注意以上各组间的工作进程的协调和相互配合。

（三）工作流程

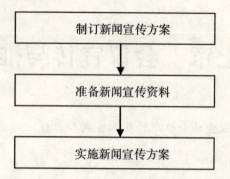

第一步，制订新闻宣传方案：要确定新闻宣传的主体、目标、宣传内容，确定在何时、以何种方式和渠道、投入多少经费来进行会议的新闻宣传；

第二步，准备新闻宣传资料：根据不同阶段新闻宣传的需要准备相应的资料；

第三步，实施新闻宣传方案：根据已制订的方案进行实施。

二、制订新闻宣传方案

制订会议新闻宣传方案，首先要明确会议新闻宣传的目标，以此确定新闻宣传的具体工作内容，进而划分新闻宣传的阶段，各阶段拟采取的新闻宣传的形式和渠道，落实具体负责人员，制定具体的工作进度安排。

（一）确定新闻宣传的主体

明确新闻宣传的主体，即是自行进行宣传，还是选择一些媒体合作方共同开展对外宣传，包括前期的会议宣传和邀请届时现场报道的人员。

为尽可能准确地传递会议的相关信息，会议组织方应该指定专人负责会议的新闻宣传事宜，负责与媒体的联系，或者指定新闻发言人，专门负责会议的对外宣传。

（二）明确新闻宣传的目标群体

会议的新闻宣传目标群体要根据会议的组织目的来确定，例如，是希望在中国还是世界范围内产生影响，是在全国范围内还是某一地区产生影响，是对某一行业还是对所以相关行业产生影响。因此，首先要对拟宣传的目标群体进行调研，从而确定目标客户群。

（三）明确新闻宣传的工作内容

在确定新闻宣传的目标群体后，进而要确定新闻宣传工作的具体内容，明确宣传会议的哪些内容，如何对拟宣传的内容进行组织。

（四）划分新闻宣传的阶段

会议的新闻宣传通常划分为三个阶段：

前期宣传：开会前 8～12 个月之前；

中期宣传：开会前 8～12 个月之内；

现场宣传：开会时的新闻宣传。

（五） 确定拟采用的新闻宣传的方式和渠道

1. 新闻宣传方式

新闻宣传方式包括直接和间接宣传两种，直接宣传是由会议组织方直接进行的对外宣传，例如，组织新闻发布会或者自设网站进行宣传，也就是通过专门设立会议网站，在网站上设立不同的栏目，如会议背景、日程、主办单位、演讲人、时间、地点、旅行相关安排、注册、联系方式和人员等，直接对外进行宣传。

间接宣传是通过寻找会议的媒体合作伙伴增强会议的宣传覆盖面及影响力度，例如，寻找报纸、杂志、电台和电视台等，通过合作伙伴的渠道对会议进行前期宣传和报道。例如，可请知名网站作为大会的媒体支持单位或媒体合作伙伴参与会议的前期宣传和现场报道，通过合作方的网站和栏目对会议进行宣传。

2. 新闻宣传渠道

新闻宣传的渠道按性质可分为：

大众媒体：如非专业性网络、报纸和杂志等；

专业媒体：如某一行业性报纸和杂志等；

内部媒体：会议组织方或某个组织的内部信息系统。

新闻宣传按形式则可分为：

视听媒体：如电视台、电台、网站等；

纸介媒体：如报纸、杂志等。

（六） 费用安排

会议新闻宣传可以分为免费宣传和付费宣传两大类，免费宣传如通过自建网站或通过与本次会议主题相一致的媒体合作伙伴合作取得免费的宣传版面或渠道。而付费宣传则包括付费广告或组织新闻发布会等。

通过广告形式进行宣传的成本较高，对一些能够引起广泛兴趣的大型会议较为适用。

（七） 制定工作进度表

根据新闻宣传的目标和内容，制定各项工作的进度表，并定期对新闻宣传工作的进展情况进行检查，对新闻宣传中遇到的新问题进行讨论，并对新闻宣传的效果进行评估。（见 7.1.1 案例）

7.1.1 案例

中国国际信用和风险管理大会会议新闻宣传工作方案

一、确定会议支持媒体

1. 拟邀请对象：报纸 2 家、网站 1 家

2. 工作进度

6 月 8 日之前　　　　　　　起草完成支持媒体邀请函

6月8日～6月10日　　审核支持媒体邀请函

6月10日～6月21日　　联系拜会拟邀请媒体，最终落实支持媒体

6月21日～11月底　　利用支持媒体发布各类消息、软广告

3. 负责人：×××

二、广告宣传

1. 广告内容：大会的时间、地点、内容、组织机构

2. 工作进度

9月底之前　　　　　　确定广告刊登时间、媒体和次数

　　　　　　　　　　确定广告内容、联系广告刊登

10月～11月　　　　　刊登广告（初步拟定为××报每周一两次、××商报、×
　　　　　　　　　　×时报各一次，其他媒体待定）

3. 相关费用预算：拟支付的广告费

4. 负责人：×××

三、策划落实采访

1. 采访内容：大会本身相关内容、行业相关内容

2. 采访媒体：大会有关支持媒体

3. 采访对象

　　前期：会议主办方领导、专家及赞助商

　　现场：演讲人、赞助商

4. 工作进度

9月12日～9月16日　　完成前期采访策划

9月19日～10月21日　　安排会外人员前期采访

10月10日～10月14日　　编写主办单位领导前期采访提纲

10月17日～10月21日　　落实主办单位领导前期采访

10月21日～10月28日　　收集有关采访报道

11月21日～11月28日　　联系媒体现场采访

11月28日～12月2日　　完成现场采访方案

5. 负责人：×××

四、新闻发布会

1. 举办时间、地点

初步拟定于9月下旬，在北京、上海先后各举办一场，具体时间、地点6月底之前
最终确定

　2. 会议规模

北京发布会拟定为100人以上，上海发布会拟定为60～80人。

3. 拟邀请与会人员

新闻媒体、有关政府部门、行业协会、研究机构、商协会、行业相关企业代表、主办、支持和协办单位领导及相关人员

4. 会议议程：（另行确定）

5. 工作进度

5月～7月1日	整体策划、确定具体时间
7月4日～7月15日	督促会务组落实场地
8月1日～8月5日	完成发布会的内部审批
9月5日～9月16日	督促管理组联系落实主办单位领导、嘉宾参会事宜
9月12日～9月20日	准备各类文稿、邀请新闻媒体等参会人员
9月20日之前	督促会务组落实背景板的制作
9月下旬	举行新闻发布会
9月下旬～10月15日	收集媒体有关报道

6. 人员分工

秘书处××：最终审定各类文稿、发布会策划方案；确定发布会召开时间、地点

新闻组×××：起草发布会策划方案、举办请示、邀请函和报名回执

　　　　　　起草、翻译（或落实翻译）新闻稿、主办单位领导讲稿等

　　　　　　草拟邀请参会人员名单、邀请参会人员、准备签到名单

　　　　　　印刷、准备各类文稿；收集媒体相关报道

　　　　　　参会人员现场注册

　　　　　　协调发布会现场

管理组×××：联系外方主办单位人员参会

　　　　　　联系中方主办领导、支持和协办单位领导参会

　　　　　　编辑会议宣传册

　　　　　　提交发布会背景板内容要求

　　　　　　发布会现场翻译

会务组××：预定发布会场地、餐饮、布置会场

　　　　　　印刷宣传册和资料袋

　　　　　　落实制作发布会背景板

　　　　　　资料装袋

五、邀请媒体参会（大会、新闻发布会）

1. 邀请对象：主流金融、财经类媒体；综合性媒体；大众媒体

2. 邀请数量

北京新闻发布会：30～40家

上海新闻发布会：30～40家

大会现场：40～50家

3. 工作进度

9 月 12 日～9 月 15 日	完成新闻发布会媒体邀请名单
9 月 16 日～9 月 20 日	邀请媒体参加新闻发布会
11 月 28 日～11 月 30 日	完成大会现场媒体邀请名单
11 月 30 日～12 月 6 日	邀请媒体参加大会

4. 负责人：×××、××

六、大会网站维护管理

1. 网站内容

静态内容：大会情况介绍，包括时间、地点、规模、定位、内容、日程、组织机构、演讲人介绍、参会代表情况等

动态内容：大会筹备组织进展、大会实况报道、媒体对大会相关报道、转载的相关行业新闻

2. 工作进度

4 月 18 日～5 月 30 日补充去年大会内容

4 月 18 日～12 月 2 日转载行业相关新闻、发布大会相关信息

4 月 20 日～5 月 30 日调整网站板块设计

12 月 12 日～12 月 16 日报道大会内容

3. 负责人

技术支持：×××

内容更新：×××

内容审核：××

4. 协助：会议管理组、推广组

三、准备新闻宣传资料

（一）会议宣传资料或者宣传册

宣传的不同阶段、不同渠道需要准备不同的宣传材料。宣传资料可以印刷成册或者通过网站以电子方式对外提供。

前期宣传资料主要包括会议的基本信息：会议名称、时间、地点、主办单位等。

中期宣传资料主要包括：

——会议相关信息

主要包括会议的名称、时间、地点、目的、议题、主办单位、邀请函、会议初步日程、演讲人、拟出席会议的贵宾和嘉宾、会议 LOGO 等。

——注册相关信息

主要包括会议注册费及支付方式、费用包括的范围、提前注册的费用优惠及撤销注册的相关费用收取等。

——旅行相关信息

主要包括饭店信息、接送机、参观游览等信息，并制定酒店预订表和参观报名表，或提供旅行社或酒店信息供潜在会议代表直接联系。

——组委会联系方式和人员

主要包括组委会的组成机构、人员及其联系地址和方式，附上网站地址。

——往届会议信息

提供往届会议的参加人数、演讲人、重要会议代表及其主要成果以有利于会议的宣传。

（二）新闻资料

新闻资料主要是供媒体进行新闻报道或组织新闻发布会时使用的资料，主要包括：新闻稿、会议相关情况或宣传册等。

在给媒体准备的新闻稿中要明确提供会议的主办方、会议的名称、时间、地点和目的等相关信息，并注明新闻发布的时间，如需要更多信息时的联系人。新闻稿不宜过长，以不超过一页为宜。

会议相关情况中主要介绍会议举办的背景情况、主办单位、拟邀请的重要演讲人、贵宾及其他媒体可能感兴趣的信息。

（三）应注意的问题

准备新闻宣传资料时应注意以下问题：

——要注意突出会议目的，强调潜在会议代表前来参加会议将活动的预期收获，会议举办将产生的影响；

——在宣传册的首页刊出会议营销的重要信息，如引人注目的会议标题、主办方、会议的时间、地点、会议主题等。如果可能的话，会议宣传册中应该包括会议的初步日程和演讲人信息；

——如果经费许可，可以印刷彩色宣传资料或在网站上刊出相关图片，以增强对潜在会议代表的吸引力，完善会议的宣传形象；

——会议宣传资料应考虑采用多种方式，包括纸介的、网页、PDF 格式文件或传真格式，要基于潜在会议代表的需求和将采用的新闻宣传手段来加以考虑。

四、实施新闻宣传方案

根据已制订的新闻宣传方案和时间进程安排，逐一落实寻找合作媒体、网站宣传、广告、媒体报道和采访、新闻发布会等事宜，确保新闻宣传计划的顺利实施，以实现会议新闻宣传的预期目标。

（一）落实支持媒体

在选择支持媒体时，要了解各媒体的主要客户群，不同的报纸其读者群是不同的，要根据对潜在会议代表的分析研究，选择适于该群体阅读的媒体进行宣传，同时要研究在报纸或杂志的哪个栏目刊登受众会更多些。

1. 选择支持媒体

根据会议宣传的需要确定拟选择几家作为会议的协助媒体，例如选择几家视听媒体和平面媒体，列出备选的支持媒体名单，根据会议的需求进行初步筛选。

2. 准备材料

起草支持媒体邀请函并准备好会议的基本资料，在媒体邀请函中明确希望支持媒体协助的具体内容，例如为会议提供宣传报道的版面或进行视频报道。

3. 联系和确认

与经过初步筛选的媒体进行接洽，向其提供支持邀请函和会议的基本资料，就合作事宜进行联系和沟通，商定合作的方式，确认支持媒体的资格和回报条件。

4. 落实合作协议

根据合作协议，利用支持媒体的渠道发布各类会议消息和软广告，并在会议相关资料和网站上对支持媒体给予宣传。

（二）广告宣传

在经费许可的情况下，可以通过广告对会议进行宣传。广告宣传时要注意考虑选择哪家媒体、投放的时间、刊登的频率、广告的设计和相关费用的支付等问题。

1. 确定广告的投放时间、媒体和频率

根据会议的预算和会议宣传的需求，确定将在哪些媒体上刊登广告以及刊登的次数和频率。会议的广告宣传要注意与会议的推广和招商工作配合进行。

2. 确定广告的内容、完成广告设计

围绕会议的举办目的、背景、主题、时间、地点、主办单位及拟参会人员等设计广告的内容，并完成相应的广告设计。

3. 散发广告

所刊登的广告主要通过该媒体原有的渠道对外散发，同时可以预留一部分在会议主办方召开新闻发布会等活动时对外散发。

4. 支付广告费

按照合作协议支付广告费。

（三）策划落实采访

可选择几家对此次会议有影响力的期刊、杂志、报纸、电视或网络等配合会议主办方围绕会议内容进行专题采访，或就与会议主题相关的问题展开讨论、或请著名学者写文章等。媒体进行专访能够引起读者对相关活动的重视，从而有利于会议的推广。一些有影响力的重大大型会议可以请电视台进行专访，由主办方人员就会议将讨论的相关问题发表自己的观点。媒体报道和采访要确定报道和采访的内容、频率、采访的对象、采访内容的准备、采访的时间和地点等。

1. 确定采访内容

根据与会议支持媒体的协议，策划采访的内容，主要包括会议举办的背景介绍、相关行业情况介绍、会议主要涉及的议题和内容访谈等。

2. 报道的时间和频率

与相关媒体就采访的报道时间和频率等进行协商。一般而言，离会议举办的时间越近报道越要频繁。

3. 联系采访对象

根据采访内容，联系相应的采访对象，例如，会议主办方负责人员、相关行业或课题的专家、演讲人、赞助商等，向其提供会议基本情况和访谈提纲，约定访谈的时间和地点。

4. 实施采访

联络会议的支持媒体落实采访，并通过相关渠道进行报道，会议组织方要注意收集相关的采访报道资料。

（四）新闻发布会

组织新闻发布会也是推荐会议的一种途径，新闻发布会可以引起人们对会议更为广泛的关注。组织新闻发布会时，首先要确定新闻发布会的时间、地点、日程并确定新闻发布的人员，然后要预订会议场地、设备和餐饮、制作背景版、准备新闻稿，之后要选择参加新闻发布会媒体及其人员，并邀请其参会。开会时要注意了解哪些媒体的代表出席了新闻发布会，会后则要注意收集相关报道。这些新闻报道可以用在会后提供给赞助商或展商，作为对其赞助或参加展览成果的一种回报。

1. 确定举办的时间、地点和发布人

新闻发布会举办的时间一般在会议的组织单位和初步日程基本落实、需要进行会议的对外推广和招商时举办。举办的地点则视参加的人数多少和相关经费情况而定。新闻发布人通常是会议主办单位领导或者专门指定的会议新闻发言人。

2. 会议规模和人员

新闻发布会的规模不宜太大，一般不超过 100 人。参会人员一般包括新闻媒体、有关政府部门、行业协会、研究机构、商协会、行业相关企业代表、主办、支持和协办单位领导及相关人员。

3. 会议日程

新闻发布会的会议日程通常比较简单，由主持人宣布开始，由主办方领导讲话或由新闻发言人介绍会议的基本情况并回答与会者的提问。

4. 会议前期准备

在召开新闻发布会前，需要预订会议的场地，落实场地布置事宜，包括准备背景板和相关会议设备和餐饮，准备和印刷会议日程、新闻稿和会议宣传资料，邀请相关人员前来参加会议，准备签到表。

新闻稿主要包括会议时间、地点、目的、主题、主办单位、潜在会议代表、主要会议活动和日程、会议背景资料、联系人及联系地址。

5. 发布现场

负责参会人员的签到，发放新闻资料和会议宣传资料，新闻发布会的现场管理。

6. 发布会后

注意收集相关媒体对发布会的新闻报道，不仅作为会议的宣传资料，也可以提供给相关的协办单位、赞助商或展览商等，作为对其参与的一种回报。

（五）邀请媒体参会

除在会议前期邀请媒体参加新闻发布会外，还需要选择一些媒体人员在会议举办时前来参会，对会议进行现场采访和报道。

1. 选择媒体参会人员

选择媒体参会人员时首先要邀请会议支持媒体的人员参加，另外根据会议宣传的具体需求和经费情况选择相应的媒体人员前来参会。

2. 联系邀请

邀请选定的媒体或人员前来参会，向其提供媒体参会邀请函、说明参会的要求和注意事项，落实参会媒体和人员，根据参会的人数准备媒体资料和会议资料。媒体资料主要包括一些会议的新闻发布稿。

（六）网站宣传

通过网站进行宣传已经成为会议的主要宣传途径之一，在设立会议网站时要考虑责任分工流程、时间进度表、网站内容更新维护、技术支持和相关费用等问题。

1. 责任分工流程

首先要明确网站宣传的责任分工，包括网站设计、信息内容提供、内容更新、日常技术维护等。

2. 时间进度表

对于网站的建设应该制定相应的时间进度表，通常在会议的组织机构基本落实，制定了会议的基本日程后开始设立和开通网站。

3. 网站内容

根据网站架构图，提供网站内容，主要包括静态和动态两部分：

静态内容：大会情况介绍，包括时间、地点、规模、主题、内容、日程、组织机构、演讲人介绍、参会代表情况等；

动态内容：大会筹备组织进展、大会实况报道、媒体对大会相关报道、转载的相关行业新闻。

4. 内容更新

根据会议筹备的进展情况及时更新网站的各栏目信息。

5. 网站设计及维护

如果会议组织方有自己的专业技术人员，可以自行负责网站的设计及维护。否则可以通过依靠外部技术人员来完成网站的设计和提供技术支持。

6. 相关费用

可在会议组织方现有的网站上设立会议专用栏目或者通过寻找支持媒体协助解决网站相关的费用。

第二节　会议推广

一、工作安排

（一）工作人员

会议推广涉及的工作人员较多，会议管理组人员负责邀请演讲人、贵宾和嘉宾，新闻组邀请媒体人员，会议推广注册组负责会议代表、赞助商和展览商等的组织和招募。

如果组织会议的人员有限，也可以指定专人负责上述工作。

（二）工作内容

在确定会议的目的与主题、时间与地点、制定了会议的初步日程、获得基本的旅行相关信息后，接下来要进行的主要工作就是围绕会议进行推广，旨在提高会议的知名度，吸引更多的人前来参加会议。

会议宣传也是会议推广工作的一个有机组成部分，但侧重于对会议的整体宣传。会议的推广则是指通过对外营销和对外深入的沟通和联系，以便落实演讲人、贵宾、嘉宾、会议代表、赞助商和展览商等的邀请事宜。

会议推广的目的不仅在于吸引更多的人前来参加会议，对商业性运作的会议来说，还要有利于邀请赞助商和展商参加。会议的性质不同其需要的推广力度也不同，如果是公司的年会，主要由其内部人员参加，就比较容易组织。而商业性运作的会议则要投入较多的时间来进行推广，以便使潜在的参会人员了解会议的目的与价值，也要使潜在的赞助商和展商了解到赞助或参加会议期间的展览或展示能够为其带来何种回报。

在开展会议宣传推广之前，我们要对会议的推广工作进行很好的规划，要确定推广的目标，明确如何衡量推广工作的效果，确定在何时、以何种途径、投入多少经费和人力来进行会议的推广。

（三）工作流程

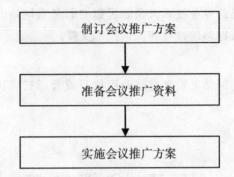

第一步，制订会议推广方案：要确定会议推广的主体、目标、推广内容，确定在何时、以何种方式和渠道、投入多少经费来进行会议推广；

第二步，准备会议推广资料：根据不同的目标需要准备相应的资料；

第三步，实施会议推广方案：根据已制订的方案进行实施。

二、制订会议推广方案

要制订会议推广方案首先要进行市场调研以确定目标客户群，从而确定营销目标，此外还要明确推广的主体、内容、拟采取的步骤、推广渠道、时间进度安排及相应的经费支持。

（一）确定会议推广的主体

明确由谁来负责会议的推广。如上所述，不同的参会人员需要由不同的工作小组来负责邀请，但在会议组织人员有限的情况下，可以指定专人负责某一方面的邀请工作，如由一个人负责邀请演讲人、贵宾和嘉宾，另一个人负责邀请普通参会代表、赞助商和展览商。

此外，会议的支持和协办单位也可以协助会议的推广，邀请相应的人员前来参加会议。

（二）市场调研

基于拟组织的会议，寻找类似的相关会议，比较其优劣势，分析可能会对潜在参会人员产生的影响。如会议的时间和地点选择、会议成本（包括注册费、交通和食宿等）、会议设施（会场及酒店）、会议日程、餐饮服务、社交及娱乐活动、参观游览、会议所在地的相关情况。

（三）确定目标客户群

通过对类似会议的调研与分析，从而确定潜在的参会人员，包括演讲人、贵宾、嘉宾、会议代表、赞助商和展览商等，分析其参会需求、明确拟举办会议的优势所在、推广的重点、确定最佳的目标参会者。

（四）确定营销目标

在对市场分析及客户分析的基础上，确定会议的营销目标，例如扩大会议的影响力，使其成为品牌会议之一。不同的营销目标对会议推广的方式和手段产生不同的影响。

（五）明确推广内容

根据不同的目标客户群确定相应的推广内容，例如需要向所有潜在参会人员准备会议的基本宣传资料，针对赞助商和展览商需要提供相关的赞助和参展资料，对贵宾和嘉宾要介绍会议举办的背景情况及其影响力，对演讲人则需要明确其演讲的内容和时间。

（六）划分推广的阶段

在会议筹备的不同阶段，推广的方式和内容不同，所采用的手段也将有所不同。一般可分为会议的前期推广、中期推广和近期推广三个阶段。

前期推广一般在开会前的 8～12 个月前进行，可以通过网站、纸介等途径进行。如果要在会议期间同时举办展会的话，需要提前一年进行推广和宣传，目标客户群是潜在的参展商，推广资料可以包括展览的背景情况、相关费用、规定和展览合同等。也可以邮寄一些会议的基本宣传资料，使潜在参会人员了解会议的时间、地点、目的，为前来参加会议提前作好规划。

中期推广是指大会召开前 8～10 个月内的推广，这一阶段的推广十分重要，可通过新闻发布会、网站、电子邮箱、电话、传真、邮寄等多种途径将会议的基本信息对外宣传和发布。

近期推广在开会前 3 个月内进行，主要是根据前期和中期推广的结果与潜在参会人员进行深入的沟通和联系，进一步落实其参会相关事宜。

（七）推广的途径与手段

通过前期的调研，已经确定了会议的营销目标并明确了潜在的客户群，下一步要做的是要基于会议确定的营销目标和潜在客户群分析哪一种推广的途径与手段能够更好地进行会议的营销并取得最佳的推广效果。

会议推广的途径与手段主要包括网站宣传、直接营销、媒体宣传、与支持方和协办方合作、间接宣传。

（八）费用安排

会议推广需要考虑通讯相关费用，例如电话、传真和邮寄等相关费用，网站和媒体宣传所需要的费用则在安排会议宣传时加以考虑。

（九）制定工作进度表

根据不同的目标群体制定不同的工作进度表，其中首先需要落实的是演讲人，其次是赞助商，之后需要落实的是出席会议的贵宾、嘉宾和会议代表的邀请。

三、准备会议推广资料

会议的推广资料主要由两部分构成：一是会议的基本资料，二是不同目标群体需要的特色资料。

（一）基本资料

会议前期推广资料主要包括会议的基本信息：会议名称、时间、地点、主办单位。

中近期推广资料相比前期推广资料更为详细和具体，主要包括会议、注册、旅行相关信息、组委会联系方式及人员、往届会议信息。

上述资料中应明确强调会议的举办目的，使潜在参会人员明确其通过参加会议可获得何

种收获，另外提供会议注册表和酒店预订表，以便于潜在参会人员申请参会和联系酒店预订事宜。

（二）特色资料

会议推广的目标群体主要包括：演讲人、贵宾、嘉宾、普通参会人员、赞助商、展览商、媒体人员。

需要为上述人员提供会议的基本资料，此外还需要为其准备不同特色的资料：

——演讲人：演讲邀请函，重点介绍会议的目的、主题、拟邀请演讲的题目和时间、费用和行程安排；

——贵宾、嘉宾：贵宾、嘉宾邀请函，重点介绍会议举办的目的、主题、拟参会的人员及其规模、拟邀请出席的会议或活动、费用及行程安排；

——会议代表：邀请函，重点介绍会议举办目的、主题、拟邀请参会的人员及其规模；

——赞助商：赞助邀请函、赞助条款及回执；

——展览商：参展邀请函、展位及布展相关信息；

——媒体人员：新闻稿及会议宣传册。

（三）应注意的问题

——会议推广资料要注意突出会议目的，强调潜在会议代表前来参加会议将获得的预期收获；

——在会议推广资料的首页刊出会议营销的重要信息，如引人注目的会议标题、主办方、会议的时间、地点、主题等。如果可能的话，会议宣传册中应该包括会议的初步日程和演讲人信息；

——如果经费许可，可以印刷彩色推广资料或在网站上刊出相关图片，以增强对潜在参会人员的吸引力，完善会议的宣传形象；

——会议推广资料应考虑采用多种方式，包括纸介的、网页、PDF 格式文件或传真格式，要基于潜在参会人员的需求和将采用的推广手段来加以考虑。

四、实施会议推广方案

实施会议推广方案首先要制定具体的时间进程安排、指定专人负责、落实具体工作细节，同时要有相应的经费支持。

如果确定会议的推广渠道包括网站宣传、新闻发布会、邮寄宣传册和电话联系等方式，那么就要逐一制订实施工作方案。会议组织的协调人要根据具体的实施方案随时检查方案的落实情况，确保推广计划的顺利实施，以实现会议推广的预期目标。

我们将在下一章中详细介绍如何落实各类参会人员的邀请和组织事宜。在此我们主要基于会议推广的主要途径和渠道来介绍实施相关事宜。

（一）网站宣传

通过网站进行会议的推广是目前普遍采用的方式之一，其优势在于影响面比较广泛，网站还可以提供更多具体、动态的信息，有利于与潜在参会人员及时的信息沟通，但网站的知名度对网站的推广效果产生比较大的影响。

进行网站宣传要考虑网站设立的时间、包括哪些主要内容和栏目、如何进行内容更新和网上注册、所需费用、由谁具体负责等。

（二）直接营销

它即通过邮寄、传真、邮件和电话等多种途径把会议相关资料直接提供给潜在参会人员。目前国外的会议宣传以网站、邮件和传真为主，以邮寄资料和打电话为辅，并视情况组织新闻发布会和通过媒体进行宣传。

邮寄资料要考虑邮寄的资料内容、数量、邮寄地址、邮寄时间、相关费用、由谁具体负责反馈和联系等。如果通过传真、邮件、电话等方式传递会议信息，也要考虑如何获取潜在会议代表的名单及联系方式、传递的时间和次数、所需的人员、设备和成本。

直接营销的步骤主要包括：

——收集客户名单及地址

在进行直接营销前，首先要明确并选择潜在的客户群，即收集潜在客户群的名单、联系人、联系地址、电话、传真、邮箱地址等信息。收集的方法可以是通过商协会收集，或通过名录查找，或通过其他会议组织者获取；

——将会议资料传递给客户

可通过邮寄、电子邮件等方式把会议宣传资料传递给潜在参会人员；

——与客户进行直接沟通

即通过邮件、传真或电话等方式了解其是否有意前来参会，并及时解答和提供客户感兴趣的信息；

——会议注册

引导有意参加会议的人员抓紧进行会议注册，并对已注册的会议人员及时发确认函；

——为参会人员提供后勤保障服务

协助参会人员联系饭店预订、交通、旅游等相关事宜；

——发签证邀请函

为国外参会人员发送正式的来访邀请函以便其申请来华签证；

——参会注意事项

在会前通知参会人员前来参加会议应注意的相关事项。

在直接营销中，打电话联系非常重要，即使对方的回答是否定的，也可从中了解到对方为什么不来参加会议。同时，通过电话联系，潜在参会人员在进一步了解会议的相关情况后，也许会决定前来参会。另外，如果通过电子邮件方式发送会议邀请的话，可以隔一段时间发送一次，也许潜在参会人员在第一次收到会议邀请时并未加以特别的重视或者由于时间还早，难以确定届时是否能够前往参加会议，那么在会议开始前一个月或半个月再次发送，有可能争取到其前来参会。

（三）媒体宣传

通过媒体宣传是会议推广的重要组成部分。因此在直接营销的同时，可以通过电视、报

纸、杂志等纸介或视听媒体，以及通过举办新闻发布会、组织采访等多种方式加强推广的力度和效果。

（四）会议合作方

会议合作方往往是对外进行会议推广的最佳合作伙伴。如果会议由国内外双方或多方联合举办，国外合作方可以负责在国外邀请演讲人、组织会议代表、招募赞助商、展览商等事宜，合作方式多种多样，可由双方视具体情况商定。例如，有时可以由国外合作方确定其邀请的国外企业数目，并从其收取的费用中获得一定比例的费用作为会议的宣传推广经费。有时也可以由中国合作方负责向国外合作方提供一定数目的经费，请国外合作方负责邀请一定数目的演讲人和国外代表前来参加会议，但国外代表要按规定向中国合作方交纳相应的赞助费或注册费。还可以由中外双方共同负担会议的相关经费，最终从会议收益中按预先商定的比例进行分配。

主办方以外的其他相关机构，如支持单位或协办单位也可以协助开展会议推广和招商，具体合作方式可由双方商定。可以根据相关机构投入力量的大小或招商结果来确定是将其列为会议的协办或支持单位，还是以经济方式予以补偿。

（五）价格优惠及赞助回报

对提前注册的会议代表或提前预订展览场地的公司或机构可以给予一定的价格优惠。对会议的赞助商则给予各种回报，如在会议展板或资料上刊登赞助商 LOGO 等，也是会议推广的手段之一。

（六）代理商

除会议主办方直接对外宣传以外，也可以通过会议代理或与其他机构合作的方式开展对外推广、招募赞助商、展览商和会议代表。

首先要确定选择什么样的公司或机构作为代理，并就合作事宜签订代理协议，确定招募会议代表或赞助商的范围、数量、标准、代理费用及如其支付的时间和方式等。特别要注意各代理间的关系协调，注意避免同一个会议出现不同的会议报价，以影响会议的整体推广效果。

（七）影响会议推广效果的间接因素

以上所讲都是对会议的直接推广，而实际上还有许多间接因素会对会议的推广效果产生影响。例如，会议主办单位的知名度。如果会议主办单位在举办大型会议方面非常知名，那么潜在参会人员就会慕名而来。另外，会议服务相关人员的态度也会对会议的推广产生影响。例如，酒店对客户的服务质量也会影响相关人员是否前来参会。会议注册费的高低也是影响代表参会的一个因素，公司总裁级人物参加的会议会费就要高些，而一般经理级人员参加的会议其会费就会低一些，同时以前参加过会议的人员对会议的评价也会对会议推广产生影响。

（八）应注意的问题

1. 推广成本

不管是直接营销还是通过媒体推广，都要注意相关经费问题。无论采取何种推广手段，都与会议所能支出的经费密切相关。因此要根据预期的潜在会议代表的发送范围来确定会议推广资料的印刷册数。通过网络传递或邮件方式传递是一种便捷且节省经费的途径。

2. 对外推广的时间

对外推广时间的把握非常重要。如果太早，潜在会议代表很难确定届时是否能够前来参加会议。如果发送的太晚，潜在会议代表的日程已经排定或距离开会时间太短，国外会议代表已经来不及安排签证等相关事宜。因此，建议在会前8~10个月左右开始对外推广为宜。

但是定期举办的会议可以在本届会议结束时宣布下届会议的时间和地点、在会刊上做广告或散发下届会议的宣传资料。提前进行会议宣传的好处在于潜在的参会人员能够提前做好参加会议的准备，例如，在年度预算中进行规划。

3. 发送的频率

如果通过邮件或传真方式发送会议推广资料，要注意发送的频率适中。发送得过于频繁有可能引起潜在会议代表的反感、增加其负担，同时也增加了推广的成本，但是如果只发送一次，有可能未引起潜在会议代表的重视或当时还不便决定是否前来参加会议，因此，建议可以在会议开始前的一个月再次发送会议邀请，提醒其前来参加会议。

4. 及时补充会议信息和解答问题

某些会议代表在报名参会前需要进一步了解会议的相关情况，因此，相关工作人员应该积极提供会议的进一步信息并及时解答其提出的问题。

本章小结

会议的宣传和推广对树立会议的品牌形象和组织参会人员至关重要，对商业性运作的会议更决定了其是否能够顺利举办。

1. 会议宣传主要是指会议的整体新闻宣传工作。例如通过网站、组织新闻发布会、访谈、编辑专题文章、做广告等方式进行对外宣传，以引起人们对会议的关注，提高会议的知名度和影响力；

2. 要制订会议推广方案首先要进行市场调研以确定目标客户群，从而确定营销目标，此外还要明确推广的主体、内容、拟采取的步骤、推广渠道、时间进度安排及相应的经费支持；

3. 举办新闻发布会的目的主要是为了会议的品牌效应，有利于提高会议及其主办单位的知名度，招商只是其次要的功能；

4. 会议宣传也是会议推广工作的一个有机组成部分，但侧重于对会议的整体宣传。会议的推广则是指通过对外营销和对外深入的沟通和联系，以便落实演讲人、贵宾、嘉宾、会议代表、赞助商和展览商等的邀请事宜；

5. 会议推广的途径与手段主要包括网站宣传、直接营销、媒体宣传、与支持方和协办方合作、间接宣传等；

6. 相关工作人员对潜在会议代表周到细心的服务会影响其决定是否前来参会，但会议本身的目的和内容是会议代表决定是否来参会的最关键性的因素；

7. 网络宣传便捷有利，与其他网络合作也是开展对外宣传推广的一个良好途径；

8. 国内外合作方要在会议的宣传推广中发挥作用。

思 考 题

1. 如何制订会议宣传方案？

2. 会议的新闻宣传主要分为几个阶段？

3. 会议主要的新闻宣传方式和渠道有哪些？

4. 会议宣传资料主要包括哪几类？各类资料的主要内容是什么？

5. 如何制订会议的推广方案？

6. 会议推广包括哪几个阶段？

7. 会议主要的推广途径和手段有哪些？

8. 需要准备什么样的会议推广资料？

第八章 会议资料及用品

第一节 会 议 资 料

一、工作安排

（一）工作人员

会议资料主要由会议管理组和会议服务组负责，其中会议管理组负责资料内容的收集，而服务组则主要负责会议资料的印刷。

（二）工作内容

会议资料的内容主要由会议管理组负责组织，其中某些部分需要由其他小组负责提供，例如，参观旅游信息由接待组或旅行社提供。会议管理组准备好资料内容后交由会议服务组寻找相关的设计和印刷公司负责排版印刷，并将会议资料交给会议推广注册组负责对外散发。

（三）工作流程

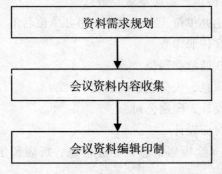

第一步，资料需求规划：确定会议资料的种类、内容、印刷数目、具体要求和印刷的时间等；

第二步，会议资料内容收集：按照会议资料的具体需求，收集会议资料的内容；

第三步，会议资料编辑印刷：根据收集的会议资料的内容，进行设计、排版、编辑、校对和印刷，并将印刷完毕的资料交相关负责人员对外进行发送。（见 8.1.1 案例）。

8.1.1 案例

中国国际信用和风险管理大会会议资料工作方案

一、宣传册

1. 实施时间　5 月 12 日～8 月 9 日

2. 具体内容

1）组织机构

2）致欢迎辞（主办单位）

3）主办单位简介

4）往届会议回顾

5）大会日程

6）会务信息

7）饭店信息

8）旅游信息

9）大会注册表

10）饭店预订表

3. 实施步骤

1）5 月 12 日：联系中方主办单位欢迎辞

2）5 月 16 日：起草会议情况介绍

3）5 月 25 日：欢迎致辞到位

4）5 月 27 日：确定组委会委员

5）6 月 6 日：联系外方主办单位欢迎致辞

　　　　　　通知接待组开始准备旅游信息

6）6 月 10 日：落实主办单位、支持单位、协办单位名单

　　　　　　　确定宣传册印数

7）6 月 17 日：外方欢迎致辞到位

　　　　　　　旅游信息、大会注册表到位

8）6 月 20 日：确定设计、印刷公司

　　　　　　　开始封面设计

9）6 月 21 日：初稿（除饭店信息、会务信息、饭店预定表外）编辑完成，提交

　　　　　　　审核

10）6 月 28 日：审核完成

11）7 月 11 日：联合主办方致欢迎辞到位

12）7 月 15 日：签订场地租赁协议，落实饭店等相关信息

　　　　　通知会务组准备会务信息、饭店信息、饭店预订表

13）7 月 18 日：会务信息、饭店信息、饭店预定表到位，提交审核

14）7 月 20 日：审核完成，交付设计排版

15）8 月 1 日：设计排版定稿，交印

16）8 月 9 日：印刷完成

4. **负责人**　×××、××

5. **协助**　服务组、接待组

二、会刊

1. **实施时间**　8 月 1 日～11 月 21 日

2. **内容**

1）组织机构

2）组委会

3）致欢迎辞（主办单位）

4）主办方简介

5）大会日程

6）演讲人简介

7）大会指南

a. 注册咨询台

b. 现场秘书处办公室

c. 会场分布图

d. 胸牌说明

e. 就餐说明

f. 饭店商务设施

g. 饭店地图和联系方式

h. 在中国和上海的部分有用信息（英）

3. **实施步骤**

1）8 月 1 日：联系主办单位致辞

2）8 月 22 日：组委会名誉主任确定，组织机构、组委会全体架构确定

3）8 月 29 日：开始准备大会指南（服务组、接待组配合）

4）8 月 31 日：中方致欢迎辞到位

5）9 月 5 日：外方致欢迎辞到位

6）9 月 12 日：演讲人简介到位

　　　　　组织机构、组委会、机构简介、大会日程等到位

　　　　　大会指南到位

7）9 月 23 日：初稿编辑完成

8）9 月 26 日：主办单位负责人简历到位

9）10 月 10 日：重要贵宾简历到位

10）10 月 14 日：内容定稿，交印刷所设计排版

11）10 月 14 日～11 月 11 日：设计排版的校对和调整

12）11 月 11 日：设计排版定稿，交付印刷

13）11 月 21 日：印刷完成

14）12 月 7 日：运至会场

4. **负责人**　×××

5. **协助**　服务组、接待组

三、资料夹

1. **实施时间**　11 月 7 日～18 日

2. **内容**　演讲稿

3. **实施步骤**

1）11 月 7 日：演讲稿审核完成，交付印刷

2）11 月 14 日：印刷完成

3）11 月 16 日：资料夹夹子到位

　　　　　　排定演讲稿的装订次序

4）11 月 17 日：开始装订

5）11 月 18 日：装订完成

6）12 月 7 日：运至会场

4. **负责人**　×××

四、大会反馈表

1. **实施时间**　11 月 7 日～15 日

2. **内容**　对会议内容、组织方式、演讲人水平等进行调研

3. **实施步骤**

1）11 月 7～8 日：完成反馈表初稿，交审核

2）11 月 10 日：审核完成，交印

3）11 月 15 日：印刷完成

4）12 月 7 日：运至会场

4. **负责人**　×××

五、参会名录

1. **实施时间**　11 月 1～12 月 1 日

2. **内容**　参会人员姓名、单位、职务、电子邮箱

3. **实施步骤**

1）11 月 1～10 日：外观设计

2）11 月 20 日：完成名录整理

> 3）11 月 21～28 日：内容设计、排版和校对
>
> 4）11 月 28 日～12 月 1 日：印刷
>
> 5）12 月 7 日：运至会场
>
> **4. 负责人**　×××
>
> **5. 协助**　推广注册组、服务组

二、会议资料需求规划

（一）种类

1. 按时间划分

会议资料可以分为前期的会议宣传资料和现场使用的会议资料两大部分，其中前期会议资料主要包括会议的宣传册，而后期的会议资料则主要包括会刊、资料夹、参会人员名录和会议反馈表。

2. 按资料的介质划分

会议资料可以分为纸介和电子版两种，除印刷一定数量的纸介版宣传册外，还可以准备电子版的宣传资料，以便通过网站、电子邮件等方式对外传递，尤其是针对团体、商协会等宣传时，电子版宣传资料更有利于其向会员散发。演讲稿、参会人员名单及会议反馈表等也可以电子方式传递。

本章中所述主要涉及纸介版会议资料的准备，电子版会议宣传资料在宣传与推广一章中已经涉及。

（二）确定需求

1. 会议资料的内容

1.1. 会议宣传册

会议宣传册主要用于会议前期的组织宣传，其内容可以简单也可以复杂，简单的会议宣传资料主要包括会议名称、时间、地点、主办单位、会议日程、组委会联络方式和注册表。复杂些的宣传资料主要包括会议名称、主办单位、组委会、欢迎致词、会议背景、会议目的和主题、时间、地点、会议日程（包括演讲人或每节会议的演讲题目）及主要活动安排、会议报名及付费方式、旅游安排、饭店信息、会议所在城市信息和组委会联系方式等。

宣传册的用词应该简洁明了，突出主题，并强调通过参加会议与会者可以获得的收获。同时，如果是定期举办的会议，最好有其特定的标志（LOGO），并在所有宣传资料中加以体现，以形成会议的品牌效应。

为了便于会议代表申请参会，宣传册要附上会议注册表，如果需要住宿时，还要附上饭店预订表或饭店联系电话和联系人。会议注册表的内容主要包括姓名、性别、职务、公司名称、联系地址、邮编、电话、传真、配偶或随行人员姓名、选择参加的会议活动、注册费支付方式并由报名者签名和/或单位盖章。（见 8.1.2 案例和 8.1.3 案例）

8.1.2 案例

××年 APEC 工商领导人峰会中方代表报名表

请将报名表填妥后，连同个人 2 张护照用的照片反馈至：APEC 工商领导人峰会筹委会秘书处 ×××

地址：×××　　　　　　邮政编码：×××

电话：××××　　　　　传真：×××

Email：×××　　　　　　Website：×××

注意：中方企业参会报名注册的最后期限为：×××年×月××日

一、个人信息

姓名(中文) _____性别　　男□　　　女□

　　(英文) _____

单位(中文) _____

　　(英文) _____

职务_____联系人：_____

地址(中文) _____邮编_____

　　(英文) _____

电话_____传真_____Email_____

抵达日期和航班_____是否需要接机　　是□　　　否□

二、费用支付

会议注册费　×××元人民币（收到资格确认后的一周内交付）

支付方式

□支　票　×××

□银行汇款　　　　　　　开户行：×××

地址：北京×××大街×××号

户　名：×××　　　　账号：×××

三、取消及退款条款

报名后所有取消参加会议的要求均须书面提出。在×××年×月××日之前提出的，可退全款；在××年×月××日前提出的，可退全款的一半；在×××年×月××日之后提出，恕不退款。

四、声明

本单位声明以上所填信息均真实有效，并愿意遵守上述条款。

（单位盖公章处）　　　年　　月　　日

8.1.3 案例

××年 APEC 工商领导人峰会外方代表报名表（英文）
APEC CEO Summit ××
October 18－20, ×× Shanghai, China

Registration Form

Please type/print clearly and return this form with payment and 2 passport size photos of delegate and accompanying spouse respectively to: Ms. ×××, Registrar, APEC CEO Summit ×× Organizing Committee, c/o CCPIT, Rm 911/2, No. 1, Fu Xing Men Wai St., Beijing 100860, China

Tel: ×××　　　　　Fax: ×××

E－mail: ×××

You may also register online at www. apecceo××. org

Registration Deadline is August 15, ××.

1. Personal Data

□Mr. □Mrs. □Dr. □other _____ Member Economy _____

Last Name _____ First Name _____ Job Position _____

Company/Institution _____

Mailing Address _____

City _____ Postal Code _____ E－mail _____

Nationality _____ Passport No. _____

Tel (with country & area code) _____ Fax _____

Accmpg. Spouse Name □Mr. □Mrs. □Ms. ____ Passport No. _____

Arrv. date & Flt: _____ Dpt. date & Flt: _____

□ pick me up at airport

2. Accompanying Spouse Program (please choose only 1 route per day. For detailed information, please refer to the Spouse Program section in the brochure)

October 19, ××: □ SP19A　□ SP19B

October 20, ××: □ SP20A　□ SP20B

3. Payment

Delegate Registration Fee:　　□ USD××× before July 15, ××

　　　　　　　　　　　　　　□ USD××× after July 15, ××

Accompanying spouse Fee：□ USD×××

Total：＿＿＿＿＿＿＿＿＿＿＿＿＿＿＿

PAYMENT BY：□VISA　　□JCB

　　　　　　□AMEX　□MASTERCARD　□Diners Club

CARD NUMBER：□□□□□□□□□□□□□□□□

NAME AS IT APPEARS ON CARD：＿＿＿　EXPIRY DATE：＿＿＿＿

□　Bank transfer to：Bank of China Head Office, Address：410, Fuchengmen Nei St., Beijing, China. A/C No.：×××, A/C name：×××

□　Via my local representative in RMB.

4. Cancellation and Refund Policy

All cancellations must be received in writing. Cancellations received before July 15, ×× will receive a full refund of the above fees. A 75% refund will be given for cancellations from July 15 to September 1, ××. No refund will be given after September 1, ××.

Delegate signature：＿＿＿＿＿＿＿＿＿＿

(Note：Please also send a copy of the front and back sides of the credit card together with the registration form if paying by credit card.)

　　饭店预订表包括姓名、性别、公司名称、联系地址、配偶名称、房间类型、支付方式。（见 8.1.4 案例、样 8.1.5 案例）

8.1.4　案例

××年 APEC 工商领导人峰会酒店中方代表酒店预订表

□先生　　□女士				
姓名		职务		
公司名称				
电话（请加地区代码）		传真		
电子邮件				
随行人员	□先生　　□女士	姓名		
抵达日期	年　　月　　日	离开日期	年　　月　　日	

是否需要接送机：　　　　　　　接送机价格：

房间类型

饭店名称	房间类型	价格	请您在合适的栏中划勾
××大饭店	双人间	××美元＋15％服务费	
	标间	××美元＋15％服务费	
××饭店	商务标准间	××元人民币净价/每间夜	
	豪华商务间	××元人民币净价/每间夜	
	行政楼层	××元人民币净价/每间夜	
	小套房	××元人民币净价/每间夜	
	大套房	××元人民币净价/每间夜	

联系方式：

××大饭店　　　　　　地址：×××　　　　　联系人：××

电话：×××　　　　　传真：×××　　　　　邮箱：×××

××饭店　　　　　　　地址：×××　　　　　联系人：××

电话：×××　　　　　传真：×××　　　　　邮箱：×××

取消预订及不入住条款：

　　房间代订的截至时间是×年×月×日。取消预订需以书面方式通知酒店。大会开始30天前取消预订，饭店将收取半天的房费；大会开始15天前取消预订，酒店将收取一天的房费。

支付方式：

信用卡：□VISA　　　□MASTERCARD　　□其他　　有效期：　　年　　月　　日

持卡人姓名：

卡号：□□□□□□□□□□□□□□□□ 有效期至：

签字：　　　　　　　　　　　　　签字日期：

　　（注意：如以信用卡支付，请复印信用卡的正反面并和预订表一起发回饭店。）

8.1.5　案例

××年 APEC 工商领导人峰会外方代表酒店预订表（英文）
APEC CEO Summit ××

Hotel Reservation Form

Delegate Confirmation No.　APECCEOD□□□□

To：Reservation Dept. of (please tick one)

□ *Pudong Shangri-La Shanghai*，*Tel*：×××，*Fax*：×××

□ *Grand Hyatt Shanghai*，*Tel*：×××，*Fax*：×××

□ *Inter-Continental Pudong Shanghai*，*Tel*：×××，*Fax*：×××

Please reserve 1 room for me (and my accompanying spouse) as indicated below.

Hotels	Room type	Room Rates (in USD)		Choice
		Single Occupancy	Double Occupancy	(Please indicate the chosen hotel name and room type by explicit description in this column besides marking in the left column)
Hotel A	Deluxe	×× ☐	×× ☐	
	Deluxe Bund	×× ☐	×× ☐	
	Horizon	×× ☐	×× ☐	
	Horizon Bund	×× ☐	×× ☐	
	Executive Suite	×× ☐	×× ☐	
	Executive Bund Suite	×× ☐	×× ☐	
Hotel B	Hyatt Guestroom	×× ☐	×× ☐	
	Grand Room	×× ☐	×× ☐	
	Regency Club	×× ☐	×× ☐	
	Executive Suite	×× ☐	×× ☐	
Hotel C	Superior	×× ☐	×× ☐	
	Deluxe	×× ☐	×× ☐	
	Club Inter-Contiental	×× ☐	×× ☐	
	Business Suite	×× ☐	×× ☐	
	Club Inter-Continental Suite	×× ☐	×× ☐	
	Duplex Suite	×× ☐	×× ☐	

(Note: the above rates are subject to 15% surcharge.)

Title (Mr. /Ms.) _____ First Name: _____ Last name: _____

Job position: _____ Accompanying Spouse Name: _____

Company: _____

Address: _____

Economy: _____ Tel: _____ Passport No. _____

Fax: _____ Email address: _____

Room requirement: ☐ twin bed ☐ King/Queen size ☐ Non-smoking

Arrival Date: Oct. _____, ×× Departure Date: Oct. _____, ××

Arrival Flight: _____ Departure Flight _____

Please guarantee my reservation with the following credit card:

☐AMEX ☐Diners Club ☐Master Card ☐Visa Card ☐JCB Card

Credit Card Number: _____ Expiry Date: _____

Cardholder Name (Please print): _____

I understand and accept the hotel's cancellation policy that reservations cancelled within 21 days of arrival date will be subject to one-night cancellation charge, cancelled within 7 days of arrival date or on-day no-show subject to cancellation/no-show charge for the entire booking period.

Signature：_____ Date：_____

参观游览信息包括拟安排的参观游览线路、时间、包括的主要内容及相关费用等。（见8.1.6 案例)

8.1.6 案例

中国国际信用和风险管理大会旅游信息

参会代表可自愿参加会后旅游。10月30日和31日各有两条线路可供选择，费用自理。参加者请与××旅行社联系。

××年 10 月 30 日 星期六		
线路 A (SP28A)	08：30—10：00	从饭店出发，赴八达岭长城
八达岭长城、明十三陵	10：00—12：30	八达岭长城游览
USD＄XXp/p	12：30—14：00	午餐
	14：00—14：30	赴明十三陵
	14：30—16：00	参观定陵博物馆
	16：00—17：30	返回饭店
线路 B (SP28B)	08：30—09：10	从饭店出发，赴雍和宫
天坛、雍和宫、玻璃厂文化街	09：10—10：30	雍和宫游览
USD＄XXp/p	10：30—12：30	参观玻璃厂文化街
	12：30—14：00	午餐
	14：00—16：30	天坛游览
	16：30—17：00	返回饭店
××年 10 月 31 日 星期日		
线路 A (SP29A)		
天安门广场、紫禁城、颐和园	08：30—09：10	从饭店出发，赴天安门广场

续表

（日间）	09：10—12：30	参观天安门广场和故宫
USD＄XXp/p	12：30—14：00	午餐
	14：00—16：30	颐和园游览
	16：30—17：30	返回饭店
京剧（夜间）	18：30—19：30	赴前门饭店梨园剧场或长安剧院
USD＄XXp/p	19：30—21：00	欣赏京剧
	21：00—22：00	返回饭店
线路 B（半天胡同游）（SP29B）	08：30—09：00	从饭店出发，赴鼓楼
鼓楼、四合院、恭王府、与北京	09：00—12：30	参观鼓楼、四合院、恭王府和小学
居民包饺子、参观小学	12：30—14：00	和北京居民包饺子、共进午餐
USD＄XXp/p	14：00—14：30	返回饭店

1.2. 会刊

会刊主要供会议期间使用，其内容主要包括会议名称、时间、地点、主办承办单位、组织机构、组委会、嘉宾致词、会议日程、演讲人简历、大会指南，如会议注册、秘书处、会场分布图、证件标识、餐饮安排、饭店设施、服务设施、会议所在地公共信息等。有时还包括演讲人的演讲提纲或演讲稿。

1.3. 资料夹

会议资料夹主要在会议期间使用，通常主要包括发言人的演讲提纲和演讲稿。有时也包括参会人员的名单或补充名单，同时还可以附上几页空白纸，供会议人员做笔记。但也有些会议组织者的会议资料夹中包括会议名录的相关内容，如会议日程、演讲人简历、参会注意事项、会议人员名单等，以资料夹取代会刊。

1.4. 会议代表名录

会议代表名录主要提供会议代表的基本信息，以便于会议代表间的交流与沟通。其内容主要包括姓名、单位、职务和电子邮箱地址等。此类信息有时也可以通过电子方式发送。

1.5. 会议反馈表

反馈表主要用来对会议的效果进行评估。各种会议由于其希望评估和了解的方面不同，反馈表设计的内容也会不尽相同。

1.6. 其他会议宣传资料和新闻稿

有时根据会议的宣传需求，可以印刷各种宣传品或者新闻稿。

2. 印刷数量

会议组织前期所需要使用的会议宣传册的印刷数量主要取决于计划通过纸介方式拟发送的宣传资料的范围，因为有时可以通过网站、邮箱、传真等电子方式来发送会议的宣传资料，并不一定要邮寄或者发送会议的宣传册，因此需要首先确定纸介宣传品等发送范围和具体需求的数量。

举办会议时所需要的会刊、资料夹、会议人员名录和反馈表的印刷数量要根据届时的参会人数来确定，印刷的数量稍多于参加会议的人员总数即可，其中会议人员名录和反馈表也可以以电子方式在会议结束后传给参加会议的人员，不一定要纸质印刷。

3. 印刷要求

根据会议的预算和会议的具体需求，提出会议资料具体的印刷要求，包括对印刷的规格、色彩、排版设计和装订等具体要求。

4. 印刷时间

会议宣传资料的印刷时间要根据会议对外宣传和推广的进度来确定。而举办会议时所需要的资料则要在会议开始前几天准备好，以便于开会时发放。

5. 发送方式

会议宣传资料可以通过组织新闻发布会或者定向邮寄的方式对外发送，而举办会议时的资料则主要通过会议现场注册时对外发送。

6. 工作进度安排及负责人员

明确会议资料内容策划、资料收集、设计和编辑、排版及印制的具体工作进度安排及其每项工作的具体负责人员，按照工作进度表及时进行监督和检查。

三、会议资料内容收集

（一）会议宣传册

根据确定的宣传册的内容，要制定资料收集的进度表，指定专人分门别类的加以收集。其中如会议名称、时间、地点、主办单位、欢迎辞、背景、目的和主题、日程安排、演讲人等相关内容由会议管理组负责提供，而会议注册、场地、饭店、参观游览等信息可由会议服务组和接待组负责收集。但要注意的是要协调好前期的会议筹备进度与资料的准备进度。也就是说会议的前期筹备工作的进度与会议资料的准备密切相关。例如，如果没有选定合适的会议场地的话，就无法提供会场相关信息，也无法提供相关的参观游览信息。

如果会议宣传册只包括基本的会议信息，如会议名称、时间、地点、主办单位、会议日程、组委会联络方式和注册表等，会议内容与形式策划完毕后，首先要联系举办会议的场地，以便确定会议的举办地点，同时要联络会议组委会的成员单位，得到其认可，同时需要进行

会议的初步预算，以确定会议的注册费标准和赞助商的招募条件，其中赞助商招募条件不一定要在宣传册中体现出来，可以在宣传册中提及组委会的联系方式，或者简要说明赞助的等级划分，让感兴趣者另行上网查看或者直接索取资料。但是也有些会议在宣传册中列明赞助条款，以便于感兴趣者联系。

而较为复杂的宣传册，除上述基本信息外还包括主办单位介绍、欢迎致辞、会议背景、会议目的和主题、会议日程（包括演讲人或每节会议的演讲题目）及主要活动安排、会议报名及付费方式、旅行安排、饭店信息、会议所在城市信息等等。这些内容收集起来更加费时费力，例如，要联系相关人员的欢迎致词，需要明确会议的举办目的和主题、初步确定会议的日程、收集旅游、饭店和会议所在城市的信息等，有些会议宣传册还包括主要演讲人的姓名、合作伙伴信息等，因此需要提前联系演讲人和招募赞助商，等上述信息全部收集齐后在宣传册上刊登出来。（见 8.1.7 案例）

8.1.7　案例

加拿大进出口商协会年会宣传册样例解析

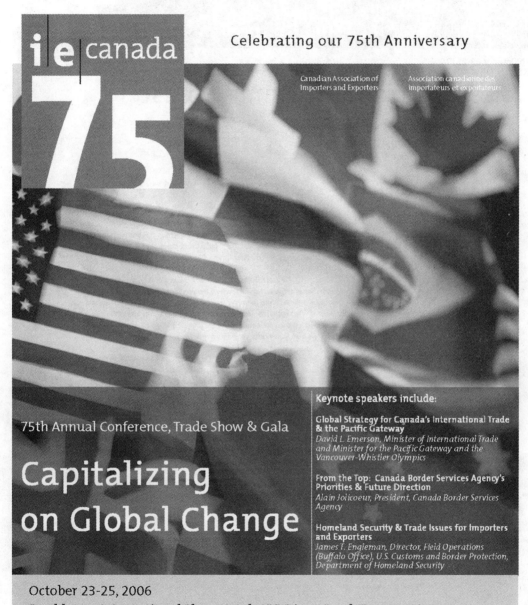

75th Annual Conference, Trade Show & Gala

Capitalizing on Global Change

October 23-25, 2006

ie canada
75

Message from the Prime Minister

PRIME MINISTER · PREMIER MINISTRE

It is with great pleasure that I extend my warmest greetings to everyone taking part in I.E.Canada's annual conference, this year marking its 75th anniversary. I would also like to bid a warm welcome to all of the international delegates who have travelled to Toronto to take part in this event.

For more than seven decades, I.E.Canada, the Canadian Association of Importers and Exporters, has provided leadership to and represented the best interests of those organizations involved in importing and exporting. This important milestone offers a chance to reflect upon this association's many achievements over the years, while looking ahead to the challenges and opportunities affecting our country's importers and exporters.

This year's conference, "Capitalizing on Global Change," offers a great chance for you to meet with fellow professionals to share insight and expertise into the many facets of global trade. I am certain that you will all enjoy the information sessions planned for this forum, as well as the many opportunities aimed at increasing your knowledge and facilitating your efforts to move goods efficiently across international borders.

I would like to offer my congratulations to the members of I.E.Canada for their efforts in putting together a program which contributes to both the personal and professional development of its membership.

On behalf of the Government of Canada, I wish you all a pleasant and productive event, as well as every success in meeting the challenges of the years to come.

*OTTAWA
2006*

75th Annual Conference, Trade Show & Gala

Capitalizing on Global Change

October 23-25, 2006

i e canada
75

Introduction

Emerging economic powerhouses could crush your business or elevate profits to record highs. Global terrorism could derail the flow of goods to your customers or drive a necessary overhaul of your supply chain. New legislation could frustrate a winning business plan or allow you to break into the marketplace first. Technology could paralyze your bottom line or accelerate your growth.

I.E.Canada knows that only those importers and exporters committed to continuous innovation will capitalize on global change. Our annual conference, trade show and gala will inspire new ways of thinking. It will provide you with the tools, information and networks you need to succeed.

Learn from and connect with some of North America's most experienced international business people, policy makers and economists. Propel your business forward by reconfiguring your market approaches, processes, technologies and management systems. Even small shifts in perspective can pay large dividends.

I.E.Canada has 75 years of experience keeping you one step ahead of your competitors.

Register today.

Trade Show Participants for October 23 & 24:

- A.N. Deringer, Inc.
- Bank of Nova Scotia
- Barnes, Richardson & Colburn
- Canada-Ontario Export Forum
- Canadian Imperial Bank of Commerce
- Canadian Sailings Magazine
- Centennial College
- Cole International Inc.
- CrimsonLogic (North America) Inc.
- E. J. Brooks Industries Ltd.
- Eurotrade Import Export Inc., in partnership with the Croatian Embassy in Ottawa and the General Consulate in Mississauga
- Expeditors International of WA Inc.
- FedEx Canada
- Foreign Affairs and International Trade Canada
- Forum for International Trade Training (FITT)
- Hamilton Port Authority
- Hercules Forwarding Inc.
- ICPA Inc.
- Illinois Department of Commerce and Economic Opportunity
- International Trade Bureau
- Kuehne & Nagel Ltd.
- Livingston International Inc.
- Norfolk Mobility Benefits Inc.
- PricewaterhouseCoopers LLP
- Standards Council of Canada
- Statistics Canada - International Trade Division
- The Logistics Institute
- U.S. Commercial Service
- XTL Group of Companies

Thank You to Our Sponsors

Gold	**Scotiabank**	
Silver	**FedEx.**	
Bronze	**BNP PARIBAS**	
Diamond Anniversary Gala	**LIVINGSTON**	
Reception Sponsor	**EDC**	
Delegate Bags	BMO Capital Markets	
Badge Lanyards	**BLAKES**	

Breakfasts Sponsors:
- CIBC
- KPMG LLP
- Standards Council of Canada

Refreshment Break Sponsors:
- Hong Kong Economic & Trade Office
- HSBC Bank Canada
- Illinois Department of Commerce & Economic Opportunity
- Lang Michener LLP
- Maple trade Finance Inc.
- Miller Thomson LLP

i|e canada

75th Annual Conference, Trade Show & Gala

Capitalizing on Global Change

Monday, October 23, 2006

8:00 am	Registration—Trade Show Begins—Continental Breakfast	*Continental breakfast sponsored by KPMG LLP*
8:30 am	Welcome & Opening Remarks	*Mary Anderson, President, I.E.Canada*
8:45 am	**Opening Keynote Address: Global Strategy for Canada's International Trade & The Pacific Gateway** As the most trade-dependent G7 country, Canada plans to take maximum advantage of trade relations with emerging powerhouses such as China and India. Going beyond transportation infrastructure, learn how Canada's strategy can help your company deepen links with Asian-Pacific markets and supply chains. Find out how Canada will capitalize on its geographic and transportation advantages.	*David L. Emerson, Minister of International Trade and Minister for the Pacific Gateway and the Vancouver-Whistler Olympics*
9:30 am	Global Repositioning —Implications for Canada	*Warren Jestin, Senior Vice President & Chief Economist, Bank of Nova Scotia*
10:15 am	Refreshment Break & Trade Show	*Sponsored by Illinois Department of Commerce & Economic Opportunity*
10:45 am	**A: Pacific Gateway Strategy for Increasing Competitiveness** With the global economic focus shifting to Asia—namely to China and India, container volumes at British Columbia ports are expected to quadruple by 2020. Traffic growth is already putting pressure on port infrastructure and inland road and rail networks. Unless BC's port system can keep pace with this unprecedented growth in trade, enormous opportunities will be missed, and the impact will be felt not only in BC but across Canada. This expert panel will examine the transportation and infrastructure challenges associated with Canada's burgeoning trade with Asia, and what needs to be and is being done to meet those challenges.	***Moderator:** Brent Frederick, Associate Editor, Canadian Sailings* *James Cairns, Assistant Vice-President, Intermodal, CN* *Don Krusel, President & CEO, Port of Prince Rupert* *Ruth Sol, President, Western Transportation Advisory Council (WESTAC)*
or 10:45 am	**B: Automated Commercial Environment (ACE): Don't Be Waiting at the Border** ACE is the new U.S. trade processing system that will replace the Automated Commercial System, the current import system used by CBP. Transition to ACE began in October 2003 with the launch of the ACE Secure Data Portal, a customized web page that provides a single gateway to access CBP information via the Internet. The ACE truck e-Manifest system will soon be mandatory for all carriers entering the U.S.A., requiring all partners in the supply chain—carriers, shippers, importers, and customs brokers—to change the way that they do business. Canadian importers looking for insight into how e-Manifest/ACI implementation will affect their operations will be interested in hearing from the panel of experts as they will: • Provide an overview of the features of ACE • Explain what is required under e-Manifest • Address how technology can be used to satisfy the new requirements • Share what they are doing to prepare for the changes	***Moderator:** Tracey Speares, Manager of Imports Compliance, Customs Support Services, Winners Merchants International* *Gary Price, Director, Marketing, U.S. Solutions, Livingston International Inc.* *Ron Lennox, VP, Trade & Security, Canadian Trucking Alliance* *Don Kozacki, Customs Border Protection Officer/Program Officer, U.S. Customs Border Protection, Department of Homeland Security*
Noon	Keynote Luncheon Speaker: Homeland Security & Trade	*James T. Engleman, Director, Field Operations (Buffalo Office), U.S. Customs and Border Protection, Department of Homeland Security*
2:00 pm	**This Land is Your Land: The 109th Congress and Canada** The United States remains the top manufacturing nation in the world and Canada's most important trading partner. But global terrorism has forever changed the way goods and people flow between our two countries. The U.S. Congress is considering a number of border security measures, including maritime security legislation, that will directly impact the cross-border movement of goods and people and threaten to undermine the close bilateral cooperation on border security initiatives to the detriment of business interests on both sides of the border. A panel of our American friends will discuss the legislative agenda of the United States 109th Congress and the implications for the Canadian trading community.	***Moderator:** Birgit Matthiesen, Commercial Officer, Economic & Trade Policy Division, Canadian Embassy in Washington* *Hall Northcott, President, American Association of Exporters and Importers* *Jim Phillips, President & CEO, Can/Am Border Trade Alliance* *Scotty Greenwood, Executive Director, Canadian—American Business Council*
3:15 pm	Refreshment Break & Trade Show	*Break sponsored by HSBC Bank Canada*
3:45 pm	**C. Global Supply Chain Dynamics: Challenges and Opportunities** The empowered consumer and the global playing field are not going away. Multinational supply chaining is here to stay, as product delivery is now as important as product quality. You will gain practical advice from executives on how to realign your global, import/export strategy to take full advantage of supply chain partners regardless of where they're based globally. Global supply chains can also cause incremental risks, while stretching working capital funding requirements. Find out how new financial products can optimize risk transfer and reduce capital costs, leading to competitive advantage and differentiation amongst industry players.	***Moderator:** Anneliese Vance, Ph.D. Candidate, University of Buffalo* *Abhoy Vaidya, Managing Director, Head Global Trade Services Canada, BNP Paribas (Canada)* *Laurie Weston, President, V.W.V. Enterprises*
or 3:45 pm	**D. C-TPAT Update, Certification, Validation Process and Case Study** Customs-Trade Partnership Against Terrorism is a voluntary government-business initiative to build cooperative relationships that strengthen and improve overall international supply chain and U.S. border security. This session will provide an overview of C-TPAT, the process of becoming a member, benefits provided to members, an explanation of the validation process and updates on the C-TPAT program.	***Moderator and Speaker:** Patrick Clair, Corporate Customs Compliance Manager, Maple Leaf Foods* *Diana Lieber, Program Officer, C-TPAT, U.S. Customs & Border Protection, Department of Homeland Security*
5:00 pm	**End of Day One—Diamond Anniversary Gala Celebration & Casino Night!** A great way to network and end the day. There will be a draw for great prizes!	*Sponsored by Livingston International Inc.*

Canadian Association of
Importers and Exporters

Association canadienne des
importateurs et exportateurs

Tuesday, October 24, 2006

8:00 am	Registration—Trade Show Opens—Continental Breakfast	*Continental breakfast sponsored by CIBC*
8:30 am	Welcome & Opening Remarks	*Mary Anderson, President, I.E.Canada*
8:40 am	**Opening Address: Succeeding in an Interconnected Global Economy** David Abney, president, UPS International, sees the ebb and flow of the global economy up close. Moving 15 million packages—or two percent of the world's Gross Domestic Product—through its global network each business day, UPS has evolved its mission to serve a world of synchronized commerce. A passionate advocate for opening up the next frontier of growth, liberating clogged lanes of commerce and furthering trade literacy, Mr. Abney will: • Address Canada-U.S. trade challenges impacted by more stringent security measures • Explore challenges and opportunities associated with doing business in China • Map out what Canadian companies can do to remain competitive in the wake of China's burgeoning economic growth	*David Abney, President, UPS International*
9:20 am	Refreshment Break & Trade Show	*Sponsored by: Maple Trade Finance Inc.*
9:50 am	**World Customs Organization (WCO) Update — Trading on Secure Ground** Ms. Stein chairs the Private Sector Consultative Group advising the WCO on the Framework of Standards to Secure and Facilitate Global Trade. Arriving in Toronto following a meeting of the WCO Policy Commission in Brussels, she will be able to share the latest information regarding supply chain security initiatives at the international level, including the status of the authorized economic operator concept and mutual recognition of national programs. Professor Rice, a leading researcher and thinker in the field, will share his insights into making the business case for security investments and adopting a holistic approach to supply chain security.	***Moderator:*** *Patrick Clair, Corporate Customs Compliance Manager, Maple Leaf Foods* *Renée Stein, Director, Global Trade Policy, Microsoft Corporation & Chair, WCO Private Sector Consultative Group* *Professor James Rice, Director, Integrated Supply Chain Management Program, Massachusetts Institute of Technology (MIT)*
11:00 am	**E: External Customs Compliance Reviews** Find out the rationale for including a customs compliance review as part of your annual financial audit or year end process, while highlighting the increasing importance and benefit of remaining current with key governmental regulatory requirements that may affect your importing/exporting business. You will learn: • The key elements that must be included in a compliance review as well as examples of key elements that are easily overlooked • Practical in-house strategies to build awareness and obtain the financial resources for a customs compliance review	*Joseph Brick, National Practice Leader, Trade & Customs, KPMG LLP*
or 11:00 am	**F: Facilitating Trade & Investment in Asia's Emerging Markets** • The integrative trade environment and the growing importance of key Asian markets in the global marketplace • The significant opportunities for Canadian firms in China, India and South East Asia and the industrial sectors of prime focus for Canadian firms and EDC • Particular challenges faced by Canadian firms as they tackle these emerging markets in the face of stiff competition • Role of Export Development Canada (EDC) in supporting Canadian exports and investments in the region and how EDC can help mitigate risk • Recent initiatives of EDC to more proactively support Canadian firms in the region and in particular EDC's focus on more effectively supporting Canadian direct investment to the region	*Marvin K. Hough, Regional Vice-President, Asia, Export Development Canada*
Noon	**Keynote Luncheon Address: How Ontario is Developing Trade Opportunities** Sandra Pupatello was sworn in as the Minister of Economic Development and Trade for Ontario on September 18, 2006. As Minister of this portfolio, Ms. Pupatello will build on the government's success attracting high-value jobs, bringing new investments to the province and developing new opportunities for Ontario workers.	*Sandra Pupatello, MPP Windsor West, Ontario Minister of Economic Development and Trade*
2:00 pm	**G: Canada Border Services Agency (CBSA)—Customs Update** The CBSA has announced that full implementation of e-Manifest (Advance Commercial Information) is its number one priority. $172 million in funding was earmarked for e-Manifest in the Conservative government's first budget in May 2006. Senior CBSA officials will update participants on how the agency intends to move forward with e-Manifest and other customs initiatives, including: • Enhancing the benefits of CSA, such as CSA offshore • Partners in Compliance • OGD Single Window	***Moderator:*** *Carol Osmond, Senior Policy Advisor, I.E.Canada* *Kin Choi, Director General, CBSA* *Caron Wilson, Director, Commercial Projects, Innovation, Science & Technology, CBSA*
or 2:00 pm	**H: Sourcing in Emerging Markets** In today's competitive global marketplace, emerging markets present significant opportunities for cost reduction. However, procurement practices that work in developed markets must be adapted to the challenges and inherent business risks associated with emerging ones. This session will address: • Considerations for an organization sourcing globally • Practical issues when seeking new sources of supply • Role of your customs and logistics managers in your sourcing strategy	***Moderator & Speaker:*** *Dwayne Wright, Executive Director, Trade Facilitation Office Canada* *Reg McLay, VP, Business Development, Retail, Canadian Tire Corporation, Limited* *John S. O'Reilly, Director, Customs & Traffic, Toshiba of Canada Limited*
3:15 pm	Afternoon Break & Trade Show	*Sponsored by Hong Kong Economic & Trade Office*

75th Annual Conference, Trade Show & Gala

Capitalizing on Global Change

Tuesday, October 24, 2006 (continued)

3:45 pm | **I: Update on Canadian & International Security Programs**
Initiatives at the WCO, under the Security and Prosperity Partnership and in other international fora, as well as domestic policies, are driving changes to security programs affecting all modes of transportation and all actors in the supply chain. In this session learn about:
- The future of the Partners in Protection (PIP) program
- Proposals to enhance air cargo security to meet U.S. and international standards and the implications for shippers
- Anticipated changes to marine cargo security
- How Transport Canada and CBSA are working together to avoid duplication
- The impact of international security programs to the global shipper

Moderator: Jean-Marc Clémont, Customs and International Trade Services, Pricewaterhouse-Coopers LLP & Chair of I.E.Canada's Quebec Chapter

Susan Foster, Manager, Customs, Regulatory Trade and Compliance, FedEx Canada

William Beamish, Acting Manager, PIP, Canada Border Services Agency

Stephen Conrad, Project Director, Air Cargo, Transport Canada

Allan Bartley, Director of Policy, Marine Security, Transport Canada

***or* 3:45 pm** | **J. Hong Kong: Your Gateway to China**
- Hong Kong and the Pearl River Delta
- Trade Development Council's Services—Your Sourcing and Marketing Platform
- How to move goods between China and Canada
- Making matching matter
- Question period

Moderator: Bob Brown, Executive Director, HKCBA Toronto Section

Bassanio So, Director, Hong Kong Economic & Trade Office (Canada)

Andrew Yui, Director, Canada, Hong Kong Trade Development Council

Robert J. Armstrong, President, Armstrong Trade & Logistics Advisory Services Inc.

Ian R. Marshall, Dorian International Management Group inc.

5:00 pm | **Reception** — Relax and enjoy some great food, beverages and entertainment! "The Wise Guys" — an instrumental/vocal quartet to bring you back in time and to entertain you at this *"Dirty Thirties"* Party. More prize giveaways.

Sponsored by:
Export Development Canada

Wednesday, October 25, 2006

8:00 am | Registration & Continental Breakfast | *Continental breakfast sponsored by Standards Council of Canada*

8:30 am | Opening Remarks | *Mary Anderson, President, I.E.Canada*

8:40 am | Keynote Address: From The Top—Canada Customs Border Services Agency's Priorities and Future Direction | *Alain Jolicoeur, President, Canada Border Services Agency*

9:20 am | **K: AMPS Update: Evolving Experience and Current Issues**
- Structure of AMPS
- Overview of AMPS experience
- Appeals and other redress provisions
- Current issues and review of program
- Comparison to U.S. penalty regime

Greg Kanargelidis, Partner, International Trade & Commodity Tax, Blake, Cassels & Graydon LLP

***or* 9:20 am** | **L: Role of Standardization for Importers and Exporters in Global Innovation**
International standards have an important role to play as importers and exporters face new and evolving challenges in ensuring the efficient and safe flow of goods across borders. This session will explore the innovative role for technical and management systems standards in the global movement of goods and trade facilitation and discuss how harmonization of standards will contribute to more efficient and secure global trade. Examples of standards and related initiatives to be discussed:
- Evolution of management system standards
- ISO 9001, quality management system
- ISO/PAS 28000 and ISO/PAS 28001, security management systems for supply chains
- ISO 22000, security management system for food supply chain
- Technical standards impacting importers and exporters
- Intelligent Transportation Systems (ITS) standards
- Biometrics
- Product standards for the goods being imported/exported and international guides for conformity assessment
- Harmonization of International Standards
- NAFTA/WTO/EU
- Security and Prosperity Partnership of North America
- Agreement on Internal Trade (AIT)

Peter Clark, Executive Director, Standards Council of Canada

Canadian Association of
Importers and Exporters

Association canadienne des
importateurs et exportateurs

Wednesday, October 25, 2006 (continued)

| 10:15 am | **Refreshment Break** | *Sponsored by Miller Thomson LLP* |

| 10:30 am | **M: Importer - Broker Liability Issues** | *Daniel Kiselbach, Partner, Miller Thomson LLP* |

Most importers rely on the services of a licensed customs broker to clear their shipments at the border. Customs brokers play a critical role in the supply chain by ensuring that goods are declared in compliance with applicable legal requirements and are cleared on a timely basis. Understanding the obligations and responsibilities of your customs broker is essential to your business. Find out:

- Responsibilities of the broker and limitation of liability under the standard power of attorney
- Contractual rights and responsibilities, including responsibilities of customs broker as advisor (classification, origin, valuation)
- Potential liability pursuant to the law of negligence

or | 10:30 am | **N: Competency for Tomorrow** |

In today's rapidly changing global environment, those working in the customs, trade and logistics areas must continuously upgrade their skills and expertise in order to advance their careers and add value to their organizations. In this session learn about professional development opportunities and certifications or designations in the following areas: customs, logistics and supply chain management, transportation, and international business and trade.

Moderator: John Bescec, Senior Regional Trade Manager, The Americas, Microsoft Canada

Catherine Viglas, President, CITT

Janice McBride, VP, Public Affairs, CSCB

Darcy Ferron, Director, FITT

Alex Tang, Director, Magnate Logistics Group & Member, The Logistics Institute

| 11:30 am | **International Logistics Best Practices** |

As sourcing and manufacturing activities become more and more globalized, there is increasing focus on logistics processes. Hear from the experts on how to cut costs while improving service levels by implementing best practices in international logistics.

- Cut costs and enhance service by understanding the best way to move goods and services
- Creative solutions for tracking goods
- State of Illinois—Your logistical, distribution and transportation hub to the U.S.

Moderator: Sandra Scott, President & CEO, SASync Borders, LLC

Jim Davidson, President, iWheels & Chair, The Logistics Institute

Jeffrey Johnson, Managing Director, State of Illinois Canada Office

| 12:30 | **Networking Lunch** |

| 2:00 pm - 5:00 pm | **O: HS Tariff Classification Workshop** |

Part I—Preparing for 2007 Changes for Canada & U.S. (2:00—3:00 pm)
Part II—HS Classification Workshop (3:15-5:00 pm)
How to come to grips with difficult classification situations

- Using commercial documents and case law
- Using non-HS definitions and non-Canadian materials
- 'Stacking' the record and other legal strategies
- Other issues and hints

Moderator and Speaker: Glenn A. Cickello, Director, Sandler & Travis Trade Advisory Services

Eric Flom, Technical Advisor for Tariff Classification, Sandler & Travis Trade Advisory Services

Peter Jarosz, Associate, Lang Michener LLP

| 3:00 pm | **Refreshment Break** | *Sponsored by Lang Michener LLP* |

or | 2:00 pm - 5:00 pm | **P: Export Controls Workshop** |

Canadian companies are increasingly challenged to comply with ever more complex Canadian, U.S. and international export controls. The risks of compliance failure are high, including fines, penalties, loss of trade privileges and adverse publicity. This interactive workshop will provide Canadian exporters the rare opportunity to learn from and ask questions of both Canadian and U.S. experts.

Part I: U.S. Export Controls (2:00—3:00 pm)
Understand how the U.S. International Traffic in Arms Regulations can extend their reach to Canadian exporters and what you need to do to avoid penalty assessments for failure to comply with U.S. export controls.

Part II: Canadian Export Controls (3:15—5:00 pm)

- Why you may need to be registered in the Controlled Goods Program (CGP) administered by Public Works Canada to export strategic goods from Canada
- Latest developments in Canadian exports controls
- How to use Export Controls On-Line (EXCOL) to submit applications for export permits

Moderator: Joy Nott, Senior Import Consultant Canada, JPMorgan Chase Vastera

Larry E. Christensen, VP of Export Controls, JPMorgan Chase Vastera and Adjunct Professor, Georgetown Univeristy Law Center

Robyn Simard, Outreach Officer, Controlled Goods Directorate, Public Works and Government Services Canada

Lynne C. Sabatino, A/Deputy Director, Permits/ Enforcement, International Trade Canada

| 5:00 pm | **End of Conference** |

Canadian Association of
Importers and Exporters

Association canadienne des
importateurs et exportateurs

How to Register—I.E.Canada's Diamond Anniversary

Online **www.iecanada.com** or **www.iecanadaregistration.com**

Telephone: 416-595-5333 ext. 37 *To register by phone, please have credit card ready.*
Fax: 416-595-8226
Mail: I.E.Canada, 438 University Ave., Ste. 1618, Box 60, Toronto, ON M5G 2K8, Attention: Conference Department

Company Name

Name

Title   E-mail

Mailing Address

City   Province/State   Postal Code

Telephone (   )   Fax (   )

Choose from the following registration options

☐ Three Day Package	☐ Two Day Package	☐ One Day Package	☐ Luncheon Only	☐ Corporate Table At Luncheon	☐ Reception Gala

Best Value!
- ☐ Oct. 23 & 24
- ☐ Oct. 24 & 25
- ☐ Oct. 23 & 25

One Day Package:
- ☐ Oct. 23
- ☐ Oct. 24
- ☐ Oct. 25

Luncheon Only:
- ☐ Oct. 23
- ☐ Oct. 24

Corporate Table:
- ☐ Oct. 23
- ☐ Oct. 24

Reception Gala:
- ☐ Oct. 23
- ☐ Oct. 24

*Non-members who pay the regular fee will receive a five-month free trial membership with I.E.Canada starting November 1, 2006

Registration Fees *plus GST*	Three-Day	Two-Day	One-Day	Lunch Only	Corporate Table	Diamond Gala
I.E.Canada Member	$1045	$ 795	$495	$ 75	$750	$75
Non Member	*$1345	*$1095	*$795	$100	$850	$85

Registration fees for Conference (includes business sessions, refreshment breaks, any luncheons and documentation)
Please choose session A or B; C or D; E or F; G or H; I or J; K or L; M or N; O or P

Payment Method

☐ Invoice me (I.E.Canada members only)

☐ Cheque enclosed *(make cheque payable to Canadian Association of Importers & Exporters)*

☐ Please charge to my credit card   ☐ VISA   ☐ MasterCard   ☐ Amex

Credit Card Number   Expiry

Signature for Credit Card

Subtotal $ _____
6% GST $ _____
Total $ _____
GST#R100766146

Accommodations:
The Doubletree International Plaza Hotel has sold out I.E.Canada's room block at the $139 rate. Arrangements have been made with the Radisson Suite Hotel Toronto Airport located at 640 Dixon Road located directly across the street from the Doubletree hotel for a suite for the same $139 rate. Conference participants can call the Radisson at 416-242-7400 or 1-800-333-3333 and book a suite under "I.E.Canada."

Cancellation / Substitution Policy:
Cancellations must be received in writing either by fax to 416-595-8226 or by e-mail to conference@iecanada.com. For cancellations on, or before October 7, 2006, there will be a $100 charge for administration. **After October 7th, cancellations will not be accepted; however, substitutions are always welcomed.**

I.E. Canada Annual Conference // p 8

[案例分析]

加拿大进出口商协会年会宣传册样例解析

加拿大进出口商协会在其年会宣传册中主要包括以下内容：

封面：

会议名称：第××届年会暨展览会

会议主题：在全球变化中取胜

会议时间：××年 10 月 23～25 日

会议地点：××饭店

主旨演讲嘉宾：演讲题目、演讲人及职务

赞助商标识：分为四级赞助商

主办单位：加拿大进出口商协会

封二

会议名称＋会议主题作为页眉

加拿大总理支持函＋照片

第一页

会议名称＋会议主题作为页眉

会议简介：包括会议的背景、会议的目的及与会者通过参会可获取的知识

主旨演讲人：演讲题目、演讲人及其职务

第二至第四页

会议名称＋会议主题作为页眉（设计风格有所变化）

会议日程：

日期、星期

时间、演讲题目、演讲内容简介、演讲人及其职务、单位名称

封三

会议名称＋会议主题作为页眉（设计风格有所变化）

参展商及赞助商

参展商名称，参展事宜联系人及其电子邮箱和电话

赞助商标识、赞助事宜联系人及其地址

封底

会议注册表：

1. 注册网站地址、注册电话、传真、联系地址、联系部门

2. 公司名称、姓名、职务、电子邮箱、地址、城市、省/国家、邮编、电话、传真

3. 会议活动选项：两天、一天、午餐、午餐公司赞助桌、酒会和宴会

4. 会议注册费：分项活动会员价、非会员价，注册费包括会议、茶歇、午餐和会议文件

5. 支付方式：支票、信用卡等

6. 申请人签字

7. 住宿信息：饭店名称、地址、价格及联系电话

8. 取消注册相关事项：书面取消、联系方式、可取消的期限及扣款

（二）会刊

根据确定的会刊内容，制定资料收集的进度表，并指定专人分门别类的加以收集。其中如会议名称、时间、地点、主承办单位、组织机构、组委会、嘉宾致辞、会议日程、演讲人简历、演讲提纲或讲稿等相关内容由会议管理组负责提供，而大会指南，如会议注册、秘书处、会场分布图、证件标识、餐饮安排、饭店设施、服务设施、会议所在地公共信息等可以由会议服务组和接待组负责收集。

在会刊资料的收集中，嘉宾致辞和演讲人及其相关资料收集的难度比较大，要尽早准备。特别是在筹备过程中，如果与有些演讲人的联系进展不顺利的话就可能会延误一些时间，或者要求演讲人提供演讲提纲或演讲稿时也可能会由于其他的活动安排延误提交的时间，而且大型会议会涉及众多的演讲人，其中一个人的资料未到有可能会影响整本会刊的印刷进程。因此，有些会刊中并不包括演讲人的研究提纲或者讲稿，而是将其另行印发或者收集到活页的资料夹中。

（三）会议资料夹

演讲提纲和演讲稿一般在会议开始前向发言人索取，通常会规定一个时限要求发言人提供演讲提纲或讲稿。但有些重要人士的讲稿有时需要在演讲后才能获得，或者有些演讲人对原来的演讲提纲或讲稿进行了修改、补充，需要在现场增加新的内容，因此演讲提纲或者讲稿可以通过活页资料夹的方式来提供。带孔的活页资料夹便于插入在会前或者会议期间收到的演讲稿，并便于对散页的资料进行归类和管理。有些会议组织者会在资料夹中表明不同研讨会或者不同研讨题目的目录页，参加会议的人员可以按照不同的题目把资料夹进去。

（四）会议代表名录

会议代表名录的相关内容在会议代表注册过程中便可以获得，但最终的名单通常要在开会前才能够比较完整。另外会议代表注册的信息较多，而在会议代表名录列出的信息主要包括姓名、单位、职务或电子邮箱地址。代表名录中通常不包括电话信息，主要是考虑到不要给会议代表增加不必要的负担。

（五）会议反馈表

会议反馈表的内容主要根据会议组织者拟对会议的效果如何进行评估来准备，相关的调查内容也可以征询会议顾问委员会的建议和意见。

（六）新闻资料

根据确定的宣传品的内容进行收集。同时根据宣传报道的需求，确定新闻稿的内容和需求数量，并事先与会议服务组进行沟通，要求其做好印刷和发送的相关准备工作。新闻稿主要由新闻组根据会议的进展情况编写会议简讯，因此要有专人负责编写、提供并负责与会议服务组的沟通。

四、会议资料编印印刷

（一）会议宣传册和会刊

1. 工作流程

会议资料的编印主要包括会议宣传册和会刊的设计、排版、编辑、校对和印刷几个环节。可以根据会议经费和对会议资料的印刷要求，寻找合适的设计和印刷公司来完成，其中设计一般要委托专门的平面设计公司来承担，如果负责印刷的公司有专门负责设计的人员，也可以委托印刷公司统一负责设计和印刷。但一般情况下是分开处理。

2. 设计与排版

2.1. 设计风格

会议组织者将收集的原始资料以电子版方式提供给设计和排版人员，由其根据会议的主题和相关背景情况来设计会议宣传册的排版风格，一般而言宣传册所用的会议标志、色彩和风格应该与开会时所印刷的会刊、背景板及会议用品等的风格和色彩相一致。也就是说，宣传册的设计要与开会时使用的会刊等设计在开本、风格和色彩上要相互匹配。

2.2. 排版

排版包括内容的排序及专业印刷的排版要求。内容的排序一般先列出会议名称、时间和地点、主办单位、支持单位、协办单位和合作伙伴，接着是组委会、欢迎辞、会议日程、会议注册表、酒店预订表、参会信息和组织机构联系方式。

在会议内容确定和基本排序后，要对每一页进行排版设计，可选择黑白、双色或彩色，每页上要加注页码，也可以加上会议标题或内容的小标题，例如，会议日程、注册表、会议信息等字样。对版面的设计和排版一般要由专业人员来负责完成。

2.3. 编辑、校对和印刷

将会议资料设计、排版前应该对资料的文字进行审核，排版后也要进行反复校对，以保证质量。在专业人员设计和排版完成后，负责会议资料印刷的人员要对宣传册或者会刊进行审核和校对，一方面看其设计是否符合会议的要求，另一方面也要检查是否在排版过程中造成某些字句的遗漏。例如，欢迎辞一般要附上致辞人的照片，有时把照片附上后会影响文字

的排版，如不小心有可能造成部分字句的遗漏。

印刷前还要对印刷出的颜色进行把关，确保在电脑屏幕上看到的颜色与将来印刷出来的颜色基本一致，为此，需要出片、打样，相关负责人员对所出的样书进行最后的审核，确认无误后签字交印刷厂印刷，并凭样书来检核最终印出来的宣传册的印刷质量。

会议的宣传册可针对国内外不同的群体，分别用两种文字进行印刷，其中的英文资料主要寄送给国外相关机构和公司。会刊也要经过与宣传册相同的设计、排版、编辑、校对和印刷阶段，但会刊中往往包含广告页，所以需要的设计、排版和印刷周期比宣传册要长一些。

因此，一定要留足进行设计、排版、反复校对、印刷和装订的时间。如果在异地办会，还要留足会议资料运送的时间，即使在本地办会也要确保会议资料在会议开始注册前运抵会场。

（二）会议资料夹

1. 印制方式

在收到演讲提纲和演讲稿后，首先要确定是否需要将演讲提纲和演讲稿发给会议代表。如果需要发送时，要确定发送的时间和方式。

演讲提纲和演讲稿的发送方式可以包括现场以纸介方式发放，或者会后通过在会议网站上刊登或以电子邮件的方式发给会议代表。如果是以后两种方式来发送的话，就不存在资料印刷的问题。如果是要以纸介方式发送，就需要考虑印刷相关问题。

演讲提纲和演讲稿可以分为印刷成册和散页印刷两种方式。如果时间来得及且发言人能够预先提供演讲提纲或讲稿的话，可以将这些发言资料印刷成册。但如果时间来不及或者为了灵活起见，也可以将发言提纲或演讲稿单页印刷，并打好孔，随时夹在会议夹中。会议夹可以按不同的会议日期或按不同的会议主题来分类，已经在会前印出的资料可以由会议组织方的人员将其装入资料夹中，会议期间发的补充资料则由会议代表自行将其夹到相应的目录夹中。

2. 印制时间

由于会议资料随时可能有所变化或修改，在会前可以将已经获得的演讲稿事先印好，其余极少部分则在现场印刷。成册的演讲提纲或者演讲稿可以交由印刷厂负责印刷，散页资料不多的话可以自行复印或者打印。如果需要现场印刷的资料需求量不大，不超过 5 本，可使用高速复印机进行复印也可以按需印刷，如果数量在5～300本之间，可用数码印刷，数量较大超过 300本，最好以传统印刷的方式解决，否则成本太高。如果可能的话，最好找一家经常与您合作的印刷厂，如果没有这样的客户可以在会场附近找一家印刷厂来负责资料的印刷。

3. 资料夹

根据会议预算及其具体要求来确定资料的夹子是否定制作或者购买现成的。有些会议专门设计和制作专用资料夹，可以在资料夹封面上印上会议的名称、时间和地点，资料夹内印制会议日程、演讲人简历、会议相关信息、参会人员名录等夹页，以便于将相应的资料页插进去。而有些会议组织者购买现成的资料夹，这样有利于节省会议的开支。（见 8.1.8 案例）

8.1.8 案例

中国国际信用和风险管理大会会议资料印制及用品方案

一、会刊

（一）相关要求

1. 内容编排 （管理组负责）

2. 制作规格

A4（210×285mm），总共 80 页，其中内彩页 40 页

封页为 250 克铜版纸，内页全部用 157 克铜版纸，亚膜

3. 印数 500 份（或 600 份）

4. 设计、印刷费用

500 份约为每本××元，总计×××元

600 份约为每本××元，总计×××元

<u>设计、制作（包括出片、打样）</u>

彩色 44Page，300.00/Page，总计×××元

黑白 40Page，50.00/Page，总计×××元

5. 会刊发送 注册是发给参会代表

（二）工作进度安排

8 月

22 日：完成会刊封面设计要求，交印刷设计公司进行设计

26 日：设计初稿完成，送组委会进行审核

31 日：确定会刊封面、内页设计小样

9 月

12 日：完成大会指南的内容编辑（协助管理组）

10 月

14 日：会刊（中英文）内容完成，送排版

11 月

11 日：会刊审校完成，交付印刷

21 日：会刊印刷完成，放储藏室备用

12 月

6 日：由专人运送会刊赴会场

7 日（09：00 之前）：会刊到达秘书处

09：30　　　　会刊分装资料袋

11：30　　　　装袋完毕，交负责会议注册人员发送

（三）负责人：×××

二、证 件

（一）相关要求

1. 胸卡

色彩编制

　　　——底　色——　　　　　　　　——字　色——

　　◎ 贵　　宾（红　色）　　　　◎ 贵　　宾（黄　色）

　　◎ 赞助商（红　色）　　　　◎ 嘉　　宾（白　色）

　　◎ 嘉　　宾（红　色）　　　　◎ 发言人（绿　色）

　　◎ 发言人（红　色）　　　　◎ 代　　表（白　色）

　　◎ 代　　表（蓝　色）　　　　◎ 工作人员（黑　色）

　　◎ 工作人员（黄　色）　　　　◎ 志愿者（深绿色）

　　◎ 志愿者（淡绿色）　　　　◎ 媒　　体（深黄色）

　　◎ 媒　　体（淡黄色）

　　◎ 赞助商（黄　色）

内　　容

　　LOGO、会名、姓名、分类、编号；中英文

2. 车证

色彩编制

　　　——底　色——

　　◎ 贵　　宾（淡蓝色）

　　◎ 普　　通（淡蓝色）

　　　——字　色——

　　◎ 贵　　宾（红　色）

　　普　　通（白　色）

内　　容

　　LOGO、会名、VIP车证/车证、地点、有效日期；中英文

3. 接机牌　（接待组负责提供字样）

4. 餐　券

　　会议名称、时间、早餐、中餐、晚餐

5. 资料夹

内　　容

　　编　号

（二）工作进度规划

11 月

　　1日：将证件要求交给制作商，进行设计

4 日：制作商提交制作小样，交由组委会审核

10 日：确定设计小样

15 日：贵宾、嘉宾、代表、媒体、赞助商、工作人员名录整理完毕

16 日：交付制作

25 日：制作完毕

12 月

6 日：由专人运送证件赴沪

7 日（09：00 之前）：到达会场

　　　11：30：整理完毕，所有证件到位，交会议注册人员发送

三、背景板

（一）相关要求

1. 内容编排　（管理组负责）

2. 制作规格　（待定）

3. 数量　（暂定）

板：4 块

布：6 张（主题分别为欢迎晚宴、主会场（开幕式）、研讨会一、研讨会二、研讨会三、场外主题背景板）

（二）工作进度规划

10 月

寻找上海当地的制作商

11 月

1 日：确定背景板设计要求，交制作商进行设计

7 日：设计初稿完成，送组委会审核

18 日：审核完成，定稿

21 日：背景板开始制作

25 日：制作完成

26 日：即日起，背景板由制作商保管待用

12 月

7 日：12：00　　安装晚宴背景板

　　　20：30　　安装（或在晚宴背景板基础上修改）主会场背景板

　　　　　　　安装分会场背景板

9 日：18：30　　拆卸背景板

（三）会议代表名录

名录的印制也可以分为成册和散页两种。可以根据会议报名的截至日期，将已经收集到的会议人员名单经编辑成册印刷出来，而对报名截止后临时加入的人员以散页补充名单的方式印刷。此外，也可以考虑通过电子邮件的方式在会后将代表名单发送给会议代表。

（四）会议反馈表

会议反馈表通常以散页形式在会前印刷妥当，可以将其通过会议资料袋或在会议现场派送的方式发到会议代表的手中。

（五）其他会议宣传资料和新闻稿

根据会议预算及会议的具体需求，确定会议宣传资料的印制要求。并根据会议对外宣传的需求，印刷新闻稿。新闻稿通常采用散页印刷方式。

8.1.1 样表　　　　　　　　　　**会议资料检核表**

资料名称	份数	印刷时间	印刷要求	内容收集	设计排版	编辑校对	提交
宣传册							
会刊							
资料表							
代表名录							
反馈表							
新闻资料							

第二节　会议用品

一、工作安排

（一）工作人员

会议用品主要由会议服务组负责准备，但物品上印刷的相关内容由会议管理组负责提供，但菜单或节目单等需要负责会议活动的人员负责提供。

（二）工作内容

会议相关物品主要包括会议用品和证件两大类。首先要确定届时会议需要的用品及其证件的需求量、提供的方式和渠道，例如是自行设计制作还是购买现成的物品，或者由赞助商提供。由专人负责落实各种会议用品的准备工作。

二、会议用品

（一）会议用品的种类

会议用品主要包括会议文件包、资料夹、资料手提袋、笔记本、笔、信封、信纸、请柬、菜单、座签、桌签、签字本、即时贴、纪念章、接机牌、会场指示牌，有时还包括节目单、包装纸、工作人员服装、宣传海报和其他相关物品等。各种会议可以根据会议的定位、经费情况来决定哪些相关物品自行制作或者哪些用品通过现场的途径来购买。

（二）工作流程

如果是重要的大型会议，为树立品牌效应和扩大会议的宣传力度，可以请设计公司专门进行设计，使会议用品从所用的标志、颜色和风格上都统一起来。具体操作流程包括：

（1）就相关用品的设计和制作进行公开招标；

（2）选择合适的公司，签订合同并交付定金；

（3）由设计公司提供需要印刷或制作的用品的样品；

（4）根据会议组织方确认的样品开始大批量生产；

（5）经会议组织方验收后将相关用品运至会场；

（6）与设计和制作方进行尾款结算。

如果是一般性会议，则可以选择某些现成的产品，如会议文件包、笔等，让生产商加上会议的标志或不加标志直接使用。或者同酒店协商，由其负责提供菜单、座签、桌签、铅笔、纸和会场指示牌等。也可以将其中的一部分物品的制作交由负责场地设计和布置的公司一并完成，如会场指示牌、接机牌等。但要注意的是，要在酒店外悬挂大型宣传品，如热气球等，不仅要事先经酒店管理方同意，还要经过政府相关部门的事先批准。根据相关规定，在一定恶劣的气候条件下是不允许使用此类宣传品的。

此外，根据会议的具体情况可以决定是否赠送纪念品或礼品，并决定是送统一的礼品，还是准备不同用途的礼品，如赠送贵宾、演讲人、会议代表、配偶或陪同人员。纪念品或礼品的设计要符合和突出会议主旨，也可以购买批量纪念品或礼品，在其上面加上相关会议的字样或标志。纪念品或礼品也可作为一个赞助项目来运作，但要注意平衡好与其他赞助商的关系。（见8.2.1案例）

8.2.1 案例

×××会议用品方案

一、办公用品

负责人：×××负责设计、××负责制作、×××负责用品储藏保管

1. 会议文件包、笔

会议文件包和笔将委托公司定制，工作实施步骤如下：

1）6月～7月：选定制作公司，确定文件包的款式及笔的供应商

2）8月初文件包出样，中旬开始制作，交货时间20天

3）9月15日前验货封箱，验货××

4）9月底将货物运往××城市，需备妥储备间放置

5）9月：在选定的会议用笔上 加印会议标志，9月底交货

2. 其他相关用品

主要包括大会用信纸、请柬、节目单、菜单、座签、桌签、签字本、即时贴、纪念

章、包装纸等，将委托公司定制，工作实施步骤如下：

1) 6月~7月中旬完成设计方案

2) 7月下旬开始落实印刷厂

3) 8月初待各种纸张选定后开机印刷，交货时间9月中旬

4) 9月25前，全部请柬和菜单等印制完成

5) 9月底将上述物品运往××城市储存

二、礼品

负责人：×××负责设计、××负责制作、×××负责用品储藏保管

1. 演讲人和会议代表礼品：拟选择传统工艺品

工作实施步骤如下：

1) 6月~7月初完成礼品设计

2) 7月选定制作公司并打样

3) 7月底样品确认后签订合同

4) 8月底完成全部礼品制作，验收封箱后运往××城市，需备妥储藏间并交由专人负责保管

2. 会议陪同人员礼品：拟选择特色产品

工作实施步骤如下：

1) 7月中旬前选定样品

2) 7月中下旬按照选定的样品联系厂商订货，8月底前交货

3) 9月底前运抵××城市，交专人负责保管

三、证件

（一）证件的种类

主要包括贵宾、嘉宾、演讲人、配偶/随行人员、代表、工作人员、技术人员、媒体、赞助商、志愿者等相关人员证件和车证等。

（二）证件的内容

证件上的内容一般包括会议名称、会议标识、参会人员姓名、单位、国别、证件类别（如会议代表、记者、工作人员等），有些会议为安全起见，要附上本人的照片，必要时可加上证件编号。一般性的会议证件主要包括会议名称、人员姓名和单位名称。

（三）制证要求及证件的功能

重大的大型会议，制证要求比较严格，且要求提前制证。而一般性会议，证件的内容可以简化，可以采用插卡式证件。

在制证过程中，要确定各种证件的内容、设计款式和颜色，重要的大型会议要特别注意防止假冒，一定要基于实际的会议人员名单来制证，并将证件的样本提交相关部门。

证件的功能在于便于参会者沟通、有助于安全检查、便于了解参会者信息。

（四）证件的设计

大型会议的证件不能单一使用中文。参会人员信息最好预先印制，尽量避免手工书写。证件上参会人员的名字用最大号字，单位等次之。各种类别的证件可以用不同的颜色加以区分，以便于识别，例如可以用不同颜色的纸张或缎带将参会人员的类别加以区分。证件的反面可以注明证件使用相关注意事项，或者在证件塑料小插袋中加入简明的会议日程表（单页或双面印刷）。

证件可以采用粘贴式或者塑料夹式，或者悬挂式的。但要注意使用粘贴式证件或者别针式证件有时可能会对使用者的衣服造成损坏。目前比较多使用的是悬挂式证件。

本章小结

1. 制订会议资料方案，首先确定会议资料的种类，然后确定各种宣传资料的具体内容、印刷数目、印刷的时间等；

2. 根据确定的会议资料内容进行收集，要掌控好工作进度，由于收集、设计、排版、编辑、校对和印刷是环环相扣的，前一步骤的拖拉有可能影响资料印刷的进度；

3. 需要聘请专业人士对会议资料进行设计和排版，并交由会议组织方相关负责人员对排版后的内容和文字的严格把关和校对，会议资料的质量直接对会议的形象产生影响，在每个流程中都要进行严格把关，每出一次样片都要对其中的文字和格式进行重新核对，在编辑和排版过程中由于版式的变化、字体的大小、插入内容的增减，都可能会对已排好的内容产生影响；

4. 要确定会议用品具体需求，并分别明确如会议物品的提供渠道及方式，然后再去设计、制作或采购；

5. 会议的证件要先确定其种类和内容，然后根据情况决定证件的制作方式和环节。

思 考 题

1. 会议资料主要包括哪几类？

2. 会议资料的准备主要包括哪些环节？

3. 需要收集的会议资料主要包括哪些内容？

4. 会议资料印制过程中应注意哪些事项？

5. 会议物品包括哪几类？如何准备会议相关物品？

6. 制证的要求及应注意的问题。

第九章　会议人员组织与安排

学习目标

通过本章学习，了解会议发言人、嘉宾、会议代表和会议辅助工作人员的选择和管理。

技能掌握

——了解如何选择发言人，如何邀请及其前期联络

——了解如何选择嘉宾，如何邀请及其前期联络

——了解如何选择会议代表，如何邀请其参会及前期联络

——了解如何对会议辅助工作人员管理

组织会议除会议主办单位的工作人员以外主要涉及以下几类人员：

发言人员：致辞人、演讲人和主持人；

嘉宾：包括参加会议的贵宾和嘉宾；

赞助商：包括各类赞助和广告商；

会议代表：会议代表及其配偶或随行人员；

辅助人员：翻译、技术、餐饮、票务、志愿者、摄影、摄像、速记和礼仪等服务的人员；

媒体人员：包括参加会议的音视频人员及其平面媒体人员。

本章中主要介绍发言人员、嘉宾、会议代表和辅助人员的组织及其管理相关事宜，赞助商已经在财务安排一章中涉及，媒体人员已经在会议推广一章中涉及。

第一节　会议发言人员选择与安排

一、工作安排

（一）工作人员

会议的发言人员主要包括致辞人、演讲人和主持人。发言人员主要由会议管理组负责邀请、联系和管理，但其参加会议相关的交通和住宿问题需要会议服务组和接待组人员协助，会议注册则需要会议推广注册组负责协助，重要的发言人有时也需要礼宾组负责协助接待。

会议组织工作人员有限时，可以指定专人负责发言人员的邀请和接待事宜。

（二）工作内容

首先要对邀请工作进行规划，确定拟邀请的致辞人、主持人及演讲人的人数、演讲时间及需要发言人提交个人简历、演讲提纲（包括电子版）和讲稿的时间，以及邀请的方式、演

讲人可享受的待遇等。由专人负责对拟邀请的发言人员进行初步的选择，开始逐个联系邀请事宜并负责就参加会议相关事宜解答发言人员的问题。

（三）工作流程

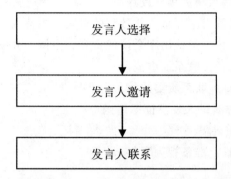

第一步，发言人选择：根据会议的日程安排确定每节会议拟邀请的发言人数、选择的标准并进行初步选择；

第二步，发言人邀请：初步选定发言人后，通过一定的渠道向发言人提供有关会议的基本情况以及对演讲的具体要求，邀请其届时前来参加会议进行演讲，并且商定发言人前来参加会议的行程和费用相关安排；

第三步，发言人联系：与已经确认前来参加会议的发言人保持联系，请其提供简历、演讲提纲或讲稿，以便通过会刊或资料夹等提供给会议代表；安排或协助安排其前来参加会议的食宿行相关事宜。如果是从国外邀请发言人，还要给其发签证邀请。（见9.1.1案例）

9.1.1　案例

××会议发言人邀请方案

一、完成时间　5月18日～12月8日

二、拟邀发言人数

1. 致辞人3名：其中政府部门领导1名、中外主办单位各一名

2. 主持人8名：其中开幕和闭幕式主持人2名，中外主办单位各派一名；全体会议主持人2名，平行会议主持人4名，可从主办、支持单位相关人员中选出

3. 演讲人：30名，其中外方演讲人约15人，由外方主办单位负责邀请，中方演讲人约15人，由中方主办单位负责邀请；演讲人员构成拟为1/3来自学术研究机构，1/3来自公司管理人员，1/3来自相关服务机构或服务商。演讲人免会议注册费，食宿交通自理。

三、实施步骤

5月18日～6月3日：外方主办单位提交外方演讲人初选名单

6月30日前：中方主办单位确定拟邀请的中方演讲人名单

> 7月4日前：邀请演讲人并要求其提供简历
>
> 8月15日：演讲人简历到位
>
> 8月18日～31日：联系相关领导致辞
>
> 9月5日～19日：联系出席开幕式并致辞的贵宾、主持人
>
> 9月19日～10月12日：确认出席会议的贵宾、主持人并索要其简历
>
> 9月19日～10月24日：联系演讲稿
>
> 9月19日～11月4日：联系贵宾致辞
>
> 9月30日前：为外方演讲人发签证邀请函
>
> 11月7日前：审核演讲稿
>
> 11月8日～12月8日：准备视频资料
>
> **四、负责人**　××

二、发言人选择

（一）发言人类别

发言人员主要包括主持人、致辞人和演讲人三大类。在发言人选择阶段需要确定发言人的数目、选择的条件、渠道、相关费用的考虑及其工作进程安排。

1. **主持人**

主持人分为两类，一类负责主持全体会议、研讨会和活动，另一类负责主持小组论坛。

第一类主持人负责主持全体会议、午宴或晚宴、专题研讨会等会议和活动，一般主要负责介绍到会发言的致辞人和演讲人，而负责小组论坛的主持人又可称为协调人，除负责介绍小组论坛的成员，还要负责主持现场的讨论和问答。

2. **致辞人**

致辞人主要是在会议开幕式上、欢迎酒会或宴会上代表主办国家或机构对会议代表前来参加会议或活动表示欢迎，一般可以选择会议主办单位的负责人、某个政府部门领导或著名人士担当。

3. **演讲人**

演讲人则分为主旨演讲人、演讲人和小组论坛演讲人三类。主旨演讲人一般为相关领域的知名人士，其演讲通常可安排在会议的开幕式或全体会议上进行，半天的会议以安排一个主旨演讲人为好。有时也可安排在早餐会、午宴或晚宴期间进行演讲。演讲人可以在全体会议、专题研讨会等会议上围绕不同的主题进行演讲。小组论坛的演讲人一般是在同一时段与几个人一同参加某一主题的演讲和讨论，演讲的时间比较少，甚至没有个人演讲的时间，主要以现场对话为主。

（二）发言人数量确定

1. 确定主持人的数量

根据会议的日程来确定需要的主持人的数目。会议开幕式时，如果有重要贵宾到会致辞，要选择职务相适宜的主持人。开幕式结束后，开始正式会议时可以再换一个主持人。平行会议或专题研讨会，可选择该领域的相关人士作为会议的主持人。

2. 确定致辞人的数量

一般而言会议致辞人的数目比较少，通常在开幕式时会安排主办单位的人员作为致辞人或者请相关贵宾作为致辞人。宴会或欢迎酒会时通常请1～2位主办单位人员或贵宾作为致辞人。

3. 确定演讲人的数量

基于初步会议日程来确定会议的演讲人数目。例如：如果半天的会议按3小时计算，每个人安排35分钟的演讲时间，5分钟提问时间，20分钟的茶歇，那么就可以邀请4个演讲人。以此类推就可以估算出整个会议期间需要邀请的演讲人数目。但是如果安排小组论坛的话，每个论坛可以请3～4人同时参加，总的演讲人数目也要相应增加。

（三）发言人的选择条件

发言人所承担的角色不同，选择的标准也不尽相同，其中致辞人的选择以其身份和知名度为选择的首要因素，而演讲人和主持人的选择相比之下要考虑的因素就比较多一些。

1. 主持人

主持人是主办单位的代表或者是某一领域的专家，应该对会议主办单位或会议涉及领域比较熟悉，并且具有主持会议的经验。大型会议的主持人还要考虑相关的语言需求。小组论坛的主持人应该熟悉所探讨的问题，具有现场协调演讲人与观众对话的能力，并能够对所讨论的问题进行总结和提炼。

2. 致辞人

致辞人通常是主办单位的领导，或者是政府部门的负责人员以及相关领域的专家、学者。

3. 演讲人

首先要根据会议的目的和主题来选择合适的演讲人，其次要考虑演讲人的代表性的问题，即其在会议相关领域是否享有一定的知名度、其演讲的内容是否新颖、独特，是否能够代表该领域的最新发展趋势和技术水平或能够给会议代表以启迪，同时要考虑演讲人的语言表达能力如何，是否能够以清晰、生动的方式表述自己的观点。

（四）时间安排

在邀请发言人时要考虑其届时是否有机会前来参加会议，例如，拟邀请国家或政府部门的领导人出席某个重要的大型会议，要在会议方案报批时与相关部门进行协调，探讨邀请其出席的可能性并相应调整会议举办的时间。与国外机构组织会议时，也要一并探讨届时可能邀请哪些贵宾参加会议并演讲。

（五）选择渠道

1. 主持人的选择渠道

主持人可以从会议的主办单位、支持单位、协办单位或者主要赞助商中寻找，也可从与会议议题相关的行业、学术演讲机构中选择。

2. 致辞人选择渠道

主要包括会议主办单位的领导，国内或国际相关机构或部门的领导，相关领域的知名专家或学者。

3. 演讲人选择渠道

可通过会议主办方、合作方、商协会、研究机构和其他类似会议的主办方等多种渠道进行寻找，或由演讲人毛遂自荐后加以挑选。如经其他人推荐时，要了解该演讲人的背景、上次演讲的题目及与会者的反映等。

国外组织会议时，有时也通过征集的方式来选择演讲人，在征集书中明确需要演讲的题目范围、演讲的时间和征集报名的时间，要求提供一篇限定字数（如 100 字）的演讲内容摘要、并说明适宜的听众范围和程度，附上个人简历，提交后由会议组织方审核选定，然后将结果通知提交资料的人员。如果被选中演讲的话，演讲人要在一定的时间内提供最终的演讲资料。

（六）相关费用考虑

1. 主持人

通常由会议主办方承担主持人出席会议的部分费用，例如，免除其会议注册费及其会议期间的餐饮费。会议相关的交通和住宿等费用将根据会议的经费相关情况加以考虑。如果请著名人士前来主持会议，有时不仅需要承担其参加会议的食宿行等相关费用，还需要支付相应的劳务费。

2. 致辞人

一般而言致辞人参加会议的会议注册费及会议期间的餐饮费均由会议主办方承担。交通和住宿费将视会议的不同情况而定。

3. 演讲人

演讲人的费用承担情况视不同的会议而有所不同。在确定演讲人数目时要考虑相关费用问题，例如，是否免除演讲人的注册费、会议期间的餐饮费、交通和食宿费等。如果需要免除，那就要计算需要有多少预算可用于支付此项费用，费用多可以多邀请，否则要少申请。有的会议只支付演讲人参加会议的相关费用，主要包括会议期间的餐饮费及其会议注册费。根据情况，有时需要支付主旨演讲人的交通和食宿费用。

有些会议举办的目的是推广相关公司的产品或服务，那么在此情况下，会议主办方不仅不需要支付演讲人的费用，相反是要求演讲人支付一定的费用才能在会议上进行演讲。因此，会议目的和主题的不同决定了对会议演讲人不同的费用相关待遇，这要根据实际情况来确定和把握。

（七）工作进程安排

根据确定的发言人的数目、选择标准、费用要求，列出发言人邀请的工作进程安排，制订工作方案，指定专门人员负责发言的邀请及前期联系。

三、发言人邀请

此阶段涉及的主要工作是根据会议确定的发言人邀请数目和目标落实发言人的邀请事宜，包括发送发言人邀请函、提供会议的基本资料、解答潜在发言人的问题直至发言人确认将前来参加会议并且到会发言。

（一）邀请函

在初步挑选的基础上，向潜在的发言人发送邀请函及会议基本资料，在邀请函中告知其会议主协办单位、举办的时间、地点、目的、主题、会议背景、拟请其主持、致辞或者演讲的会议及其时间安排、相关的费用等，与潜在发言人就其演讲事宜进行探讨，看其届时是否能够前来发言，并注明希望其回复的期限。

由于许多演讲人要参加的活动和会议比较多，因此最好在开会前尽早邀请演讲人，这样有利于演讲人有充分的时间安排相关行程、准备演讲稿，也有利于会议组织者对外进行会议宣传。（见 9.1.2 案例、9.1.3 案例）

9.1.2 案例

> **××年 APEC 工商领导人峰会主持人邀请函（英文）**
>
> June 25, ××
>
> Mr. ×××
> CEO, ××× Inc.
> ×××× Kifer Road, M/S 2710
> Santa Clara, CA 95051
> USA
>
> Fax：××××××
>
> Dear Mr. ××××

Invitation to Moderate at the APEC CEO Summit × ×

I am pleased to write to you about the captioned subject. As you may be well a-ware, China will be hosting a series of APEC meetings this year, including the Leaders' Meeting and CEO Summit. As an important part of the activities to be hosted by China, APEC CEO Summit 2001 will be organized by the China Council for the Promotion of International Trade on October 18—20 in Shanghai.

In the first year of the new century, people always hope to get a clear perspective of all significant undertakings. In 2001, the 4th WTO Ministerial will be convened, after the Seattle debacle. World business will certainly have an interest in influencing the a-genda setting. China by then will most likely have joined the organization. After 20 years of opening and reform, China has already developed into a good position to compete as a full member of the international economic regime. The position will be further consolidated by the 10th Five Year Development Program launched this year as well as the West China Development Program, which will enter into a critical stage in × ×. Specifically, Shanghai, as a leader of the Chinese economy quickly striding towards an international business center, adds its own appeal to the meeting. All the factors have come together to present an APEC CEO Summit × × of the highest profile. It has al-ready aroused enormous interest from the business community in the region.

Themed on "New Century, New Economy: Developing in the Globalizing World", the Summit will invite a host of APEC state leaders and world famous corporate leaders as well as great thinkers from the academic world to share with delegates their thoughts on the various topics (see Tentative Program as attached). Constrained by space, how-ever, only some 600 delegates, at CEO or equal levels, can be invited to attend the Summit.

I am pleased to invite you, as a major sponsor that offers strong support to us, to participate in the Summit to moderate the concurrent session on *"Managing the Rapid Pace of Technological Change" on October 20*, × ×. The description of and issues to be covered by the session are as follows:

The fault line—that potentially dangerous unstable seam in the economy where the Internet and other powerful innovations meet and create both market—shattering tremors and unprecedented opportunities for growth through dramatic increases in productivity. Every company lives on this fault line; no manager can completely control it. In some cases, technological innovation is outstripping the company' s ability to manage it. At every level, managers must learn to deal with it.

- *New market and technology forces driving shareholder value*
- *Mastering the technology adoption life cycle*
- *How CEOs manage change coming at increasing speed*
- *The challenge to shed old precepts，foster innovation，and cultivate cultures to compete in the Internet Era*

Each panelist will have a speech of 15 minutes. After their speeches，the floor will be open for questions for about 20 minutes.

We would very much appreciate it if you could confirm your availability before July 15. Please be assured that we will do our utmost to ensure your participation in the Summit as a memorable experience for you.

You are encouraged to visit www. apecceo2001. org for more information.

Sincerely yours，

×××

    Chairman

    Organizing Committee

    APEC CEO Summit ××

    Beijing，China

    Encl. Tentative Program of APEC CEO Summit

Contact：Mr. ×××

Tel：×××××

Fax：××××××

Email：×××

9.1.3　案例

××年 APEC 工商领导人峰会演讲人邀请函

尊敬的×××部长：

    ××年 APEC 工商领导人峰会将于今年 10 月下旬在中国上海举行，由本会承办。

    在新的世纪，经济全球化、新经济迅速发展成为全球商界普遍关注的现象，因而成

为本次 APEC 工商领导人峰会的主要内容。其将在 WTO 部长会议之前召开，使这次会议更受瞩目。此外，××年中国预计将加入 WTO，在这一年启动"十五计划"，并加快开发中西部的步伐。经过 20 余年的改革开放，中国经济显现出巨大的潜力，全方位对外开放的格局基本形成。上海作为中国经济发展的龙头，正在向国际大都市的方向迅速迈进，已经吸引了大量的国际投资。以上因素都使得此次 APEC 工商领导人峰会备受亚太地区的商界领导人重视，引起了强烈反响。

预期 APEC 各成员体的 600 家以上有成就的企业的 CEO 将到会。

本次会议以"新世纪，新经济，在全球化中发展"为主题，将邀请众多前来参加 APEC 会议的政治领导人以及一些全球著名的商界领袖和学者与与会代表分享他们就有关议题的观点、看法（会议暂定议程见附件）。

鉴于对外经济贸易合作部在中国经济发展中的重要作用，我谨代表××年 APEC 工商领导人峰会，邀请您参加会议，并在 10 月 20 日以"中国专题会议"为题目的分组会议上发言。该节会议的发言人将围绕以下问题阐述各自的观点："数字技术将为人类带来什么样的未来？"。我们期望您的发言时间为 15 分钟。在本组发言结束之后，听众将有 10 分钟的时间向您及其他发言人提问。

我诚挚地希望您接受邀请。期望尽快得到您的答复。

关于此次峰会的最新信息，请您访问 www. apecceo××. org

顺颂商祺！

×××

中国国际贸易促进委员会会长

××年 APEC 工商领导人峰会筹委会主席

年　月　日

联系人：×××

电话：×××××

传真：×××××

电子邮件：××××

（二）会议基本资料

联系发言人时，需要向其提供的信息主要包括：

——会议组织者相关信息：会议主办方名称、地址、联系电话、传真、邮箱及联系人；

——会议基本情况：会议名称、时间、地点、会议目的、主题、日程、背景情况、预期参会人数等。

（三）需要潜在演讲人提供的资料

可以请潜在演讲人提供下列情况以备会议主办方进行挑选：

——演讲人的背景情况；

——以前的演讲题目和经历，可请提供以前的演讲提纲或演讲稿作为参考；

——可否按推荐的题目进行演讲或者可以根据会议主题提出新的演讲题目和内容；

——最近是否拟在其他会议上进行演讲？如有的话，何时何地进行？

——是否能够在给定的时间进行演讲？

——是否可以接受主办方有关费用的安排？是否要额外收费？如涉及的话，需要支付的费用种类及数目，是否可出具发票？

——除演讲外，是否可担任某节会议的主持或协调人？如可以的话，是否涉及费用？

——如果被选中为演讲人的话，何时可以加以确认？

在收到潜在演讲人对上述问题的回复后，会议主办方可以根据其提供的资料，同时征询其他请过该演讲人的机构的意见，并在可能的情况下，听其在其他会议上的演讲，综合各方面情况后进行评估，最终选出会议的演讲人并加以确认。

（四）邀请方式及渠道

1. 邀请方式

发言人邀请包括通过电子或者信件的方式寄送相关资料，同时也需要通过电话、拜会等方式与潜在发言人进行沟通和联系。

发言人的邀请过程中需要及时解答潜在发言人关心或者关注的相关问题，因此需要不断补充会议的相关信息，使其明了对其发言的要求和相关安排，这样才能落实发言人的邀请。

2. 邀请渠道

发言人的邀请渠道与其选择渠道相关，不同的发言人需要不同的邀请渠道。例如，国家政府部门的领导需要通过一定的内部报批程序来邀请，相关商协会的发言人可以通过商协会的渠道来邀请，会议的主办、支持和协办单位的领导可以通过其各自的内部程序来邀请，而一些专家和学者需要通过相应的研究机构或直接与其联系，同时也可以通过一些推荐发言人的机构来联系。

四、发言人联系

此阶段涉及的工作主要是与已经确认的发言人落实前来发言的相关事项，主要包括发言资料的准备和后勤保障相关事项。

（一）需要向发言人提供的资料和信息

为使发言人对将参加的会议有更深刻的了解，会议组织者应向发言人提供下列资料：

——全套会议宣传资料：包括会议宣传册、新闻稿和网站信息等；

——会议组织情况最新报道；

——会议代表的背景资料：如来自哪些领域、其对会议内容的了解程度、其对会议的期望是什么、对什么题目感兴趣等，会议规模如何；

——以前会议的相关资料：如果是系列会议的话，要提供往届会议的情况供演讲人参考；

——如果要组织系列专题研讨会的话，要向研讨会的主持人提供相关专题研讨会的会议日程和演讲人的相关情况，以及同一个研讨会不同演讲人的演讲提纲和联系方式以便演讲人

之间进行前期沟通，就演讲内容进行协调，避免演讲内容的重复；

——提供会议场地及其设备的基本情况，说明每个会场配备何种会议设备，由演讲人通过填表加以选择并说明还需要什么额外的会议设备。指定专门的工作人员与演讲人保持经常性的沟通，回答其关心的问题并协助其解决遇到的问题；

——进一步明确演讲人演讲的具体题目、演讲的日期、时间、长度和其他相关要求；

——明确演讲稿的提供方式、时间和使用方式，如是否将给会议代表散发等；

——明确演讲人会议注册的时间、方式及费用情况；

——费用情况：如果需要为演讲人支付相关费用的话，明确将支付的相关费用、项目、金额及支付方式，具体说明演讲人的交通、食宿、演讲等各项开支如何安排。如果演讲人要携带配偶或助手的话，或者演讲人在会前或会后要去其他地方参观游览时，其费用如何承担。同时，也要明确各项支出的支付方式及了解演讲人是否可出具发票；

——告知演讲人彩排时间及与翻译人员沟通时间的安排、着装要求（正装或便装）等；

——告知演讲人应该抵达会场的时间及演讲人休息室的位置。

会议组织方可以列出发言人员检核表，由演讲人填写并加以确认，主要包括会议注册表、酒店预订表、个人简历表、音视频设备需求表、确认演讲稿可以印刷、演讲内容可以录制的许可表，同时要事先为演讲人提供会议的最新日程和会场地图，告知其如何进行现场会议注册。（见 9.1.4 案例）

9.1.4 案例

亚太经济合作组织 ×× 年工商领导人峰会
APEC CEO SUMMIT ××

No.1,Fuxingmenwai Str.,Beijing,China100860
Tel:86-10-68010138 68013344-8911/12/13
Fax:86-10-68010134 68010137
E-mail:apecceo@ccpit.org
Http://www.apecceo2001.org

×× 年 APEC 工商领导人峰会给同组发言人的函（英文）

September 30，××

    Mr. ×××

Executive Chairman

×××

Post Office Box ×××

Albert Park，Victoria ××××

×××

c/o Ms. ×××

Tel：×××

Fax：×××
Email：×××××

Dear Mr. ×××，

This is the follow up of our invitation to you to speak at the upcoming APEC CEO SUMMIT ××.

You are invited to participate in the concurrent session on "Intellectual Property in the New Economy" due from 10：30 to 10：45 on the morning of October 20. The session is shortened to 50 minutes, ten minutes shorter than we proposed before. The speakers in the session will be Mr. ×××, Assistant Director General, World Intellectual Protection Organization, Mr. ×××, President and CEO of ××× Inc. and Dr. ×××, Chairman of ×××. Ltd., Singapore. Attached please find their biographies for your reference.

Please come to the Speakers' Lounge (marked as VIP Room) on the third floor of Shangri—la Hotel at 10：00, half an hour before the session, on October 20. Mr. ×××, Mr. ×× and Dr. ××× will also be invited there. I hope that some talks and exchanges of ideas and a briefing on the procedures will help achieve a more integrated session.

Since we have a very tight Summit schedule, you are kindly requested to control each speech within no more than 12 minutes so as to allow time for both Q&A and the next session. For the same reason, please skip the introduction of their biographies since we will include them in the Summit package to be distributed to every delegate.

I have requested the speakers to provide with their speech papers or outlines before Oct. 10. If I duly receive them, I will have them forwarded to you.

Please note that the APEC CEO SUMMIT 2001 Secretariat will move to Shanghai after Oct. 10. The contact information after that date is as follows，

Secretariat of APEC CEO SUMMIT ××
Pudong Shangri-la Hotel
33 Fu Cheng Lu, Pudong, Shanghai 200120, China
Tel：×××
Fax：×××
Email：×××

A reminder. Please make sure that you have received confirmation of room booking directly from the hotel before you leave for Shanghai. Please inform us, if you have not, of your arrival and departure time and flight number so that we can greet you at the airport.

Please be assured that attending the Summit will be an impressive experience for you.

Should you have any questions or concerns, please feel free to contact me.

Regards,

×××
Program Officer
APEC CEO SUMMIT ××
Tel：×××
Fax：×××
Email：×××

Attachment
Biography of Mr. ×××
Biography of Mr. ××
Biography of Dr. ×××

（二）需要发言人确认和提供的相关信息

1. **主持人**

需要主持人提供和确认的内容主要包括：

——主持人基本情况：主要包括姓名、性别、单位、职务、联系人、联系地址、电话、传真、邮箱、简历和照片；

——会议注册信息：包括主持人及其配偶或随行人员情况；

——主持人的行程安排：抵离时间、预订的航班及其他交通工具的号码（如车号）及交通需求；

——房间预订、餐饮要求和其他特殊需求。

2. **致辞人**

需要致辞人提供和确认的内容主要包括：

——致辞人基本情况：主要包括姓名、性别、单位、职务、联系人、联系地址、电话、传真、邮箱、简历和照片；

——会议注册信息：包括致辞人及其配偶或随行人员情况；

——致辞人的行程安排：抵离时间、预订的航班及其他交通工具的号码（如车号）及交通需求；

——房间预订、餐饮要求和其他特殊需求。

3. 演讲人

需要演讲人提供和确认的内容主要包括：

——演讲人基本情况：主要包括姓名、性别、单位、职务、联系人、联系地址、电话、传真、邮箱、简历和照片；

——要求提供演讲内容提纲或讲稿，包括纸介和电子版，并明确提交的时间，同时征询其提纲或讲稿是否可作为会议资料使用和散发；

——演讲时如使用音视频资料，明确提交的时间，并征询其可否作为会议资料保留和使用；

——设备需求情况：明确届时需要的会议设备；

——会议注册信息：包括演讲人及其配偶或随行人员情况；

——演讲人的行程安排：演讲人的抵离时间、预订的航班及其他交通工具的号码及交通需求；

——房间预订、餐饮要求和其他特殊需求；

——版权相关事宜：如果会议演讲要录音、出资料或现场直播的话，要与演讲人事先讲明，并征得其同意，以免引起不必要的版权纠纷；

——签字确认：上述事项演讲人同意后应由双方签字加以确认，并注明签字日期。经双方签字确认的文件，一份交演讲人，另一份由会议组织者存档，并将其复印件交给负责与演讲人联系的筹备人员参照执行。（见 9.1.5 案例）

9.1.5 案例

××年 APEC 工商领导人峰会给发言人资料索取函（英文）

February 23，××

Mr. ×××

First Deputy Minister

Ministry of ×××

××/×× Bolshaya Ordynka Str.，

Moscow 101100

Tel：×××

Fax：×××

Information for Speakers at APEC CEO SUMMIT × ×

Dear Mr. × × ×,

First of all, I would like to thank you for your strong support to us both as a platinum sponsor and as a speaker at the upcoming APEC CEO SUMMIT × ×. Also, I take pleasure to inform you that the preparation for the Summit is well underway and there are more people interested in the Summit than we have expected. By now, we have confirmed over 400 delegates. Now that the Summit is drawing near, we need to work on some specific issues for your registration, accommodation, and speech, etc.

Attached is a checklist of the information that we wish to receive from you. We will appreciate it if you can provide the necessary information we need before the time indicated on the list. As a speaker, you will be waived of the registration fee. However, accompanying spouse should pay RMB× × × if they are to attend evening functions and/or spouse programs. The payment method can be found on the registration form attached.

For your information, the concurrent session where you are invited to speak has move to the morning of October 20, from 9: 15 to 10: 15. I hope that the adjustment will not cause any trouble to you. The theme of the session is "The Energy Future: Moving beyond Fossil Fuels". The description of the theme is as follows,

What are the emerging energy technologies that will change human life beyond recognition in the next few years while making the planet a better place to live? How are they going to transform the way business is done? What are their prospects for widespread commercial use in the short, medium and long terms?

Other panelists in this session are Mr. × × ×, Vice Minister of State Development Planning Commission (China) and Mr. × × ×, First Deputy Minister of the Ministry of × × × (Russia). The moderator of this session is Mr. × × ×, Former US Ambassador to China. Mr. × × × and Mr. × × × have confirmed their speeches, but Mr. × × × has not yet. The contact information for them is as follows,

Mr. × × ×
Vice Minister
State Development Planning Commission
No. × ×, Yuetannan Street, Xicheng District
Beijing 100824, China
Tel: × × ×
Fax: × × ×
Mr. × × ×
First Deputy Minister

Ministry of ×××
Russian Federation
××/×× Bolshaya Ordynka Str. ,
Moscow 101100
Tel：×××
Fax：×××
Contact：Ms. ××××

Mr. ×××
Former US Ambassador to China
4810—××nd St. , NW,
Washington，DC 20008
Tel：×××
Fax：×××
Special Assistant：×××
Email：×××

　　I am pleased to furnish you with an updated program.　You are also encouraged to visit www. apecceo××. org for updates of the Summit.

　　Should you have any questions or concerns，please feel free to contact me.

Regards，

×××
Program Officer
APEC CEO SUMMIT ××
Tel：×××
Fax：×××
Email：×××

Encl.
1. Checklist for Speakers at APEC CEO SUMMIT ××；
2. Summit Registration form；
3. Hotel Reservation Form；
4. Speaker/Moderator Questionnaire；
5. Latest Summit program.

Attachment 1

Checklist for Speakers at APEC CEO SUMMIT ××

	INFORMATION NEEDED	BEFORE
1.	Registration form with Photo (hard copy or electronic version with pixels more than 300 dpi)	September 5
2.	Hotel Reservation Form	September 5
3.	Curriculum Vitae	September 5
4.	Equipment Needed for Speech	September 10
5.	Speech Paper or Outline (softcopy)	September 20
6.	Documents for Multimedia Display (soft copy)	October 10

Attachment 2：

APEC CEO Summit ××

Registration Form

(If you have already sent a delegate registration form to our registrar，you do not need to fill this form)

Please type/print clearly and return this form and 2 passport size photos of speaker/moderator and accompanying spouse to：××，APEC CEO Summit 2001 Organizing Committee，c/o CCPIT，×××，China

Tel：×××　　　　　　Fax：×××

E－mail：×××

3. Personal Data

□Mr. □Mrs. □Dr. □Other _____ Member Economy _____

Last Name _____ First Name _____

Job Position _____

Company/Institution _____

Mailing Address _____

City _____ Postal Code _____

E－mail _____

Nationality _____ Passport No. _____

Tel (with country & area code) _____ Fax _____

Accmpg. Spouse Name □Mr. □Mrs. □Ms. _____

Passport No. _____

Arrv. date & Flt：_____

Dpt. date & Flt：_____

☐ I have made my own transportation arrangement. Please do not pick me up at airport.

Delegate/Spouse Dietary habit：

☐Muslim ☐Vegetarian ☐Other（specify）＿＿＿＿＿＿＿＿＿＿＿

4. Accompanying Spouse Program

☐October 19，×× ☐October 20，××

☐ Please charge me MYM600 for my spouse to my credit card account

PAYMENT BY： ☐VISA ☐JCB

☐AMEX ☐MASTERCARD ☐Diners Club

CARD NUMBER：☐☐☐☐☐☐☐☐☐☐☐☐☐☐

NAME AS IT APPEARS ON CARD：＿＿＿＿＿＿＿＿＿＿＿

EXPIRY DATE：＿＿＿＿＿＿＿＿＿＿＿＿＿＿＿

Signature：＿＿＿＿＿＿＿＿＿＿＿＿＿＿＿＿＿＿＿＿

Attachment 3：

APEC CEO Summit × ×

Hotel Reservation Form

（If you have already made hotel reservation，you do not need to fill this form）

Please reserve 1 room for me（and my accompanying spouse）as indicated below.

Hotels	Room type	Room Rates（in USD）		Choice （Please indicate the chosen hotel name and room type by explicit description in this column besides marking in the left column）
		Single Occupancy	Double Occupancy	
Hotel A	Deluxe	×× ☐	×× ☐	
	Deluxe Bund	×× ☐	×× ☐	
	Horizon	×× ☐	×× ☐	
	Horizon Bund	×× ☐	×× ☐	
	Executive Suite	×× ☐	×× ☐	
	Executive Bund Suite	×× ☐	×× ☐	
Hotel B	Hyatt Guestroom	×× ☐	×× ☐	
	Grand Room	×× ☐	×× ☐	
	Regency Club	×× ☐	×× ☐	
	Executive Suite	×× ☐	×× ☐	
Hotel C	Superior	×× ☐	×× ☐	
	Deluxe	×× ☐	×× ☐	
	Club Inter—Contiental	×× ☐	×× ☐	
	Business Suite	×× ☐	×× ☐	
	Club Inter—Continental Suite	×× ☐	×× ☐	
	Duplex Suite	×× ☐	×× ☐	

（Note：the above rates are subject to 15% surcharge. ）

Title（Mr. /Ms.）_____ First Name：_____ Last name：___

Job position：_____ Accompanying Spouse Name：_____

Company：_____

Address：_____

Economy：_____ Tel：_____ Passport No. _____

Fax：_____ Email address：_____

Room requirement：□ twin bed □ King/Queen size □ Non-smoking

Arrival Date：Oct. _____, ×× Departure Date：Oct. _____, ××

Arrival Flight：_____ Departure Flight _____

Please guarantee my reservation with the following credit card：

□AMEX □Diners Club □Master Card □Visa Card □JCB Card

Credit Card Number：_____ Expiry Date：_____

Cardholder Name（Please print）：_____

    I understand and accept the hotel's cancellation policy that reservations cancelled within 21 days of arrival date will be subject to one-night cancellation charge, cancelled within 7 days of arrival date or on-day no-show subject to cancellation/no-show charge for the entire booking period.

Signature：_____ Date：_____

Attachment 4：

APEC CEO Summit ××

Speaker /Moderator Questionnaire

Basic Information of Speaker/Moderator			
Name			
Company/Institution			
Position			
Equipment needed for speech			
□ I will use my own computer.	□Please provide me with a computer.	□I will need a speech reminder.	Other Equipment：

续表

Rehearsal of speech	
☐ I will need a rehearsal.	☐ I won't need a rehearsal.

Event Sign up（Please mark all events you may attend.）		
☐	Opening Ceremony	Thursday, October 18
☐	Opening Gala Dinner	Thursday, October 18
☐	Luncheon	Friday, October 19
☐	Dinner	Friday, October 19
☐	Culture Show	Friday, October 19
☐	Luncheon	Saturday, October 20
☐	Reception	Saturday, October 20

Interview	
☐	If there are interview request, please let me know.
☐	I will not have time for interview.

Contact information	
Contact person	
Telephone number	
Fax number	
Email	
Mailing address	

Other issues

（三）发言人的变更

　　有时由于突发性事件会导致个别已经确认要来的发言人届时无法到会，为应对这类意外情况，在选择发言人时最好有后备人选，并收集其相关资料包括联系地址、电话，一旦需要时马上进行联系。同时就原发言人已进行的准备工作进行相应的变更，如撤销机票和饭店预订、在会议资料中将其介绍和讲稿撤下来、退回已支付给发言人的相关费用、及时通知与会者发言人的变更情况等。

　　另外，有时也可能因为组织者自身的原因推迟或取消会议。此时，要与发言人进行及时沟通，妥善解决可能引发的相关问题。

（四）发言人的接待

发言人的接待包括接送机及会议现场接待。关于发言人的现场接待和管理问题，将在后面的章节里加以描述。但在发言人抵达会场之前需要进行的前期工作主要包括：为国外发言人发签证邀请，了解所有发言人抵达会场的时间和方式，确认届时是否需要安排接送机、是否需要协助其预订酒店等。如果发言人自行驾车前来参加会议的话，要协助其安排停车位，以免由于无法停车而影响其准时参会。

（五）应注意的问题

在邀请和联系发言人的过程中，会议组织方应该指定专人负责与发言人的前期联系，积极协助发言人做好相应的准备工作，并对发言人提出具体的要求。例如，明确告知演讲人在其演讲中不要进行商业性宣传、授权组织方可以将其资料发给会议代表和对其演讲进行录音或录像，并授权组织方将其资料或录音和录像资料通过网络或其他方式宣传或出售。告知其在指定的时间内提交演讲提纲或演讲稿，并在会议开始前，告知演讲人前来参会的注意事项，请其在指定的时间和地点参加演讲人沟通会，并请其及时将会议注册表、酒店预订表、设备需求单的资料填好后提交给会议组织方。（见 9.1.1 样表）

9.1.1 样表　　　　　　　　　　　　**演讲人邀请检核表**

确定演讲需求			
	全体会议	平行会议一	平行会议二
人数			
演讲人的类型			
演讲时间			
会议主题			
演讲题目			
费用支出			
选择标准			
选择渠道			
选择程序			
演讲人的联系			
需要向演讲人提供的信息			
会议名称			
会议目的			
会议主题			
会议形式			
时间		地点	

日程			
参会人数			
主办单位			
联系地址			
联系人		传真	
电话			
拟演讲的题目			
演讲时间		会议名称	
费用支付			
需要演讲人提供的信息			
演讲人简历			
以往演讲题目		时间、地点	
近期演讲题目		时间、地点	
届时可否演讲		相关要求	
可否主持会议		确认时间	
演讲人评估			
是否符合条件		以往演讲情况	
届时能否出席		近期演讲安排	
准备合同和资料			
演讲人确认			
需要向演讲人提供的资料			
会议宣传资料		往届会议资料	
最新日程		会议代表资料	
会场布置格局		会议设备	
同组发言人资料			
确认的演讲题目		演讲方式	
演讲时间		是否包括提问	
演讲地点		费用支付	
着装要求		会议注册表	
酒店注册表		签证邀请函	
需要演讲人提供的资料			
个人基本情况			

续表

姓名		性别	
单位		职务	
联系人		联系地址	
电话		传真	
邮箱			
简历			
学历		工作简历	
专业背景情况		获奖情况	
照片			
黑白/彩色		尺寸	

演讲确认

演讲题目		会议名称	
演讲时间		演讲地点	
长度			

演讲稿

演讲提纲/演讲稿/其他资料		提交时间	
页数		份数	
发送时间		发送范围	

会议设备需求

话筒		种类	
投影仪		DVD 机	
CD 机		电脑（型号）	
其他			

会议注册信息

姓名		配偶或随行人员	
单位		职务	
拟参加的活动			
全体会议		平行会议一	
平行会议二		欢迎晚宴	
午餐		晚餐	

签证邀请函信息

姓名		性别	

续表

出生年月日		护照号	
单位		职务	
交通需求			
抵达时间		航班号	
离开时间		航班号	
是否需要接机			
房间预订			
酒店名称			
房间类型			
入住时间		退房时间	
是否需要送机			
餐饮要求			
饮食禁忌			
经费安排			
机票		食宿	
地面交通		会议注册费	
配偶/随行人员		讲课费	
支付时间		支付方式	
版权相关事宜			
可否录音		可否网上宣传	
可否录像		可否散发或出售	
争端解决		变更相关事项	
生效时间		签字确认	
是否接受采访		采访时间	

第二节　会议贵宾和嘉宾选择与安排

一、工作安排

（一）工作人员

贵宾和嘉宾的邀请主要由会议管理组、推广注册组负责，要根据会议的具体情况，确定

拟邀请的贵宾和嘉宾范围，由相关组的人员分别加以邀请，并指定专人负责前期的联系，并由接待组、礼宾组、服务组和安保组的协助落实相关接送和安全保障事宜。

（二）工作内容

首先要对邀请工作进行规划，确定拟邀请的贵宾和嘉宾的人数、拟请其参加的具体活动及其时间、邀请的方式和步骤、可享受的待遇等。然后指定专人负责落实。

（三）工作流程

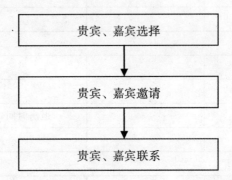

第一步，贵宾、嘉宾选择：根据会议的日程安排确定拟邀请的贵宾、嘉宾的人数、选择标准并进行初步选择；

第二步：贵宾、嘉宾邀请：初步选定拟邀请的贵宾、嘉宾后，通过一定的渠道向其提供有关会议的基本情况，邀请其届时前来参加会议的某项活动，并且告知届时其前来参加活动的行程和费用相关安排；

第三步，贵宾、嘉宾联系：与已经确认前来参加会议的贵宾和嘉宾保持联系，为其提供相关会议和活动组织的最新进展情况，安排或协助安排贵宾和嘉宾的食宿行等相关事宜。如果是从国外邀请贵宾和嘉宾，还要给其发签证邀请。（见9.2.1案例）

9.2.1 案例

××会议贵宾、嘉宾邀请方案

1. 实施时间 10月10日～12月6日

2. 拟邀请人员 ×××

3. 贵宾 18人

　　1）1位国家领导人，请其参加开幕式并致词

　　2）1位中国政府相关部门的领导，请其参加开幕式并做主旨演讲

　　3）2位主办单位负责人，请其参加欢迎晚宴、开幕式和闭幕式并致词

　　4）8位支持单位负责人，请其参加欢迎晚宴、开幕式和会议

　　5）2位行业专家，请其参加欢迎晚宴、开幕式并在全体会议上演讲

6）1 位外方主办单位负责人，请其参加欢迎晚宴、开幕式和闭幕式并致词

7）1 位欧洲相关政府部门高层官员，请其参加欢迎晚宴、开幕式并做主旨演讲

8）1 位美国相关行业专家，请其参加欢迎晚宴、开幕式并在全体会议上演讲

9）1 位独家赞助商代表，请其参加会议所有活动并在欢迎晚宴上致辞

4. 嘉宾　约 40 人，出席会议及参加相关活动

　　1）主办单位相关领导

　　2）协办单位和部分商协会负责人

　　3）外方演讲人

　　4）部分中方演讲人

　　5）分项赞助商

5. 实施步骤

　　8 月 10 日～10 月 10 日：确定外方贵宾和嘉宾名单、发邀请函并寄送大会日程和大会通知等相关文件

　　10 月 17 日～26 日：联系中方嘉宾并寄送大会日程和大会通知等相关文件

　　10 月 19 日～31 日：联系中方贵宾并寄送大会日程和大会通知等相关文件

　　10 月 28 日～11 月 23 日：确认中方嘉宾参会人员，安排或协助安排其食宿行等相关事宜

　　11 月 2 日～11 月 23 日：确认中方贵宾参会人员，安排或协助安排食宿行等相关事宜

　　10 月 30 日～11 月 23 日：协助外方贵宾、嘉宾办理签证及食宿行等相关事宜

　　11 月 30 日：再次确认中外方贵宾、嘉宾名单

　　12 月 1 日～6 日：进一步落实接机等接待相关事宜

6. 负责人　×××、××

7. 协助　礼宾组、招商会务组、接待组、安保组

二、贵宾、嘉宾的选择

（一）贵宾选择

1. 贵宾类别

贵宾主要包括前来致辞的领导、主旨演讲人、前来参加会议或者活动的重要人士或知名人士以及主赞助商代表等几大类。

2. 贵宾数量

贵宾邀请的数量根据会议的目的和定位并视会议组织所涉及的单位数目和会议的经费预算确定。

3. 贵宾选择条件及渠道

贵宾的选择要考虑会议的举办目的和定位，并依据某些条件来选择拟邀请参会的贵宾。

例如，可以考虑邀请会议内容相关的指导部门、会议主办单位、支持单位的领导、行业和学术领域的知名人士及主赞助商代表作为贵宾出席会议的开幕式、闭幕式、主题大会、欢迎晚宴、告别晚宴及其他活动。

4. 贵宾相关费用的考虑

贵宾通常享受免费参会的待遇，有时还需要主办方提供相关的食宿、交通和安全保卫等相关费用。

5. 工作进程安排

根据确定的贵宾数目、选择标准及费用安排，列出贵宾邀请的工作进程安排，制订工作方案，指定专门人员负责贵宾的邀请及前期联系。

（二）嘉宾选择

1. 嘉宾类别

嘉宾主要包括主协办单位相关负责人员及对于会议的举办给予协助的相关人员。

2. 嘉宾数量

根据会议的定位和费用预算来确定参加会议的嘉宾人数，如果预算有限应适当控制嘉宾的参会人数。

3. 嘉宾选择条件及渠道

根据与会议支持和协办方商定的合作条款，确定拟邀请的嘉宾数目。通常从会议的支持、协办单位中选择嘉宾参会，有时也会邀请一些业务关系比较密切的机构的人员作为嘉宾参加会议。

4. 嘉宾相关费用的考虑

嘉宾参加会议一般免交会议注册费。

5. 工作进程安排

根据确定的嘉宾数目、选择标准及费用安排，列出嘉宾邀请的工作进程安排，制订工作方案，指定专门人员负责嘉宾的邀请及前期联系。

三、贵宾、嘉宾邀请

此阶段涉及的主要工作是根据会议确定的贵宾和嘉宾邀请数目和目标落实贵宾和嘉宾的邀请事宜，包括发送邀请函、提供会议的基本资料、解答潜在贵宾和嘉宾的问题直至得到贵宾和嘉宾前来参加会议的确认。

（一）贵宾邀请

1. 邀请函

根据拟邀请的贵宾名单，发送邀请函及会议基本资料，在邀请函中告知其会议名称、举办的时间、地点、目的、主题、会议背景、拟请其出席的会议或活动、具体时间和地点、相关的安排及接待等事宜，并注明希望其回复的期限。

如果拟邀请贵宾到会致辞或者演讲的话，会议组织者要向作为致辞人或主旨演讲人的贵宾索要其简历、照片、致词、演讲提纲或讲稿，以便通过会刊或会议资料等方式提供给会议代表。

由于贵宾要参加的活动比较多，因此最好在开会前尽早邀请，以便有充分的时间安排相关行程或者接待事宜，也有利于会议组织者对外进行会议宣传。

2. 会议基本资料

联系贵宾时，需要向其提供的信息主要包括：

——会议组织者相关信息：会议主办方名称、地址、联系电话、传真、邮箱及联系人；

——会议基本情况：会议名称、时间、地点、会议目的、主题、日程、背景情况、预期参会人数等；

3. 邀请方式及渠道

通常由会议的主办方通过主办、支持或者协办方的相关渠道邀请贵宾前来参加会议。

（二）嘉宾邀请

1. 邀请函

在确定拟邀请嘉宾的基础上，向其发送参会邀请函，请其届时参会。如其同意前来参会，要按所附参会报名表填妥相关信息并报回会议组织方，但其报名表要与收费的正式会议代表有所区别。

2. 会议基本资料

联系嘉宾时，需要向其提供的信息主要包括：

——会议组织者相关信息：会议主办方名称、地址、联系电话、传真、邮箱及联系人；

——会议基本情况：会议名称、时间、地点、会议目的、主题、日程、背景情况、预期参会人数等。

3. 邀请方式及渠道

主要通过支持、协办单位邀请，也可以通过联系密切的行业或者学术单位邀请，请其报送参加会议的嘉宾名单。

四、贵宾、嘉宾联系

此阶段涉及的工作主要是与已经确认的贵宾、嘉宾落实其前来参加会议的相关事项，主要包括发言资料的准备和后勤保障相关事项。

（一）贵宾联系

1. 需要向贵宾提供的资料和信息

为使贵宾对将参加的会议有更深刻的了解，会议组织者应向贵宾提供下列资料：

——全套会议宣传资料：包括会议宣传册、新闻稿和网站信息等；

——会议组织情况最新报道；

——会议代表的背景资料：如来自哪些领域、其对会议内容的了解程度、其对会议的期望是什么、对什么题目感兴趣等，会议规模如何；

——以前会议的相关资料：如果是系列会议的话，要提供往届会议的情况供演讲人参考；

——进一步明确致辞人或者主旨演讲人演讲的具体题目、演讲的日期、时间、长度和其他相关要求；

——明确致辞或者演讲稿的提供方式、时间和使用方式，如是否将给会议代表散发等；

——明确主旨演讲人会议注册的时间、方式及接待安排。

2. 需要贵宾提供的相关信息

贵宾致辞人

需要致辞人提供和确认的内容主要包括：

——致辞人基本情况：主要包括姓名、性别、单位、职务、联系人、联系地址、电话、传真、邮箱、简历和照片；

——会议注册信息：包括致辞人及其配偶或随行人员情况；

——致辞人的行程安排：抵离时间、预订的航班及其他交通工具的号码（如车号）及交通需求；

——房间预订、餐饮要求和其他特殊需求。

主旨演讲人

需要主旨演讲人提供和确认的内容主要包括：

——主旨演讲人基本情况：主要包括姓名、性别、单位、职务、联系人、联系地址、电话、传真、邮箱、简历和照片；

——要求提供演讲内容提纲或讲稿，包括纸介和电子版，并明确提交的时间，同时征询其提纲或讲稿是否可作为会议资料使用和散发；

——演讲时如使用音视频资料，明确提交的时间，并征询其可否作为会议资料保留和使用；

——设备需求情况：明确届时需要的会议设备；

——会议注册信息：包括演讲人及其配偶或随行人员情况；

——主旨演讲人的行程安排：抵离时间、预订的航班及其他交通工具的号码及交通需求；

——房间预订、餐饮要求和其他特殊需求；

——版权相关事宜：如果会议演讲要录音、出资料或现场直播的话，要与演讲人事先讲明，并争得其同意，以免引起不必要的版权纠纷；

——签字确认：上述事项演讲人同意后应由双方签字加以确认，并注明签字日期。经双方签字确认的文件，一份交主旨演讲人，另一份由会议组织者存档，并将其复印件交给负责与主旨演讲人联系的筹备人员参照执行。

重要或者知名人士

——基本情况：主要包括姓名、性别、单位、职务、联系人、联系地址、电话、传真、邮箱和照片。

3. 贵宾的变更

由于拟邀请的贵宾通常都比较忙，不排除其届时无法前来参会的可能性。如果贵宾不能前来参会，可以考虑由相关机构派其他人前来参会，但也要注意其职务的匹配性。

有时由于突发性事件会导致个别已经确认要来的贵宾届时无法成行，为应对这类意外情况，在选择贵宾时最好有后备人选，并收集其相关资料包括联系地址、电话，一旦需要时马上进行联系。

4. 贵宾的接待

在会议开始之前要详尽了解贵宾前来参会的接待相关事宜，如抵离航班号或抵达会场的时间和方式，明确是否由会议组织方负责接送、预订酒店等事宜。如果贵宾自行安排车辆前来参加会议的话，要协助其安排停车位，以免由于无法停车而影响其准时参会。

此外，要为国外贵宾发签证邀请。如果需要安排安全保卫、贵宾通道等，要提前与有关机构进行协调和安排。

在会期临近时，进一步明确贵宾出席会议的具体时段、将参加的活动及其他相关注意事项。

5. 应注意的问题

贵宾现场接待我们将在后面的章节中加以介绍。但在前期筹备阶段需要注意以下问题：

第一，安全问题：对于非常重要的贵宾前来参会，要就其安全问题与有关部门进行前期沟通，必要时需要有关安全保障部门派人员协助对重要贵宾的安全保障。

重要的大型会议需要对参加会议的人员进行安检，有时也需要对会场进行安全检查，对会议的证件进行严格的管理和检查。由于安全问题至关重要，最好请熟悉安全保卫事项的人员来负责会议的安全保卫工作。

第二，交通相关事宜：贵宾如果乘飞机前来参会，要安排好贵宾的接送机相关事宜，例如，安排专人联系落实贵宾通道、贵宾休息室等。负责接送机的人员要了解贵宾的抵离日期和航班、贵宾室的位置、海关和登机手续的办理程序、迎送贵宾的最佳地点、车辆等候的地点、机场至酒店间的行走路线及时间等。

如果贵宾乘车前来参会，要事先安排好贵宾的停车问题，如果需要停车证的话，要事先将停车证交给贵宾的司机，并了解其车号，将车号告知酒店方，由其负责安排车辆的停车位。

贵宾抵达会场后主办方要有专人负责迎送，并协助贵宾离开会场，安全抵达下一目的地。

第三，食宿安排：如果会议组织方需要为贵宾解决食宿安排的话，要注意为其预订好房间，并提前办理好入住手续，并在房间内摆好会议相关信息和日程安排、会议场地地图以及水果、饮料或鲜花等。安排好贵宾的餐饮，告知其何时何地参加何宴请活动或在何地就餐。同时，要考虑到其通讯需求，协助其解决打电话和上网等问题。

（二）嘉宾联系

及时向嘉宾通报会议最新变化情况，协助嘉宾落实酒店预订和接送机相关事宜。

第三节　会议代表组织与安排

一、工作安排

（一）工作人员

会议代表组织主要由推广注册组负责，但需要得到会议管理组、新闻组、服务组和接待组的配合，其中会议管理组需要提供会议的基本信息并随时通报演讲人的邀请情况，新闻组需要加强对外宣传并及时更新网上信息以配合会议代表的组织，服务组要及时印制和提交会议的宣传资料以便对外发送，接待组则要根据会议代表的注册情况，协助落实会议代表的交通和接送等相关事宜。

（二）工作内容

负责确定拟邀请的会议代表的范围、数量、构成、邀请渠道及时间进度安排。开会议代表邀请工作，并与已经报名参加会议的代表保持前期联系，对国外代表发送签证邀请函，协助会议代表预订酒店、安排交通和旅游等相关事宜。

（三）工作流程

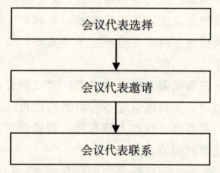

第一步，会议代表选择：分析潜在会议代表，划分代表邀请范围及其构成。确定会议代表邀请的渠道及方式；

第二步，会议代表邀请：对外发送会议宣传资料，介绍会议的基本情况；

第三步，会议代表联系：解答会议代表提出的问题，协助其进行会议注册、安排酒店预订和交通、参观和旅游等相关事宜。如果是从国外邀请贵宾和嘉宾，还要给其发签证邀请，提醒会议代表前来参会相关注意事项。（见 9.3.1 案例）

9.3.1 案例

中国国际信用和风险管理大会会议代表组织方案

一、邀请会议代表

1. **会议代表来源**　公司相关人员、贸易服务人员、商协会人员、贸易促进机构人员、银行、保险公司及国际商业公司

2. **人数**　约 300 名，其中 1/3 是国外代表，由外方共同主办单位负责邀请和组织

3. **组织渠道**　以主办方直接邀请为主，支持和协办单位配合邀请，并寻找部分代理商协助组织会议代表

4. **工作进度**

6 月

　　10 日：完成会议网站内容的更新（新闻组负责）

　　20 日：制订具体实施方案

　　29 日：发函请各支持和协办单位协助做好招募工作

7 月

　　1 日：整理名录

　　19 日：落实主要代理商

8～9 月

按计划在全国范围内推进邀请工作

辅助邀请的媒体宣传；（新闻组负责）

10 月

招募工作把重点集中在华东地区以及其他经济发达地区的大城市

11 月

　　18 日：邀请结束，以后的报名人不被列入《参会代表名录》中，但可以以活页形式插入

5. **负责人**　×××、××、×××

二、会议代表前期联系

1. 联系的主要内容

会议注册、签证邀请函、餐饮要求、接送机、酒店预订、参观旅游、会议最新信息、来访相关信息等

2. 实施方案

会议注册：随时进行，向会议代表及时加以确认

签证邀请函：对于中国境外的参会代表，需要办理中国入境签证，需提供下列信息

——姓名

——出生地和出生日期（日/月/年）

——国籍

——护照号码

——工作单位和职业/职务

——单位和家庭住址/电话

餐饮要求：在会议注册表中注明，收集整理后交餐饮服务人员负责落实

接 送 机：在会议注册表中列出供参会代表选择，收集整理后交接待组负责落实

酒店预订：由专人负责协调酒店预订相关事宜，及时回复参会代表的咨询

参观旅游：在会议注册表中列出供参会代表选择，由接待组负责落实

会议最新信息：通过邮件等方式将会议的最新筹备进展情况通告参会代表

来访相关信息：在会议开始前一个月向参会代表发报到通知函，并告知其应注意的相关事项，如货币兑换、气候、交通、当地时间、语言、着装要求、报到须知等相关事项

3. 负责人 ×××

4. 协助 管理组、接待组、会务组

二、会议代表选择

（一）代表类别

广义上的会议代表包括贵宾、嘉宾和普通参会代表，在上面的章节中我们已经涉及贵宾和嘉宾邀请相关事宜，本节中的会议代表仅指狭义的普通参会代表。

从注册参加会议的时间长短来划分，会议代表具体可分为参加全部会议和的代表和参加部分会议或者活动的代表两大类。

从会议代表的来源渠道可分为主协办单位、专业人士、主管部门、学术研究机构等若干类别。

从是否收取会议注册费可分为缴费或者免费代表。

从国内外的角度来分，又可以分为国外会议代表或者国内会议代表。

会议代表划分的标准因会议的不同而异，但是从便于会议管理的角度而言，建议将国内和国外代表分别开来进行邀请、联系和管理，可以在会议注册表中提供相关会议或者活动的选项以及代表的来源渠道或者行业类别，以便于拟参加会议的人员选择，同时也便于会议主办方对会议代表进行统计和注册信息分析。

（二）邀请范围及其数量

会议代表的邀请数量受会议规模、预算和场地等多种因素的影响。如果是大型国际会议，还要受国内外参会人员比例的影响。

在会议策划阶段已经确定了会议的举办目的、主题、演讲题目并对潜在会议代表进行了初步的分析，在此基础上要进一步明确会议代表的构成。例如，主要邀请哪些行业或者机构的人员参加、主办方和协办方邀请的会议代表比例、中外方会议代表的比例、企业与研究机构的参会人员比例，会场具体可容纳的人数、免费及其付费代表的比例等，然后根据会议拟邀请的各类代表人数确定邀请的具体范围和数量。

（三）相关费用考虑

一般而言普通会议代表通常需要缴纳会议注册费，但有些会议出于宣传的考虑或者已经通过赞助等方式解决了会议组织所需要的经费，因此可能会免费邀请会议代表参加会议或者活动。

此外，贵宾、嘉宾和演讲人通常是应邀免费参加会议或者活动。

（四）工作进程安排

根据确定拟邀请的会议代表的数目、选择标准、渠道及其方式，确定会议代表邀请工作进程安排，制订工作方案，指定专门人员负责会议代表的邀请及前期联系。

三、会议代表邀请

此阶段涉及的主要工作是根据已经确定邀请的代表数目和目标来落实会议代表的邀请事宜，主要包括发送会议代表邀请函、提供会议的基本资料、解答会议代表的问题、收集整理会议代表注册表。

（一）邀请函

在初步挑选的基础上，向潜在的会议代表发送邀请函。在邀请函中告知其会议的主协办方、举办的时间、地点、目的、主题、会议背景及其相关的费用等，并附上会议的基本资料以及会议或者活动的注册表。

（二）会议基本资料

通过网站、传真、电子邮件或邮寄等各种方式将会议的基本资料提供给潜在会议代表，主要包括：

——会议组织者相关信息：会议主办方名称、地址、联系电话、传真、邮箱及联系人；

——会议基本情况：会议名称、时间、地点、会议目的、主题、日程、背景情况、演讲人、预期参会人员构成及其人数等；

——注册及相关活动信息：会议、活动、展示、洽谈、参观游览等注册表、酒店预订单、相关费用支付渠道及方式、联系人等信息。

（三）会议及其活动注册表

1. 会议及活动注册表设计

会议注册表对在会议现场了解参会人员的相关情况至关重要。因此在设计会议注册表时要注意：

——包含组织方希望了解和掌握的相关信息。例如，参会人员姓名、性别、单位名称、职务、联系地址、电话、传真、邮箱地址、国别、护照号及其有效期、代表类别（嘉宾、演讲人、配偶等）、陪同人员信息、抵离时间及航班号、饮食禁忌、注册费及其支付方式（支付手段、信用卡号、有限期、持卡人姓名、签名）、撤销报名及费用退还相关条款、会议或活动选项、会议主办方网址及联系人等；

——表格设计要新颖独特，能够吸引潜在参会者，内容要简洁明了，使参会者易于填写，最好使用选择项供参会者选择；

——不同的活动可用不同的颜色加以区别，以便于识别和分类；

——使用的纸张要易于书写，所使用的颜色要便于复印和传真。

2. 注册表提交

注册表应该可以通过多种方式进行提交，如以预先印制好的表格方式，或者通过网上下载表格，填妥后再传给主办方，或者直接在网上报名。

网上注册的好处在于节省注册时间、便于对潜在参会者情况进行分析，便于生成邮寄名单、参会人员名单，同时也便于制作证件等。（见 9.3.2 案例）

9.3.2 案例

中国国际信用和风险管理大会会议注册表

为便于数据管理，请尽量在大会网站 http：//×××上进行在线注册。如因技术问题无法在线注册，请打印此表并工整填写，于××年×月×日前连同大会注册费交至：

中国北京复兴门外大街×号×层 ××公司　　　　××小姐收

邮编：×××　　　　　　　　　电话：××××

传真：×××　　　　　　　　　电子邮件：××××

1. 个人信息		
□先生　　□女士　　□其他		
姓名	职务	国家/地区
公司/单位（中文）		
公司/单位（英文）		
地址		

城市	邮编	电子邮件
国籍	身份证/护照号码	
电话（含国家和地区号）		传真
抵达时间和航班	离开时间和航班	
□需要机场接机		

2. 旅游信息

每天均有两条旅游线路可供选择，详情请查看宣传册或网站的相关栏目。

10 月 30 日：□SP28A □SP28B	10 月 31 日：□SP29A □SP29B

3. 大会活动选择

□10 月 27 日：欢迎晚宴	

4. 付款

总额＿＿＿＿＿＿＿＿＿＿	（欲了解收费标准，请查看宣传册或网站的相关栏目）

信用卡类别　□VISA　□JCB　□AMEX　□MASTERCARD　□Diners Club

信用卡号码 □□□□□□□□□□□□□□□□

持卡人姓名＿＿＿＿＿＿＿＿＿	有效期至＿＿＿＿＿＿＿＿＿

注意：如果使用信用卡支付，须是全球通用的外汇卡

银行转账

账户：××

公司账号：×××

开户银行：×××

银行地址：××××

5. 取消注册和退款条款

取消注册须以书面形式通知主办方。××年 10 月 1 日前取消注册，可获得以上款项的全额返还。
10 月 1 日至 20 日取消注册，可获得 50％的退款。10 月 20 日以后取消注册则不予退款

代表签名：
　（注意：如果使用信用卡支付，请复印信用卡正反面，连同注册表一起交至主办方）

（四）邀请渠道及方式

根据确定的会议代表邀请的范围和数量，落实邀请的渠道和方式，例如由主协办方直接邀请还是通过会议公司或者会议代理邀请，是通过邮件、传真的方式邀请还是通过邮寄会议资料的方式邀请，应该指定专门人员落实会议代表的邀请和组织工作。

一般而言，重大大型会议需要在开会前6～8个月开始会议代表的组织工作。

四、会议代表联系

此阶段涉及的工作主要是与已经报名参加会议的人员落实其前来参加会议的相关事宜，主要包括解答其对会议相关的询问，并根据其具体需求提供进一步的信息，协助其落实酒店预订、接送机等后勤保障事宜。

（一）需要向会议代表提供的资料和信息

前期联系需要发送的信息和资料主要包括：

1. 注册确认函

对报名参加会议的代表发送确认函，确认会议主办方已经收到其注册表，对其前来参加会议表示欢迎，并协助其解决注册中遇到缴费等相关问题。

2. 收费凭证

如果已经收取注册费或者其他相关费用，可以通过传真或者邮寄等方式寄送发票，并注明相关会议名称、代表姓名等相关信息。或者告知会议代表已经收取相关费用，请其在现场报到时再领取正式发票。

3. 相关证件及请柬

如果会议代表在参加会议或者出席活动时必须凭相关证件和请柬才能够入场的话，需要提前寄出会议相关证件或者请柬。通常情况下，可以在会议代表前来注册时发放。

4. 签证邀请函

对于中国境外的会议代表，需要为其发送正式的签证邀请函，提醒其及时办理签证申请；邀请函所需信息主要包括：来访人员姓名、性别、出生日期（日/月/年）、国籍、护照号码、工作单位和职业/职务。

5. 后勤保障

协助会议代表安排旅行、接送机、订房和参观游览等相关事宜，并提供主办方联系人员名单、地址和方式。了解会议代表是否有何饮食方面的禁忌，以便将相关信息提供酒店方。

6. 会议代表配偶及其随行人员安排

了解会议代表是否将携带配偶或陪同人员前来参会，明确配偶或者陪同人员将参加的活动，并视情况邀请其免费或者付费参加。

7. 会议筹备动态及往届信息

可以通过不断更新会议网站使会议代表了解会议最新筹备动态，并通过网络或者邮件告知会议代表日程变更情况。如果是系列会议的话，也可以通过邮件或者网址提供往届会议情况供会议代表参考。

8. 参会须知

在会议召开前发送参会须知，提供会议所在地货币兑换、气候、交通、时差、语言、着装要求、报到须知等相关信息。提醒会议代表届时前来参会以及注册的时间、地点、联系人和联系方式。提供会场所在地及其周边交通相关信息，例如，如何从机场抵达酒店或者会议场所，所需的时间和租车费用。如果可能的话，可以附上一份会场所在位置的简图。（见9.3.3案例）

9.3.3　案例

中国国际信用和风险管理大会会议代表
报到通知

_____：

　　"中国国际信用和风险管理大会"组委会已接到贵单位（您）的参会注册表。真诚地欢迎贵单位（您）参加此次大会。现将有关报到事宜通知如下：

1. 注册时间

　　10月27日星期三　　12：00—20：00

　　10月28日星期四　　08：00—18：00

　　10月29日星期五　　08：00—18：00

　　请参会代表携带此通知及两张个人名片按时到大会会务组报到，办理注册手续，并领取大会资料和证件。

2. 报到地点

　　××酒店一层。地址：×××××

　　联系方式：电话：××××　　传真：××××

3. 交通服务

　　大会组委会委托××旅行社为参会代表提供机场接送服务，费用另计。如有需要，请直接联系：××××　　传真：××××

4. 大会会务组联系方式：

　　电话：×××　　　　传真：×××

　　联系人：×××、××

　　特此通知

中国国际信用和风险管理大会组委会

会议服务组

年　月　日

（二）需要会议代表提供的相关信息

需要会议代表提供和确认的内容主要包括：

1. 会议注册信息

会议注册信息包括会议代表及其配偶或随行人员情况。

2. 会议代表行程安排

如果会议主办方负责为会议代表安排接送机，需要会议代表提供抵离时间、预订的航班及其他交通工具的号码（如车号）及交通需求。

3. 餐饮等特殊要求

会议主办方需要事先了解会议代表是否有特殊的餐饮要求，或者其他特殊需求。

第四节　会议辅助工作人员选择与安排

一、工作安排

（一）工作人员

由会议主办方负责筹备会议的人员负责辅助工作人员的选择和管理。如果举办国际会议的话，需要事先安排翻译，包括会议的翻译及会议期间交流活动的翻译。此项工作主要由会议管理组和礼宾组负责。会议服务组负责通过服务商落实为会议布置场地、提供会议设备技术保障和会议餐饮服务人员，各组则需要根据现场工作的需求挑选相应的志愿者协助其开展工作。

（二）工作内容

根据会议的现场需求，确定各类辅助工作人员需求的数量、选择的条件并逐一落实各类人员，对其提出相应的要求或者提供前期培训，使其明确在会议现场将负责的工作和承担的责任。

（三）工作流程

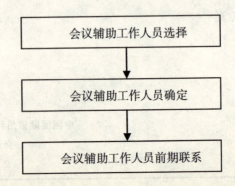

第一步：会议辅助工作人员选择：根据会议需求，确定会议辅助工作人员的需求种类、数量及其要求；

第二步：会议辅助工作人员确定：根据需求逐一落实筹备人员；

第三步：会议辅助工作人员前期联系：明确对各类辅助工作人员的具体要求，与其保持密切沟通，协助其为会议服务做好准备工作。

二、会议辅助工作人员选择

（一）会议辅助工作人员类别

会议辅助工作人员主要包括主办方会议筹备人员以外，负责为会议提供翻译、场地布置、技术保障、代表接送、票务服务、参观旅游以及其他服务的志愿者和其他相关人员。

（二）需求数量

会议辅助工作人员需求的数量因会议规模、时间、场次及具体需求的不同而异。

1. 翻译人员

翻译分为同传和交传两大类，一般而言每场会议需要 2 名同传翻译。如果需要两种语言以上的同传翻译时，则需要的同传翻译的数量也会相应增加。交传翻译的数量根据会议的具体安排和需求而定。如果安排一对一交流活动时，需要的翻译数量也会增加。

会议主办方筹备人员可以在会议日程制定的基础上确定会议的翻译需求。例如，会议翻译、资料翻译、会见活动翻译、交流活动翻译等，明确每场会议或活动具体需要翻译的时间、对翻译的要求及需要的译员数量。

会议翻译要明确需要几种语言的翻译，是需要同传还是交传翻译。资料翻译要明确需要翻译的内容和翻译完成的时间。会见活动则要确定会见的时间、参加会见的人员、会谈的大概内容及需要何种语言的翻译。交流活动也要明确活动的时间和形式、需要翻译的大概内容，例如侧重哪些行业或产品。

2. 场地布置人员

场地布置人员的数量由负责场地布置的服务商确定。场地布置的服务商通常包括专业服务商和场地提供方。专业服务商一般负责为会议提供背景板、咨询台、注册台等特制服务，而酒店等场地提供方则负责桌椅的摆放、常规舞台和讲台的搭建和摆放等。

一般而言在会议开始前专业场地布置已经完成，此前的工作通常由场地专业服务商负责。会议期间有时根据不同的活动要求可能需要调整场地的用途，例如将会场改成宴会场地，或者将剧场式布置改为课桌式布置，这些一般由场地提供方，如酒店负责完成。在时间有限的情况下，例如在午宴时将会场改为宴会场地，之后又需要改为会议布置，就需要场地提供方配备相应的人员按照会议主办方的要求完成场地布置。

3. 设备技术保障人员

具体需要的技术保障人员数量根据会场数量的不同而异。在会前要与会议设备供应商协商好现场技术保障人员的需求量。重要的大型会议还需要为技术保障人员提前制作证件，有

时出于安全考虑，除必要的人员外，一般技术人员不得进入会议现场，例如设备安装时需要的技术人员比较多，而对现场的技术人员数目就要加以严格限制。

4. 餐饮服务人员

餐饮服务人员主要由场地提供方负责安排，具体需求数量取决于会议的规模、场地数目、参加会议的人数以及就餐的形式。

一般而言，在茶歇、宴会、午餐或晚餐时需要的餐饮服务人员会多一些，其他时候则需要的少一些。自助餐需要的服务人员比较少，而正式的宴会则需要较多的餐饮服务人员。根据具体需求，有时也需要专人负责为演讲人员、贵宾、嘉宾等及时提供茶水服务，包括在会场、贵宾接待室、演讲人休息室、新闻采访室等的茶水服务。

车票订购点，主要委托一家票务公司或旅行社前来现场办订票事宜，但火车票有的代理公司要收 5~30 元不等的代理手续要告之购票人。

5. 志愿者

有些工作在会议前期筹备期间主要由主办方筹备人员或者会议公司的人员来承担，而到会议现场则可以请志愿人员来提供协助。

根据会议的规模和实际需求来确定是否需要志愿者。如果需要的话，由各工作小组提出具体的需求，然后由秘书处或会议服务组协助落实。要明确会议的哪些工作需要志愿者来承担，以及需要的具体人数和时间。通常会议人员的接送、注册、引导、资料发放、话筒的传递、同传耳机的管理等工作可以由志愿者来承担。

6. 其他服务相关人员

有时会议还需要安排摄影摄像、速记、礼仪、代表接送、票务服务和参观旅游等相关辅助人员。

（三）选择条件

对于承担不同工作任务的筹备人员要求的标准会有较大差异。

1. 翻译人员

同传和交传翻译要具备相应的资质，资料翻译则需要笔译比较好的人员。如果会议涉及某个专业，最好寻找有该行业技术背景的人员进行翻译，以保证翻译的准确性。会见的翻译要求口语比较好，并对所谈领域的背景知识有所了解。交流活动的翻译可以由翻译公司或语言学校的人员承担。

2. 场地布置人员

提供专业场地布置的人员，需要具备设计和施工的相关知识。

3. 设备技术保障人员

对于技术保障人员的选择，首先要求其对工作认真负责，同时要有较高的技术水准。如果组织重要的国际会议，还要求技术保障人员具备为国际性会议服务的经验，负责投影画面切换的人员需要一定的外语水平。

4. 餐饮服务人员

餐饮服务人员要热情周到。组织国际会议时，要求餐饮服务人员具备一定的外语会话能力。

5. 志愿者

要提出对志愿者的相关要求，例如对人员的仪表、着装、英文和技术及水平的具体要求，然后由专人通过相应的渠道负责联系和落实。另外，志愿者所承担的任务不同也会有不同的选择要求。

组织国际会议时，挑选志愿者时通常会要求懂英文及计算机，且要有一定的会议组织和协调能力，并且对工作认真负责、对人热情友好。

6. 其他服务相关人员

负责摄影摄像人员最好为专业人员。会议速记人员也需要聘请业内人士承担。如果选择引领或礼宾服务人员，要求端庄大方。如果组织国际会议，礼仪人员应该具备一定的外语会话能力。

（四）选择渠道

1. 翻译人员

翻译人员可以由会议主办方内部筹备人员承担也可以通过其他相关部门、语言学校或者翻译公司来选择。

2. 场地布置人员

会议前期的场地布置通常由专业服务商承担，会议场地的桌椅、讲台等布置通常由场地提供方提供相应的人员。

3. 设备技术保障人员

会议设备的技术保障人员通常由会议设备公司提供，如音视频、同传设备的技术保障人员，但其中的个别人员也可以由会议组织方配备，例如负责播放演讲稿的人员或者负责照相的人员，摄像师可以由会议组织方或会议设备供应商负责安排。

最好从会议设备公司本身的人员中选择为会议提供技术保障的人员，因为他们对公司的设备比较熟悉。但有时由于会议设备公司的设备或者人员有限，需要从其他设备供应合作方借调设备，也许同时借调部分技术人员。如果整个设备（例如同传翻译设备）都是从其他合作方借用的话，最好由合作方派人提供现场技术支持，以避免因为设备不熟而导致现场出现差错。

4. 餐饮服务人员

餐饮服务人员一般由酒店方提供，必要时也可从其他渠道选择。

5. 志愿者

可以通过主协办单位或者其他机构或者学校寻找愿意为会议提供服务的志愿人员。

6. 其他服务相关人员

摄影摄像人员可以通过负责提供会议设备的公司寻找。会议的速记人员可以由网络媒体合作方提供或者通过速记公司寻找。礼仪服务的人员可以由场地提供方负责安排或者由志愿者承担。负责会议代表的接送、车票预订和参观旅游等事宜的人员可以通过联系旅行社来安排。

（五）相关费用

聘请翻译需要支付翻译费。场地布置人员通常在场地布置合同中已经包含，不需要另行付费。技术保障人员的相关费用一般由设备供应商在设备租赁报价中涵盖，不需要另行支付。但摄影、摄像师的劳务费有时需要单独报价。餐饮服务人员通常由酒店方负责提供，包含在其餐饮报价中，通常不需要单独报价。

国外会议的志愿者通常不需要支付费用。在中国开会时，需要与相关方，如学校商定志愿者的相关费用，主要包括交通、劳务等费用，志愿者的餐饮通常由会议组织方负责安排。

三、会议辅助工作人员确定

（一）翻译人员

针对不同的需求来落实相关的翻译人员，如果需要同传翻译的话，要寻找接受过专业同传翻译训练、获取了证书且有翻译经验的人员来承担。可以通过相关部委、语言学校或翻译公司来寻找，由其提供翻译人员的基本情况，包括以往翻译过的会议情况。由于会议所涉及的行业或主题不同，要尽可能寻找从事过相关行业或者主题会议翻译的人员。确定翻译人员时，要特别注意翻译的水平，尤其是口译和同传人员的翻译水平。在确定具体人员前，可以通过以往使用过该翻译人员的单位或者人员来了解其翻译水平，以确保会议的翻译质量。

在选定翻译人员的基础上，与相关翻译公司或者部门签订翻译合同，特别是要事先落实同传翻译人员的翻译合同，包括要翻译人员的姓名、翻译时间和价格。由于同传翻译人员人数有限，会议需求较多时，很难临时寻找替补人员，并且难以保证翻译的质量，因此要尽早落实到具体人员，并且要求其确保在开会时能够按时到场。如果需要翻译人员赴外地工作的话，还要明确是否由会议组织方负责为其提供交通和食宿等。

（二）场地布置人员

通过与会议专业场地布置服务商和场地提供方签订合同来落实相应的场地布置人员。

（三）设备技术保障人员

根据已经确定的会议技术保障人员需求的数量、时间和要求，通过设备供应商或者其他渠道寻找适宜的技术保障人员，并指定专人负责与其进行沟通和联系。

（四）餐饮服务人员

通过与场地提供方签订合同，确保会议期间的餐饮服务人员。酒店方应指定专人负责与会议组织方就有关餐饮服务问题进行沟通并及时进行调整。

（五）志愿者

根据对志愿者的需求，从主协办单位、会议公司或者学校挑选相应的人员作为会议的志愿人员，并与相关公司或者学校签署合作协议。

（六）其他服务人员

与设备供应商协商落实摄像、摄影人员。与网络媒体或者速记公司联系落实速记人员。与酒店提供方、会议公司或者学校联系落实会议所需的礼仪服务人员。通过旅行社来确定负责提供交通服务、票务预订和参观旅游服务的人员。

四、前期联系

（一）翻译人员

1. 前期需要提供的资料

需要向翻译提供会议的基本资料，使其对会议情况有基本的了解。为确保会议的翻译效果，要事先告知需要翻译的大致内容。如果演讲人有演讲稿或者提纲的话，要事先提供给翻译人员，并且在可能的情况下，商定好翻译人员与演讲人在会议开始前进行沟通和交流的时间，让双方直接商谈翻译的细节问题。

此外，也要明确翻译需要到会的时间，翻译的场次、具体地点、联系人及其联络方式。

2. 前期联系

指定专人负责与翻译人员的前期联系，为其提供相应的资料和协调与发言人员间的联系，协助其解决赴外地工作的交通、食宿问题，确保其按时到会工作。

（二）场地布置人员

1. 前期需要提供资料

需要提供会议的基本资料，此外还要提出场地布置的具体需求，并分别与专业服务商和场地提供方具体协商，确定工作进程。

如果可能的话，提供场地布置设计图，使相关方对场地布置的时间和要求一目了然。

2. 前期联系

会议组织方需要指定专人负责与场地布置方联系，沟通对场地布置的要求，同时掌控设计和施工的进展情况，以及协调与设备供应商间的合作。

（三）设备技术保障人员

1. 前期需要提供的资料

由会议管理组提出会议技术保障的具体要求，并将演讲人对设备的具体要求通过会议服务组与设备供应商进行沟通和联系。会议主办方需要指定专人负责与技术人员的前期联系以及协调现场的技术支持。

在会前要向技术保障人员提供会议的基本情况，特别是会议的日程，最好能够提供现场技术支持所需要的实施方案，具体说明几点几分需要播放什么资料、音乐或画面，何时需要技术人员到场试机、提供现场技术支持等。如果可能的话，会议管理组要与技术保障人员根据会议

的日程进行事先的彩排，使其了解届时如何配合会议的进行，同时安排演讲人与技术人员在会前进行沟通，使其了解如何使用相关会议设备或者技术人员需要在哪些方面进行配合。

2. 前期联系

会议组织方应指定专人协调与技术保障人员的沟通、交流，包括会前和会议现场两部分，协调人要了解会议的具体日程安排并与技术保障人员事先沟通好在现场如何进行交流或合作，特别是如何在现场指挥技术方进行画面的切换或播放音乐等。

（四）餐饮服务人员

明确对餐饮服务人员的需求，包括其数量、着装、语言和仪表等具体要求以及对服务方式的需求，然后指定专人负责与酒店或其他相关方协商、落实。

对餐饮服务人员的需求需要由会议管理组、新闻组、礼宾组、秘书处等提出，如管理组需要提出对会场和会议期间的餐饮活动的具体要求，礼宾组需要提出对贵宾室、宴会等餐饮服务要求和会场引导需求，新闻组需要提出对采访室、记者中心等处的餐饮服务要求，秘书处需要提出对工作人员的餐饮服务要求，上述要求提供给会议服务组，由其具体与酒店方或其他供应方协商和落实。

需要告知餐饮服务人员会议的日程安排，特别是餐饮活动相关安排及要求，使其明确何时需要完成餐饮场地的布置、何时何地需要提供何种餐饮服务。

（五）志愿者

1. 需向志愿者提供的资料

需要向志愿者提供会议的基本资料，对其具体负责的工作提供较为详尽的工作手册。事先由会议筹备人员向其讲解需要完成的工作及工作要求，必要时对其进行培训或者到会场进行实地演练。

2. 前期联系

指定专人负责与志愿者的前期联系，以确保其对现场的工作任务明确并能够按时到场提供服务。

（六）其他服务人员

需要提前告知其需要提供摄影摄像、速记或者礼仪服务的具体时间和要求，并且落实届时抵达的时间和联系人。需要与服务商尽早定会议期间代表接送机、票务服务和参观旅游的具体要求和安排。

本章小结

1. 本章主要涉及会议相关人员的选择、邀请、组织和联系，会议人员主要包括发言人员、贵宾和嘉宾、赞助商、会议代表、会议辅助工作人员和媒体人员六大类；

2. 发言人员要根据会议的议题来挑选，要给发言人提供会议的基本情况，并就其前来演讲事宜进行沟通和联系；

　　3. 根据会议的规划来邀请贵宾和嘉宾参加会议，事先为其提供会议基本情况，并协商和沟通好其前来参会的相关事宜；

　　4. 制订会议代表组织计划，有针对性的选择、邀请和组织人员前来参加会议，并做好前期联系工作，协助会员代表落实前来参加会议的相关事宜；

　　5. 根据会议的具体需求，选择合适的人员为会议提供翻译、餐饮、技术支持等相关服务。

思　考　题

　　1. 如何选择和确定会议的发言人？应注意什么问题？

　　2. 邀请贵宾和嘉宾参会应注意什么问题？

　　3. 如何组织和邀请会议代表？

　　4. 会议辅助工作人员主要包括哪些类别？如何选择不同类别的辅助工作人员？

第十章　会议后勤保障安排

> 学习目标

通过本章的学习，了解会议有关住宿、交通、餐饮、参观旅游等后勤保障相关事宜。

> 技能掌握

——了解会议代表的住宿需求，并予以妥善安排

——确定会议代表的接送需求，合理安排会议代表接送事宜

——保障会议餐饮供给

——妥善安排会议代表的参观旅游

第一节　会议住宿安排

一、工作安排

（一）工作人员

会议服务组负责协调酒店的价格洽商和预订事宜，会议注册人员协助会议代表就有关入住事宜与酒店进行协调。需要安排会议代表接送时，接待组要随时掌握会议代表入住酒店的相关信息，以便顺利完成接送任务。管理组需要了解会议演讲人的入住酒店信息，以便需要时与其联系。礼宾组需要了解贵宾入住酒店信息，以便需要时与其联系和沟通。

（二）工作内容

首先确定解决会议代表住宿的相关安排，根据具体的安排落实酒店的预订，并且负责协助会议代表落实入住相关事宜。

（三）工作流程

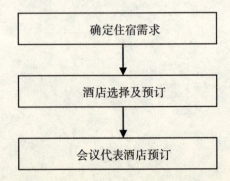

确定住宿需求

↓

酒店选择及预订

↓

会议代表酒店预订

第一步，确定住宿需求：根据会议的具体需要，确定住宿需求；

第二步，酒店选择及预订：根据确定的住宿需求，选择相应的酒店并完成预订事宜；

第三步，会议代表酒店预订：将会议代表的酒店预订表发送给潜在的会议代表，供其入住。

二、确定住宿需求

如果需要举办一天以上的活动时，为便于会议代表前来参加会议，通常会议组织方会联系一家或几家会场附近的酒店供会议代表选择入住，有时也会由组织方直接预订房间，按某一价格收取会议代表的住宿费用。由于会议代表的人数较多，或者会议组织方将支付会议场地相关费用，酒店通常会考虑给予会议代表住宿价格上的优惠。有些酒店当会议代表预订的房间达到一定数量时，也可以考虑为会议组织方提供免费的会议场地。

在确定会议代表的住宿需求时主要考虑以下因素。

（一）酒店和房间的类别及其价格

根据潜在会议代表对入住酒店和房间的可能需求，确定将预订的酒店及其房间的类别。由于会议代表对酒店的选择要求不同，因此最好在会场周边选择不同星级的酒店供会议代表选择，同时还要在相应酒店选择不同类型的房间，例如：双人间、单人间、商务标准间、豪华商务间、行政楼层、小套房、大套房等，要了解各种类型房间的相应价格，以及是否需要另外加收相关税费。

（二）房间预订程序和付款方式

方法之一是由会议组织方在与酒店协商的基础上预留一部分房间供会议代表使用。会议代表在与酒店联系时提及会议的名称或者会议的预订代码，直接与酒店联系入住相关事宜并且向酒店方支付房费。

方法二是由会议组织方直接预订一定数量的房间，会议代表向会议组织方支付住宿费，由会议组织方统一安排会议代表的住宿并且出具相应的发票，然后由会议组织方向酒店统一支付相关费用。

（三）确定房间的数目及其取消预订相关事宜

在与酒店方联系订房事宜时，需要预先商定预订房间的数目及其保留的期限。一般而言，可以在某一期限前保留一定数目的房间供会议代表选择。在某一期限后可商定由酒店方处理，不再作为会议的保留用房。在酒店预订表中要列出酒店预订的截止日期或者注明数量有限，先到先得。

各酒店对取消预订都有相应的规定，要事先了解这些规定，并在酒店预订表中列明，以便会议代表在预订房间时加以考虑。

（四）预付定金

是否需要预付定金需要与酒店方协商。在国外，个人预订酒店时需要填上支付方式，例如列明 VISA 卡号及有效期，由持卡人签名，届时如果需要扣款的话，酒店方会直接从 VISA

卡中划扣。在中国国内预订酒店时，有时需要在某一期限前预付一晚的房费作为预付款。

（五）早餐

有些酒店的房价中包含早餐，而有些则不包括，因此在与酒店方商谈价格时最好明确是否包含早餐（最好包含早餐）。

三、酒店选择及其预订

在确定住宿需求的基础上，要对酒店进行选择和预订。对拟预订的酒店需要进行实地考察，会议组织方人员需要从会议代表的角度出发去检核房间的真实情况，看其是否整洁、舒适，是否便于去会场参会，是否有噪音干扰（晚上6：00—7：00绝对没有噪音）等。同时，要了解房间的类型及其价格，并与酒店方进行洽商，以便提供给会议代表选择。

在与酒店协商一致的基础上，会议组织方与酒店方签订合同，确定会议代表的房间预订数目、类型、价格、预订程序及结算方式和联系人等等。国外通常的做法是由酒店对会议代表给予一个团体优惠价，由会议代表直接与酒店接洽房间预订事宜，直接与酒店办理入住和退房手续。国内有时会由会议主办方协助预订酒店房间，然后统一分配给会议代表。

四、会议代表酒店预订

在与酒店商定预订相关事宜的基础上，会议组织方制定酒店预订表，发送给会议代表，供其选择预订，并且随时协助会议代表解决酒店预订中产生的问题。

会议主办方要在会议注册表中提供酒店的房间类型和价格，以及酒店的地址、电话、传真、邮箱、网站、联系人、开户名、开户银行、开户账号、预订截止日期、预付款要求、取消预订等相关信息。然后由参会代表直接向酒店联系入住事宜，向酒店付款并索要发票。

如果是由会议主办方直接预订酒店然后再提供给会议代表的话，在会议酒店预订表中列明主办方的联系人，及费用交付的时间和方式以及费用涵盖的范围。

五、应注意的问题

（一）与酒店明确房间预订需求

根据会议的需求，与酒店方明确房间预订的需求，即预期会有多少代表需要预订房间，并且商量好是由会议代表直接预订还是由会议组织方协助预订，以及预订房间的程序及房费的结算方法。

会议推广注册期间及时与酒店方就房间预订事宜进行沟通，在保证会议代表用房的同时，尽量避免会议代表订不上房或者由于为会议保留住房过多而造成空置的现象发生。

（二）为会议代表提供明确的酒店预订信息

根据会议的安排，明确告知会议代表酒店预订相关信息、具体的联系方式和联系人，及时协助会议代表解决房间预订中遇到的问题。（见10.1.1样表）

10.1.1 样表   会议酒店预订检核表

房间类型及价格					
类型	数量	价格	税费	早餐	入住时间
单人间					
双人间					
小套房					
大套房					
标准间					
豪华间					
酒店设施及服务					
清洁度	网络	购物	娱乐	接送、停车	参观旅游
酒店预订要求及信息					
预订号	截止日期	入住时间	退房时间	取消预订	支付方式、支付时间
地址			邮箱		
电话			传真		
网站			联系人		
开户名			开户银行		
开户账号					

第二节 会议交通安排

一、工作安排

交通安排主要由会议接待组负责，但推广注册组应该及时将会议代表的报名情况告知会议接待组，特别是会议代表抵达的时间、航班号、拟入住的酒店等信息。另外，会议贵宾的接送工作，还需要礼宾组的配合。

会议接待组人员可以委托相关旅行社或出租车公司负责会议代表具体的接送事宜，但是接待组人员需要确定交通需求和制定交通方案，并在现场负责指挥旅行社或出租车公司按制订的方案来实施。

二、工作内容

会议的交通安排包括不同的内容，但一般性的会议主要包括会议代表抵达或者离开时的接送、会场和活动区域间的交通衔接，已经为个别贵宾、演讲人和工作人员提供车辆保障。要根据会议的实际需求制定会议的交通方案，在明确需求的基础上排出相应的接送机和会议期间交通衔接表，并指定专人负责安排和落实。

三、工作流程

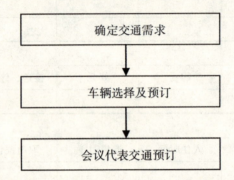

第一步，确定交通需求：根据会议的相关情况，确定会议期间的交通需求；

第二步，车辆选择和预订：根据确定的交通需求，预订相应的车辆；

第三步，会议代表交通预订：在会议注册表中列明需要会议代表填写的接送机航班号及其时间。

四、确定交通需求

（一）交通需求的类别

1. 特别交通需求

会议期间的交通需求，不同的会议包括的内容也不尽相同。可以包括空中交通与地面交通、国际交通与国内交通、城市间交通与当地交通等。个别极为重要的国际性会议可能涉及贵宾乘专机前来参加会议。有些会议需要为会议的贵宾、演讲人员或者其他相关人士提供国内外机票及安排当地交通。

2. 一般交通需求

一般性的会议，组织方通常只负责地面交通的安排，主要包括会议代表的接送和会议期间的交通安排。如果会议代表分住在不同的酒店，或者会议期间需要在不同的场地举办活动，或者需要组织会议代表参加文体活动等，那么就需要考虑酒店间或者不同会场及活动场地间的交通衔接问题，通常需要安排专门的车辆负责接送。

3. 工作人员用车

在考虑交通需求时，还需要考虑会议工作人员的交通安排，必要时需要安排适当的车辆作为工作用车。

4. 停车场地

某些居住在会场当地的会议代表有可能自驾车前来参加会议，因此要考虑如何解决其停车问题。事先要与场地提供方协商好会议期间的停车场，以满足会议代表的停车需求。同时，最好能够事先向会议代表提供会场周边的交通图，告知其抵达会场的线路图及停车场等相关事项，并包括酒店联系地址、联系电话和联系人或会议组织单位相关人员的姓名和电话。

（二）交通需求的确定

根据会议潜在参会人数的多少，确定届时的具体交通需求，例如预期多少会议代表需要接送、会议期间场地间交通需求衔接的人数。

（三）交通安排的解决方式

会议代表的接送可以由会议组织方统一安排，或者由会议代表所入住的酒店负责提供，也可以由会议代表自行解决，但在后一种情况下，会议组织方要把了解到的会场至机场、火车站等的交通情况预先告知会议代表，例如告知其酒店的位置、距离机场或火车站的公里数、出租车收费的一般情况等。如果酒店负责接送的话，也要将相关信息提前通知会议代表。

（四）制订交通安排方案

根据具体的交通需求和已经确定的解决方式，分别制订相应的交通安排方案，主要包括线路规划、车辆分配表、司机车辆人员规划及联络表、交管部门配合方案、预算及突发事件解决方案。

如果组织方负责会议代表接送时，需要明确接送的时间、地点、车辆和人员安排，并准备接送时需要的标识。

在停车场地不足或者出于便于管理或者安全保障的考虑需要通过车证管理停车场地时，还需要制定车证管理的方案，并且将相关车证提前发送给需求者。

五、车辆选择及其预订

如果需要由会议组织方统一解决交通问题，那么就要根据会议的实际需求来预订车辆，包括普通会议代表使用的车辆以及会议贵宾、嘉宾和工作人员所需的车辆。

会议组织方可以委托旅行社或出租车公司来承担此任务，但事先需要与服务提供方商定所需的车型、数量、租用时间、价格、接送班次和路线。在挑选相应旅行社或者出租车公司时要考虑其价格、信誉度、可提供的车辆的数目、状况和类型、驾驶员的经验水平、安全驾驶的可靠性等。

六、会议代表接送机预订

如果会议组织方安排会议代表的接送机，在会议注册表中应该设定接送机的选项，并且请会议代表提供抵达日期、时间和航班号，以便会议组织方安排接送机的车辆。

七、应注意的问题

（一）确定会议交通需求

在确定会议交通需求时，要根据会议代表的基本情况分析其对交通安排的需求，并根据需求量对交通安排进行适当的调整。例如机场接送，可以根据会议代表抵达的时间来确定需要安排的车辆数目，抵达人数多时要多派，人数少时可以减少车辆。

如果会议代表分住不同的酒店，还要策划好行车路线，估算行程需要的时间。在机场设立会议接待站，由专人负责提供会议接待的交通信息。

（二）事先通知会议代表交通相关安排

在会议代表前来参会前，事先将有关交通的安排告知会议代表，使其明确抵达后如何才能到达所要入住的酒店或会场。（见 10.2.1 样表）

10.2.1 样表　　　　　　　　　　**会议车辆预订检核表**

	客车	小轿车	工作用车	备注
数量				
型号				
座位数				
购买时间				
车牌号				
车况				
驾驶员姓名				
驾龄				
是否懂英文				
联系电话				
使用时间				
负责人				
联系电话				
使用地点				
使用方式（定点班次或随叫随到）				
基价				
超时超公里				
费用小计/单价				
税费				
费用合计				

第三节 会议餐饮安排

一、工作安排

（一）工作人员

会议的餐饮安排主要由会议服务组负责，但需要会议管理组提供就餐人数和相关的要求。服务组需要与礼宾组协商贵宾和嘉宾参加宴会的人数、需要设几张主桌、对宴会场地的具体布置要求。服务组基于上述情况与酒店方协商餐饮活动的安排，包括餐饮预订、餐饮场地布置、餐饮服务的方式和具体要求。

（二）工作内容

会议期间有时需要安排宴会、午餐会、晚餐会、酒会和茶点，因此需要根据策划的会议活动及其日程提前预订餐饮服务。工作方案中要明确会议期间将提供的餐饮服务的内容、时间、具体要求、工作流程，并明确具体的负责人员。

（三）工作流程

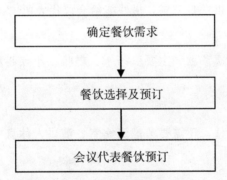

第一步，确定餐饮需求：根据会议的日程安排，确定会议期间的餐饮需求；

第二步，餐饮选择及预订：根据具体的餐饮需求选择和预订相应的餐饮服务；

第三步，会议代表餐饮预订：在会议代表注册时请其注明对餐饮的特别要求。

二、确定餐饮需求

（一）餐饮活动的种类

1. 欢迎晚宴或告别晚宴

在中国举办会议通常会安排欢迎酒会和/或晚宴，有时在正式召开会议的前一天晚上举办，有时在会议召开当天举办。国外在组织会议前，在欢迎晚宴前通常安排欢迎酒会，或者在正式召开会议的前一天单独安排欢迎酒会。

在中国举办会议有时会安排告别晚宴，一般在会议结束的前一晚或结束的当天晚上举办。

国外举办会议时会在会议结束的当天晚上举办告别酒会和/或告别晚宴。如果是举办告别晚宴的话会比较隆重，有时会结合颁奖、演出和闭幕讲话等活动。在晚宴上有时会安排一些娱乐节目，特别是富有民族特色或当地特色的文娱节目。

2. 酒会

酒会有时作为宴会或正餐的部分，通常安排在宴会或正餐开始前，但有时也单独举办作为欢迎酒会或告别酒会。酒会的特点是为会议代表提供了更为自由的交流环境。

3. 早餐

在中国举办会议时如果提供早餐，主要是为会议代表提供便利、促进交流。但在国外举办会议有时提供早餐，除便于会议代表交流外，在早餐时通常还会安排主旨演讲或嘉宾演讲，一般是先用完早餐再听演讲，有时也可以边就餐边听演讲。

4. 午餐、晚餐

如果是组织一天的会议的话，通常会安排午餐。在中国举办会议时，午餐时间安排的比较短，而国外会议安排的午餐时间则比较长，因为他们在午餐时通常会安排1～2个演讲人进行演讲，但一般会先供餐，在提供甜点或咖啡或茶水时再开始演讲。

会议期间提供午餐的好处在于能够便于会议代表准时参加下午的会议，同时也便于会议组织者就会议组织相关的事项通知会议代表。有些会议为便利会议代表，有时也会安排晚餐，一般而言会议组织者不必提供一日三餐，最好能给会议代表留出一些自由活动的时间。

5. 茶歇

一般而言每半天安排一次茶歇，主要供茶水、咖啡、小点心和水果，国外组织会议时有时还会提供冰激凌或果汁等。

6. 其他餐饮需求

除上述提及的餐饮服务外，还需要考虑贵宾室、演讲人休息室、新闻室、秘书处及会场内的餐饮需求。

（二）餐饮服务的时间

要预先确定欢迎晚宴或者告别晚宴、酒会、早餐、午餐、晚餐、茶歇开始

和结束的时间，如果在宴会期间安排讲话或者发言的话，也要将相应的活动日程表提供给餐饮服务供应商，使其了解何时可以布菜。

贵宾室、演讲人休息室、新闻室、工作人员和会场内的餐饮服务时间和要求也需要明确，例如可以在贵宾抵达时提供餐饮服务，而演讲人休息室、新闻室和秘书处可以摆放一些茶点供需求者自取，而会场内每更换演讲人员就需要及时更换茶水。

（三）餐饮服务方式

1. 自助餐

自助餐是把食品摆在桌子上，由会议代表自取，然后在桌子旁就餐。酒水和饮料一般也是摆在食品台。要根据会议代表的人数多少来设定食品台，如果人多的话，要多摆几个食品

台，并要注意随时补足所需菜品。

2. 风味餐

提供不同风味的食品，现场制作现场提供，供会议代表自行选择。

3. 酒会

有时摆食品台，有时由服务员以托盘方式供会议代表选择，就餐者一般是站着就餐，只提供少数的座位供年老体弱者使用。

4. 上菜式（围桌餐）

根据预订的菜单，由服务员一道道上菜，一般适用于宴会或正餐，有时需要为会议代表布菜。

（四）餐饮场地布置要求

1. 场地布局

在估算会议就餐人数的基础上选择适宜的宴会场地，确定餐饮场地的布局安排，例如舞台的大小和位置、讲台的位置、主桌和非主桌的数量和位置，有时还要考虑设备台、同传翻译间、媒体采访台的位置。

可以根据不同的需求在预留相应的通道、舞台、讲台甚至同传翻译间、媒体台等之后测算可以摆放的桌子数量，并要考虑到餐饮场地内是否有障碍物（如柱子等）。最好请相关服务商提供宴会餐地点的布局图以便供会议组织方进行选择和确定。

2. 布置需求

根据不同的布置需求来完成餐饮场地的布置，如果餐饮期间要安排娱乐活动的话，就需要根据安排的娱乐节目的需求来布置舞台，并且可能会对音视频设备和灯光有些特殊的需求。如果安排演讲的话，对讲台和音视频设备也会有特殊的需求。

另外对餐桌的布置也可能有不同的要求，例如需要的鲜花或者饰物、桌布及裙围的颜色和式样、菜单的设计和印制、桌签的设计和印制。

三、餐饮服务选择和预订

（一）餐饮服务选择

在选择相应的会议餐饮服务时需要考虑当地的习俗，同时要符合会议的日程安排和实际情况，并且也要考虑经费等相关问题，因为餐饮有时最容易出现超出预算的情况。

1. 欢迎晚宴或告别晚宴

根据会议的规模，预估参加欢迎晚宴或者告别晚宴的人数，然后选择好餐饮的种类，例如选择中餐还是西餐，确定餐饮的供应方式，例如是自助式还是上菜式。

如果选择中餐，要选择上什么凉菜、热菜、汤和饭后甜点，一般酒店可根据会议的宴会标准（每人），来搭配相应的菜式供会议组织方来选择。如果是选择西餐的话，也要选择汤或者沙拉、主菜、甜点、咖啡和茶水等等。

在宴会上还需要提供酒水，例如红葡萄酒和/或白葡萄酒和/或啤酒及相应的软饮料，主要包括可乐、雪碧及其他果汁饮料。

事先要和酒店约定好酒水的供应方法和数量，例如是确定每桌的供应数量，还是届时根据会议代表的需求随时供应。

2. 酒会

安排酒会时，预估可能参加的人数，并选择酒水、饮料和甜点的具体品种并确定供应的时间和方式。

在中国举办酒会时，一般由会议组织方免费提供所需要的酒水和饮料。而在国外举办酒会时，有时为控制酒会成本或节约经费，会议组织方有时会向会议代表发送饮料券，凭券换取饮料或者由会议代表自行付费购买酒水和饮料，有时则安排会议代表付费购买含酒精的饮料，会议组织方免费提供软饮料。

3. 早餐

早餐多采用自助式，由会议代表自行选择，自主进行交流。中国组织会议提供的早餐可以包括中餐和西餐两种，以便满足中外代表的不同需求。会议组织方要事先统计早餐的就餐人数，并和酒店商定早餐的预订方式。

4. 午餐、晚餐

如果会议期间需要安排午餐或晚餐，首先要预估就餐的人数，并选择是安排中餐还是西餐并确定相应的菜单及酒水的种类，确定届时是宴会式还是自助式。

如果是较为正式的午餐或晚餐的话，除考虑就餐人数、餐饮安排、餐饮服务的方式外，还需要考虑场地布置需求。

5. 茶歇

确定茶歇的具体需求人数和时间。茶歇通常安排在会场外，如果会议代表人数较多的话，需要布置若干个茶歇区域。

茶歇的标准可以与场地提供方协商，有些酒店可以一揽子报价，即在价格中包括场地和茶歇的费用，或按人数报价，每人每天多少费用，包括场地和餐饮。

6. 贵宾室餐饮服务

提出贵宾室餐饮服务的具体要求，通常是安排茶水服务，有时也可以根据会议组织方的具体要求提供点心和水果等。

7. 媒体采访室、记者中心餐饮服务

上述地点的餐饮服务主要包括提供茶水，有时也可以提供点心和水果。为便于对记者的服务，也可以提供饮水机、咖啡机等，供其自行饮用。

8. 工作人员的餐饮服务

工作人员的餐饮可以由酒店提供，由其提供专门的工作餐，同时可以与酒店提供方协商可否为工作人员提供饮水机，或由会议组织方自行购买饮料。

（二）餐饮服务预订

根据已经确定的餐饮服务，与酒店方商定届时需要提供的餐饮服务，要明确餐饮服务的种类、就餐人数、提供时间、地点和方式、场地布置要求及餐饮服务的具体结算方式，并对对酒店的餐饮服务进行详尽的调研和考察，最好能与负责会议餐饮服务的负责人进行直接沟通：

1. 食品安全问题

要求酒店提供的食品要符合食品卫生相关要求，以保证会议代表的饮食安全。考察其餐饮场地的环境，以确定是否符合会议需求。

2. 明确会议餐饮的要求

根据日程明确告知酒店需要提供几次餐饮服务，每次餐饮服务的具体要求，菜式的搭配、酒水和茶点的供应要求也要具体到位。

3. 场地布置要求

基于每场餐饮的预期就餐人数，提出酒会、宴会、午餐会、晚餐会和茶歇的摆台要求，并告知其共设多少桌，其中几张主桌，每桌人数。宴会场地及餐桌的具体布置要求。

4. 服务的地点、时间和方式

明确每场餐饮活动的安排时间，服务的具体方式。

5. 对食品的特殊要求

告知会议代表在饮食禁忌方面的特殊要求，审核其所提供的菜单是否与其要求不符。

6. 贵宾室等餐饮服务

与酒店明确为贵宾室、演讲人休息室、赞助商室、媒体接待室等相关场地提供餐饮服务需求，包括提供何种饮料、水果或茶点，需要餐饮服务的时间和具体地点。

7. 工作人员餐饮保障

与酒店方协商如何保障工作人员的餐饮服务。

8. 安全、消防及医疗急救

与酒店方协商如何保障餐饮活动期间的安全、消防及医疗急救。注意在布置餐饮场地时预留安全和消防通道，并制定突发事件解决方案。

9. 协商餐饮价格

按照会议对餐饮服务的需求，与酒店方协商餐饮服务所需的费用，了解酒店方所报价格中是否包含相关税费，事先商定届时就餐人数如果超过或低于预期人数时如何解决。

10. 签订餐饮服务合同

在与酒店协商一致的基础上，与酒店签订会议期间的餐饮服务合同，应该明确已预订的菜单、相关费用及结算方法。

四、会议代表餐饮预订

如果需要事先知道具体的就餐人数的话，可在会议注册表中增加餐饮预订的内容，例如列出会议期间的各项餐饮活动、欢迎酒会/晚宴、告别酒会/晚宴、早餐、午餐、晚餐等，供会议代表选择。此外也要请会议代表注册时提供饮食禁忌相关信息，例如是否需要清真食品或者其他。特殊食品。

五、应注意的问题

1. 餐饮特殊需求

在预订普通餐饮的同时，要将会议代表对食品的特殊要求及时转告酒店。一般而言，会议预订餐时最好不要预订猪肉类的菜肴。

对少数有特殊餐饮要求的会议代表，如素食者，可以根据其人数的多少安排专门的菜肴供其食用。在准备素食时，切记不要用猪油炒菜，以尊重相关民族的风俗习惯。

2. 就餐人数

在预订餐饮时，对就餐人数应该有个初步的估计，但实际就餐人数肯定会与之有所差异。事先要与酒店协商好会议就餐费用的结算办法，例如是按预期人数来结算还是按实际人数来结算，通常酒店会要求提供一个就餐最低保证人数，然后在此基础上根据实际人数进行增减。

如果是宴会的话，有时也会邀请会议代表的配偶或随行人员参加，因此可根据邀请函的数目来最终确定参加宴会的人数。早餐、午餐、晚餐可以凭餐券就餐，最后以实际收到的餐券数目来确定就餐人数。有时可以根据当天早上参加会议人员的多少来与酒店方核实当天午餐和/或晚餐的预订人数，以避免不必要的浪费。

3. 酒水和饮料

酒水和饮料是最容易增加费用的部分，要事先与酒店方确定酒水和饮料提供的数量和方式，例如每桌提供的酒水和饮料的品种和数量，但也要有一定的灵活性。对一些会议代表的特殊需求也可以根据情况加以灵活掌握。

4. 明确餐饮服务要求

要与酒店方商定如何提供餐饮服务，特别是对主桌的服务，例如是否要分餐、何时换盘子等等。为会议代表提供餐饮服务要热情、及时、周到，为国际会议提供服务的人员应该具有一定的外语会话能力。（见 10.3.1 样表）

10.3.1 样表 　　　　　　　会议餐饮预订检核表

餐饮安排						
活动内容	时间	人数	标准	中餐或西餐	服务方式	特殊要求
欢迎晚宴						
早餐						

续表

活动内容	时间	人数	标准	中餐或西餐	服务方式	特殊要求
午餐						
晚餐						
告别晚宴						
茶歇						
贵宾室						
演讲人休息室						
采访室						
记者中心						
秘书处						

布置要求

活动名称	主桌数量	普通桌数量	菜单	布置要求	桌签/台卡	备注
欢迎晚宴						
午餐						
晚餐						
告别晚宴						
茶歇						

第四节　会议旅游安排

一、工作安排

（一）工作人员

　　会议相关的旅游或参观活动由会议接待组负责，但是需要会议推广注册组在代表注册时协助收集会议代表拟参加的活动人数，或者由会议接待组直接负责会议代表参加活动的报名和接待事宜。

　　会议的旅游或参观活动也可以委托旅行社负责，但会议组织方要指定专人负责协调相关事宜。

（二）工作内容

　　首先要确定为会议代表及其配偶或者随行人员安排什么样的旅游或参观活动，同时确定

活动安排的时间、相关费用及组织方式，并指定专人负责落实。

（三）工作流程

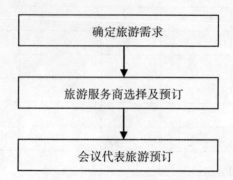

第一步，确定旅游需求：根据会议的安排，确定旅游或者参观活动的具体需求；

第二步，旅游服务商选择及预订：根据旅游需求，选择相应的服务商并预订其服务；

第三步，会议代表旅游预订：将预订的旅游项目信息提供给会议代表供其选择参加。

二、确定旅游需求

（一）旅游需求的种类

1. 会议日程中的旅游或参观活动

有时旅游或参观活动可以作为正式会议日程的一部分，根据会议的主题来选择参观的地点，并且与会议日程中的其他活动有机结合在一起，例如在招商引资相关会议中安排参观工业园区或开发区。

2. 选择性的旅游或参观活动

作为会议正式活动的补充，可以根据会议所在地的旅游资源或产业情况，在会前或者会后安排旅游或参观活动，例如提供2～3条旅游或参观线路供会议代表选择。需要提供旅游或参观的线路、沿线参观的景点或单位、出发和抵达的时间、费用情况（是否含门票和餐饮）。

3. 会议代表配偶或随行人员的活动

如果会议代表携带配偶或随行人员参会的话，也可以考虑为其配偶或随行人员单独安排旅游或参观活动。

（二）旅游活动时间安排

旅游活动可以安排在会议期间，作为会议活动的一部分，也可以安排在会前或者会后，会议代表配偶及随行人员的活动可以在会议期间另行安排。

（三）旅游相关费用

如果旅游活动作为会议的正式组成部分，应该在收取会议注册费时一并加以考虑。如果作为可以供会议代表选择的项目，可以列出相应的费用表，供会议代表自行选择。为会议代表配偶或者随行人员单独安排的旅游活动通常需要另行收费。

在确定旅游需求时需要考虑成本核算，可以在提供相应的旅游项目信息时提醒报名人员提供该旅游服务需要的人数限制，包括最低及最高人数限制。

（四）服务提供方式

会议组织方可以与旅游服务供应商直接协商预订相应的旅游项目，然后提供给参加会议的人员，也可以请旅游服务供应商作为会议的合作伙伴，请其直接与会议代表协商旅游活动的安排。

三、旅游服务商选择和预订

根据确定的旅游需求，选择相应的服务商。通常可以与相应的旅行社联系，和其沟通会议期间的旅游需求并且就旅游服务达成一致的意见并签署旅游服务合同，也可以邀请相关旅行社作为会议的旅游项目服务供应商，让其直接与会议代表联系，而会议组织方并不需要与服务供应商签署合作协议。

如果是组织参观工业园等活动时，一般由会议组织方直接与拟参观的部门直接联系，但是也需要预订相应的车辆来接送参加活动的人员。

负责旅游或者参观接待的车辆需要配备司机和导游，会议组织方应该指定专人负责整个旅游或参观事宜的总协调工作。

四、会议代表旅游预订

在确定旅游或参观活动的具体项目后，将相关信息提供给会议代表及其配偶或随行人员供其报名参加。可以在会议注册表中包含参观和旅游安排的选项，包括线路、时间、地点和相关费用，明确费用的涵盖范围，如果需要支付额外的费用时，注明需要支付的费用名称及数量。也可以单独使用参观旅游注册表供会议代表填写。

五、应注意的问题

1. 选择合适的旅游或参观路线

要对会议代表及其配偶或随行人员的情况进行初步的分析，了解其有可能感兴趣的旅游或者参观活动。例如会场所在地点的著名景观、与会议内容相关的工业园区或者机构。

2. 做好相应的应变计划

根据参加旅游活动的人员报名情况，及时调整旅游活动的安排，有时报名人数比预期的要多，需要增加预订的车辆，而报名人数太少时，有可能会导致取消预订的旅游或参观安排，为降低临时取消所产生的负面影响，可以在旅游或参观活动报名表中说明届时能够成行将取决于报名人数的多少，或者注明需要的最低报名人数。还有必须为旅行者购买保险，以防不测。

3. 妥善安排旅游或参观活动

在安排旅游或参观活动时，要多从参加者的角度出发去考虑其实际需求，例如如何解决

上卫生间的问题，有时由于参加活动的人数过多，卫生间的数目不够用。如何解决参加人员的就餐问题。另外，如果安排参观活动的话，例如安排参观技术园区或开发区，安排的介绍时间不要过长，否则会使参观的人员感到非常疲倦而产生厌烦情绪。如果参观者包括国际会议代表，介绍时需要安排英文翻译，准备的资料最好也有英文介绍，而不是中文介绍。

本章小结

　　本章主要涉及会议期间对与会人员的后勤保障服务，这也是成功、有效地管理大型会议的重要组成部分，对与会人员的服务是否周到、热情、有效，将对其对会议的评价产生直接的影响。

　　1. 住宿安排首先要确定会议的住宿需求及解决方式。明确是否由会议组织方负责统一协调酒店住宿问题。通常情况下会议组织方可以与相关饭店进行前期沟通，商定酒店方可以给会议代表预留的房间数目、预订流程及费用结算方式。会议组织方可以直接负责会议代表的房间预订事宜，也可以告知会议代表直接与酒店联系；

　　2. 交通安排也要首先确定会议组织者是否负责会议代表的接送机及机票、火车票的预订等相关事项。如果不负责的话，需要提前告知与会者当地的交通情况，如机场或火车站离会场的距离、行走路线及相关费用；

　　3. 餐饮安排一定要细致，首先要确保食品安全，同时要注意与会者的饮食禁忌，且要保证餐饮服务的及时和食品的充足供给；

　　4. 旅行安排主要考虑与会议的衔接问题，同时要考虑与会者的行程安排问题，一般可在会前、会中或者会后安排参观旅游活动。

思 考 题

　　1. 如何解决会议代表的住宿问题？有几种不同的解决方法？
　　2. 如何安排会议代表的交通问题？应注意什么问题？
　　3. 如何安排会议的餐饮服务？应注意什么问题？
　　4. 如何安排会议的旅游或参观？应注意什么问题？

第二部分

会议现场实施和后续工作

第十一章　会议现场实施管理部署

> 学习目标

通过本章学习，了解如何对会议及其活动进行现场实施管理，以保证会议和活动的顺利进行。

> 技能掌握

——明确各组的工作内容
——制定现场工作方案及工作流程
——编写工作手册
——学习对工作人员如何进行前期培训
——学习如何对工作人员进行现场管理

第一节　会议现场实施管理工作安排

一、工作人员

负责会议现场实施管理的总指挥可以是筹备机构的负责人或者总协调人，而参与会议现场实施管理的具体工作人包括负责会议前期筹备的人员及其他辅助工作人员。

二、工作内容

现场实施管理部署的主要工作内容是在前期会议筹备的基础上进一步明确会议现场实施时具体的工作项目内容和管理流程。在细化各组工作内容的同时，明确现场实施管理的协调体系，并对相关人员进行岗前培训。

三、工作流程

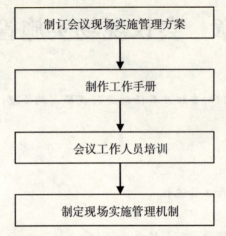

```
制订会议现场实施管理方案
            ↓
       制作工作手册
            ↓
      会议工作人员培训
            ↓
    制定现场实施管理机制
```

第一步，制订会议现场实施管理方案：为便于对会议现场实施管理，在会议开始前需要制订会议现场实施管理方案。该方案主要分为各小组方案和总方案两部分。各小组方案主要是明确各小组在会议现场的工作内容、人员及其分工，在各小组工作方案的基础上编制各小组工作流程图，并且可以将各小组工作的主要内容提炼成各小组现场工作表。然后在各小组方案的基础之上汇集总的会议工作方案、工作流程图及现场工作总表。

第二步，制作工作手册：将会议及相关工作内容和流程编辑成工作手册，以作为现场工作指南；

第三步，会议工作人员培训：根据不同的工作内容对会议工作人员分别进行培训；

第四步，制定现场实施管理机制：明确会议现场实施管理的人员构成、管理结构体系及管理内容。（见 11.1.1 样表）

11.1.1 样表　　　会议前期筹备工作方案与现场实施工作方案关联表

组别	前期筹备工作方案	实施情况	现场实施工作方案	相关组
管理组	组委会	已确定		
	组织机构	已确定	现场指挥及联络	礼宾组、新闻组、服务组、安保组
	会议日程及活动	已确定	会议和活动现场管理	服务组、新闻组、礼宾组、安保组
	会议报备案	已完成		
	贵宾、嘉宾邀请	已完成	现场接待及管理	礼宾组、安保组、服务组、新闻组
	发言人邀请	已完成	接待及管理	礼宾组、服务组、安保组、新闻组
	会议宣传册	已完成		
	会刊及其资料夹	已完成	补充新资料及现场发放	服务组、推广组、新闻组

续表

组别	前期筹备工作方案	实施情况	现场实施工作方案	相关组
	工作手册及人员培训	部分完成	制定手册、完成培训	各组
	赞助	已完成	落实赞助回报条款	推广组、礼宾组、服务组
	场地规划	已完成	场地使用管理	各组
	同传译员	已落实	现场管理	
			播放演讲稿及其他视频资料	服务组
			会议资料的收集及存档	服务组
			会议评估及反馈	推广组 服务组
服务组	场地设计及布置	完成预订及设计	实施场地布置	推广组、管理组、新闻组
	设备租赁及保障	签订租赁合同	现场设备安装及技术保障	管理组、推广组、新闻组、安保组
	餐饮服务	完成预订	现场餐饮服务	管理组、礼宾组、新闻组
	会议资料	完成会刊印刷	运送资料到现场、新资料印刷	管理组、新闻组、推广组
	会议用品	准备完毕	现场发放及临时采购	推广组、新闻组
	酒店预订	已预订	现场管理与协调	管理组、推广组、接待组
			会议代表现场引导	管理组
推广注册	组织会议代表	已完成		
	会议代表注册	大部分完成	现场临时注册及咨询	管理组、服务组、新闻组、安保组、财务组
	代理商	已落实	落实代理协议	财务组
	赞助商招募	已完成	赞助商现场接待及服务	服务组、新闻组、接待组、管理组、推广组和礼宾组
			发放会议证件、资料	管理组、服务组
			提供现场咨询	管理组、服务组、接待组
接待组	会议人员接送	已预订车辆	接送会议人员	管理组、推广组

续表

组别	前期筹备工作方案	实施情况	现场实施工作方案	相关组
	参观游览	已经预订	组织参观旅游	管理组、推广组、安保组
新闻组	前期宣传	已完成	现场新闻报道、采访、接待媒体人员	管理组、礼宾组、安保组
礼宾组	贵宾、嘉宾接待	已确定	礼宾接待	管理组、服务组、安保组
			安排会见	管理组、新闻组、服务组
	文体活动	已确定	活动管理	各组
	宴会	已确定	活动管理	管理组、服务组、安保组
财务组	会议预算	已完成	微调	各组
	财务管理	随时进行	支付相关费用	各组
			收取注册费	推广组
			会议决算	各组
安保组	安全保障	与相关方协调	现场实施	各组
			检查会场	管理组、服务组
			验证	管理组、推广组、新闻组
			安全急救	服务组
			电力保障	服务组
			食品安全	服务组

第二节 制订会议现场实施管理方案

一、小组现场实施管理方案

（一）小组工作方案

小组工作方案以文字方式表示，主要包括组织结构、主要职责、人员分工及其职责、相关联系方式。

各小组现场实施工作方案与前期筹备阶段的工作方案的内容有些关系密切，有些有所不同，其中部分工作在会议筹备阶段已经完成，但是还有一些工作前后紧密相关，例如，场地布置和设备安装等，其具体的要求在筹备阶段的工作方案中已经明确，到现场即要根据具体要求加以实施。但许多其他工作，例如，会议及活动管理、礼宾接待和安全保障等，是要到现场才开展的新的工作内容，因此需要制定较为详尽的现场工作方案，以便使相关工作人员明确自己的岗位及何时何地需完成何种工作。（见11.2.1案例）

11.2.1　案例

××大会管理组现场实施工作方案

一、组织机构

管理组组长为××，副组长为×××、××，组员包括：×××、×××、××、×××

二、主要任务

1）组长和副组长负责会场、贵宾室各项工作的协调及管理

2）晚宴、开幕式和闭幕式时贵宾、演讲人、外方嘉宾的注册及引导

3）主持人、演讲人、同传译员的召集、管理和沟通

4）会刊、工作手册、资料夹内容的准备

5）播放大会讲稿和投影

6）安排领导的会见活动，并负责安排会见期间的译员

三、分工和职责

×××：

1）负责管理组工作

2）大会和Ⅰ分会场的协调

3）会场内演讲人的管理

4）晚宴、开幕式、Ⅰ分会场主持人的沟通

×××：

1）大会和Ⅱ分会场的协调

2）会场内演讲人的管理

3）大会闭幕式、Ⅱ分会场主持人的沟通

××：

1）领导陪同翻译

2）演讲人的召集、管理、引导

3）贵宾、演讲人赠送礼品

×××：

1）译员的召集、管理

2）会场协助管理

3）商业分会场演讲人的引导

×××：

1）贵宾的陪同、翻译、引导

2) 译员的召集、管理

3) 会场协助管理

4) Ⅰ分会场演讲人的引导

××：

1) 贵宾室管理

2) 演讲人的召集、管理、引导

3) 领导合影的召集

×××：

1) 演讲人的注册、召集、管理、引导

2) 外方嘉宾注册

3) 贵宾的协助引导

××：

1) 贵宾的注册、协助引导

2) 商业分会场播放讲稿和投影

×××：大会、Ⅰ分会场播放讲稿和投影

四、有关联系方式

××× ：　136×××××××　×××　　136×××××××

下面我们根据各组的不同分工列出其在会议现场实施管理的具体工作项目：

1. 管理组

——会议、晚宴、开幕式和闭幕式等活动的现场管理；

——主持人、演讲人、同传译员的召集、管理和沟通；

——会刊、资料夹内容补充；

——播放大会讲稿和投影；

——收集听众对会议的反馈；

——负责会议材料的收集和整理，包括录音、摄影、摄像；

——制定工作手册，协调对工作人员，包括志愿人员进行培训。

2. 服务组

——根据要求布置会场、会场前厅等场地及其他各功能场所；

——与饭店就场地使用进行沟通，管理会议场地的使用；

——根据各场地需要配备设备，包括会议设备、网络设备和办公设备等，并提供技术支持和保障；

——负责宴会、午餐、晚餐、茶点及贵宾室、演讲人休息室、秘书处的餐饮服务及工作人员的餐饮服务；

——负责将会刊及会议相关材料运送到会场；

——为会议提供所需的会议相关用品；

——与饭店沟通与会代表入住、就餐和结算房费等相关事宜；

——会议代表现场引导。

3. 推广注册组

——负责会议代表的现场注册和发放会刊；

——为赞助商提供服务；

——为会议代表提供现场咨询服务；

——管理会议资料台。

4. 接待组

——接送会议代表，解决其从机场到饭店的交通问题；

——为会议代表或会议代表的随行人员安排参观游览路线并安排相关接待事宜；

——根据会议活动的安排，如有观看演出或参加体育活动等安排时，或需要在多个会场间移动时制定活动间衔接方案，提供车辆以便与会议代表在各活动场地间的移动。

5. 新闻组

——通过网站、期刊、杂志和采访等渠道对外开展宣传。

6. 礼宾组

——确定贵宾抵离时间、路线、迎送人员及方式，负责礼仪引导、座次安排、随行人员安排、发放其证件和资料等；

——安排领导人会见等有关事宜（包括翻译）；

——根据会议需要安排相关的文体活动；

——负责落实晚宴、招待会、午宴会等活动的礼宾安排及接待。

7. 财务组

——负责会议相关收费事宜；

——负责会议期间的财务支出相关事宜；

——会议财务决算。

8. 安保组

——对会议现场进行安全检查；

——确保会议活动间的交通安全；

——负责落实安全和急救措施；

——确保会议期间的食品安全和电力保障。

（二）小组工作流程图

在各小组工作方案的基础上，结合会议现场人员的站位地点编制小组工作流程图，清晰地表述小组人员间的关系、站位地点和主要工作。

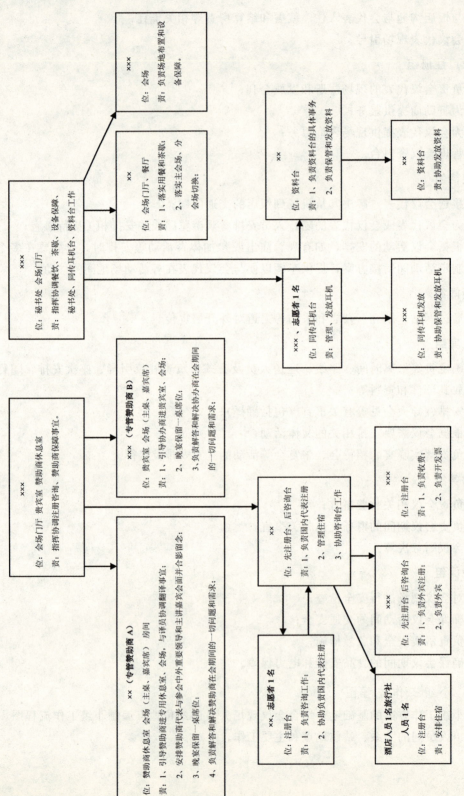

11.2.1图例　××会议会务组人员分工结构图

（三）小组现场工作表

在以图表方式表示的现场工作表中主要列明时间、事件、人员、站位地点和主要动作。其中时间是指具体实施某一事件的具体时间，事件指某项具体项目或内容，人员是指由谁负责该事件的完成，站位地点是指该事件完成的具体地点，主要动作是指如何完成该事件。（见11.2.2案例）

11.2.2 案例

××年 APEC 工商领导人峰会管理组现场工作表

10 月 16 日

从服务组接收礼品、桌卡、座签、入场提示牌及提示铃（×××、×××、×××）

10 月 17 日

将收到的发言人演示文件装上电脑（×××）

10 月 18 日

时间	事件	人员	配置地点	主要动作
8：00— 9：30	检查香格里拉会场布置情况	×××	大宴会厅	检查场地布置情况，包括背景板、舞台等
		××	大宴会厅	·测试音频设备 ·测试视频设备 ·测试同传设备
9：30— 11：00	检查金茂凯悦会场布置情况	×××	大宴会厅	检查场地布置情况，包括背景板、舞台等
		××	大宴会厅	·测试音频设备 ·测试视频设备 ·测试同传设备
12：00— 12：45	场内各种标识的摆放	×××、G1-G6	大宴会厅	·摆放发言台桌卡 ·摆放贵宾席座签 ·接收无线麦克 ·主席台饮料、耳机的摆放
12：45	同传译员到达	G4	大宴会厅	接待译员，使其熟悉现场及同传设备
12：50	代表及记者开始陆续到达	××、G8-G13	6号门外 1楼入口厅内 1楼入口过道 1楼电扶梯旁 2楼电扶梯旁 2楼大厅内 大宴会厅门口	·指引代表，解答询问，通知会场内工作人员作好准备 ·指引代表领取同传耳机 ·提示代表在门口验证

续表

时间	事件	人员	配置地点	主要动作
13：20	代表进入大宴会厅落座	G1-G4	大宴会厅内	·引导代表入座，保留贵宾席
		G6	大宴会厅内	·指示同传译员入位，准备就绪
		××	大宴会厅内	·指示操作员播放资料片
13：27	会场准备就绪，请贵宾入场	×××	大宴会厅内	·通知活动组会场准备就绪，请引领贵宾入场 ·指示停止播放资料片
13：28	×××/××在主席台落座，其余贵宾在贵宾席入座	司仪	司仪位置	·宣布××到场，请代表起立欢迎
		活动组人员	紧随钱、徐、俞	·引领×××、××在主席台入座
		贵宾联络员	紧随其余贵宾	·引领其余贵宾在贵宾席入座
13：29	会议开始	司仪	司仪位置	·宣布由×××主持开幕式
		×××	主持人讲台	·主持，介绍××，请××致欢迎词
13：30—13：50	开幕式	×××	主持人讲台	·在每个发言人发言前介绍其简历，在所有发言结束后宣布开幕式结束，并向发言人赠送纪念品。
		××	发言人讲台	·代表筹委会作5分钟欢迎词
		×××	发言人讲台	·代表上海市作5分钟欢迎词
		××	发言人讲台	·发表10分钟的演讲
13：50	开幕式结束	礼品	登上主席台	·将礼品送上主席台
		司仪	司仪位置	·宣布下一节会议将于13：55开始，请代表留在座位上
		活动组人员		·引领×、×、×、×离开会场
13：50—13：54	换场整理	××	大宴会厅	·指示播放资料片，调整灯光
		G5	大宴会厅	·更换桌卡 ·指示饭店服务人员更换主席台茶水，整理和调整座位 ·将同传耳机放在主席台上
		×××	大宴会厅	·请发言人在主席台上落座
13：55	中国专题会议准备开始	司仪	司仪位置	·宣布中国专题会议开始，请主持人主持会议
13：55—14：55	中国专题会议	×××	主持人讲台	·主持，在每个发言人发言完毕后对发言稍作总结和评论，介绍下一个发言人，在所有发言结束后引导听众提问，然后宣布会议结束，并向发言人赠送纪念品
		×××	发言人讲台	·作15分钟发言，在所有发言完毕后回答提问
		×××	发言人讲台	·作15分钟发言，在所有发言完毕后回答提问
		×××	主持人讲台	宣布会议结束

二、现场工作总方案

在各小组制订工作方案、工作流程图和现场工作表的基础上，将各小组主要工作内容，特别是各组工作间相衔接的点筛选出来，绘制现场工作总方案、工作流程图或者现场工作总表，使各小组人员彼此能够清晰地了解各事件的具体实施时间、由谁负责实施，同时也有利于现场指挥人员检核各项工作的落实情况。

第三节　会议工作手册制作

编制工作手册的目的是为了给会议的工作人员提供一本会议现场实施和管理的工作指南，其内容主要包括大会日程及场地图、组织结构图、现场指挥中心、工作人员分工及联络表、证件说明、后勤安排、现场活动总表等内容。

一、会议日程及场地图

工作手册中的会议日程为一简要日程，包括会议的时间、场地、会议日程安排、演讲人及其职务，但不必要附上每节会议的简要介绍。在会议日程后可以附上会议的场地图，以使工作人员对会议所使用的场地一目了然。

二、组织结构图及指挥中心

由会议筹备机构所设的办公室或者会议管理组制定会议现场的组织结构图，并设立现场指挥中心，以保证会议的有序进行和有效管理。

首先要列明会议筹备人员组织结构图，使所有参与会议组织的人员对其岗位及上下关系一目了然，便于现场指挥和沟通。（见 11.3.1 图例）

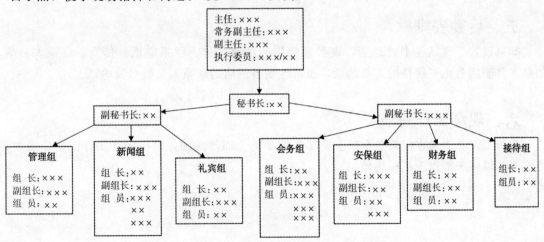

11.3.1 图例　××大会组织人员结构图

三、工作人员分工及联络表

此表主要是便于工作人员在会议现场的联络和沟通，其主要内容包括组别、姓名、职务、手机和分工。

四、证件说明

主要说明会议各种证件种类的设置，如何区别，例如，用不同的颜色来区别参会贵宾、嘉宾、演讲人、会议代表、赞助商、媒体人员、工作人员和辅助人员等，也可以包括如何申领和使用证件的说明。

此外，还要明确现场指挥中心的地点、人员、职责及相关人员的联系电话。如下列所示：

指 挥 中 心

地点 ××酒店 II 厅

人员 秘书长： ×××　　　手机：136××××××××

　　　　副秘书长：××　　　　手机：137××××××××

　　　　值守： ×××　　　　手机：138××××××××

　　　　　　×××　　　　手机：136××××××××

职责：负责大会期间的所有活动的指挥、协调和紧急业务事项的处理；听取各组现场情况汇报，了解各组工作进展，决定解决问题的方案；接听代表咨询电话，接待代表来访。

住会人员　　×××　　　手机：133××××××××

安保人员　　×××　　　手机：137××××××××

五、后勤安排

如果设置了现场秘书处的话，表明其使用的场地名称、联系电话、传真、联系人员等。如果在各酒店有负责接待的人员的话，也可注明各酒店的联系人员姓名及电话。

六、现场工作总表

现场工作总表是在汇集各小组主要工作的基础上而形成的，可以印在工作手册中或者单独成册，以便于工作人员现场使用。

第四节 会议工作人员培训

在制订工作方案、工作流程图和现场工作总表的基础上，对工作人员进行前期培训。不同的工作岗位要求不同，培训的内容和提供的资料也不同。

一、现场总协调人

现场总协调人要对各组的分工和职责做到心中有数，对会议的工作流程有所了解，特别是会议及其活动间的衔接环节，并掌握各主要工作负责人员在现场的定位情况及联系方式，以便及时与各负责人员沟通和解决问题。但是作为现场总协调人切不可陷到具体事务中去，否则难以对整个活动进行有效协调。

会议期间，现场总协调人要随时与各组负责人沟通情况，解决问题。每天会议结束后可以组织各小组负责人参加的会议，对当天情况进行简单小结，对需要解决的问题进行处理，并为第二天的会议做好充分的准备。

二、各小组负责人

除普通工作人员和辅助人员掌握的资料外，各小组负责人还需要了解相关组的活动安排及其工作流程，并且特别关注其他组与本组工作相关的工作衔接。例如，负责会议餐饮服务的人员需要了解会议日程，知道何时需要提供茶歇用的茶点和饮料，何时需要供应午餐或晚餐。负责会议技术支持的人员则要对会议日程及其内容安排有所了解，知道何时需要播放何种影像资料。

三、普通工作人员和辅助工作人员

首先，每个组员要有本小组的工作流程图，了解本小组工作任务及各组员的不同职责，以便于相互间的配合。

其次，每个组员要明确了解其应负责的工作岗位和完成的任务。如果可能的话，每个人对其应该负责完成的工作要有具体的实施方案，例如，资料发放，从资料如何运抵会场、如何装袋并发放到会议代表手中，会议期间的资料如何印刷及发放等，都要事先进行规划，到现场按规划具体实施。

为便于现场实施，最好是从会议前期筹备时就指定专人负责某项工作，由其自行制订工作方案并且负责现场实施。特别是某些核心组织工作，例如，会议演讲人的邀请和协调、会议场地的设计和布置、会议设备的租赁和技术保障、会议代表的招募和注册等。如果某项工作现场实施时需要更多的人员进行辅助的话，可以由核心承办人员对其所需要的辅助人员进行培训，现场由这些辅助人员协助其开展工作。（见 11.4.1 案例）

11.4.1 案例

会议工作手册及人员培训方案

一、工作手册

1. 实施时间 11 月 7～29 日

2. 主要内容

　　1）大会日程

　　2）会议工作人员组织结构图

　　3）指挥中心

　　4）饭店场地图

　　5）工作人员分工及联络表

　　6）证件说明

　　7）餐饮说明

　　8）工作人员现场工作总表

3. 实施步骤

　　1）11 月 7～15 日：手册中的 1）～7）内容到位

　　2）11 月 18 日：工作人员现场工作表调整完成，手册初稿完成

　　3）11 月 21～24 日：工作手册的内容进行调整

　　4）11 月 25 日：工作手册定稿，交印

　　5）11 月 29 日：手册印刷完成

4. 负责人 ×××

二、人员培训

1. 实施时间 10 月 30 日～12 月 2 日

2. 实施步骤

　　1）10 月 30 日前：确定志愿者

　　2）11 月 5 日：各组人员配备完成

　　3）11 月 29 日：工作手册印刷完成

　　4）12 月 2 日：完成对组员和志愿者的培训

3. 负责人 ×××

第五节 会议现场实施管理机制

一、现场工作人员构成

会议现场工作人员包括组织机构的工作人员和辅助工作人员，即场地布置和设备公司的技术人员、翻译人员、志愿者、餐饮服务人员和其他会议服务人员。

二、管理体系

对于上述工作人员的管理，可以分成几个层次：

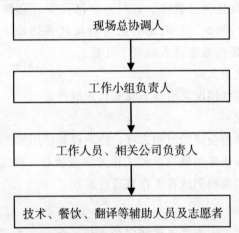

第一步，现场总协调人：对于组织机构的工作人员，可以按大会的组织结构图进行管理，即在现场总协调人的领导下，按小组开展工作。总协调人要对整个现场的工作人员的构成情况及其工作岗位有所了解，根据不同的工作岗位来检查工作完成情况、并协调相关人员间的合作。此外，还要指定专人来负责工作人员的后勤保障问题。

第二步，工作小组负责人：负责对本小组工作人员及其辅助人员的管理，主要包括技术人员、翻译、餐饮及其他服务人员和志愿者。

第三步，小组工作人员、相关公司负责人：各公司负责对相应的场地布置、设备安装及提供技术和餐饮服务人员进行管理。各公司的项目负责人在会议服务组和会议管理组工作人员的管理和协调下，开展会场布置、设备安装、提供技术和餐饮服务。

第四步，技术、餐饮、翻译等辅助人员及志愿者：其中技术人员由负责会场布置和设备技术保障的公司负责管理。餐饮服务人员则由负责贵宾室、演讲人彩排室、会场、宴会场地的小组工作人员或者志愿者分别进行管理。翻译人员由小组工作人员负责管理。

三、分项管理及后勤保障

（一）会议工作人员

1. 工作内容管理

会议工作人员因其职责不同，各自的工作内容也不同。各小组要根据每个人的职责定岗定位，明确每个人在会议期间在何时、何地负责何项工作，并以现场工作表或者流程图的方式加以明确，也可以以文字的方式进行表述。

例如，负责会议现场管理的人员，其工作内容主要包括：

——提前到会场检查设备和场地布置情况

包括在开会前提前半个或1个小时检查会场是否布置妥当、设备技术保障人员是否已经就位、同传耳机发放人员是否已就位、资料是否已发放、会议所需的影视频设备是否已准备好，并对会议设备进行测试。检查是否已为会议代表摆好了茶水、纸、笔。是否为演讲人和贵宾摆好了台卡，是否为演讲人准备了礼品。

——引导会议贵宾和代表入座

掌控会议贵宾和代表入场情况，引导贵宾和代表就座。

——调控会议进展情况

与主持人及时沟通，掌控会议的时间进度，协调设备使用情况，收取会议的评估表等。

各小组根据各自的工作任务明确现场的工作方案或流程，确定每个人的工作时间、岗位和任务，并按制订的方案、流程图或者工作表进行检查。

2. 后勤保障

会议主办方要保障会议工作人员工作所需的通讯，例如，为其提供对讲机或者提供相应的通信费用。有时还需要解决其往返会场间的交通问题。如果需要住会，还要解决其住房问题。会议期间要解决其就餐和饮用水的问题。上述后勤保障服务通常由会议服务组提供或者由组委会办公室统一安排。

（二）技术人员

1. 工作内容管理

技术人员最主要的工作内容就是要为会议布置场地、提供所需的设备及现场技术支持。因此，负责现场设备技术支持的人员要根据会议的日程安排，提前进场检查设备，并与演讲人员进行前期的沟通。对于技术人员的管理主要由会议设备供应商来负责，同时会议场地和设备的公司要指定专人与会议主办方协调会议场地布置、设备安装和现场技术支持问题，并制定相应的实施方案。

2. 后勤保障

技术人员的后勤保障一般由其公司负责解决，但组委会工作人员要提醒其按时到场。如果是非常重要的大型会议，有时需要协助其解决车证等问题。

（三）翻译人员

1. 工作内容管理

翻译人员的主要任务是要保证会议演讲的翻译质量。翻译人员主要由会议管理组负责现场管理，应指定专人负责与翻译人员的联系，并注意以下几个问题：

——确认到场时间：由于译员多为兼职，一定要事先与其确认到场的时间，要切实保障其能够按时到场；

——事先提供讲稿或与演讲人进行沟通：要提前将演讲稿或演讲提纲提供给翻译人员，使其对会议的内容有初步的了解，提前做好准备。如果事先需要与演讲人沟通的话，要协调好演讲人与翻译人员沟通的时间和地点；

——在现场专人负责与其沟通和协调：翻译人员到现场后，要注意及时了解其需要，协助其解决工作中碰到的问题，如设备、工作间等，协调好其与设备供应商或其他技术人员及演讲人间的关系，关照好其餐饮，使其身心愉快地投入工作；

——及时支付相关费用：按照协调及时支付翻译人员相关费用，并对其付出的辛勤工作表示感谢。

2. 后勤保障

对翻译人员的后勤保障主要包括安排好其交通和餐饮，如安排好其在工作期间的饮用水及会议期间的就餐，有时也需要解决其交通（如飞机）和住宿和机票、火车票等问题。

（四）志愿人员

1. 工作内容

志愿人员的工作内容根据其所负责的工作而异，对其管理主要由相关小组的工作人员负责，也可以将志愿人员划分为几个小组，指定其中的某个人负责该小组的工作，同时指定相关工作人员对其工作进行指导。

要对志愿人员明确其到场的时间及何时何地完成何工作任务，并对其工作完成情况进行检查。

2. 后勤安排

对于志愿人员要安排好其就餐、交通等问题。可视情况为其提供一定的乘坐公共交通的费用，并在会议期间安排工作餐。如果需要住会的话，需要为其解决住宿问题。

（五）餐饮服务人员

餐饮服务人员主要负责为会议提供餐饮服务，对餐饮人员的管理主要由酒店方负责，但会议主办方应提前明确对会议餐饮服务的要求，并由服务组指定专人与酒店方就餐饮相关事宜进行联系和现场协调。在不同的服务场地由专人负责实施。

四、应注意的问题

（一）建立有效的管理机制

会议的工作人员涉及的面比较广，且来自不同的单位，需要完成不同的工作任务，因此

要建立有效的管理机制，即明确现场总协调人及各项工作负责人，在前面的章节中我们已经介绍了现场的管理机制，在此就不重复了。

（二）管理好工作人员同时要安排好其后勤保障

会议的顺利进行离不开工作人员的辛勤劳动，在对其工作内容进行管理的同时，切不可忘记为其提供良好的后勤保障服务，解决其通讯、交通、住宿和餐饮问题，使其身心愉悦地投入到工作中。

（三）对工作人员进行及时的肯定和指导

要对工作人员的工作情况进行及时的评估，对做得好的要进行表扬，对出现的问题要随时指出和纠正，随时协助工作人员遇到的问题。会议结束后，要召开总结大会，总结会议组织情况，对相关工作人员进行表彰，对志愿人员也要以书面形式给予肯定和表示感谢。

本章小结

本章介绍了如何对会议的现场实施工作进行管理，如何建立会议现场实施管理工作机制并且对工作及其辅助工作人员进行会前培训：

1. 首先要明确各组在会议现场的工作和任务；

2. 各组基于其具体的工作和任务制定较为详尽的现场工作方案；

3. 在工作方案的基础上，制定各小组的工作流程图及现场工作表；

4. 在小组工作方案、结构图和现场工作表的基础上制订总的工作方案、人员构成图和现场工作总表；

5. 将会议相关主要内容编制成工作手册，并附上指挥中心的构成情况；

6. 各小组基于工作方案、工作流程图和工作表对其人员进行培训，使每个人明确自己在现场负责的岗位和任务，并由核心组员对其辅助人员进行培训；

7. 现场总协调人应该掌控整个会议的主要环节及流程，但切不要陷入具体的事务中；

8. 对现场工作人员根据各自不同的工作内容进行管理并提供相应的后勤保障服务。

思 考 题

1. 会议各组在会议现场管理的主要工作项目是什么？

2. 会议各组工作方案和工作表的主要内容是什么？

3. 如何设立现场管理的组织结构和现场指挥中心？其职责是什么？

4. 会议工作手册的作用和主要内容是什么？

5. 如何对工作人员和志愿人员进行培训？培训的内容是什么？

6. 会议现场的管理体制如何构成？

第十二章 会议现场和会议活动管理

▷ 学习目标 ▷
通过本章学习了解会议现场及其活动现场管理相关知识

▷ 技能掌握 ▷
——掌握会议现场管理的主要内容及相关管理方法
——了解如何对会议相关活动进行管理

第一节 会议现场管理

一、工作安排

（一）工作人员

经过长期和紧张的筹备之后，会议进入现场实施阶段。在此阶段除会议所需的相关基础保障和服务之外，例如，场地布置、设备安装、餐饮服务、会议注册、人员接待和新闻宣传等，对会议本身及其相关活动的管理才是会议现场管理工作的重中之重，也就是说会议本身开得顺利与否及活动组织得是否成功才能够最终体现会议的成果和价值，而其他各项工作都是围绕会议的召开和活动的组织而进行的辅助性工作，是为会议和活动的顺利进行奠定基础。

会议现场管理主要由会议管理组负责，但是需要得到服务组和礼宾组的协助。会议现场管理人员应该集中精力负责会议的现场组织工作，并且需要对会议的后勤保障工作落实情况进行检查和协调，例如，会场的布置和设备的安装和使用。

负责会议现场管理的人员要具有较为丰富的会议组织和管理经验，善于观察和发现现场需要关注和解决的问题，并且有较强的组织和协调能力。

每个会场可以指定一个现场管理人员，同时可以配备若干人员负责协调会议设备的技术支持、播放讲稿和投影、管理同传译员、负责演讲人和贵宾的引导及上下台口的安全、引导现场参会者、传递话筒（也可由饭店人员或志愿者担任）等相关事宜。会场管理人员还要协助会议主持人开展工作。

（二）工作内容

保障会议按预订的日程顺利进行，具体工作包括检查场地布置情况、测试会议设备、摆放发言台桌卡和贵宾席座签、摆放主席台饮料、耳机、引导参会者、协调同传和资料播放、管理会议演讲人及会议流程、引导会场提问、管理会议录音和录像资料、记录会议内容等。

会议现场的管理涉及若干方面，我们将逐一理清头绪，尽可能地阐明会议现场管理的相关方面，但不可否认的是会议的现场管理需要经验的积累，多与有管理经验的会议组织者进行交流或多参加会议的组织活动都有助于更快地提供会议的现场管理水平。

（三）工作流程

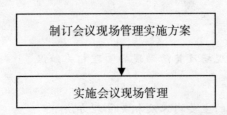

第一步，制订会议现场管理实施方案：负责会议现场管理的人员首先要在制定会议现场管理工作方案的基础上，制成小组工作流程图，并且将一些主要信息提炼出来列入会议现场工作表，以明确会议管理的具体内容、实施地点、时间、步骤及负责人员；

在会议筹备前期，已经制定了会议的日程，并且邀请了相应的演讲人、贵宾和嘉宾前来参加会议。在实施阶段，要基于上述信息将最主要的时间点和内容提炼出来，使会议现场管理相关人员明确在何时、何地需要完成何种工作，同时也便于现场落实和检核；

第二步，实施会议现场管理：根据会议现场管理工作方案的具体内容，对会议进行会前、会中和会后管理。

二、实施会议现场管理

（一）会前管理

会议开始前，现场管理人员主要有以下工作内容。

1. 检查会场布置和设备

检查会场布置是否妥当以及设备是否已经按照要求准备就位，例如，会议的桌椅是否按要求摆放，前排是否为贵宾、嘉宾或演讲人预留了座位，讲台上或讲台前是否摆放了鲜花。会议的背景板的内容是否准确无误；会议讲台的摆放位置是否适当，讲台上的话筒可否使用。如果是大型会议而且需要同传翻译的话，还要检查是否在主席台和贵宾席上摆放了同传耳机，耳机是否能够正常使用并调到了会议将使用的频道。会议设备，包括音频设备、视频设备和同传设备等是否已经测试，能够正常使用。电脑及投影仪是否已连接无误，可以使用。会议期间如果可以提问的话，提问者使用的话筒是否已备妥。

2. 检查相关物品的摆放

要检查会议主席台上是否摆放了桌卡、话筒、纸笔、会议日程或资料等。贵宾席的座签和饮料等是否已摆妥。场内的饮料或茶水是否已经摆妥。如提供资料或文具的话，是否已将其摆在适当的位置。

3. 检查相关人员到位情况

要检查相关工作人员是否已经到位，是否在已指定的岗位开展工作。技术人员是否已经就位。是否可以同组织者或演讲人在开会前进一步测试设备或沟通如何进行现场配合。同传人员是否已经到位，使其熟悉现场及同传设备，并了解其对使用的设备或对翻译工作的安排是否有何进一步需要协调的问题。如果现场需要使用无线话筒的话，是否已指定专人负责递送话筒。参加会议的贵宾、嘉宾、会议主持人、演讲人是否已到场，与其进一步协调何时以何种方式进入会场，或者由主持人与演讲人就如何介绍演讲人及演讲的顺序和时间进一步沟通。会场验证人员和引导人员是否已各就各位，开始验证和引导参会人员就座。摆放相关资料和评估表。

4. 与技术支持人员进行沟通和演练

会前需要向负责会议设备技术支持的人员提供会议现场管理工作流程图，与其沟通现场配合问题。如果是重要的大型会议的话，事先应就现场配合的流程进行演练，模拟演讲人上下台的流程及资料摆放的顺序。

开会前 1 小时左右可以由会议组织方或演讲人就该场会议拟摆放的人员进行试播，以免届时摆放时出现问题。

5. 接待演讲人和主持人

接待演讲人、主持人，向其介绍会议程序及注意事项。协助演讲人就演讲内容进行彩排或试播。

6. 引导参会者入场

包括引导会议代表入场，提示代表验证，解答代表的询问等，在会场准备就绪时引导贵宾入场就座。

7. 播放相关资料片或者宣传片

根据会议的安排及与赞助商的协议播放相关资料片或宣传片，也可以播放音乐等。

（二）会中管理

如无特殊情况，应该尽可能按照会议的日程掌控会议的进展节奏，协调会议演讲人与会议代表之间的沟通和互动。

1. 会议主持

由会议主持人提醒会议代表就座并关闭手机，并宣布会议开始，请贵宾致辞。会场管理人员在贵宾上台演讲时，要提醒其注意上下台阶的安全问题，并指示饭店服务人员及时更换演讲台和主席台上的茶水，整理和调整桌卡或座签。

2. 演讲管理

在每个演讲人演讲前由主持人介绍其简历，在分配的演讲时间将要结束时及时提醒演讲人注意不要超时。可以铃声或写指示牌的方式进行提醒。在演讲结束时对演讲人表示感谢或赠送礼品。

3. 资料播放

会场管理人员按演讲人的要求，指示操作员播放多媒体演示资料或由演讲人自行掌控讲

稿的播放。现场的技术人员要协助演讲人及时解决其在播放中出现的问题。

4. 引导听众提问

根据会议日程的安排，引导听众提问。一种方式是将会议的提问纸放在会议桌上，由会议代表填写后，交给会议主持人，然后由演讲人就提问进行回答。另一种方式是在现场直接问答。有时为活跃会场的提问氛围，主持人或会议组织者也可以事先准备些题目，然后在现场进行提问。

如何是按小组讨论的方式安排会议内容的话，小组讨论的协调人要逐一介绍参加小组讨论的人员，可以由每个参加者先简单介绍一下，然后开始引导现场听众开始提问。

5. 协调同传翻译

会场管理人员要协调会议的同传翻译，随时对翻译的质量和声音传递的质量进行检查，发现问题及时与同传人员和设备人员进行沟通，以免影响会议的演讲效果。

6. 协调餐饮时间

按会议日程并且根据会议现场的进展情况协调茶歇和就餐的时间，并及时通知负责餐饮服务的人员进行准备。

7. 会场出入和就座情况管理

派专人负责会场出入口的管理，会议开始后最好关闭靠近讲台的门，尽量避免由于人们的进进出出而干扰会议的正常进行。

视场内人员就座情况，引导迟到的人员就座并在会议座椅不足时，及时添加座椅。

8. 监控设备情况

要随时监控场内的设备情况，特别是话筒和同传耳机的声音情况，如果出现问题及时与技术人员沟通解决。

9. 记录会议内容

对会议的演讲内容进行记录，可以安排速记人员进行速记，或者安排对会议内容进行录音或录像，以便对外传播（如网上直播）、宣传，以及会后的总结、评估和资料存档。

10. 会议相关事项通知

就会议组织相关事宜通知参会者，例如，提醒参会者提交反馈表、交还同传耳机，告知其就餐地点、下一节会议的开始时间和地点、相关活动安排等。

（三）会后管理

在每场会议结束后，需要开展的主要有以下工作。

1. 引导退场

及时引导贵宾、嘉宾和与会者退场。如果需要就餐或者转场参加活动的话，需要及时引导参会人员前往。

2. 清理会场

及时收回未使用的会议资料，清理会场。

3. 为下场会议做准备

检查下一场会议的会场布置和设备情况，及时提醒相关工作人员，为下一场会议做好准备工作，指示操作员将下节会议演讲人的多媒体演示准备排列就绪。

4. 收取反馈表和资料

如果反馈表是请参会者填妥后留在桌上的话，要及时收回。此外，如果有会议的速记和音像资料的话，也要及时和服务商索要。

三、应注意的问题

为确保贵宾、演讲人及时到场参加会议，因此，需要相关工作人员间的密切配合，特别应该注意以下问题。

（一）贵宾室与会场的衔接

要及时沟通和协调贵宾室与会场的进展情况，例如，是否该到场的贵宾已经到达，会场内的参会者是否已经就座，设备是否调试完毕，主持人是否已经就位。如果会场内一切准备就绪，要及时告知贵宾室内的贵宾何时前往会场，同时提醒场内的主持人做好准备，有时非常重要的贵宾抵达会场时，需要引导参会者起立欢迎。此外，需要由专人负责引导重要贵宾在预留的座位就座。

（二）贵宾、嘉宾和演讲人的接待

会前要及时沟通出席会议的贵宾和嘉宾的情况，万一临时增加人员，要备有临时使用的贵宾或嘉宾证，及时调整座次。如果临时减少人员，也要及时调整座次。要为贵宾、嘉宾和演讲人在前排预留座位，必要时摆上桌卡。

要及时把握演讲人的到场情况，如果万一出现演讲人无法到场的情况，要及时调整会议日程。同时要注意引导演讲人到指定的会场，以免因其找不到相应的会场而延误演讲。

（三）维护会场秩序

会议开始前提醒参会者关掉手机或将其调至振动状态，以免影响他人听会。

（四）确认会议流程

开会前应与主持人或司仪确定最终的大会日程和演讲人名单。如果可能的话，在会议开始前的半小时或者1小时内安排主持人或者司仪与演讲人进行沟通，以便彼此熟悉，利于现场沟通和配合。

（五）为演讲人提供同传耳机

如果安排了同传翻译，要注意为演讲人准备同传耳机并提醒演讲人在参会者提问时戴上耳机，以免影响其与参会者的顺利沟通。

（六）内容审核

要对讲稿的内容及会场内播放的影视听资料进行事先审核，以免与会议确定的主题和内

容不符。

（七）掌控好会议进程

要掌控好会议的整体进程，控制好每个演讲人的演讲时间，现场提问时间，尽量做到按日程开会。

（八）演示资料备份和统一管理

为避免现场播放演讲稿或多媒体资料时出现问题，最好将演讲人的资料输入同一台电脑中，并在另一台电脑中做备份。播放的视频资料也要进行试播放。

（九）做好后勤保障

注意提醒饭店服务人员及时更换主席台和演讲台的茶水，并为参会者及时添加茶水。

在茶歇时，要安排相关人员负责更换桌卡、座签、茶水、引导演讲人退场和进场、引导参会者在茶歇结束后及时入场就座等。

根据每节会议的不同要求摆放桌椅或布置会场，及时清理上节会议的场地。

（十）注意场内安全

在每一场会议结束后提醒参会者保管好个人物品，特别是在会议场地发生变化的情况下，提醒参会者带好随身物品。对场内的设备进行管理，当天会议结束后要关闭会场，禁止无关人员出入。

第二节　会议活动管理

一、工作安排

（一）工作人员

会议的活动管理以管理组和礼宾组为主，但需要接待组、安保组、服务组等相关人员的通力配合。

相关人员要明晰负责的具体工作内容及工作流程间的衔接，例如，管理组人员主要负责会场内相关事项的协调和管理。礼宾组人员主要负责贵宾迎送、宴会和活动中的引导及相关活动的组织。接待组则负责会议代表的接送和活动间转移场地时的交通安排。安保组则要负责贵宾和会议代表的安全保障。服务组要负责落实活动相关的后勤保障事宜，例如，提供餐饮服务。

（二）工作内容

会议期间的活动主要包括开幕式、闭幕式、社交、展示、娱乐、宴会等活动，到现场实施阶段主要是根据拟组织的活动逐一进行组织和实施。

（三）工作流程

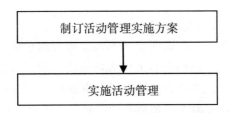

第一步，制订活动管理实施方案：负责活动管理的人员首先要在活动组织工作方案的基础上，将现场活动的节点和主要内容提炼出来，列明现场活动的时间、地点、规模、需要完成的主要工作及其负责人员，制定现场工作流程图及工作表；

第二步，实施活动管理：根据活动的具体安排逐一进行实施和管理。

二、实施活动管理

（一）开幕式和闭幕式

开幕式和闭幕式通常需要邀请若干重要的贵宾和嘉宾出席，并请其中的1～3位致开幕词或者闭幕词。在前面的章节中我们已提及重要贵宾和嘉宾礼宾接待应注意的问题，在现场特别要注意以下主要环节。

1. 贵宾和嘉宾入场前

在贵宾和嘉宾入场前，要引导场内人员就座并做好开会的准备，然后通知贵宾室工作人员场内准备就绪，请贵宾和嘉宾入场。

2. 引导贵宾和嘉宾就座

在相关工作人员将贵宾和嘉宾从贵宾室引导至会场时，首先，要引导其就座。负责引导的人员一定要明确相关贵宾和嘉宾的就座位置和引导流程，例如，是直接上台就座还是在台下就座，讲话时再上台。为避免出现问题，最好事先逐一明确指定重要贵宾的引导人员。

3. 会议主持人

会议主持人也要明确自己的站位地点，例如，是在同一个讲台介绍致辞人，还是使用不同的讲台和话筒进行介绍，同时要了解会议的议程安排。

4. 提前确定是否进行现场问答

另外开幕式上有时会安排重要人物进行演讲，主持人应该事先征求演讲人的意见，确定是否需要进行现场提问以及提问时间的长短。

5. 安排贵宾和嘉宾退场

出席会议的贵宾和嘉宾如果在开幕式后退场的话，主持人要对贵宾和嘉宾出席开幕式表示感谢，并引导与会者欢送其退场，并且及时更换下一节会议演讲人的桌卡和饮料。

（二）招待酒会或宴会

1. **招待酒会**

招待酒会一般气氛比较活跃，可以安排相关人士进行简单的讲话，然后主要是参加会议的人员间自由交流。需要注意安排相应的工作人员负责引领部分贵宾、嘉宾和演讲人，为其进行介绍或者安排相应的翻译，其他参加者可以自由进行交谈和沟通。

同时需要提醒餐饮服务商及时为参加酒会的人员补充酒水、饮料及小茶点。

2. **宴会**

宴会则要正式些，宴会前需要按照事先的规划摆放主桌、次主桌和普通桌，有时还需要安排赞助商桌。主桌和次主桌需要排定就座人员的姓名和座次，在桌卡上写上就座人员的姓名，在摆放时要考虑人员就座的礼宾次序，主人的右手为最重要的宾客，左手为次重要宾客，主人的对面为第二主人。如果需要翻译的话，至少要配备一名翻译。赞助商桌由赞助商自行邀请相关宾客就座，但在桌子上需要摆放相关赞助商的台卡。其他普通桌一般不确定就座人员的姓名，但如果同时举办分论坛的话，为便于同一论坛的人员之间的交流，也可以按行业或者公司性质分桌就坐。为便于分桌就坐，可以在宴会请柬上表明桌号，同时可以在入口处以图形表明现场的餐桌摆放的位置，并在会场内配备人员进行引导。对于重要的贵宾和嘉宾要由专人负责引领。

负责宴会管理的人员需要事先检查宴会场地布置情况，包括主桌、次主桌、赞助商桌的布置及台卡、菜单的摆放。如果安排有演讲或者演出，需要检查设备安装情况。此外，需要安排人员引导参加宴会的人员入场，宴会期间则需要与餐饮服务商保持沟通，按照宴会的日程安排，提供餐饮服务。宴会期间如果安排有演出的，需要专人负责协调演出活动的进行。如果需要播放音乐时需要提前准备，对播放的音乐歌曲需要进行事先审核。

（三）展示会

由专人负责展示会的管理与协调工作。在展示会开始前，要与场地提供方协商解决展品的运入和运出问题，为参展商提供相应的电源，并告知展商需要采取的安全措施及布展须知。展示期间，要求参加展示的人员按时到场，热情为参观者解答问题，并注意维护现场的秩序，以良好的形象配合会议的进行。展示结束后，要按照与场地方的协定，及时撤场。

此外，还需要引导参加会议的人员参观展览，最好是在会议日程内预留一定的时间作为参观展览的时间。

（四）交流活动

会议期间的交流活动可以是多种多样的，如在酒会、茶歇、午餐会、宴会等多种场合进行，同时也可以根据情况安排专门的洽谈和对接活动，例如在专门划定的场地设置桌椅，由相关公司摆上台卡和资料，与潜在合作伙伴进行单独交流活动，或者进行一对一洽谈。组织方要事先确定洽谈和对接的形式，并邀请相关企业参加洽谈和对接活动。

（五）文体活动

根据会议事先策划开展文体活动，例如，组织高尔夫球活动，要事先统计好拟参加的人数，落实相关场地的设施、价格，由专人组织会议代表前往参加。如果要组织文艺活动的话，也要事先统计好人数，并将票证发放到代表手中。如果文体活动时可以安排车辆接送的话，需要说明在何时何地上车、车辆编号。

三、应注意的问题

（一）事先规划

会议期间的活动事先要进行详尽的规划并制定现场实施方案，将相关职责落实到人，逐项工作的实施和检核，包括活动的日程安排、场地、设备、礼宾接待、安全保障、后勤保障等若干工作事项。

（二）相互配合和衔接

组织活动时，涉及的工作组比较多，环节也比较多，因此更要注意相互间的配合和衔接。例如，贵宾参加活动时通常都会先进入贵宾室，等场内人员就座后才会步入会场，因此要衔接好从贵宾室到会场的引导。组织文体活动时，也要衔接好车辆的接送。展示、洽谈和会议间的日程衔接也要注意既要保证会议的正常进行，也要兼顾到参观展览和洽谈的时间安排。

（三）安全保障

活动期间参加的人比较多，流动性比较强，更应该注意安全保障问题，例如，宴会的场地要预留人员紧急疏散的通道，主桌的摆放位置要避开悬挂的灯饰。提醒负责人员接送的司机注意交通安全。在活动期间要安排医疗救护人员，以防万一。同时也特别注意食品安全，必要时需要对食品进行检查和留样。

（四）礼宾接待

注意安排相关人员负责贵宾和嘉宾的接待和引导，如果有演出人员的话，也需要专人负责管理。

（五）审核节目及拟播放的音像制品

如果安排演出活动，需要对节目提前进行审核。如果现场需要播放音像制品，也需要进行筛选和审核。活动期间需要播放国歌时，更要注意进行试播放，并指定专人负责按时播放，以免发生届时无法正常播放的情况。

本章小结

1. 会场管理主要包括检查会场设施和设备、检查人员就位情况、管理演讲人、提供技术服务和保障、提供后勤保障等；

2. 活动的管理主要包括对开幕式、闭幕式、社交、展示、娱乐、宴会等活动的管理，需要事先做好详尽的规划，制定实施细则，以便现场落实。

思 考 题

1. 会场管理包括哪几个环节？各环节的主要管理内容有何不同？
2. 会议现场活动的种类及主要管理内容？

第十三章 会议场地及设备管理

> 学习目标

通过本章的学习，了解会议的场地布置、设备安装和技术支持相关问题，以及如何对其进行管理。

> 技能掌握

——了解场地布置需要注意的相关问题

——掌握如何对会议场地进行管理

——了解设备安装需要注意的相关问题

——了解现场技术支持的相关要求

第一节 会议场地布置及管理

一、工作安排

（一）工作人员

场地布置主要由会议服务组负责协调，负责场地布置的公司及场地提供方（如酒店）来共同完成。场地管理则主要由管理组及其他场地使用人员负责管理。

负责场地布置和管理的人员要对场地的布置要求和使用情况了如指掌，并且具有较强的协调能力，能够与负责场地布置的公司、场地提供方和场地使用方进行良好的沟通，确保按时按质完成场地布置任务，合理地使用各场地。

（二）工作内容

在会议前期筹备阶段，已经对场地布置提出了具体的要求，到现场主要是按照设计好的场地用途和布置要求在规定的时间内完成场地的布置任务。

（三）工作流程

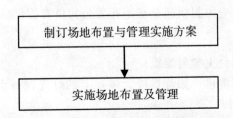

341

第一步，制订场地布置与管理实施方案：场地管理包括场地布置和场地使用管理两个方面。在前期场地工作方案基础上，明确现场场地布置及其管理的主要内容、时间、地点、负责人及相关事项，制定工作流程图和现场工作表；

场地管理工作方案要明确每一个场地由谁负责布置和现场管理，通常而言场地布置由服务组负责，但是场地的管理则由管理组或者相关使用者具体负责管理。

在会议前期筹备时期制定的场地布置工作方案中，已经明确了每个场地布置现场负责人、施工人员和技术人员，同时也对何时何地完成布置及如何布置提出了明确的要求。但是该工作方案适合于具体的场地布置人员使用，而不太适于上一级负责人检核或者为其他小组人员提供场地布置信息，因此可以在该工作方案的基础上，将一些场地布置的主要因素提取出来，以现场工作流程图或者工作表的方式加以体现，这样对于何时何地由何人负责完成何种工作就一目了然了，便于对场地布置情况进行检核，也便于相关人员了解场地布置的具体安排。

场地布置工作表中主要涉及时间、场地、工作人员、负责人、相关组别等相关信息，但并不包括各场地具体的布置要求，具体的布置要求在场地工作方案中体现。

场地管理实施方案由场地使用者具体制定，例如，对贵宾室、演讲人休息室、赞助商室、媒体采访室、秘书处等如何安排使用和管理由具体负责使用该场地的工作组或者负责管理的人员进行规划和现场管理。

第二步，实施场地布置及其管理：根据工作方案、工作流程图或者现场工作表及时完成各场地的布置并交由相关人员负责对场地的使用进行现场管理。（见下页13.1.1案例）

二、实施场地布置及其管理

（一）会前场地布置协调

在场地布置和安装相关道具之前，负责场地布置的人员要特别注意与相关合作方的意见沟通和协调。

1. 场地供应方

——是否允许非场地供应方指定的公司进场施工；

——要与其协调好何时允许进场施工和撤场的时间，布置用的道具可以从哪个门运入、运出的时间等。

——施工应注意的事项，例如，损坏东西如何赔偿；

——会场使用时间及布置要求，告知其讲台和场内桌椅如何摆放、何时摆放；是否由其负责提供讲台的花草及台卡和桌签；

——指示牌是由场地供应方提供还是场地布置公司负责提供。

2. 设备供应商

——与其协调设备在舞台上如何走线；

——灯光设备由哪一方提供，如背景板、展板上的灯光设备由场地布置公司提供，其他由设备供应商提供；

——投影屏幕如何安装，是否需要嵌在框架或幕布内，如需要的话，要事先协调好尺寸。

13.1.1　案例

××年APEC工商领导人峰会场地及设备现场工作表

日期	时间	站位地点	工作项目	工作人员规划	负责部门	负责人	备注
10日		1. 浦东香格里拉大酒店二楼青岛厅 2. 浦东香格里拉大酒店二楼青岛厅、浦东香格里拉大酒店三楼杭州厅、金茂凯悦二楼嘉宾厅	1. 秘书处布置 2. 局域网联接	施工人员 2人、技术人员2人	服务组	1. ××× 2. ×××	秘书处、会议管理组
15日		1. 香格里拉大宴会厅、前厅 2. 香格里拉大宴会厅 3. 香格里拉 3楼前厅	1. 香格里拉大宴会厅、前厅布置 2. 香格里拉大宴会厅设备安装 3. 香格里拉注册设备安装 4. 办公设备保障	施工人员 10人 技术人员 5人	服务组	1. ××× 2. ××、×× 3. ××× 4. ×××	会议推广组、会议管理组

续表

日期	时间	站位地点	工作项目	工作人员规划	负责部门	负责人	备注
16日		1. 香格里拉大宴会厅、前厅	1. 香格里拉大宴会厅、前厅布置	施工人员10人	服务组	1. ×××	会议推广组、会议管理组、新闻组
		2. 香格里拉大宴会厅	2. 香格里拉大宴会厅设备安装	技术人员5人		2. ××	
		3. 香格里拉3楼无锡、苏州、桂林厅和香格里拉2楼长春、北京、上海厅	3. 领导人会见室和赞助商会客室布置			3. ×××	
		4. 香格里拉饭店3楼南京厅、香格里拉饭店2楼沈阳厅：	4. 新闻访谈室、记者中心布置			4. ×××	
		5. 金茂凯悦大宴会厅	5. 金茂凯悦大宴会厅布置			5. ×××	
		6. 金茂凯悦大宴会厅	6. 金茂凯悦大宴会厅设备安装			6. ×××、×××	
			7. 办公设备保障			7. ×××、×××	
			8. 准备资料袋、礼品			8. ×××、××	

续表

日期	时间	站位地点	工作项目	工作人员规划	负责部门	负责人	备注
17日		1. 香格里拉大宴会厅、前厅	1. 香格里拉大宴会厅、前厅布置	施工人员10人	服务组	1. ××××	会议推广组、会议管理组、组
		2. 香格里拉VIP室	2. 香格里拉VIP室布置	技术人员5人		2. ××××	
		3. 香格里拉大宴会厅	3. 香格里拉大宴会厅设备安装			3. ××××、××	
		4. 金茂凯悦大宴会厅	4. 金茂凯悦大宴会厅布置			4. ××××	
		5. 金茂凯悦饭店2楼双鱼8、白羊厅、嘉宾厅	5. 秘书处、嘉宾厅布置			5. ××××	
		6. 金茂凯悦大宴会厅	6. 金茂凯悦嘉宾厅布置			6. ××××、××	
		7. 金茂凯悦嘉宾厅	7. 金茂凯悦大宴会厅设备安装			7. ××××、××××	
		8. 金茂凯悦嘉宾厅	8. 金茂凯悦嘉宾厅设备安装			8. ××××、××××	
			9. 办公设备保障			9. ××××、××	
			10. 文印、资料发放			10. ××、××××	
			11. 茶点供应			11. ××、××××	

345

续表

日期	时间	站位地点	工作项目	工作人员规划	负责部门	负责人	备注
18日		1. 香格里拉大宴会厅、上海厅 2. 金茂凯悦大宴会厅 3. 金茂凯悦嘉宾厅 4. 香格里拉、金茂凯悦	1. 香格里拉大宴会厅会场布置 2. 金茂凯悦大宴会厅宴会布置 3. 金茂凯悦嘉宾厅会场地布置 4. 香格里拉、金茂凯悦设备调试	施工人员10人 技术人员5人	服务组	1. ××× 2. ××× 3. ××× 4. ×××、×× ×	会议管理组、

填写说明：

1. 以上为 APEC CEO 现场整体活动(10 月 10—20 日)的总表样本；

2. 请按照日期和时间线写各自在整个活动期间的整体方案，时间方面请按照场地、任务的不同进行填写；

3. "工作人员规划"请注明需要的工作人员总数量、类别，如引导 1 人、通关 2 人等；

4. "站位地点"指执行以上工作项目的工作人员的站位地点；

5. 备注中可以标明需要其他组配合或或用于提醒相关工作人员注意的事项。

3. 会议组织方

——协调布置完成后的检核时间，由谁负责检核，特别要安排专门人员负责校对现场的文字部分有无错误，当然相关文字应在印制前核对，现场主要查看是否贴错了地方或有无需要改进的地方。

4. 场地具体使用方

与各场地的不同使用者沟通其不同的使用要求，按照其要求布置场地。例如，贵宾室的桌椅可能需要布置成会客式、秘书处可能布置成办公式、媒体采访室要布置成访谈式等。

（二）会中及时调整场地布置

有时由于场地有限，同一个场地在不同时间会安排不同的用途，例如，前一晚用作宴会场所，第二天可能是主会场，第三天可能要改成分会场，因此要根据主办方的不同要求及时调整场地的布置，特别是在变换场地布置时间衔接较紧的情况下，更要注意保证施工的质量。

为便于有效开展工作，最好能够准备各场地布置示意图，在图上表明需要摆放的桌椅及其位置和数量。示意图要事先提交给场地供应方一份，并与其沟通好何时需要按何种方式摆放会场的桌椅。此外，还要为场地供应方提供最新的会议日程，使其对会议的场地布置要求及使用时间有个总体的了解。

（三）检查会场布置情况

在会场布置完毕之后，要有专人根据各会场的布置要求进行检查，例如，背景板上的字是否正确和平整。讲台的位置是否妥当，讲台上的台卡是否已摆好，会场内的桌椅及纸笔等是否已经摆好，是否预留了贵宾、嘉宾的座位等。

（四）会场布置的特殊要求

某些有国家领导人出席的重大国际会议，要对场地进行安全检查，有时在会场布置材料运进场时就要进行检查，等会场布置完毕后还要再次进行检查。在此情况下，一定要与负责安全警卫的单位进行协调和沟通，并留足施工和检查的时间，以保证场地布置工作的顺利进行。同时，在会场经过安全检查后要封场，不允许人员随便进出。在此种情况下，会议主办方对相关场地布置和设备安装的检查要确保在封场前完成。

（五）场地标识

场地标识实际上属于场地布置的一部分，主要包括秘书处及服务区指示牌、方向指示牌、功能厅指示牌、停车场指示牌、赞助商相关指示牌和会议信息指示牌等。

例如，为对会议代表前来参会表示欢迎或对赞助商表示感谢，有时需要在会场外摆放大型背景板等，同时为便于会议代表参会，要在现场相应的部位摆放指示牌，如果是电子显示牌的话，相关内容事先要与酒店方沟通，并商定显示的时间及频率。纸介指示牌的内容也要事先与酒店或其他相关制作方进行沟通。上述标识摆放的位置也需要事先与酒店方协商。

因为场地表示有时由会议组织方自行准备，有时由酒店方提供，因此需要进行事先协商并且明确由何方负责落实。

（六）专人负责场地管理

会议场地布置完毕后，由相关的小组或指定专人对会议场地进行使用管理，例如由会议管理组负责会议的场地管理，新闻组负责采访室的管理，礼宾组负责贵宾接待室的管理，赞助商接待人员负责赞助商室的管理等。如果同一场地将由不同的人员使用的话，需要专人负责进行预约登记，以免发生场地使用的冲突。

（七）撤场

在会议结束后，要按照与会议场地供给方的协定，及时将所用道具撤离会场。如果对所在场地设施等造成损坏要由负责场地布置的公司负责相应的赔偿，并且最好与场地供应方事先明确一旦发生此种情况如何解决。会议主办方要与负责布置场地的公司商定何时进场和撤场。主办方和撤场方都在撤场现场以解决遇到的问题。

三、应注意的问题

会议场地布置对保证会议是否能够顺利进行至关重要，应该特别注意以下问题。

（一）事先沟通

负责场地布置的公司或者人员应该与会议主办方、场地使用者、酒店、设备供应商等事先进行充分的沟通，明确场地的布置要求，并以文字和图形的方式加以明确。

（二）按时完成场地布置

场地布置要按时完成，并且确保质量，不能因为时间紧而影响布置的效果和质量。

（三）充分的时间保证

尽可能留有充足的时间进行场地布置，并在布置完成后、场地使用前进行检查，发现问题及时进行调整和弥补。

（四）预先演练

如果由于场地所限必须中间调整场地用途及其布置的话，例如，从会议场地改为宴会场地，要确保能够及时完成，必要时需要酒店安排翻台演练。

（五）专人负责场地使用管理

指定专门人员对各场地的使用进行管理，协调与场地布置公司、餐饮服务人员及会议人员间的联系，届时解决场地使用期间发生的问题。

第二节　会议设备安装及技术支持

一、工作安排

（一）工作人员

设备安装及其技术支持主要由会议服务组负责协调酒店和设备供应商来共同完成，但是需要会议管理组事先提出现场技术支持的具体要求，并且与设备供应商就现场影视资料的播放进行现场配合的演练。

负责设备的人员要对所需的设备情况比较了解，对关键性的设备的质量特别注意重点保障。大型会议所需的设备最好请专门的技术人员对设备的质量、线路和配置情况进行把关。同时，负责设备的人员要具备较强的协调能力，能够协调好设备技术人员、会议管理组和场地提供方等若干方人员间的协作关系并解决临时出现的相关问题。

（二）工作内容

按照会议对设备的需求按时进行安装并且提供现场技术支持，以确保会议的正常进行。

（三）工作流程

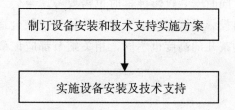

第一步，制订设备安装和技术支持实施方案：设备管理包括设备安装和技术支持两个方面。在前期设备工作方案基础制定工作流程图或者工作表，明确现场设备管理的主要内容、时间、地点、负责人及相关事项；

设备的安装主要包括会议设备、网络设备和办公设备的安装。在会议筹备前期已经规划了会议设备、网络设备和办公设备的具体需求并选择了相应的供应商等。在现场阶段则要根据已经确定的需求，制定专人负责设备的安装和提供现场技术支持，即要明确何时何地何人负责何种设备的安装，以及何时由谁来检查设备的安装情况，在现场由何人负责设备技术支持的协调工作，由何人负责设备的技术保障及相应的管理。

在设备工作方案的基础上提炼出设备现场工作表，主要列出了各会议场所设备安装的时间、负责实施的人员、负责人等。而每个场地具体设备需求则体现在会议前期的设备工作方案及设备需求清单中。

第二步，实施设备安装及技术支持：根据工作方案和现场活动总表及时完成设备安排并提供现场技术支持。

二、实施设备安装和技术支持方案

（一）会前检核设备质量

关键性设备在现场安装前要派人检查其质量如何，例如，投影和同传设备，必要时要求设备供应商提交设备安装的线路图，交由会议设备专家进行检核，对一些达不到标准的设备及时进行调换。

（二）会前与相关方进行协调

设备安装及技术支持涉及方方面面，在安装前要与各相关方进行事先充分的沟通和交流，以确保现场设备安装工作的顺利进行。

1. 场地供应方

如场地布置一样，设备安装也要事先与会议场地方协商何时进场进行安装和撤离设备。需要了解场地方的电力保障情况，以免因电力负荷问题出现故障。同时要了解场地方对设备安装的相关规定，包括设备安装的位置和如何走线更安全的问题。

2. 协调与场地布置公司的进度

有时设备安装要与场地布置工作同时配套进行，例如，投影的幕布要嵌在预制的框架中时，或线路要走在讲台下。因此需要预先与负责场地布置的公司沟通好相关尺寸，以免现场因尺寸不对，安装不上去。同时安装投影屏幕时也需要考虑与会者的视觉高度，设备供应商应可以向场地布置公司提出投影屏幕安在离地多远的位置比较合适的建议。同时，使用的话筒不同，演讲人面前摆放的茶几的高度也不同，相关细节都应该事先与场地布置公司或者场地供应方进行协商。

3. 其他设备供应商

如果音视频设备与同传设备供应商不是同一家公司，他们之间的合作也需要提前进行协调。例如，音视频设备供应商要确保能够提供清晰的信号给同传设备，同传设备的翻译声音则需要传给音视频设备供应商进行录音，以便留作会议资料或者将相关信号传给媒体使用。有时还需要向闭路系统传输信号。

4. 媒体

重大的大型会议可能会有许多媒体到场进行采访，因此有时需要设备供应商向其提供信号。当某些媒体进行现场直播时，也需要得到设备供应商的配合。

5. 会议现场管理人员

会议设备主要是为了配合会议对设备及其技术的需求。因此，会议主办方负责会议现场管理的人员需要事先与设备技术人员进行沟通和配合。第一会议现场管理人员要将会议日程提供给设备技术人员，使其了解会议的进程和时间安排；第二会议现场管理人员对技术人员如何配合会议的进行要有明确的指示，最好是编辑会议脚本，即详细描述几点几分，某演讲人讲话时屏幕上放什么画面，是静态画面还是动态画面；是单侧放演讲提纲，另一侧放演讲人画面，还是两侧都放演讲提纲。何时播放音乐、何时播放宣传短片、何时播放会议静态标志或其他资料。同时播放的音乐应该经过会议管理人员预选审定，以免发生问题。第三会议现场管理人员与设备技术人员进行共同彩排，按事先写好的脚本进行配合，同时也可以更为精确地掌控时间。第四，现场要有专门的会议管理人员在设备技术操控人员旁边提醒其及时切换画面或信号，电脑的操控人员最好由会议管理人员担当，但是必须事先与设备技术人员协调好如何进行信号的切换，为确保万无一失，应该有两台电脑连接在投影仪上，以便一台出现问题时，马上可以切换至另一台。重要大型会议的设备连接，应该有备份方案，以保证会议的不间断进行。

13.2.1 案例

笔记本电脑和音视制品管理方案

对会议所用电脑的性能进行考察，确保电脑工作的稳定性。上述电脑会前拟由会场服务组统一保管，会议期间将用于以 PowerPoint 方式演示发言人提纲，届时每台电脑将安排一名志愿者在发言人发言时负责操作。为此要求会议管理组最晚于 9 月 15 日前提供需要 PowerPoint 进行演示的发言人名单、发言时间、文稿内容及其所用 Power-Point 文件（由会议管理组编制）的软盘，以便我们熟悉发言内容并对有关志愿者进行必要的培训。我们计划在 10 月 18 日进入会场，测试有关接驳和投影设备，力保在后两天的会议中电脑演示不出现问题。现场操作由会议服务组负责，何时演示什么内容由会议管理组现场指挥。

此外，希望会议管理组于 9 月 15 日前提供需要发言提示器的人员名单、发言时间、文稿内容及彩排时间，以便我们安排设备公司人员提前制作和现场配合。

会场内所播放的音视制品由新闻组和活动安排组提交给会议管理组，由其纳入现场会议内容管理流程，并于 9 月 15 日前将音视制品提供给我们供会议设备供应商试机，会议期间在会议管理组指挥下进行播放。

6. 与演讲者和同传人员间的配合

现在许多会议都需要用投影仪将演讲人的讲稿投放到屏幕上，为避免现场连接造成时间的延误，最好事先将所有该会场的演讲人的讲稿存在同一台电脑里，同时安排另一台作为备份。但有时演讲人会对一些已提交的资料进行修改，因此会议管理人员需要及时进行更新，在告知负责播放的人员的同时将更新稿件交给同传人员。

如果时间允许的话，可以在会议开始前安排演讲人与技术支持人员进行沟通，进行讲稿试播放，以确定开会时不会由于制式或安装软件的不同而影响播放。

（三）会中及时调整设备布局

有时由于会议场地用途的变化，需要安装相应的会议设备，例如，全体会议的会场有可

能分为2-3个平行会议的会场，因此每个分会场可能会增加不同的会议设备。设备供应商要了解会议不同场地、不同时段、对会议设备的不同需求并及时进行调整。

（四）提前进场检查设备

在会议开始前技术人员要提前进场检查设备，每半场活动前都要确保技术人员提前进入岗位，会议管理人员也要提前到场，提醒技术人员做好会议前的准备，例如，调好声音话筒的音量、调好灯光、放好话筒、摆好投影仪等，并对相关设备一一进行测试。现场提问用的无线话筒要有专人负责，以免使用时找不到。有时会议衔接较紧时，要安排好技术人员的就餐，以免因为就餐问题影响人员的到位。

（五）提供优质的技术保障服务

会议现场技术保障服务的质量至关重要，会议主办方事先要与会议设备供应商就现场的技术保障问题提出明确的要求，希望设备供应商提供最好的技术人员负责现场的支持和服务。重要的大型会议可以要求设备供应商提供现场技术保障人员的名单和背景情况，以确保届时不会因为临时换人而影响了技术保障的质量。

技术人员要对工作认真负责，保证提前到场检查设备质量、试音。会议期间要集中精力，不要因为聊天或注意力不集中而出现信号切换错误等情况。

（六）同传耳机的管理

要注意检查同传耳机的质量，如果有问题的耳机就不要提供给与会者使用。在为贵宾、嘉宾或者演讲人摆放耳机前，最好试一试耳机是否好用，并将耳机调整到适宜的频道和音量。

另外，一定要由专人负责耳机的收发工作，进行严格的管理以防止耳机的丢失。重要的国际性会议一般不要求与会者在使用同传耳机时低押证件或签字，因此更要注意科学有序的管理。

13.2.2　案例

同传耳机管理方案

人员管理及工作程序：10位志愿人员分为四组，分别负责会场内与会代表（6人）、主席台及嘉宾台（1人）的同传耳机发放和会场门口耳机管理和咨询（3人），各组分别由一人担任小组长。20日分组会议期间人员将按三个场所分别调配。会议进行中轮流派3名志愿人员负责场内管理、3名负责门口管理和咨询。会前各小组长与设备公司人员清点所领设备数目，会议结束后再次清点核对。

发放及归还方式

会议前半小时志愿人员将耳机发放在会场的座位上，在会议结束时通知与会代表等在场人员将耳机放在座位上，由志愿人员统一收回清点，并分派人员在门口进行善意的提醒，保证耳机的及时归还。

耳机发放及归还时间安排

18 日 13：00 在金茂大厦大宴会厅内发放耳机，主席台及嘉宾台（1 人），与会代表座位分成三个区域，各由 2 人负责耳机发放。17：00 收回，清点后由设备公司保管。

19 日 8：30 在浦东香格里拉饭店大宴会厅内分组发放耳机，12：15 收回，清点数目。

12：00 抽派 7 人（每组 2 人）前往金茂大厦大宴会厅内分发午宴时所用耳机。1 人负责主席台及嘉宾台，与会代表座位分成三个区域，分别由 2 人负责并在发放后进行现场管理。14：00 收回，3 人负责清点，其他人 13：30 回香格里拉。

13：45 由 7 人在浦东香格里拉饭店大宴会厅内发放耳机。1 人负责主席台及嘉宾台，与会代表座位分成三个区域，各由 2 人负责耳机发放。17：00 收回，清点后由设备公司负责保管。

20 日 8：30 在浦东香格里拉饭店大宴会厅内发放耳机，10：45 分组会议开始前通知与会人员将耳机带往分组会场并在分组会议结束时将耳机带回主会场。三组人员分别在三个分会场（北京厅、上海厅、长春＋大连厅）进行管理。17：40 收回，清点后与设备公司检验设备数目与状况。

（七）办公设备的安装及技术支持

如果在现场设立秘书处，需要在会议开始前一天完成相应的布置并安装好必要的设备，例如，电话、复印机、传真机、打印机和电脑设备等。如果需要自带设备的话，需要与酒店方协商安装相关事宜。如果需要电话线、网络线等也要事先与酒店沟通好。秘书处需要的桌椅及其如何布置要事先与酒店沟通。

秘书处还需要备妥相应的文具以备不时之需，提供饮水机或者饮料供工作人员使用。

办公设备相对而言较为简单，但也需要专人负责管理，设备一旦发生故障时及时排除。工作人员使用的对讲机等需要进行登记，以免遗失，同时也要注意及时充电，以不影响使用。

（八）网络设备的技术保障

网络设备的技术保障主要由网络公司或酒店负责，要注意保证线路的通畅使用，并在出现问题能够及时加以解决。

（九）通讯联络设备

为保证会议工作人员之间在会议现场的沟通和联络，可以使用电话或者对讲机等。其中对讲机现场联系起来较为方便些，不同的小组可以设定不同的通讯频道，并制定某一频道作为会议的现场指挥频道。对讲机分别由相关人员负责保管和使用。

（十）撤场

在会议结束后，要按照与会议场地供给方的协定，及时将所有设备撤离会场。如果对所在场地设施等造成损坏要由负责设备安装的公司负责相应的赔偿，并且最好与场地供应方事先明确一旦发生此种情况如何解决。会议主办方要与设备供应商明确何时进场和撤场。

三、应注意的问题

（一）确保设备质量

要事先明确对设备的质量要求，对某些达不到要求的设备要及时更换。同传设备的质量对会议影响巨大，最好事先在其他会议使用时进行试听。

（二）检核设备安装、保证人员到位

每场活动开始前都要进行设备的测试和检查，技术人员必须提前到场进行准备。

（三）严格设备管理

对讲机、同传耳机的管理要及时到位，以避免丢失。

（四）明确技术保障要求

要对会议设备的现场技术支持提出具体要求，并保障现场的服务质量。

本章小结

本章主要涉及场地的现场布置和设备的安装及技术支持。

1. 在场地布置和设备安装前一定要有详尽的实施方案，同时制定现场工作表，以便相关人员各负其责、井然有序地开展工作；

2. 相关方之间的沟通至关重要，没有前期充分的沟通和协调，现场就可能出现配合上的问题；

3. 要及时检查和解决场地布置和设备安装施工中出现的问题，尽可能地做到早发现早解决，以免延误会议的如期进行；

4. 事先充分了解场地和设备使用者的具体需求，现场指定专人负责与使用者保持沟通，及时调整和解决其对场地和设备的需求。

思 考 题

1. 如何制订场地布置实施方案？
2. 场地布置需要注意协调好哪几种关系？
3. 场地布置需要注意哪些问题？
4. 如何制订设备安装和技术支持的实施方案？
5. 设备安装及技术支持需要协调哪些方面的关系？
6. 如何对会议进行技术支持服务及应注意的问题？

第十四章 会议新闻宣传管理

学习目标

了解会议期间如何对新闻宣传进行管理。

技能掌握

——学习会议现场如何接待媒体人员并为其开展工作提供便利

——学习如何准备新闻资料

——了解如何组织新闻发布会

——了解如何组织专访和安排现场报道

——了解媒体中心相关事宜

第一节 会议新闻宣传管理工作安排

（一）工作人员

新闻宣传由新闻组负责，但需要会议管理组、安保组和会议服务组等的密切配合，其中会议管理组需要提供会议相关的资料、会议日程及演讲人背景资料等，安保组需要协助维持现场采访的秩序，确保参会贵宾、演讲人及其他人员的安全，会议服务组要为媒体准备参会资料并为其开展工作提供后勤保障。

（二）工作内容

新闻宣传的目的是为了引起更多的人关注会议的进展情况和取得的成果，从而扩大会议的知名度和影响力。

会议期间新闻宣传的工作内容主要包括媒体人员参会管理、摄影摄像、新闻发布、人员专访、现场直播和报道、媒体中心。

（三）工作流程

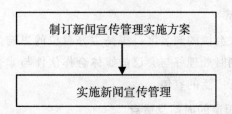

第一步，制订新闻宣传管理实施方案：负责新闻宣传的人员在制订现场新闻宣传工作方案的基础上，围绕现场新闻宣传活动，例如，媒体参会人员管理、摄影和摄像、新闻发布、

人员专访、现场直播和报道、媒体中心等制定现场工作表。列明各项工作需要实施的时间、地点、具体工作内容、相关人员及负责人员，以便于现场落实和检查；

第二步，实施新闻宣传管理：根据新闻宣传工作方案和现场工作表的具体内容，逐一落实和完成相应的新闻宣传工作。

第二节　实施会议新闻宣传管理

一、媒体参会人员

（一）工作人员

媒体人员由新闻组负责接待。但需要会议管理组提供会议的相关资料，服务组提供相应的服务。

相关工作人员要熟悉会议背景、主题、日程安排等，能够为媒体人员提供会议的基本情况，具有良好的沟通和协调能力。如果是国际会议的话，需要具备一定的外语会话水平。

（二）工作内容

根据会议需求，在会议筹备期间开始邀请若干媒体人员前来参加会议，为其提供会议的基本背景情况和会议日程。

在会议现场设置媒体注册和咨询台，为其办理相关注册手续、发放证件和媒体资料袋。资料袋中除一般性会议资料外，要有为媒体准备的新闻稿。指定专门人员负责对媒体的咨询和服务，协助其联系相关人员进行现场采访或专访。协助其解决设备保障、技术支持等问题。条件允许的情况下，为其提供专门的场地作为新闻中心，并提供茶水服务。

（三）场地及资料需求

需要在会场设置媒体注册和咨询台，准备媒体人员证件、会议资料和新闻稿。

为媒体人员准备的资料除会刊、参会人员名单等，还要为其准备新闻发布稿，主要包括会议情况简介、重点活动内容。

（四）应注意的问题

1. 协调好与媒体的关系

会议的对外宣传对扩大会议的知名度、提高主办单位的影响力至关重要，因此要注意协调好与媒体的合作关系，同时处理好与会议的媒体合作伙伴与非合作伙伴的关系，尽可能调动媒体的积极性对会议进行广泛的宣传。

2. 事先与媒体协调好报道的时间及重点

要事先与相关媒体协商好到会进行报道的时间，为其提供会议相关的资料，使其了解会议的日程及会议期间的重要活动、重要贵宾和演讲人，确定会议报道的重点。如进行采访和专访的话，也要事先加以安排。

3. 明确合作关系和合作内容

对于会议的合作媒体，事先要明确合作的内容和具体要求，包括费用如何负担。如进行网络报道，要明确是否对会议进行全程报道，是进行视频报道还是文字报道，届时由哪一方负责会议内容的速记并承担相应的费用。平面媒体合作伙伴，也要商定对会议进行几次报道，所用的篇幅是多大，对报道的内容有何要求。

4. 为媒体提供新闻稿

会议主办方要为媒体提供尽可能多的新闻素材，如可能的话，可以每日编撰会议的动态新闻并提供给相关媒体。对媒体就会议相关问题的提问要尽可能予以解答。

对于会议期间将发布的新闻资料、发布的频率、数量和时间、资料如何印刷和发放要事先进行规划，同时指定专人负责编写会议的新闻稿。

5. 专人负责接待

应该指定专人负责媒体人员的现场接待，明确工作内容和相应的咨询服务机制，包括遇有特殊情况向何人请示和汇报，对于事先未报名的媒体人员是否允许其参加会议等。

6. 收集和保存新闻宣传资料

对于参会媒体对会议的报道要进行跟踪，收集相应的报道资料，以便在会后对会议的效果进行评估和总结。

二、摄影摄像

（一）人员需求

会议的摄影和摄像最好请专业摄影和摄像师承担，以确保摄影和摄像的质量。

（二）工作内容

在大会期间抓拍若干重要人员及会议镜头并为会议期间的主要活动摄录像，以便用于会议的宣传、报道和资料存档。

（三）设备需求

需要提供专业的摄影和摄像设备，通常由摄影和摄像师自备。

（四）应注意的问题

会议主办方相关负责人员首先要向摄影和摄像师明确具体的摄影和摄像要求，例如对哪几场会议或者活动、哪些人员需要重点进行摄影和摄像。

新闻组要详尽地了解会议日程和会议期间的重要会谈活动，做好摄影和摄像的计划，事先确定开展摄影和摄像活动的时间和地点，落实负责摄影和摄像的具体人员。在会议现场要按照事先制定的计划开展摄影和摄像活动，并且按照约定将相关照片和录像带交会议主办方。

会议的摄像要求可以分成两部分，一部分是对会议期间在贵宾室进行的会谈和场外交流等场面进行新闻捕捉性摄像，另一部分是要对会场内的演讲内容进行全程摄录，以作为会议

资料留存。根据这两种不同的需求要分别制定相应的计划，并且安排相应的人员负责完成。

三、新闻发布会

（一）人员需求

新闻发布会由会议主办方组织，可以安排会议的新闻发言人负责介绍会议相关情况或者安排出席会议的贵宾、主旨演讲人等来讲话并回答记者的提问。

（二）、工作内容

通过在会前、会中或者会后召开新闻发布会的方式向媒体发布会议相关信息。

（三）设备和场地需求

组织新闻发布会需要布置场地和设备，主要包括放置桌椅或者沙发和茶几、背景板、讲台和话筒等。

（四）应注意的问题

事先应该对新闻发布会的举办时间、地点、发布的主题和内容、发布人、参会人员及规模等进行详尽的规划。在会议现场按照预先制定的计划实施。

要事先通知媒体拟组织的新闻发布会的时间和地点、出席的人员、主题等，并且告知其是否允许记者现场提问。如果可以安排现场提问的话，新闻发布会的主持人要掌控好现场提问的时间、管理好现场秩序。

四、人员专访

（一）人员需求

通常而言人员专访是应媒体人员的要求对出席会议的贵宾、嘉宾或者演讲人进行专题访问，新闻组工作人员主要负责协调记者和被采访人之间的具体时间、内容和场地等安排。

（二）工作内容

根据事前选定的主题和人员安排专访，专访可分为书面专访和现场专访两种。书面专访可将要采访的提纲预先告知被采访人，由被采访人就相关问题书面作答。而现场专访可在设立的新闻采访室对被采访人进行访谈和录制节目。

（三）场地和设备需求

安排人员专访需要事先落实采访的场地布置，主要包括背景板、桌椅或者沙发，并且要注意灯光、电力保障等。重要的大型会议可以设立专门的新闻采访室，以便安排与出席会议的贵宾、主旨演讲人和会议的主办方人员等进行专题采访。如果不设立新闻采访室的话，也可以用硬板隔离一定的区域作为采访的场地。此区域要保持相对安静的环境，以便于采访的顺利进行。

（四）应注意的问题

事先要拟订现场采访的题目、人员、时间和地点。对一些重要的贵宾和演讲人进行采访有时需要进行先期沟通，请其确认可以进行专访的时间和内容。采访时间的安排要注意与会议和活动安排的衔接，不要因为采访而影响被采访人出现会议或者其他重要的活动。

有时媒体会对一些出席会议的贵宾、演讲人或会议主办方进行随机采访。在随机采访时也需要事先征得被采访人的同意，如果被采访人不同意，则应该安排相关安保人员护送其离开会场。

五、现场直播和报道

（一）人员需求

一般由专业媒体人员负责现场直播和报道，会议管理组、服务组和新闻组人员负责协调和配合。

（二）工作内容

会议主办方可以组织电视台、广播电台和网络媒体对大会情况进行现场直播和报道，特别是对开幕式、闭幕式、主题大会或者某些较为重要的演讲进行现场直播或者报道。

（三）场地和设备需求

需要在会场内为负责会议直播的媒体提供相应的场地，以便供其安装设备或者进行文字记录。除提供场地外，还需要为媒体解决现场直播的信号接入和输出的问题。

会场内可以划出一定的区域供媒体摄录像，但要注意所选的位置即要便于媒体摄录，同时又不会过多地影响与会者听会。有些会议在会场的后部搭建媒体台供媒体摄录像，而有些会议则开放一定的时间段允许记者到舞台前为贵宾或者演讲人照相。

（四）应注意的问题

会议新闻组对媒体摄录像需要的场地要事先进行规划，估算参加会议的媒体人员数量，了解哪些媒体将对哪些活动进行现场直播和报道，同时了解其对场地和设备的具体要求，及时将这些要求传递给会议服务组，使其在布置场地和安装设备时一并加以考虑。现场也需要指定专人负责协调。有些国际性会议，由于多位来自不同国家的重要贵宾出席，可能会涉及不同国家的媒体要求进行现场直播，因此需要对各媒体可以使用的场地和直播的时段进行协调。

对于媒体播出的内容和方式及是否需要付费等也要事先加以沟通。例如网络媒体计划对会议进行现场直播，可能需要聘用速记人员，其费用由哪一方承担，由谁负责安排，都需要事先商定并加以落实。如果需要主办方配备相应的人员或承担部分费用要事先加以安排，以免在会议现场因为速记人员不到位而影响对会议的正常报道。

另外要特别检核场地方的电力保障能力，注意避免因媒体设备用电过多而引发的电力故障。

六、媒体中心

（一）工作人员

需要配备若干人员专门负责媒体中心的管理，以便解答媒体人员提出的相关要求并为其服务。

（二）工作内容

为使媒体人员能够更加顺利地完成新闻报道工作，召开某些重要的大型会议时需要设立媒体中心，为媒体人员提供便利，例如为其传递信息提供网络设备、电脑、打印机和复印机等，提供会议新闻资料和服务相关信息，有时也会为其提供饮料和茶点，同时为媒体人员提供咨询服务。

（三）场地和设备需求

在会场选择适当的地点设立媒体中心，配备相应的桌椅、电脑、网络设备、网线、电话线、复印机、传真机、打印机、纸张、文具、茶点和饮料等。

（四）应注意的问题

需要提前制订媒体中心的工作方案，明确为媒体人员提供的服务项目及相关资料，指定专人负责具体的现场实施。负责媒体中心服务的人员应该对会议的组织情况和会议的日程安排有所了解，能够为媒体人员提供咨询服务。

考虑到会议的组织成本，对媒体中心的某些服务可以考虑有偿服务，例如电话等，由使用者支付相应的费用。

本章小结

本章主要涉及会议期间的新闻宣传管理。

1. 需要设立媒体注册和咨询服务台负责媒体人员注册、新闻资料发放和咨询相关事宜。可以通过会议快讯等形式为媒体提供会议相关情况；

2. 根据情况可以聘请专职摄像和摄影师负责会议摄影和摄像，以用于会议的对外宣传和保留相关资料；

3. 根据会议需求安排新闻发布会，要事先安排相应的场地和时间，并组织相关媒体参加。要安排好新闻发言人或者邀请贵宾或演讲人参加新闻发布会；

4. 对重要参会贵宾或者演讲人进行采访，除随机采访外，人员专访应该事先制定采访日程，安排相应的时间、地点、人员和主题进行采访；

5. 根据会议需求设立媒体中心，为媒体开展会议宣传提供便利。

思 考 题

1. 会议现场的新闻宣传主要包括哪些内容?

2. 需要为媒体人员准备何种资料?

3. 组织新闻发布会需要注意的问题?

4. 人员专访需要注意哪些问题?

5. 如何协助媒体对会议进行现场报道?

6. 设立媒体中心需要配备哪些设备? 提供哪些服务?

第十五章 会议注册咨询管理

学习目标

了解如何对会议注册及现场咨询服务进行管理。

技能掌握

——学习如何制定会议注册工作准则及流程

——了解现场注册需要考虑的因素

——学习对会议资料及用品的管理

——了解如何进行证件管理

——了解需要提供的现场咨询服务

第一节 会议注册管理

一、工作安排

（一）工作人员

会议注册主要由会议推广注册组负责完成，但要得到财务组、服务组等相关组的协助。负责会议注册的人员除推广注册组的工作人员外，还应该包括财务组的人员，并视情况配备相应的志愿人员。

会议注册和提供现场咨询服务是组织会议最重要的工作之一，从事这一工作人员的工作热情、工作效率、服务态度和服务质量将直接影响会议人员对会议的评价。

负责注册的人员要明确分工、岗位及工作流程，但更重要的是工作态度要热情、负责，能够及时解决会议代表注册中遇到的问题。

同时负责注册工作的人员应该对会议代表前期报名情况比较熟悉。

（二）工作内容

顺利完成会议代表的注册及其相关证件和资料的发放。会议注册实际上包括两个阶段，第一阶段是在对外推广宣传阶段对有意参会的人员进行网上和网下的注册，并向其发送参会确认函。第二阶段即在会议现场为已经进行前期注册或者现场临时报名的参会人员办理注册相关事宜，本章中主要涉及现场阶段的工作。

（三）工作流程

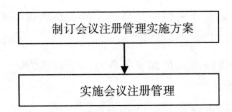

制订会议注册管理实施方案

↓

实施会议注册管理

第一步，制订会议注册管理实施方案：负责注册的工作人员需要围绕如何开展注册工作制订管理实施方案，明确注册工作的原则和流程、注册的时间、地点、具体工作内容、相关人员及负责人员，以便于现场落实和检查；

第二步，实施会议注册管理：根据注册管理方案、工作流程和现场工作表的具体内容，逐一落实和完成注册工作。

二、制订会议注册管理实施方案

（一）会议注册原则

首先要确定会议注册的原则，要针对会议注册中可能遇到的问题，确定解决的办法。会议注册的原则要以书面形式体现出来，并让负责注册的人员学习和掌握。

会议注册原则所要涉及的问题主要包括：

——优惠价格注册：有些会议对在某一日期前注册的人员给予一定的价格优惠，因此需要确定优惠价格申请的截止日期，并确定如果邮寄过程中收到的表格晚到或者丢失时如何处理；

——同一机构多人报名的优惠：要明确优惠的价格幅度、最低报名人数要求及如果部分人员取消报名时如何处理；

——退款：在报名表格中要注明允许退款的时间及其比例；

——部分参会：要确定参加部分会议或活动时如何收取费用，以及配偶或陪同人员参加部分会议或部分活动时如何收费和相关的证件安排。以及包括哪些餐饮活动；

——证件及活动请柬：确定如果参会人员丢失证件或活动请柬时如何处理；

——临时参会：对于临时要求参会或参加活动的人员如何处理。

（二）注册人员分类

对于参会人员可以有多种注册分类方式，具体如下：

1. 已交费人员与未交费人员混合注册

这种注册方式的好处是比较好检索参会人员名单，不管是否交费都按姓名的字母顺序进行检索，不利之处是已交费人员的注册等待时间会比较长。

2. 已交费人员与未交费人员分别注册

这样分别注册的好处是比较简便，不会因为未交费人员占用时间过长而影响已交费人员需要更多的时间等待。

3. 中外参会代表分别注册

中外代表分别注册的好处在于可以安排懂英文的人员负责外方人员的注册事宜。

4. 中外代表混合注册

这种方式下要求所有负责注册人员都要具备外语会话能力。

5. 按字母顺序分段注册

将所有参会人员按字母顺序排列，然后分成几段，分别注册。

6. 普通会议代表与贵宾、嘉宾、赞助商、演讲人分别注册

这样便于尽快办理贵宾、嘉宾和演讲人的注册手续，并了解其到会情况。由于贵宾、嘉宾、赞助商和演讲人一般是免交会议注册费的，为其单独注册不管从礼宾接待的角度看还是便于管理的角度来看都是有益的。不利之处是增加了注册人员的需求。

7. 媒体人员单独注册

媒体人员通常会在媒体注册台注册，并为其准备有别于普通参会者的资料。

（三）注册工作流程

会议现场注册主要包括领取会议证件、资料和物品，有时会涉及交费环节。会议注册工作流程一定要简洁、明了，使相关工作人员和会议代表都非常清楚整个注册的流程及相关要求。

1. 流水式

此流程适用于人员混合注册。按流水式程序，所有代表排成一队，第一步先查会议代表是否已交注册费，如已交可转入下一流程，领取会议代表证和会议文件。如未交费，则先交费然后再领取代表证和会议文件。

2. 分段式

有些会议则预先将人员分成两部分，已交费的，直接在已交费处领取代表证和会议文件，未交费的单排一队，先交费，然后再领代表证和会议文件。

3. 多柜台式

有些会议则将多个注册台排成一排，参会代表排成一列，在任何一个柜台都可以查是否已交费，如交费就直接领代表证和资料，未交费则先交费再领取资料。

4. 字母分段式

按参会者姓名的字母顺序排序分组注册。先查是否已交费，然后再发资料。

5. 分地注册

个别非常重要的大型会议可在会议代表入住的不同酒店办理会议注册相关事宜，便利了会议代表，但需要投入更多的人员负责注册工作。

不管采用上述何种方式和流程，都要以便捷与会代表注册为首要因素。

（四）注册时间

一般而言大部分会议代表在会前已经完成了会议的网上或者纸介注册的手续，到现场主要是需要领取相关证件和资料。

视会议的规模来设定会议现场注册时间，大型会议通常要提前一天开始注册，而半天的会议提前几个小时即可。为满足会议代表注册需求，如果是开几天的会议的话，通常也会在每天开会之间到当天结束会议之时指定专人负责会议注册相关事宜。

（五）注册地点

通常在会议场地外的大厅里设置会议注册台，但有些大型会议也可以在参会人员入住的酒店分别设立注册台。

（六）注册相关工作

在注册过程中涉及收费、证件和资料的发放，因此在制定注册实施方案时也需要和负责财务、准备证件和资料的人员沟通好工作中如何进行衔接和配合。

三、实施注册管理

（一）分类统计参会人员情况

根据已经选定的注册人员分类原则和工作流程对参会人员情况进行分类统计。对于已经报名注册人员名单依据其交费情况加以区别，例如已交费、未交费、优惠价格参会、免费参会等，最好能够建一个数据库对其情况进行管理。主要内容可以包括参会人员名称、性别、职务、公司名称、联系地址、邮编、电话、传真、邮箱地址、护照号、交费情况（是/否）、注册情况（是/否）、陪同人员、饮食禁忌、入住饭店、交通安排等。

会议参会人员名单可以按字母顺序排列，届时注册时每到一个人在后面的是否已到会一栏中加以区别表示。对未预先登记注册的人员，也要准备一张表格，一般由其在现场填写，同时也要将其名单按顺序排列。

同时基于注册信息，可以了解参会人员的背景情况和相关要求，以便于安排会议活动、实地考察、交通和食宿。并基于上述信息为参会人员制证、准备资料、分组等。

（二）配备相应工作人员 做好前期准备工作

要配备相应的工作人员，提前对其进行培训，使其明确工作岗位和职责，了解会议现场注册的流程和方式，并对其负责的工作进行充分的前期准备。

1. 财务人员

配备相关财务人员，负责现场收费相关事宜。财务人员要准备好会议注册用的收款所使用的设备、发票。

2. 会议注册人员

准备好会议注册人员名单和数据库，熟悉前期网上注册和现场注册的流程。并且学习会议注册工作原则，了解现场注册中如何应对特别需求。

同时会议注册人员需要在会前给已经注册人员发送参会确认函和提醒函，并寄送会议前期的相关资料、抵达信息、相关设施和食宿安排的信息，有时也要提前寄送发票。

3. 准备注册用相关物品

会议注册时需要用到许多物品，主要包括：

——证件盒：主要把代表证按字母顺序放在盒中，这样注册时便于寻找；

——计算机、打印机：便于对网上数据库进行管理，并将相关名单打印出来；

——计算器、信用卡处理器、发票、现金箱等：主要供财务人员收取费用时使用；

——会议日程、紧急联系人名单、地图、场地平面图、设施图等：供联络和咨询使用；

——纸、曲别针、订书机、剪刀、大头针、废纸篓等；

——留言板。

4. 准备相关证件、资料和物品

会议服务组要提前将会议的相关证件、活动请柬和会议资料准备好，交给会议注册人员准备现场发放。对于临时参会人员，要为其准备空白的会议代表证，同时也要多备些会议资料以备不时之需。因此，在会议现场注册之前，会议服务组要与推广注册组保持密切沟通和联系，掌握会议代表名单以制证，了解代表数量以印刷和准备会议资料袋。

根据需要，可以为会议代表准备和发放笔记本、笔、纪念品及礼品等相关物品。

（三）落实会议注册场地

要根据会场的情况选择适宜的地方设置会议注册台，如果条件许可，最好设在会场外的大厅里，但要注意注册台的设立位置不要影响会议代表出入会场，同时要考虑与会议赞助商台、资料展示台、咨询台、媒体接待台、茶点供应台的平衡布局问题，并注意在需要设置注册台的地方备有接电脑和电话的连线。

注册台的具体地点要与会场所在酒店协商，有时在楼上开会，也可能会在一楼的大堂里进行注册。通常会考虑选择靠近一面墙的地方来作为注册的场地，这样在前面设立注册台，在靠墙的地方摆些桌子作为工作台，摆放证件和请柬等，下面作为存放资料包的场所。

（四）设置会议注册台和相关标识

注册台要使代表易于识别，并有足够的空间供其注册时使用。会议注册台要有明显的标志，例如表明是会议注册台、会议注册处等。此外，还可以按照会议的注册流程，加上提示牌，如会议注册流程指示图、已交费代表注册处、未交费代表注册处、贵宾和嘉宾注册处、媒体注册处、代表证和资料领取处等。这些提示牌可以放在桌上，但最好悬挂于桌上，或者以立式指示牌方式摆在台前。总之，要使参会代表到现场后对到何处办理相关注册事宜一目了然。可以将已交费和未交费注册台分在两处摆放。在会议代表太多的情况下，也可设置诸如银行使用的隔离栏杆，让会议代表按顺序排队进行注册。

会议注册桌可根据尺寸安排2～3个注册人员就座，桌子可设裙围加以装饰，一般饭店都可以提供此服务。会议注册桌上可摆电脑和/或登记表（卡）、代表证等，并配备笔等相关用品，桌下可放会议资料袋等，使整个注册区域显得比较整洁。另外，桌上还可放一托盘，以收取代表名片。会议资料包或夹最好和代表参会证和/或请柬等分开来发放，如把代表证和请柬按字母顺序排列并放在盒子中，届时按字母顺序寻找，而资料包或夹则是通用的，这样做的好处是节省了在大堆资料中寻找个性化证件的时间，提高了工作效率。

（五）根据制定的工作流程现场实施注册

根据事先制定的会议注册工作流程实施会议现场注册。会议注册的地点和时间要明确，并且事先告知参会代表。负责注册的人员要在正式开展注册时间之前提前到场，做好相应的准备工作，有条不紊地开展现场注册工作。如果会议需要开几天，也允许会议代表按天或按场次来参加会议的话，要在会议期间长设注册台来处理会议注册相关事宜。另外，如果允许会议代表现场交费的话，要安排好是否可以用信用卡付费，是否收取支票和现金等相关准备工作，并出具相应的发票。

（六）提供会议注册特别服务

在会议注册时，会议代表可能会涉及临时报名、未交费用，或已交注册费，但费用尚未到账等问题，也可能会问及其他参会相关事宜，对于这些需要特别处理的问题最好有专人负责解决，协助其解决报名、交费问题，尽快了解会议日程的相关安排、会议场地相关情况、对其特殊的要求予以解答和处理。最好设专门的注册咨询台来负责此项服务，不要因为个别人的问题影响了整个注册流程。

此外，也可以为贵宾、嘉宾、媒体人员和演讲人员安排单独的注册台或者提供个性化注册服务。

（七）对参会人员情况进行核对，编制参会人员名单

主要内容包括姓名、职务、单位名称、国别、电话、传真、邮箱地址。在会议前期注册的基础上，核实前来参会人员名单和相关信息，将最终的参会人员名单排列、打印，提供给参会代表，或者以电子方式在会后提供给参加会议的人员。

四、应注意的问题

（一）设置明显的注册指示牌

会议所在场地要明确显示会议的注册区域及行走路线，使参会者易于寻找，同时让酒店的前台和门口服务人员知道如何指引参会者到相关注册区域。

（二）注册程序简明易行

注册程序要简洁、有效，按何程序注册要让参会人员一目了然，能够省时省力。

（三）注册区域干净整洁

注册台要干净、整洁，发放资料和证件要摆放得井然有序。

（四）对注册情况有效管理

实际注册情况要随时加以记录，及时解决注册过程中出现的问题。

第二节　会议资料及用品管理

一、工作安排

（一）工作人员

会议资料及其用品一般由会议服务组来负责印刷或者采购，并且负责将其运到会议现场，交给会议推广注册组或者会议管理组发给会议代表。

负责会议资料及用品的人员需要掌握会议所需要的具体资料及用品清单，并明确其装袋、运送、管理和发送的工作程序。

（二）工作内容

负责为大会准备、运送、发放和管理资料和用品。

（三）工作流程

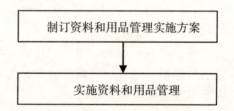

第一步，制订资料和用品管理实施方案：根据会议需要的资料及其用品制订现场实施管理方案，包括如何将已经准备好的资料和物品运到会场并发到参会人员手中，对会议期间需要临时采购或者补充的资料及用品如何进行保障。明确工作的流程、需要提及的时间和地点、具体负责人员等；

第二步，实施资料和用品管理：根据制订的管理方案，逐一完成对资料及用品的管理。

二、实施资料和用品管理

会议资料及用品分为三大部分，第一部分是开会前已经准备好的资料和用品，第一部分是会议期间新增的资料或需要新购的用品，第三部分是会议相关方发放的材料。对这三部分资料及用品要分别加以管理。

（一）会前已准备的资料及物品

通常会前已经准备好的资料及用品主要包括：

——参会人员证件；

——会议相关活动请柬、门票；

——会刊；

——会议日程（如果未印刷成册或者有所调整的情况下）；

——会议资料册或夹；

——笔记本、笔；

——展示指南；

——参会人员名单；

——场地图；

——演讲稿；

——主办方或支持方相关宣传材料；

——赞助商宣传资料；

——旅游信息；

——纪念品。

对于会前已经准备好的资料和用品，需要考虑以下环节：

1. 运送资料和物品

要注意按时将会议资料及物品运送到会议现场。有时需要从其他场地运到会场，有时需要从会场的某一场所运到另一场所，将其交到会议注册人员的手中。需要注意的问题是事先要想好以何种方式运送资料，例如是先集中运到会场所在地，然后再装袋，还是装袋后再运到会场。另外，需要何种车辆运输，何时需要运到。资料的运输一定要由专人负责，并及时检查是否已经完成。

2. 保管资料和用品

会议资料和用品的保管和发放要做到井然有序，以防出现资料不够或者用品短缺的情况。会议资料和用品通常会提前运抵会场，应该安排好资料和用品的存储地点，并指定专人进行管理。

3. 资料和用品装袋

在资料及用品装袋前要列出装袋清单，明确需要装袋的资料及用品，同时也要明确何人、何时及其何地完成资料和物品装袋，任何交给何人负责发送。

要特别注意的是，有时根据参会人员的不同，资料袋的内容也不尽相同，例如给媒体的资料袋可能要装入新闻稿。因此，最好装袋人员按不同的类别分开装袋，例如普通参会人员、媒体人员等。装袋时手中有一份需要装入资料和物品的清单，根据清单所列内容分类装资料和物品，并将其分别加以存放。装袋工作应该由专人负责和协调，事先准备齐所需装袋的资料和用品，选择好装袋的场地，配备相应的人员，按照一定的工作流程完成装袋工作。

4. 资料和用品发放

装袋后的资料要及时交到负责会议注册人员的手中，并对资料袋的数目和内容进行交接，以免出现错发资料或者资料数目不清的情况。会议资料一般在参会代表注册时发放。但同时要注意落实对贵宾、嘉宾、演讲人的资料如何发放，例如是在其注册时发放，还是直接将资料摆在会场为贵宾、嘉宾和演讲人预留的桌椅上，或者在其抵达会场时交到其手中。

部分会议用品，例如纸和笔也可以摆放在会议桌上，而不用装在资料袋中。

（二）会议期间新增资料

会议期间新增的资料主要包括：

——会议新闻稿；

——领导致辞或者演讲人讲稿（如果没有提前发放的话）；

——会议通知；

——参会人员名单（例如最终参会人员名单或者新增人员名单）。

对于会议现场新增的资料，也要建立相应的管理流程：

1. 资料的审核

对于现场需要新增发的资料，事先要进行规划。如果需要现场发送的话，要明确由何人负责对资料内容进行审核，包括什么样的资料能发，并对所发资料的内容检查核对。

2. 资料的印刷

要确定资料的印刷数量及要求，并且在事先进行规划。如果需要大批量印刷的话（300本以上）找一家印刷厂由其传统印刷。如果数量较少（200本以下）可以进行数码印刷，也可以在会议现场秘书处中配备高速复印机进行复印。

在举办重要的会议期间，要制定资料印刷的备份方案，以确保资料能够及时印出来。此外，在会议现场所设秘书处中要配备打印机，以便随时打印一些文稿。

3. 资料的发放

对于会议现场新增的资料要制定相应的发送方案。例如可以直接摆放到会场桌上或者放在会议的资料台上，由会议主办方工作人员通告参会人员自取。对于演讲人的讲稿，有时也可以在会后通过电子方式传递或者放在会议的网站上，由参会人员自行下载。

（三）会议相关方资料

对于会议相关方，例如会议主办、协办等单位发放的资料，即相关宣传资料，可以摆在会议的资料台上发放，并且指定人员进行管理，由其解答与会者提出的相关问题。要注意对会议资料进行有效管理，以防止一些不应该摆放的资料出现在资料台上。

三、应注意的问题

会议资料和用品的准备及管理中应注意：

——会议资料和用品的份数要准备充分，发放时要有序进行；

——为解决现场资料的印刷问题，可视情况备1～2台高速复印机，以便提高工作效率；

——会议资料的发放要由专人负责，并制定相应的工作流程以确保工作的有效进行；

——为避免参会人员受到不必要的打扰，参会人员名单中一般不列其联系地址，主要包括姓名、职务、单位名称、传真和邮箱地址；

——为确保万无一失，参会人员的证件和请柬最好放入信封中，可以附上参加相关活动的说明函，与资料袋分开发放；

——有时为更好地为会议代表服务，也可将周边商业、旅游信息或相关注意事项的通知放在代表的房间中，而在注册时只发放会议相关资料及用品。

第三节　会议证件管理

一、工作安排

（一）工作人员

会议证件是参加会议的凭证，必须严格管理，以确保会议的顺利进行。由安保组、推广注册组和礼宾组等相关人员对证件进行管理。

负责证件管理的人员应该工作作风严谨，有较强的安全保卫意识，能够严格执行证件制作和发放的相关规定，以确保会议代表顺利参会及会议的安全。

（二）工作内容

主要包括从制证、发证到验证的管理工作。

（三）工作流程

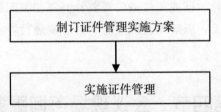

第一步，制订证件管理实施方案：基于发证和验证不同环节的具体工作内容制定实施管理方案，明确相关工作的工作流程及负责人员；

第二步，实施证件管理：根据证件实施管理方案，逐一实施证件管理。

二、实施证件管理

会议的证件主要包括贵宾、嘉宾、演讲人、配偶/随行人员、会议代表、工作人员、技术人员、媒体、赞助商、志愿人员等相关人员的证件和车证等。对其管理主要包括制证、发证和验证三个环节。

（一）临时制证

在会议前期筹备过程中已经完成了大部分会议代表的制证工作，到会议现场注意需要考虑的是如何为临时注册人员制证或者为丢失证件的补证。

为应对突发需求，要事先确定对于临时参会人员、丢失证件的人员如何为其在现场临时补办证件，例如可以制作一些空白的证件，临时填写上参会人员的姓名或者插入参会人员的名片。

（二）发证

在发证过程中，要制定相应的发证工作流程并指定专人负责，根据不同的情况将证件及时交到参会人员手中。例如贵宾证及其车证要由专人负责发放，并确保在会议开始前送达。工作人员、技术人员和志愿人员的证件可以通过各工作小组发放，嘉宾、演讲人、赞助商、会议代表及其随行人员的证件可以在会议注册时发放，记者证可在媒体人员前来注册时发放。

（三）验证

在验证过程中，首先要明确相应的验证要求，并将其告知相关参会人员。例如参加宴会活动时，由于可能邀请会议代表配偶或者其随行人员一同出席，因此可能只凭请柬就可以出席，并不一定要相关证件。而参加会议时则一般需要佩戴相关证件才能出入会场。

三、应注意的问题

对于证件的制作及管理主要注意以下问题：

——证件的设计要突出会议的特色并易于识别；

——会议证件要留样并谨防假冒，必要时可以进行编号管理；

——要注意证件的保管，有序发证；

——及时、妥善解决临时制证或证件遗失需要补办等相关问题；

——验证人员要严格把关，以确保会议安全、有序地进行。

第四节 会议现场咨询服务

一、工作安排

（一）工作人员

可以由负责会议推广注册的人员在会议期间负责咨询工作，因其对会议的日程及相关活动比较熟悉。此外，接待组人员可以就有关人员接送机、参观旅游活动等相关事项提供咨询服务。

负责咨询服务的人员要熟悉会议日程和各种活动安排，要了解会议场地布局及会议为参会人员提供的后勤保障服务，并且要了解酒店或周边交通的情况。如果是国际会议，负责咨询服务的人员应该具备外语会话能力。

（二）工作内容

在会议现场设立咨询服务台，对会议代表提出的问题及时予以回答并协助其解决遇到的问题。

（三）工作流程

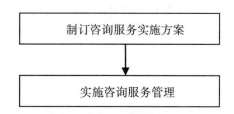

第一步，制订咨询服务实施方案：确定现场咨询服务时间、地点、内容及具体负责人员；

第二步，实施咨询服务管理：按照已经制订的咨询服务实施方案对现场咨询服务进行管理。

二、实施咨询服务管理

（一）准备咨询服务相关信息和资料

负责会议咨询服务的人员可以准备一些会议日程、场地图、交通、餐饮、游览、商务中心、机票预订等相关信息，以便在会议现场能够及时解答参会人员提出的问题。

（二）咨询服务落实到人

根据会议的日程安排预先排定咨询服务的时间和人员，特别是在会议进行期间，负责咨询服务的人员要坚守工作岗位。

（三）提供特殊服务

为应对会议期间的突发事件及参会人员的特殊需求，应该建立如何应对突发事件及特殊需求的机制。明确发生突发事件及特殊需求时向何人汇报或者向哪些机构或者人员寻求协助。应该提前备妥相应的联系人员名单和联系方式。

三、应注意的问题

在提供现场咨询服务时，要注意：

——服务态度热情、主动；

——尽可能熟悉会议的相关日程及相关服务；

——熟悉会议组织结构和相关负责人员；

——遇到相关问题时知道需要通过哪种情况询问和联系。

本章小结

本章主要涉及会议的注册、资料发放、证件管理和咨询服务。

1. 一定要明确注册相关信息、工作流程并由专人负责；

2. 资料的管理要有章可循，要注意确保资料的及时到位和有序发放；

3. 证件管理要从制证、发证到验证严格管理，以确保会议的安全和顺利进行；

4. 咨询要尽可能从与会者角度考虑问题，针对其可能会问到的相关情况准备，并热情地为与会者答疑解惑。

思 考 题

1. 会议现场注册前需要进行什么准备工作？

2. 会议现场注册的流程主要包括哪几个环节？

3. 会议资料和物品主要包括哪几类？如何对其进行管理和发放？

4. 证件管理包括哪几个工作流程？

5. 从事咨询工作需要准备哪些方面的资料？

第十六章　会议礼宾接待管理

> 学习目标

通过本章的学习，了解如何接待发言人员贵宾、嘉宾、赞助商和会议代表等参会人员。

> 技能掌握

——学习贵宾、嘉宾接待相关事宜

——掌握如何对赞助商提供服务

——了解如何接待会议代表

——学习发言人员接待相关事宜

会议中需要接待的人员主要包括发言人员（致辞人、演讲人和主持人）、贵宾和嘉宾、赞助商、会议代表和媒体人员。有关媒体人员的接待已经在新闻宣传管理一章中涉及。本章中主要涉及发言人员、贵宾和嘉宾、赞助商和会议代表的礼宾接待管理。

第一节　会议发言人员接待

一、工作安排

（一）工作人员

发言人员主要由会议管理组负责前期邀请和联络，现场接待也是由管理组主要负责。但是涉及重要领导和贵宾作为会议的致辞人或者演讲人参加会议时，需要礼宾组、会议推广注册组、会议服务组、安保组等配合接待，其中会议管理组主要负责会场内的接待和安排，礼宾组负责迎送、安排会谈和宴会中的引导就座，会议推广注册组负责提供会议注册相关资料、会议服务组负责及时供应茶点和摆放同传耳机等，安保组负责安全保卫相关工作。

根据发言人的数量配备工作人员，对重要发言人最好一对一明确联系人。其他发言人也要指定具体接待人员，做到责任到人。最好由前期负责会议发言人邀请的人员负责现场的接待工作，这样由于其了解情况，接待和沟通起来比较方便。

（二）工作内容

确保发言人按时到场，协助发言人做好演讲前的准备工作，并协助其办理会议注册、发证、领取资料和参加相关会议及其活动。

（三）工作流程

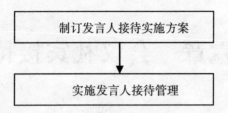

第一步，制订发言人接待实施方案：根据拟接待的发言人制订接待工作方案和流程，明确何人何时何地负责发言人的接待及需要为其提供何种服务；

对每一个发言人，要根据其不同的情况制订接待方案，落实其前来参会的交通安排、礼宾接待、安全保障、会议注册、资料发放、会见活动和合影、演讲彩排、到会演讲、参加其他会议和会议活动等相关安排，包括演讲人介绍、费用结算、感谢信等相关细节的安排。

第二步，实施发言人接待管理：根据发言人接待实施方案，逐一实施发言人接待相关事宜。

二、实施发言人接待管理

（一）致辞人和贵宾演讲人

对于会议的致辞人和贵宾演讲人的接待主要包括以下环节：

——迎送：在会议开始前要明确由会议组织方的何人在何时何地负责迎送，其行走的路线，参加会议和/或参加宴会的场地和桌次，贵宾室的位置等。此外，还要与酒店方协调好致辞人和贵宾演讲人所用车辆的停车位。如果需要车证的话，要提前将车证送给致辞人。

致辞人和贵宾演讲人抵达现场后，要有专人负责迎送、签到、戴花、引领到贵宾室、会场和/或宴会厅。如果需要翻译的话，要配备翻译，为其介绍中外方相关人员。

——参加会见和合影等活动：如果安排致辞人和贵宾演讲人参加会议主办方安排的会见和合影等活动的话，需要预先告知其会见和合影活动的时间和地点，以及参加会见和合影的人员及相关人员背景情况，并安排相应的会见和合影地点，提供及时的茶水和翻译服务。

——参加会议或者活动：安排致辞人和贵宾演讲人参加会议主办方组织的会议或者活动时，需要提前告知其具体的地点和时间及桌次的安排，并在现场进行引导。

在现场要明确具体负责人的工作定位地点，特别要注意场地间的衔接工作。一般而言，致辞人和贵宾演讲人在抵达会场后要先进入贵宾室，然后到会场，致辞或演讲后离开会场或继续参加相关会议或宴会。因此，在致辞人和贵宾演讲人在各场地间移动时要注意在不同的地点要有专门的工作人员进行相关服务。如礼宾组人员可以负责在门口迎接，然后引导到贵宾室，由贵宾室相关工作人员负责给致辞人和贵宾演讲人签到、戴花、引见会议主办方领导、中外方贵宾和嘉宾、提供茶点和翻译服务，然后在适当的时机将其引领到会场就座。而在会议现场的工作人员，要负责会场内的茶水供应，并引领致辞人和贵宾演讲人何时登台讲话，何时离开会议现场。如果致辞人和贵宾演讲人要参加宴会或酒会的话，要由礼宾组派专人负责引领到位，并在活动结束后送其离开。

（二）普通演讲人

对普通演讲人也要明确其何时到场，由谁负责接待，了解其是否需要进行演讲彩排或设备试用，是否需要与主持人和翻译进行沟通。

——发送提醒函：在演讲人到现场前，要再次发函将相关安排加以确认，进一步明确演讲人的到场时间、地点、联系人和联系方式。

——迎送：普通发言人抵达会场要有人负责引领其进入演讲人休息室和/或者会场，并由专人负责其到场后的会议注册、翻译、彩排、设备试用、演讲和参加其他会议活动的相关安排。

——彩排相关事宜：如果需要，可以安排演讲人与翻译人员或者技术人员在演讲前进行沟通，探讨翻译相关问题或者提前试播演讲提纲等，也可以安排专门的演讲人休息和进行演讲彩排，需要制定专门的工作人员协助安排演讲人彩排相关事宜。

——介绍演讲人并对其表示感谢：由会议工作人员负责引导演讲人上台演讲，由主持人介绍演讲人并代表会议主办方对其演讲表示感谢或赠送礼品等。

——支付演讲费：如果需要支付演讲费，应该事先准备好，在演讲完毕后向演讲人支付相关费用。

（三）会议主持人

对会议主持人要事先分别进行沟通，告知其何时负责主持哪一节会议，该节会议有几个演讲人，是否安排其与演讲人进行会前沟通，是否安排提问，各演讲人的演讲内容是什么。

会议开始前要向主持人提供会议演讲人的背景资料，由其在会议上介绍演讲人，并在演讲结束后代表会议组织方向演讲人致谢或者赠送礼品。

要安排专人负责会议主持人的接待，例如引领其抵达演讲人休息室和/或会场，并安排好其在会场的座位，由专人负责与其沟通会议相关事宜，包括会议注册、与演讲人的沟通、参加会议其他活动的安排等。

三、应注意的问题

（一）提醒函

在会议开始前一周内，要向发言人员发送一份提醒函，提醒其届时前来演讲（具体的日期、时间和地点），告知其会议最新筹备情况，并提供一些相关指南，例如如何抵达会场、如何进行注册、彩排室的位置、演讲的场地、是否需要与翻译和设备人员进行沟通、具体负责协调的人员及联系方式。

在发言人抵达会场后，提醒其将发言时间控制在预定的时间范围内，告知其在何时何地与会议主持人、其他发言人或译员进行沟通，告知其联系人及其联系方式。（见16.1.1案例）

16. 1. 1　案例

××年 APEC 工商领导人峰会给主持人的提醒函（英文）

Dear Mr. ：

Firstly, I am sorry to remind you once again of our severe time constraint. Due to the many sessions that must be commenced and concluded exactly on time by measure of minute, as the organizer, we must beg your assistance in ensuring the session start and end just on time as the program provides for. To achieve this, it is essential that you kindly give a prompt to the speaker when he approaches his time limit. Also, to save time, it is not recommended for the chair to introduce the CV of each speaker when the session has more than one speaker since their CVs are part of the package distributed to delegates. To start off the session, the chair/moderator can present to the audience the main issues which he thinks should be expounded on by the speakers. Q & A will be reserved until all speakers finish their prepared speeches and if time allows. To conclude, the chair/moderator is expected to wrap up the main points the speakers have touched upon, thank them and declare the session concluded.

Secondly, for better coordination among the speakers and chairs/moderators, we would appreciate it very much if you could come to the VIP Room, which serves as the holding room for speakers, on the 3rd floor of Pudong Shangri-La 30 minutes prior to your session's start time. This will allow us to make sure that all speakers and chairs for the session are there, and to brief you on the procedures of the session, and that you can coordinate the order of speaking, time allocation, speaking angles and etc. , among yourselves.

The proceedings of the session will be like this: you and speakers mount the stage, settle down at the chairs, an invisible M/C behind the scene invites you to chair, and then you proceed to the podium to kick off the session. You and all speakers can remain seated for Q & A. If you have any questions, please contact either Mr. ××× or Mr. ××, whose phone numbers are given below：

Mr. ×××

Secretariat （Qingdao Room, 2nd floor, Shangri-La）

Tel：××

Fax：××

Mobile：××

Email：××

Mr. ××

Speaker Room（VIP Room，3ʳᵈ Floor，Shangri-La）

Tel：×××

Thank you very much for your cooperation. Have a pleasant stay in Shanghai!

Best regards，

×××

Deputy Secretary General

Organizing Committee

APEC CEO SUMMIT ××

16.1.2　案例

××年 APEC 工商领导人峰会给主持人的提醒函

尊敬的×××：

　　欢迎您来到上海！APEC 工商领导人峰会筹委会全体人员真诚地希望这次峰会能够给您留下深刻的印象和美好的回忆。

　　我们写这封信的目的是要向您提供一些重要信息，以保证您的主持和峰会的顺利进行。

　　第一，我不得不再次请您协助保证您主持的"中国专题会议"按时开始和结束。这是因为此次峰会内容繁多，每一场活动只有在预定的时间内结束，才能保证所有场次活动按时进行。为此目的，我们希望您帮助我们确保每一个发言人的演讲不超过分配给他的时间——15 分钟。鉴于发言人的简历已经印刷在峰会材料中，因此，您可不必向听众介绍发言人的简历。在会议开始时，请您向听众简要介绍本节会议将探讨的主要问题，待所有的发言结束之后，如果仍然有剩余时间，将进行"提问与回答"。最后，请您总结发言人阐述的主要观点，对发言人表示感谢并宣布本节会议结束。

　　第二，为了实现您和其他发言人和会议主持人之间就发言顺序、发言时间、发言的角度等事项的沟通并向发言人说明会议进行的程序，请您在您所在的发言场次开始之前半小时抵达××酒店二楼宴客厅Ⅰ（大宴会厅旁）。我们也要求发言人届时抵达。

　　第三，会议将按照以下顺序进行：当您和发言人登上主席台并就座之后，会议司仪（幕后）将宣布请您主持会议，这时，请您走上讲台开始会议。"提问与回答"时（一些听众会把问题写在纸条上并通过会场服务人员传递给您），请您和发言人都在原位就座。若您收到的问题较多，请您选择最有代表性或最有意义的问题向发言人提出。

第四，若您有任何问题，请与×××先生联系。他们的联系方式如下：

×××

××年 APEC 工商领导人峰会秘书处

××饭店二层××厅

传真：××

移动电话：××

电子邮件：××

感谢您的合作并希望您愉快地度过峰会的每一天。

××年 APEC 工商领导人峰会副秘书长

××年×月××日

（二）保持与发言人的密切联系

要掌握发言人入住酒店的房间号和联系方式，以便于联系。并指定专人负责及时与发言人进行沟通，了解其最新需求，协助其安排相关事宜。也可以在会前召集相关发言人开个碰头会，介绍其彼此相识，进行一些初步的沟通。

（三）周到的服务

发言人到场后要有专人负责接待，协助其落实相关事宜，为其提供周到的服务，包括会议注册、资料提供、设备试用、茶点供应，在会议上介绍演讲人、对其演讲表示感谢或赠送礼品、安排其参加会见或合影、宴请等活动，在会后给其发感谢函、提供会议的相关报道等。如涉及会议组织方提供的费用时，要及时将相关费用支付给发言人。

（四）准备发言人彩排室

如果条件允许的话，为发言人准备彩排室，供其准备演讲稿、与翻译或技术人员进行前期沟通等。在彩排室中要备些茶水，如咖啡、茶、冰水、柠檬等供其饮用。

（五）安排专人提供技术服务

投影仪要有专人负责管理，协助演讲人使用设备，为节省时间和保障会议的顺利进行，最好将所有演讲稿存在会议指定的计算机中，而不是在现场由演讲人自行安装演讲资料。

此外，在会议开始前，要将会议需要播放的所有影视频资料提供给会议设备供应商，并告知其届时播放的流程，可为其提供一个技术操作的脚本，例如何时投放会议名称、组织单位信息，何时投放哪位演讲人的演讲题目、介绍、图像和讲稿，何时播放会议宣传片或赞助商宣传片，何时播放音乐等，以确保会议现场不会出现混乱。提供技术支持服务的人员在会议开始前要再次检查相关资料是否已经准备妥当，资料的顺序是否对，并进行试播放。

（六）为主持人提供发言人背景资料

会议主办方要选择适当的人选作为会议的主持，并要求发言人提供其背景资料，并将这些资料事先提供给会议主持人，为其准备相应的主持词。每节会议前要安排主持人与该节会议的发言人在会前见个面，以方便其在会场的配合。

此外，也可及时告知主持人会议相关通知，如提醒会议代表归还耳机、请其参观展览、就餐或参加下节会议等。

（七）对发言人表示感谢

安排主持人介绍发言人并在演讲结束后对发言人致谢或赠送礼品或纪念品。会议主办方在会议结束后要以书面方式对发言人表示感谢，并与之分享会议的成果，如需要支付费用的话要及时支付，如不需要支付费用的话，可以用在现场赠送牌匾或纪念品的方式表示感谢。

第二节　会议贵宾和嘉宾接待

一、工作安排

（一）工作人员

礼宾组负责贵宾和嘉宾的接待，同时需要会议推广注册组、会议管理组、会议接待组、会议服务组和安保组的配合，其中礼宾组主要负责贵宾和嘉宾的迎送、参加接见和宴会等活动，会议推广注册组负责贵宾和嘉宾的注册相关事宜和资料发放，会议管理组负责安排贵宾和嘉宾参加会议、在会议上发言等安排，会议接待组协助安排接送的车辆，会议服务组协调贵宾、嘉宾的餐饮服务等相关事宜并负责为贵宾和嘉宾提供同传耳机，安保组负责保障贵宾、嘉宾参加会议活动期间的安全。

负责国际会议贵宾接待的人员最好具备一定的外事活动经验，工作作风严谨细致，贵宾服务热情周到。负责贵宾接待的人员需要事先熟悉会议场所、了解会议日程及相关贵宾的活动安排并了解贵宾的背景情况。

（二）工作内容

负责贵宾和嘉宾的迎送，为其参加会议的宴请活动或者其他活动提供礼宾服务，为其参加的会见活动提供翻译人员。

（三）工作流程

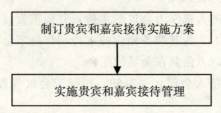

制订贵宾和嘉宾接待实施方案

↓

实施贵宾和嘉宾接待管理

第一步，制订贵宾和嘉宾接待实施方案：对于贵宾的接待，可以参考对致辞人和贵宾演讲人的接待安排，即针对每一位贵宾的接待制订不同的工作方案，由专人负责现场实施。对于嘉宾的接待，主要是负责接待其会议注册，会场、宴会和/酒会现场的引领等；

根据每场会议或者活动贵宾和嘉宾的具体日程安排，制订贵宾和嘉宾现场接待工作方案和流程图。对于重要的贵宾，要做到一对一的服务，从其抵达到离开会场，安排出详尽的日程，落实具体的行走路线，并就每个环节落实由谁负责接待及如何接待。

第二步，实施贵宾和嘉宾接待管理：根据制订的贵宾和嘉宾接待实施方案，完成现场接待任务。（见 16.2.1 图例、16.2.1 案例）

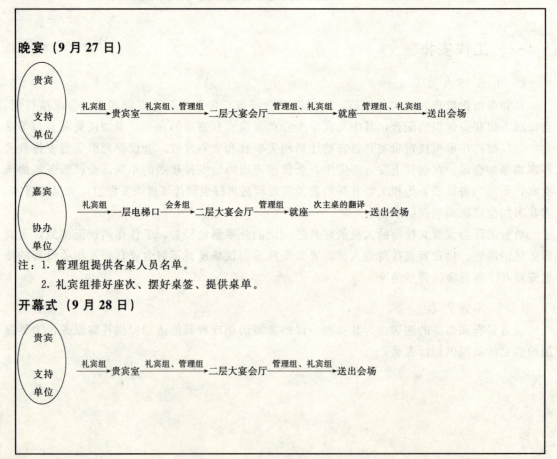

晚宴（9 月 27 日）

贵宾/支持单位 —礼宾组→ 贵宾室 —礼宾组、管理组→ 二层大宴会厅 —管理组、礼宾组→ 就座 —管理组、礼宾组→ 送出会场

嘉宾/协办单位 —礼宾组→ 一层电梯口 —会务组→ 二层大宴会厅 —管理组→ 就座 —次主桌的翻译→ 送出会场

注：1. 管理组提供各桌人员名单。

2. 礼宾组排好座次、摆好桌签、提供桌单。

开幕式（9 月 28 日）

贵宾/支持单位 —礼宾组→ 贵宾室 —礼宾组、管理组→ 二层大宴会厅 —管理组、礼宾组→ 送出会场

嘉宾 ──礼宾组──→ 一层电梯口 ──会务组──→ 二层大宴会厅门口 ──管理组──→ 会场

协办
单位 会场 ──礼宾组、管理组──→ 二楼麦哈顿扒房 VIP 桌 ──礼宾组、管理组──→ 送出会场

注：1. 外方贵宾与嘉宾中，外来人员由礼宾组负责引领，住酒店人员由会务组负责引领。

　　2.10 月中旬联系所有重要来宾，管理组负责中外演讲人，并制定各位演讲人各自活动日程。礼宾组负责除演讲人之外的各位来宾，并制定其各自活动日程。各组在联系过程中，应问清对方是否在酒店用午餐，车号是多少。

闭幕式（9 月 29 日）

中午

中外来宾 ──礼宾组、管理组──→ 餐厅 ──礼宾组、管理组──→ 送回二层大宴会厅或送出会场

贵宾 ──礼宾组──→ 贵宾室 ──管理组──→ 二层大宴会厅 ──礼宾组──→ 送出会场

注：10 月中旬，礼宾组除需制定部分来宾的各自活动日程外，还需制定组内人员分工表和贵宾及支持单位人员活动汇总表。

16.2.1 图例　中国国际信用和风险管理大会礼宾组工作流程图

16.2.1　案例

中国国际信用和风险管理大会礼宾方案

晚宴（10 月 27 日）

18：00　××（定点在门口）、A1、×××、志愿者（5 人）到达酒店门口，准备迎接
　　　　××副部长在门口迎宾；（　　）、××在贵宾室迎接中外嘉宾

18：10　×××会长、×××秘书长抵达国宾酒店，×部长迎接，×××引导，进入 2
　　　　层贵宾室休息

18：10　外方贵宾自行进入贵宾室（预先通知即可），××在贵宾室门口迎候，随后
　　　　翻译

18：15　中方贵宾、支持单位领导陆续抵达饭店，××副部长迎接，志愿者 2 人轮流引
　　　　导，进入 2 层贵宾室

18：20　嘉宾、协办单位领导陆续抵达饭店，志愿者 3 人轮流引导，引领至 1 层电梯口

18：25　××到达贵宾室，A1 在门口继续等候晚来的嘉宾

18：28　×××会长、×××秘书长与中外方贵宾、支持单位领导一起进入2层大宴会厅，×部长陪同，×××、××引导至会场，在主桌就座

18：30　晚宴开始

20：30　晚宴结束

　　　　×部长送×××会长、×××秘书长离开大宴会厅

　　　　（　　）送外方贵宾离开大宴会厅

　　　　各桌翻译将中外方来宾送离大宴会厅

　　　　礼宾组负责协同××副部长送中外方贵宾离开饭店

开幕式（10月28日）

8：30　××（定点在门口）、A1、×××、志愿者（5人）到达饭店门口，准备迎接

8：30　××副部长到达酒店门口准备迎接

8：38　×部长到达国宾酒店门口准备迎接

8：35　总裁等外方贵并自行进入2层贵宾室休息（预先通知即可），（　　）、××在门口迎候，随后翻译

8：40　×××会长、×××秘书长抵达国宾酒店，×部长迎接，×××引导，乘电梯进入2层贵宾室

8：45　××对华财经特使、××驻华大使馆人员抵达国宾酒店，××副部长迎接，A1引导，乘电梯进入2层贵宾室休息

8：48　中外方贵宾、支持单位领导陆续抵达饭店，××副部长迎接，2名志愿者轮流引导，进入2层贵宾室

8：50　嘉宾、协办单位领导陆续抵达饭店，3名志愿者轮流陪同，引领至1层电梯口

8：58　×××会长、中外贵宾由×部长陪同，××、×××引导，赴2层大宴会厅，在主席台就座

10：28　××、A1到饭店门口，准备迎接

10：40　演讲人抵达饭店，××引导，乘电梯进入2层贵宾室休息

10：50　×部长送×××会长离开2层大宴会厅，礼宾组协助

　　　　×副部长送财经大使和××驻华大使馆人员离开饭店，礼宾组协助

　　　　××和5名志愿者分别送多位中方嘉宾离开饭店

10：58　演讲人赴2层大宴会厅（××引导入会场），准备演讲

闭幕式（10月29日）

16：40　××会长抵达酒店，×部长迎接，××引导，进入2层贵宾室休息

16：58　××会长由×部长陪同，××引导，进入二层大宴会厅，就座主席台

17：00　××会长致闭幕词

17：30　×部长送××会长离开会场，××引导

　　　　×副部送外方嘉宾离开会场，××引导

二、实施贵宾和嘉宾接待管理

（一）落实活动日程

开会前与贵宾和嘉宾保持密切联系，制定其届时参加活动的日程表，并请贵宾和嘉宾加以确认，明确双方的联系人员、电话。如果由会议主办方负责接送的话，需要提前告知贵宾和嘉宾负责接送的车辆号码。如果贵宾和嘉宾自行安排参加会议和活动的车辆，但需要车证和贵宾证才能够进入会场时，会议主办方应该提前将相关活动日程、请柬和证件送达各位贵宾和嘉宾，并且了解届时贵宾抵达时间和路线，以便届时安排人员迎接。

（二）为接待贵宾和嘉宾做好准备

列出参加各场会议和活动的贵宾和嘉宾名单，会议的座次表及宴会的礼宾顺序名单和座次示意图，交由相关领导审核并预制座签、桌签、参会证件、车证等，并且在相应场地预留贵宾席。与相关工作组人员协调贵宾接待所涉及的注册、后勤和安全保障等相关事宜。

（三）责任到人

根据已经制订的接待方案，对相关工作人员进行培训，需要在会前实地熟悉场地、行走路线和相关的活动安排等。

在现场按所定工作岗位由专人负责贵宾和嘉宾的引领和接待工作，包括迎送、为其办理注册手续及资料发放、佩戴鲜花、在签到簿上签名、引导其到贵宾室、会场、宴会场地等、安排其参加会见和合影等活动、为其配备翻译、提供茶水服务等。

（四）后勤保障

根据需要安排贵宾、嘉宾的接送机。接机人员需要事先了解贵宾和嘉宾的航班号及抵离时间、机场贵宾室的位置及如何办理使用贵宾室的相关手续、了解报关程序、最佳的迎候地点、停车地点等。接送机时如果需要使用贵宾接待室的话，要事先与相关机场预定贵宾接待室，办理贵宾通道接送相关事宜，并且支付贵宾室使用费。

会议主办方应该派专人专车迎候贵宾，将其送至相应的酒店并安排妥当相关入住事宜。会议结束后要护送贵宾到机场，并为其办妥贵宾登机手续，确保其安全抵达下一目的地。

贵宾入住酒店前，如果能够可以事先为其办妥入住手续，贵宾抵达时直接将房卡交到其手中或者引领其到房间中。在贵宾房中可以备妥主办方的欢迎卡或欢迎函、会议日程及贵宾参加的会议和活动日程表、酒店设施相关资料、摆上鲜花、水果和饮料等。

在贵宾停留期间需要为其配备专车负责接送，并且安排小型会见、宴请或其他娱乐活动。

（五）贵宾现场接待

1. 迎宾

根据贵宾的抵达时间，派专人到酒店门口等候贵宾的到来，为其安排停车位。按照既定的引领路线，必要时乘专梯，将贵宾引领至贵宾室，由在贵宾室等候的礼宾人员为贵宾戴花和/或在签到簿上题字或签名。将其介绍给贵宾室负责迎接的主办方主要领导，由主办方主要

领导为其介绍在贵宾室等候的其他贵宾，并进行交流或者参加照相等活动。贵宾室服务人员要及时为贵宾提供茶点服务。

2. 参加会议或者活动

根据会议的安排，由主办方主要领导陪同贵宾前往会场或者宴会厅参加会议或者宴请等活动。在贵宾和主要领导前往会场或者宴会厅之前，在会场或宴会厅的相关工作人员要做好迎接贵宾和主要领导入场的准备工作，准备工作就绪后及时通知贵宾室相关工作人员，请贵宾和主要领导入场。贵宾和主要领导在礼宾人员的引领下，进入会场在主席台、前排或者主桌就座。主席台、前排或者主桌上应该事先为贵宾预留位置，并摆好贵宾的座签或桌签。同时也要告知贵宾的随行人员其桌次或者座位的安排。会议或者活动期间及时为贵宾提供餐饮服务。

由主办方人员或者主持人介绍贵宾，并按照日程安排请贵宾讲话、参加会议或者活动。会议相关资料要摆放在会议桌上，如果需要翻译时应该安排相应的翻译在贵宾附近就座，或者为贵宾提供同传耳机。

3. 送别贵宾

在贵宾参加活动后，由专人负责送贵宾离开会场，如果安排贵宾参加其他活动时，应该指定专人负责落实或者陪同前往。

（六）会后安排

在会议结束后，要致函或赠送礼品对贵宾前来参加会议或者活动表示感谢，并且寄送相关照片、参会人员名录或者会议报道资料。

三、应注意的问题

贵宾和嘉宾，特别是贵宾的接待因为涉及的人员和环节较多，需要各相关组人员的配合和协助，所以要注意以下问题。

（一）制订详尽的接待方案

对于贵宾和嘉宾的接待，要有一个总体的规划，了解需要接待的贵宾和嘉宾的人数、背景情况及其参加会议和活动的具体安排，并且针对不同的贵宾和嘉宾制定不同的接待方案。例如对特别重要的贵宾，不仅要指定专门的工作人员负责接待，还要指定专门的领导人员负责现场的迎送和引领等相关事宜，从其抵达到离开会场，其抵离的时间和行走的线路的安排都要细致入微，甚至做到精确到分秒不差。某些重要贵宾参加会议或者活动时需要特别考虑安全保障问题，行走的路线要提前进行清场或者安全检查，备妥专用电梯。

对一般的贵宾和嘉宾也要做到每个接待环节相衔接。对于嘉宾也要有专人负责接待，对其有关注册、引领等问题都要给予特别的关照。

（二）事先进行充分地沟通

在确定贵宾、嘉宾名单后，要尽早与其联系，进一步落实其届时参加活动的详尽日程，并将确认后的日程提前告知对方，以便于贵宾和嘉宾提前了解前来参会的相关要求和安排，能够收到相关参会的邀请函、请柬、证件（参会证、车证等）等，以保证其届时能够顺利前来参会。

（三）专人负责礼宾接待

如前所述，对重要贵宾由专人负责迎送，该工作人员还要负责通知相应的领导在何时何地负责迎送哪一位贵宾和嘉宾。会议的主持人也要在会议上或者宴请活动中介绍到会贵宾、嘉宾等，在其到场或离场时引导会议人员表示欢迎或者欢送。

（四）提供及时到位的服务

首先注意为贵宾和嘉宾提供及时到位的服务，包括解决停车位、会议注册、资料发放、耳机发放、茶点供应、现场引导、介绍和感谢等。为便于贵宾和嘉宾注册，事先可为贵宾和嘉宾寄送特别的邀请函，在现场由专人负责贵宾和嘉宾的注册，确保其不需要等很长时间就可以完成会议注册相关手续，并且由专门人员负责将其引领至贵宾室或者会场。

同时也要注意照顾好贵宾和嘉宾的随行人员，为其提供茶水服务，解决休息或者就餐等问题。

为便于贵宾的接待，可以视情况安排贵宾接待室，贵宾出现会议或其他宴请活动，都要为其安排特别的座位，摆上相应的桌签，并由专人负责引导入座。在安排贵宾座位时，要考虑贵宾的级别、语言、安全及相关背景等多种因素，并考虑宴会座次安排的礼宾顺序。

（五）保障贵宾、嘉宾参会安全

根据不同的需求采取不同的安全保障措施。如果需要提前对会场进行安全检查、并且封闭场地，应该请安保相关部门人员负责落实会场安检相关事宜。

（六）采访相关安排

如果安排媒体对贵宾和嘉宾进行采访，最好事先与贵宾和嘉宾进行沟通，告知其拟采访的媒体单位、拟采访的时间、地点及主题，经其同意后再加以安排。如果是临时安排的采访，也要提前与贵宾和嘉宾进行沟通，征得其同意后再做安排。

第三节 会议赞助商接待

一、工作安排

（一）工作人员

一般由最初负责赞助商招商的工作组负责为宜，因其从一开始就与赞助商联系，对需要为赞助商提供的服务和保障比较清楚，且便于联系和沟通。但对赞助商的服务也需要其他相关小组的配合与保障，例如需要安排赞助商发言的话，会议管理组要在安排会议日程时加以统一考虑，并且在会场和宴会时给予赞助商相应的礼遇，例如安排在前排和主桌就座、安排其参加会见和照相等活动。如果需要安排采访赞助商的话，新闻组要负责安排和落实。接待

组则主要负责安排赞助商接送相关事宜。如果要设立赞助商宣传台或者资料台时，会议服务组需要协助安排和搭建赞助商台并将其资料通过适当的途径散发出去。当然对赞助商提供的服务要根据与赞助商签署的赞助协议而定。

应该指定专人负责与赞助商的联系和提供周到的服务。相关工作人员要清楚地了解对不同赞助商的回报条款、需要安排和落实的事宜，并且有较好的沟通、协调和解决问题的能力。

（二）工作内容

主要是根据赞助协议具体落实赞助商的各项回报事宜，例如在会刊上刊登广告、在会议现场设宣传台或者资料台、安排其参加会议或者活动、协调其食宿、交通和安全保障等相关事宜，安排会议期间的会见、合影、发言、宣传片播放等事宜。

（三）工作流程

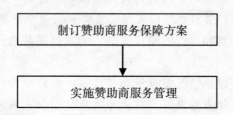

第一步，制订赞助商服务实施方案：根据与赞助商签署的合作协议及相应的回报条款，逐一理清需要为赞助商提供的服务并制订相应的赞助商服务保障方案；

第二步，实施赞助商服务管理：根据赞助商服务保障方案，逐一落实对赞助商的服务。

二、实施赞助商服务管理

通常而言，对赞助商的服务主要包括以下几个方面。

（一）在会场背景版、会刊上体现赞助商名称、标志或者相关信息

根据此条款需要与负责会场布置、会刊编辑的人员事先协调好何时提供赞助商的相关资料和标志。如果刊登整版广告的话，也要事先与赞助商协调好何时提供广告的软胶片、广告刊登的位置等。

（二）设立赞助商宣传台或者资料台

根据与赞助商的约定，如果需要在会场设立单独的赞助商宣传台或者资料台时，需要事先明确由主办方还是赞助商来负责宣传台或者资料台的布置，并且与酒店方协商好宣传台或资料台的位置、搭建和拆除的时间，并且商定会议期间由哪一方派人在宣传台或者资料台提供现场服务。如果赞助商需要在宣传台或者资料台连接电脑或者投影仪等设备时，也应该事先征得酒店方的同意。

如果需要在会议主办方的资料台或者资料台散发赞助商资料的话，应该事先提供相应的资料，由会议主办方人员负责现场发放。有时赞助商的宣传资料需要装在会议资料袋中向参会人员统一发送，因此需要提前和赞助商沟通好向会议主办方提及资料的时间和地点。

（三）后勤保障

有些赞助条款中包括负责赞助商的食宿交通，那么事先需要明确需要负担的具体人数和要求，根据双方的商定来加以落实。如果需要接送机时，需要了解赞助商的抵离航班、时间和地点。

（四）嘉宾免费参加会议或者活动

有些赞助条款中包括为赞助商提供一定的免费参加会议或者活动的名额，因此需要赞助商事先提供其拟邀请免费参会的人员名单以便主办方为其办理会议注册手续。

有时允许赞助商在宴会时作为某一桌的赞助商，由其邀请部分嘉宾参加，因此需要负责宴会场地布置的人员为其排定相应的桌次并准备赞助商的桌卡。

（五）参加会议或者活动

赞助商在会议期间参加的活动主要包括参加会见、宴请、开幕式、闭幕式、参加会议、在会议上做演讲、介绍贵宾、嘉宾或者演讲人、接受媒体采访、参加合影等活动，针对赞助商参加的不同活动要逐一加以细化和落实，例如参加会见、合影、宴请、开幕式、闭幕式、会议或者活动的具体时间、地点、座次安排；媒体采访的时间、地点和内容等。负责赞助商服务的人员要将赞助商参加的相关会议或者活动列入赞助商现场工作表，表明每一场会议或者活动的时间、地点、主要内容、是否完成、相应的联系人等，并事先与赞助商沟通，使其了解所要参加的会议或者活动的性质和内容、对其有何要求。如果安排赞助商讲话或者演讲时，要请赞助商提前准备好讲稿，根据需要进行现场投放或者印发。

在赞助商参加会议和活动期间由专人负责引领并为其提供及时周到的服务。

（六）对赞助商表示感谢

会议主办方应当在适当的场合以适宜的方式对赞助商的大力支持表示感谢，例如将赞助商介绍给相关领导、在宴会或者会议上对赞助商致谢，以纪念牌、礼品或者感谢函等方式表示感谢等。

（七）落实赞助款到位事宜

根据赞助协议，落实赞助款的支付相关事宜，根据赞助商的要求为其出具发票。

三、应注意的问题

（一）专人负责　各方协助

对赞助商的服务应该指定专人负责，这样才能够保证服务到位，但由于对赞助商的服务涉及的面比较广，因此需要各相关工作组通力协助以确保赞助商回报条款的落实，并且为赞助商提供良好的服务。

（二）事先明确赞助商回报条款

对赞助商的回报条款事先要加以明确，以避免到现场出现界定不明、责任不清的问题。对赞助商提出的合理要求可以视情况予以满足，但切忌盲目满足赞助商临时提出的不合理要求。

第四节 会议代表接待

一、工作安排

（一）工作人员

会议代表人数多、涉及面广，因此需要多个组配合完成接待。其中推广注册组负责会议代表的注册和现场咨询，会议服务组负责餐饮服务，会议接待组负责接送机、参观游览等安排，安保组负责安全保障工作，会议管理组负责在会场的协调和引导。

相关工作人员应对会议代表的情况比较了解，同时了解会议的相关日程和活动，会场设置、酒店设施、参观旅游安排等，能够就会议相关问题解答与会者的问题。

（二）工作内容

保障会议代表顺利出席会议，并为其提供到场后的相关服务，涉及注册、就餐、参观、游览、住宿等相关问题。

（三）工作流程

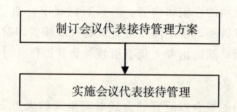

第一步，制订会议代表接待管理方案：围绕会议代表注册、参加会议和活动等具体需求制订会议代表接待管理方案；

第二步，实施会议代表接待管理：按照会议代表接待管理方案，逐一落实对会议代表的服务。

二、实施会议代表接待管理

会议代表的接待管理根据工作内容的不同分散在各个小组的现场工作中，主要包括以下。

（一）提醒会议代表前来参会

在会议临近时，负责会议推广和注册的人员需要给已经注册的会议代表发送提醒函，提醒会议代表届时前来参加会议和活动以及注册相关事宜，主要包括时间、地点、所需携带的证件等。

（二）接送机

会议组织方负责安排会议代表的接送机时，应该安排专门的人员负责会议代表的接送工作，并且根据会议代表入住酒店的分布情况安排接送机车辆的数量和班次，在机场由专人负责迎接会议代表，并将其引领至班车上，再将其送至入住酒店，协调其办理入住相关事宜以及安排会后的送机相关事宜。

（三）酒店入住

如果会议代表直接预订酒店，并且直接与酒店结算费用时，可以由会议代表直接与酒店方办理入住手续。如果会议费用里包括住宿费时，就需要由会议组织方相关人员负责为会议代表办理酒店入住相关手续。

（四）会议注册

会议注册是会议代表接待工作中最为主要的工作环节之一。会议代表注册时需要向其提供参加会议或者活动的证件、会议资料及其用品。

（五）会议现场引导

可以在会场设置会议现场分布图，使与会者了解主题大会和各专题会议的场地分布情况，包括餐饮和宴会场所的分布情况。同时，在一些关键的位置上，例如上下楼处、电梯口或者叉道口设置明显的会议指示牌或者设专人加以引导和指示。

在会场内的工作人员负责引导会议代表就座，调控场内的就座分布状况，一旦出现座位不够的情况，负责及时与场地提供方协商解决。茶歇结束时需要有人负责提示（如以摇铃方式）参会人员重新入场就座。

会议代表参加活动或者宴会时，也需要安排专门人员负责引导和组织。

（六）现场咨询服务

需要在会场外设立咨询服务台，解决会议代表提出的相关问题，包括有关会议、活动、参观、旅游、接送机、票务等相关安排。

（七）会后服务

会议结束后应该及时将相关补充资料传送给会议代表或者请其通过会议网站进行检索或者下载。会议主办方应该对会议情况进行评估，对会议代表前来参加会议表示感谢。

三、应注意的问题

（一）为会议代表提供热情周到的服务

会议组织方为会议代表提供服务的质量直接影响会议代表对会议质量的评价。相关工作人员应该尽力为会议代表参加会议和活动提供热情周到的服务，协助其解决参加会议期间所遇到的问题。

（二）岗位明确　责任到人

对会议代表的服务要岗位明确、责任到人。由于会议代表在参加会议或者活动期间流动性可能比较大，会议组织方需要指定相关人员在不同的地点为会议代表提供无间隙服务，从会议代表抵达和离开时的迎送，到会议注册和资料的领取，再到参加每一场会议和活动都要

责任到人。

在组织平行会议或者活动期间更要注意引导会议代表便利地找到相关的会议或者活动场所。

（三）制定紧急情况应对预案

针对会议期间可能发生的突发事件制定紧急情况应对预案，例如突发性疾病、突发性事故等，需要与会场所在的酒店或者附近的医院进行前期沟通，以备不时之需。

本章小结

本章主要涉及各类参会人员的接待和服务管理问题，涉及面比较广泛，需要由各相关小组分别制定现场实施方案和工作流程，并在此基础上加以管理和落实：

1. 致辞人和贵宾演讲人：基于每个人的参会时间和活动安排分别制订接待方案，从迎到送都要有专人负责，这是礼宾接待的工作重点；

2. 主持人和演讲人：由专人负责确保其准时到会，协助其进行会议注册，协调与其他演讲人、设备技术人员、同传翻译人员的沟通和联系，为其提供专门的场地供其休息和准备演讲相关事宜；

3. 贵宾和嘉宾：要为贵宾和嘉宾制订详尽的接待方案，为其顺利参会提供保障。贵宾的接待方案要细致到位；

4. 赞助商：按照所签署的赞助商合同的回报条款，认真落实对赞助商的各种承诺，为其提供服务；

5. 会议代表：从方方面面为会议代表提供周到的服务，使其身心愉悦地参加会议。

思考题

1. 对于会议发言人员的接待主要包括哪些环节的工作？

2. 贵宾、嘉宾接待中需要注意的主要问题是什么？

3. 对赞助商的服务主要包括哪些方面的内容？

4. 对于会议代表的服务主要包括哪些方面？

第十七章　会议后勤保障管理

学习目标

通过本章的学习，了解在会议现场如何安排后勤保障相关事宜，以便确保会议的顺利进行。

技能掌握

——协助会议代表安排好住宿
——学习会议期间交通安排
——安排会议期间的餐饮服务
——安排相关旅游及参观

第一节　会议住宿管理

一、工作安排

（一）工作人员

会议代表的住宿主要由会议推广注册组负责协调和安排，在会议代表前期注册的过程中已经涉及会议代表酒店预订问题。如果由会议代表直接与酒店联系预订，那么会议组织方相关人员只是负责协助会议代表与酒店方的联系。如果会议的安排中已经包括收取会议代表的住宿相关费用，那么会议组织方在会议现场就要负责落实会议代表的房间分配、费用收取和出具发票等相关事宜。

负责住宿管理的人员需要具备一定的协调能力。如果是国际会议的话，还要具备相关语言的交际能力。

（二）工作内容

协调或者负责安排参会代表的住宿问题，并提供相关的咨询服务。会议组织方应该指定专人负责落实会议代表的住宿问题，相关人员应该了解会议代表的住宿如何安排，并掌握相关进展情况，能够及时、准确地解答会议代表有关住宿问题的咨询并提供良好的服务。同时，也要了解酒店的设施情况、可以提供何种服务、酒店周边的服务设施、酒店到机场的交通情况等，以便在会议代表问及时予以解答。

（三）工作流程

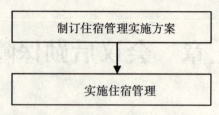

第一步，制订住宿管理实施方案：根据会议代表住宿需求，制订会议代表住宿管理实施方案，包括与酒店落实房间预订、协助会议代表办理入住手续、解答会议代表有关住宿安排的咨询；

第二步，实施住宿管理：根据住宿管理实施方案，逐一落实会议代表酒店入住相关事宜。

二、实施住宿管理

（一）会议代表自行预订酒店

由会议组织方与会场所在酒店或者附近的酒店协商一个对会议代表优惠价格作为会议的指定酒店，然后在会议对外宣传推广时，在会议宣传资料中附上酒店预订表，包括相关酒店的联系地址、方式、联系人及价格，由会议代表直接向酒店预订房间并在现场直接与酒店方办理相关入住手续。

此种情况下，在会议现场通常由酒店方负责会议代表的入住事宜。

（二）会议组织方统一安排住宿

有些会议由会议组织方负责统一安排会议代表的住宿问题。在此情况下，会议代表的住宿管理主要包括以下步骤。

1. 列出房间分配表

在会前按照会议代表房间预定情况，分别按照单人间和双人间列出会议代表的房间分配表。

2. 办理入住手续

按照房间分配表办理会议代表的入住手续，包括分发房卡，同时提醒其注意房费以外产生的相关费用，如电话费等由其自理，并告知其就餐的时间和地点，退房的时间及相关要求，出具相应的发票。

3. 办理退房手续

提醒会议代表按时退房，并支付自行付费的部分。会议组织方与酒店方结清相关住宿费用。

（三）应注意的问题

1. 明确住宿安排

会议开始前明确会议的住宿安排，包括单人间、双人间的相关费用、是否包括餐饮以及哪些费用需要自行负担。

2. 有效管理房间分配

对会议代表住宿管理要责任到人，如果会议代表住会的话，应该尽可能为负责会议代表住宿的工作人员安排工作间，以及时协助入住的会议代表协调与酒店房的联系及解答会议代表的相关问题，包括协调会议入住者之间发生的相关问题。

第二节　会议交通管理

一、工作安排

（一）工作人员

会议的交通管理主要由会议接待组负责，但是需要会议管理组、推广注册组、服务组和礼宾组的密切协助，其中会议管理组需要提出会议或者活动期间需要具体接送的时间、地点和人数。推广注册组需要告知负责接送的人员名称、抵离时间和航班号。会议服务组则需要根据会议接待组的要求制作接站牌、车辆指示牌，在机场或者车站设立接站咨询台。礼宾组需要通知会议接待组为重要的贵宾、嘉宾或者演讲人安排相应的车辆。

应根据会议人员接送机的需求或者会议和活动期间的交通安排配备相应的人员负责交通管理。相关工作人员需要具备一定的协调能力，如果是组织国际会议时，还需要具备相应的语言交流能力。

（二）工作内容

负责会议代表的接送机、会议和活动间的交通衔接，为贵宾、演讲人和工作人员提供交通保障。

（三）工作流程

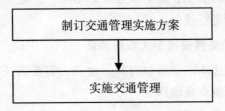

第一步，制订交通管理实施方案：根据会议期间对交通的需求，制订现场交通管理实施方案，包括参会人员的迎送、会议和活动期间的交通衔接、贵宾、演讲人和工作人员的交通保障等；

第二步，实施交通管理：根据交通管理实施方案，逐一实施交通管理，为参会人员提供交通保障。

二、实施交通管理

（一）机场接送

为参会人员安排接送机主要注意以下几点。

1. 落实车辆预订

会议筹备前期已经根据需要接送的贵宾、嘉宾、发言人员和会议代表的人数预订了相应数目和车型的车辆，会议开始前需要进一步核实需要接送的人员数目和抵离时间及地点，根据最新需求进一步确认车辆预订情况，适当增减车辆，同时防止因为车辆或者驾驶人员的变化而影响了会议期间的交通安排。

2. 按照车辆调度方案专人负责车辆现场调度

根据已经制订的车辆调度方案，由专人负责现场调度车辆接送的班次和行车路线，同时根据实际需要和道路交通情况及时调整车辆的路线、时间和班次。

3. 调配接待人员

根据车辆调度方案，调配相应的接待人员，例如每车派 1～2 人负责接送机。

4. 事先沟通 现场迎候

在代表到达前会议推广注册组应该将相关接机事宜告知会议代表。在机场安排专门的人员负责接待会议代表。接机人员应该持相应的标识，例如接机牌或者佩戴工作证，让代表便于识别。接机车辆上应该有会议名称的车证，如果行车线路不同时，也应该有所标识。

5. 专人负责迎送贵宾

对于参会的贵宾需要安排专人专车负责迎送，必要时需要预订机场贵宾室并且协调好使用贵宾通道办理登记手续等相关事宜。

（二）会议和活动间的交通衔接

有些会议需要安排大型的参观、游览或者娱乐活动，上述活动的场地可能与会议所在场地不同，因此需要安排车辆进行接送。

1. 根据会议和活动间的交通安排专人负责调度

根据会议和活动间的交通需求，例如时间、地点、需要接送的人数等预订好车辆，制订车辆调度方案，并指定专人负责现场调度。

2. 调配工作人员 车辆统一标识

在每辆车上配备相应的工作人员，将每辆车预先编号，使用统一的车证，以便于会议代表识别。如果行车路线不同的话，要预先告知参会代表，并在车证上表明具体的行车路线。

3. 协调会议代表乘车事宜

在会议代表乘车前要告知其车辆接送的出发和返回时间及地点。如果会议代表需要在不同的地点上下车，要告知其车辆的行车路线及在该地点发车和返回的时间。如果可能的话，告知会议代表如果因故无法乘坐会议安排的车辆时如何返回会场或者酒店。

必要时可以按照一定的原则分配车辆，相关工作人员需要清点上车的代表数量，并且提醒会议代表乘原车返回，如果因故自行返回的话请其告知相关工作人员。

4. 必要时请警方协助

根据会议贵宾的级别或者参会人数的多少，在必要时可以请警方予以协助，疏导交通并且保证参会代表的安全。

5. 落实行车路线和停车场所

需要事先确定行车路线并且测算好行车的时间，考虑到交通拥挤等相关因素，联系好车辆的停车场所，特别是大型客车较多的情况下。

6. 做好医疗救护等相关准备工作

如果会议组织代表到较远的地方参观和游览，最好能够配备相应的医疗救护人员，以便应对会议代表因为自身原因或者旅途不适、天气等相关情况而发生需要紧急救治的情况。同时，也可以事先了解沿途医疗设施的情况及其联系方式，以备不时之需。

（三）自行解决交通问题

有些会议没有统一安排接送，由会议代表自行解决交通问题。在此种情况下，需要事先告知会议代表会场或者酒店的具体联系地址、方位，从机场或者火车站抵达可行走的路线或者需要的时间及所需的大概费用。此外，也要告知其相应酒店或者工作人员的联系方式，以便其需要时进行联系。

（四）会议场所的交通疏导

与酒店方或者其他场地供应方协调好会议代表停车相关事宜，指定专人负责在现场疏导交通和协调停车事宜。

一般的酒店都会提供若干免费停车位，至少要确保参会贵宾、嘉宾和演讲人的停车需求，通常会以会议车证的方式来加以识别，因此需要将车证在事先发到相关人员的手中。此外，也可以通过预先报车号的方式来加以识别，但是如果届时来的车辆很多的话，实施起来的难度比较大。有时可以把上述两种方式结合起来，特别是对贵宾使用的车辆，一定要确保其顺利停车，且要保留最便利的车位供其使用。

（五）工作人员用车

保障会议期间工作人员用车，可以根据实际工作需求指定专车专用，也可以由专人负责工作用车的统一调度或者通过公共交通解决工作人员用车问题。

三、应注意的问题

（一）选择好的服务商，确定用车时间和费用结算方式

在选择交通服务商前要了解其服务的质量、声誉、费用、车辆情况、安全性及司机对当地情况的熟悉程度、参与会议接送的经验，并商定费用的结算方式，如涉及超时、超公里的

收费问题，应该事先商定好。同时也要商定临时增减车辆的费用结算问题。

（二）车辆调度情况要视实际情况适当调整

接送机时可能会由于航班的早晚情况而影响原定的车辆调度计划，有时也会由于交通堵塞而影响车辆的正常行驶。因此在做计划时要考虑到各种可能发生的情况，并且预先制定应对措施。在实施过程中根据实际情况进行适当的调整。

（三）备用机动车辆，应对紧急需求

在会议车辆需求基础上要预订部分备用机动车辆，以应对紧急需求。

（四）及时沟通，密切协作

会议的交通安排为参会人员能够顺利参加会议提供保障，同时交通服务质量的好坏也会直接影响参会人员对会议的总体评价。因此，负责会议交通管理的人员间要保持密切沟通，保证会议代表接送的顺利开展，同时也要与会议管理、服务、注册、宣传等相关组别的人员及时进行沟通，使其了解会议代表的抵达情况，特别是贵宾和演讲人的抵达情况。

第三节　会议餐饮管理

一、工作安排

（一）工作人员

会议的餐饮服务主要由会议服务组协调餐饮服务方来共同完成，但在实施宴会场地布置时需要征求会议管理组及礼宾组的意见，并且随时与负责会议注册的人员保持联系和沟通，以便了解会议代表对餐饮服务的特殊需求，并且基于需求的变化与餐饮服务方进行沟通和联系。

餐饮服务主要由酒店人员提供，但会议组织方应该指定专人负责与酒店的协调，并且在各相关场所指定专人检查和协调落实情况。酒店方应该指定专人负责对会议的餐饮服务。组织国际会议时，餐饮服务人员应该具备基本的外语会话能力。

（二）工作内容

负责会议期间的餐饮供应和服务，包括招待酒会、欢迎晚宴、茶歇、午宴、告别晚宴、贵宾室、演讲人休息室、新闻中心、媒体采访室等的茶点供应及工作人员的餐饮服务。

餐饮服务质量的好坏往往会对会议的成败产生较为重大的影响，同时餐饮服务也是容易超出会议预算的部分，因此需要加强现场实施管理。

（三）工作流程

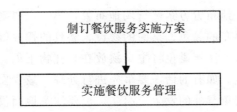

第一步，制订餐饮服务实施方案：根据会议对餐饮服务的具体要求，制订餐饮服务实施方案，明确餐饮服务的时间、地点、内容和相关负责人员；

第二步，实施餐饮服务管理：按照餐饮服务的实施方案，逐一实施会议现场的餐饮服务。

二、实施餐饮服务管理

在会议前期筹备的章节中我们已经介绍了餐饮服务的预订和场地布置的相关要求，到会议现场实施阶段主要是要根据前期已制订的方案进行落实。

（一）招待酒会

1. 检核餐饮预订情况

根据会议代表的实际报名情况，进一步落实招待酒会所需的饮料和餐点的预订，明确所需要的数量、品种和提供服务的时间。

2. 检核场地布置

如果预期参加的人数较多时，要考虑多设一个酒台或安排服务人员进行流动服务。场地布置完毕后，会议组织方人员要及时进行检核，必要时调整场地布置。

3. 良好的现场服务

招待酒会进行期间，要注意提供良好的餐饮服务，并且注意及时清理已经使用过的杯盘，保持场地的清洁和整齐。

（二）宴会

1. 检核餐饮预订

根据会议代表的实际报名情况，调整餐饮预订，进行必要的增减。根据已确定的菜单，进一步确认提供何种酒水和饮料、上几道菜，如何上等。

2. 特殊餐饮服务

根据会议代表对饮食的特殊需求，安排特殊餐饮服务，如设清真桌或为素食者供餐等。准备清真餐时需要提醒酒店把所用的炊具清洗干净，以免有非清真餐的其他味道的残余。举办国际性会议时对此应特别加以关注。

如果参会者现场提出对酒水或食品的特别要求，相关服务人员要与会议组织方人员进行协商，根据实际情况进行处理，尽量避免不愉快事件的发生。

3. 宴会场地布置及其检查

根据已经设定的宴会场地布置方案进行场地布置，第一，要确保已经按相关方案进行了布置，例如主桌的位置、桌布的颜色、桌面的摆设、餐具的摆放等，普通桌的摆放及是否有适当的空间供会议代表出入。注意避免将主桌摆放在悬挂物下面，如大型吊灯的下面，以免万一发生悬挂物坠落的危险。如有的话，要事先进行处理，减少发生意外的可能性。同时要检查椅子是否稳固，尽力避免意外的发生。第二，也要注意地面没有凸起物，以免将贵宾绊倒。其次如果安排讲话时，检查设备的安装情况，并进行相应的测试，例如话筒等。第三，检查主桌的台卡或者桌签是否摆放妥当；第四，如果所有人员都要按指定位置就座的话，要在请柬上表明相应的桌次，并且在现场门口展示宴会桌次的平面图，同时在每个桌上标明桌号，以便于会议代表寻找相应的座位就坐。

4. 安排人员进行现场引导

除如上所示对参加人员给予书面提示外，还要在现场安排工作人员进行疏导。贵宾由专人负责引位，其他人员由现场的工作人员协助入场就座。如果是凭请柬或证件入场的话，应该由专人负责验证。事先要制订应对突发事件的方案，例如请柬或证件丢失，或者临时参加的人员。对于已经进行会议注册的人员，如果其请柬或证件丢失，可以通过核对参会人员名单确认后准其入内。对于临时参加的人员将根据实际情况进行安排。

宴会结束时，注意引导参加人员安全退场。

5. 提供良好的现场服务

根据宴会现场的进展情况，调节上菜的速度或者增加酒水的供应。为参加人员提供良好的餐饮服务。

（三）工作早餐、午餐或者晚餐

会议代表的工作早餐、午餐或者晚餐根据会议的具体情况会作出不同的安排，例如早餐或者晚餐有可能在会议代表入住的酒店提供，而午餐在会场所在的酒店提供。通常而言可以通过发餐券或者凭证的方式对上述工作餐进行管理。

但需要注意的是，就餐人员可能会发生比较大的变化，因此需要根据预期的就餐人数或者实际的就餐人员和酒店结算相关费用。

（四）会场

1. 演讲台

根据会议的实际需求事先与酒店方协商好为演讲人提供何种茶水，例如提供热茶或者矿泉水。在现场要注意提醒酒店方及时为每个演讲人提供茶水服务，特别是及时更换演讲台上的茶水，应该在上一位演讲人演讲结束后马上为下一位演讲人换水杯。

2. 贵宾和嘉宾

如果会场前排安排贵宾和嘉宾就座时，有时需要为其摆好桌签，同时摆好饮料，例如热茶或者矿泉水，并且在会议期间及时为其续水或者更换矿泉水。

在国外组织会议时通常酒店方会摆放水瓶和水杯供会议代表自行服务。

3. 会议代表

可以在会前为会议代表摆放好矿泉水。国内会议有时会提供热茶，酒店方需要随时为会议代表续水。

（五）茶歇

茶歇的时间在会议日程中已经确定，但是在现场需要根据会议的实际进程进行微调，例如提前或者推后几分钟。如果有几个分会场同时开会的话，各分会场间的茶歇时间应该尽可能一致，以免相互间不一致时产生干扰。

现场茶歇服务时需要及时补充茶点和饮料，保证满足会议代表的需求，同时注意及时清理用过的杯盘，注意保持场地的清洁。

参会人员较多时，要多设茶歇服务台，以免参会人员拥挤在一起并且需要等候多时。

（六）贵宾室

要根据贵宾使用情况及时提供茶点和饮料，会议组织方应该指定专人负责贵宾室管理，根据贵宾抵达情况随时通知酒店人员前来服务，或者由酒店方指定专门人员为贵宾服务。

（七）演讲人休息室、新闻中心、媒体采访室

根据情况为演讲人或者媒体人员提供茶水服务，或者备矿泉水供其自用，注意及时清理使用过的茶具，保持场地的清洁。

（八）工作人员的餐饮服务

对工作人员的餐饮服务主要包括解决现场就餐和饮水问题，如果设立了现场秘书处的话，可以在秘书处安装自动饮水机或备些水供工作人员使用。可以与酒店方协商工作人员就餐问题或者委托其他餐饮服务商提供工作餐。

三、应注意的问题

（一）确认餐饮需求

为保证会议的餐饮服务及时到位，会议组织方需要事先就相关餐饮的要求与酒店餐饮部进行沟通，使其了解何时、何地需要为多少人提供何种餐饮服务。

在会议筹备前期，会议组织方会就会议期间的餐饮要求和酒店负责餐饮的人员进行初步的沟通。随着会议的临近，会议代表的就餐人员数目会比较明确，同时特殊的餐饮要求也会提得比较具体，因此需要根据上述变化情况进一步与酒店方确认餐饮服务的具体需求并且预订相应的餐饮服务。

（二）密切沟通和协作

餐饮服务的时间和要求有可能会根据会议现场的实际进展情况进行调整，负责会议组织的人员应该将相关变化及时通知负责餐饮服务人员。

会议组织方与酒店服务方保持良好的合作关系非常重要，因其服务质量的好坏直接影响到会议代表对会议组织的整体评价。

（三）专人负责餐饮服务管理

会议组织方应该指定专人负责餐饮服务，协调与会场管理人员和餐饮服务人员的联系。例如，当无法按时就餐时，及时告知负责会场管理的人员，相反如果场内演讲时间延长，需要调整茶歇或就餐时间时，也要有人及时告知负责餐饮服务的人员。

如果临时提出餐饮服务的要求，需要专人负责协调解决，但切记要在事先制定好现场工作的机制，即负责餐饮服务的人员与酒店方何人进行协调，同时如果增加支出时需向会议组织方的何人进行请示和批准。对餐饮服务的安排不能太随意也不能太死板，要根据实际情况合理解决，以免与会议代表产生不必要的冲突而影响会议组织方的声誉。同时也要严格对餐饮服务的管理，以免出现因为增加酒水供应或者餐饮服务造成经费超支过大的问题。

国外组织会议时有时安排会议代表自行承担酒水的费用，或者凭券领取饮料，超出部分由会议代表自理。

（四）明确餐饮服务质量要求

会议餐饮服务中常出现的问题是有时食品的质量不够好或者服务不够及时，例如，该上茶水时不上，该补充食品时不及时提供，特别在人多较集中的情况下。因此事先要对酒店服务方提出具体的要求，现场也需要及时提醒和督促其提供良好的服务。

另外需要特别提醒酒店方注意食品安全，重大国际会议有时需要留样品以供必要时进行检验。

第四节　会议旅游管理

一、工作安排

（一）工作人员

会议相关的旅游主要由会议接待组协调相关旅行社负责落实和安排。负责会议旅游管理的人员应熟悉旅游活动的安排，工作认真负责，能够提供良好的服务。如果是国外来宾的话，要求具备相应的外语会话能力。

（二）工作内容

根据会议代表及其陪同人员的需求安排参观、旅游或者购物等活动。

（三）工作流程

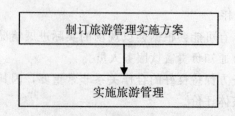

第一步，制订旅游管理实施方案：根据已经确定的参观、旅游路线制订旅游管理实施方案，包括具体行程安排、车辆分配、参加人员名单、出发和返回的时间、地点及具体的负责人员；

第二步，实施旅游管理：根据已经制订的旅游管理实施方案组织参观和旅游活动。

二、实施旅游管理

（一）确认参加人员数量和名单

进一步核实参加参观和旅游的人员名单，根据实际报名人数调整车辆的分配情况，制定专人负责每一辆车的人员组织和协调工作。

（二）明确出发和返回的时间和地点

代表及其随行人员抵达会场前应明确通知其参加参观和旅游出发的时间和地点，在会议现场设置指示牌或者指定专人负责引导。在相应的车辆上贴上游览线路指示，以免参加人员上错车辆。

（三）保障游客安全

在参观游览过程中确保游客的安全，为其提供良好的服务。如果涉及较大规模的人员参观和游览，视情况联系相关警方疏导交通、确保行车安全，并且做好相应的医疗急救准备。必须为旅游者购保险。

三、应注意的问题

（一）游览线路的变更

有时由于报名参加的人数不足可能需要取消已经制定的游览线路，因此最好在制定参观游览注册表时提前声明需要的最低报名人数，并且说明人员不足时有可能取消游览安排。一旦发生游览项目取消的情况时，要尽早通知已经报名参加的人员。

（二）明确相关费用

参观和游览的费用需要事先加以明确，如果涉及需要现场额外收费的项目，应该提前告知拟参加的人员。

（三）及时协助解决问题

参观游览过程中可能会发生一些意想不到的情况，例如个别人突然生病，因此需要组织方及时协助联系医疗救护人员。

本章小结

　　本章主要涉及会议期间住宿、交通、餐饮和旅游的管理：

　　1. 会议住宿包括会议代表自行预订酒店和会议组织方负责代为预订酒店两种情况，前者由酒店方直接与会议代表协调住宿安排事宜，在后一种情况下，需要会议组织方负责房间的预订、分配和费用支付；

　　2. 会议期间的交通安排主要包括会议代表接送机、会议及其活动场地间的交通衔接、贵宾、嘉宾和工作人员的车辆保障，要针对不同的需求逐一加以落实和保障；

　　3. 餐饮管理包括诸多方面的安排，需要针对不同的餐饮服务要求逐一加以落实；

　　4. 旅游管理主要包括确认参加人员名单、按照不同的线路组织参观和旅游并且保障游客的安全。

思 考 题

　　1. 会议组织方负责统一安排会议代表住宿时应该注意哪些问题？
　　2. 会议期间的交通管理主要包括哪些方面的工作？
　　3. 会议期间餐饮服务的种类及应注意的问题？
　　4. 旅游管理中应该注意哪些问题？

第十八章 会议安全保障管理

> 学习目标

通过本章的学习，了解会议安全相关问题及如何保障会议的安全。

> 技能掌握

——了解会议安全保障工作的主要内容

——了解如何实施对会议的安全保障

第一节 会议安全保障工作安排

一、工作人员

会议的顺利召开离不开安全和保卫工作，特别是重大的大型会议，此项工作更要格外重视，以确保会议的顺利进行。会议期间的安全和保卫工作主要由安保组负责协调，视参加会议的贵宾级别向有关安全警卫部门报批和备案，必要时由安全警卫部门在会议现场派人负责会议相关的安全和警卫工作。会场所在酒店的安保部门也要对会议的安全负责，协助安保组开展工作，同时在急救、消防和电力保障方面予以保障和支持。

要求安保人员：

——坚守岗位，认真履行职责；

——提高警惕，严格验证，防止无关人员混入；

——加强巡查，发现问题，妥善处置，及时报告；

——加强与酒店保卫部门的联系，密切配合。

二、工作内容

负责保障大会开幕式、闭幕式、欢迎和告别晚宴、会议及其交流活动时会场和人员的安全，预防及处置火灾、急救等突发情况，保障电力安全，确保参会人员的饮食安全和交通安全等。

三、工作流程

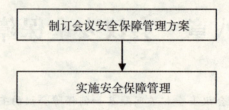

制订会议安全保障管理方案

↓

实施安全保障管理

第一步，制订会议安全保障管理方案：根据会议的具体安排确定安保需求，在此基础上制订安全保障实施方案；

第二步，实施会议安全保障管理：根据会议安全保障方案，逐一实施安全保障管理。

第二节　制定会议安全保障管理方案

一、确定会议安全保障需求

根据会议的实际需要，确定会议的安全保障需求，通常主要包括会场和人员安全、食品和交通安全、电力保障和安全急救等若干方面。

二、明确人员分工

指定专人负责落实安全保障相关事宜，其中包括以下职责。

（一）安保组负责人的主要职责

1. 负责会议安全保障的组织协调；

2. 检查安保人员履行职责；

3. 组织处置突发情况。

（二）其他安保人员的职责

1. 负责开、闭幕式、欢迎晚宴及会议交流活动时会场的安全工作；

2. 协助酒店安保人员查验证件，维护会场秩序；

3. 加强与酒店保卫部门的联系，协助处置突发情况。

（三）酒店保卫部的主要职责

根据大会安保组的要求，提前对会场安全设施进行检查；会议期间，在会场出入口安排人员，负责查验进入会场人员的证件，维护秩序；遇有紧急情况组织人员安全疏散；加强对会议车辆和出席会议领导车辆的巡查控制；协调食品检验室对大会人员用餐进行留样检验。

三、制订现场实施方案

根据具体的安全和保障需求，逐一制订现场实施方案，包括具体的负责人、工作内容、时间和地点、遇到紧急情况的处理机制和预案等。

第三节　实施会议安全保障管理

一、与酒店安保部门密切沟通

安保组人员需要在会前与酒店安保人员进行沟通，了解会场的安全急救、消防和电力等设施情况，并对开会时的安全保障相关事项提出明确的要求，请酒店方届时派出人员协作开展工作。

（一）消防

需要注意检查会议场地相关的消防设施，消除会场的安全隐患，例如会场设备走线是否安全，设备安装时不要堵塞出口和消防通道。在会议资料中可以包括场地的平面图，并且标出紧急通道的出口位置。饭店服务人员也要具有消防意识和常识，具备应对的能力。

（二）电力保障

重大的大型国际性会议一定要确保电力保障，因此要对酒店的电力供给线路情况事先考察，必须有备用电路，并且在出现断电的情况下能够瞬间切换。

（三）安全急救

与酒店协商，请其医务室负责会议的安全急救等事宜，开会期间需要安排专门的医护人员负责值守。如果酒店不能提供安全急救的话，可以与会场附近的相关医院联系，请其届时派人予以协助。

在会议资料中可提供急救救助联系电话或者附近医院的联系地址和电话。大型国际会议应该设立急救室并且派医护人员值守。如果会议期间安排参会人员外出参观游览时，也应该派医护人员随行，并且配备相应的急救用品。

（四）食品安全

要求酒店方注意确保参会人员的食品安全，并且将相关食品留样待检。组织重大国际会议时，有时需要联系相关部门在会议期间对参会人员将食用的食品进行预先检验。

（五）会场安全

要求酒店方明确指定安全保卫负责人员，对会场安全进行检查，排除不安全的隐患，检查消防设施，并且派专人负责在会议现场验证，在会后保障场内设备及相关用品的安全。

（六）会议安全

要注意防止不相干人员进入会场进行破坏活动，特别是有国家领导人出席的国际会议。

要确保会议贵宾、嘉宾和参会人员顺利抵达和离开会场，必要时采取措施并且制订后备方案保证上下车通道的通畅，也可以请求警方人员予以协助。

（七）交通协助

由酒店方负责协调和安排参会人员的车辆停放问题，负责疏导交通。

安排会议代表外出参观和游览时，安保组要派专人负责交通疏导和安全保障，必要时可以请警方人员予以协助。

二、与安全警卫部门密切协助

基于安全保障需求，安保组人员在会前需要向会场所在地的相关安全警卫部门汇报参加会议的人员规模和重要贵宾参加会议的情况，听取其有关会议安全的意见和建议。必要时，与其协商何时何地需要派多少人员给予现场支持和协助，例如，在重要贵宾参会、需要前往会场外的场地组织大规模的文体活动或者参观游览活动时，可能需要相关部门协助派员负责安全警戒和交通疏导。

三、落实安全保障措施

根据已经制定的安全保障措施逐一加以落实和检核，例如，检查会场安全情况、落实电力保障措施、检查消防、饮食、交通安全和医疗救助等的落实情况等。

四、确保安全出口通畅

安保组应该事先提醒负责场地布置和设备安装的人员注意避免封堵会场的安全紧急出口，如果确实需要占用的话，需要事先征得场地提供方及安保人员的许可。

五、清除安全隐患 确保会场安全

在开会之前安保人员需要检查会议现场，排除不安全的隐患，例如，贵宾席上方是否有悬挂物、地面是否平整、主席台的台阶是否稳固等。会议开始前，检查安保人员的到位情况。

重大的国际会议，在对会场进行安全检查时需要清场，检查完毕后开始对会场各入口进行控制，凭证件入场。根据预留的证件要求，严格认证，加强巡查，防止不相关人员干扰会议的安全和正常进行。

六、保障会议设备和相关物品的安全

注意保障会议相关设备和人员物品的安全，特别是在茶歇或会议开始前和结束后，注意提醒参会人员保管好随身携带的贵重物品，同时也要与会议场地提供方商定如何在会前或者会后无人值守期间确保相关会议设备和用品的安全。

七、防备恶劣气候的影响

为确保参会人员的人身安全，在恶劣的气候下需要取消在户外举办的活动。对计划在户外举办的活动要制订后备方案，以防备天气不适宜在户外举办时进行变更。

八、现场安全保障值守

制定紧急事件应对机制和预案，并且派专人负责安全保障值守，以便应对突发事件。

九、应注意的问题

（一）明确安全保卫相关要求 落实安全人员

安保组对参会人员的基本情况要有所了解，特别要重点掌握重要贵宾何时何地参加哪些活动，需要提供何种安全保障。同时要特别关注组织规模大的文体活动或参观游览活动的安全保障问题，了解届时的人员规模、行车时间和路线，必要时事先与当地负责安全警卫队部门进行沟通，由其派人协助进行安全警戒和交通疏导。

（二）防患于未然

对会场安全要特别关注，不仅要从安保的角度加以关注，也要从安全的角度多加提醒，例如提醒演讲人上下讲台时注意台阶、防止线路绊脚等。

（三）关注食品安全

要提醒酒店方注意食品安全，例如不要使用不新鲜的原材料，同时要求其进行食品留样和检验。

（四）坚守岗位 准备随时应对突发事件

安保值班人员要坚守工作岗位，安保负责人员要注意随时检查安保工作进展情况，发现突发事件，马上采取积极应对措施。

本章小结

本章主要涉及会议及其相关活动间的安全和保卫问题。

1. 要制订详尽的安全保障实施方案；

2. 与酒店安保人员积极进行沟通和密切配合，明确安保要求；

3. 要根据会议的规模、参会贵宾的级别向相关方事先进行汇报，必要时请求派人协助；

4. 明确安保人员的岗位和职责，并要求其坚守工作岗位。

思 考 题

1. 会议安全保障工作主要涉及哪些方面?
2. 如何制定安全和保障措施?
3. 安全保障工作应特别注意哪些问题?

第十九章　会议后续工作

学习目标

通过本章的学习，了解会议结束后需要继续完成的工作。

技能掌握

——了解会议的费用结算

——会议结束后对相关人员表示感谢

——会议资料的存档

第一节　会议后续工作安排

一、工作人员

会议结束后需要继续完成的工作主要由会议管理组、会议服务组和财务组负责，其中会议管理组负责向相关人员发送感谢函和相关资料，同时需要将会议相关文件和资料进行归档。会议服务组负责结清有关食宿、交通、场地布置、设备安装等相关费用，财务组需要对整个会议的财务情况进行总结并且作出费用决算。

二、工作内容

完成会议结束后的收尾工作，主要包括对相关人员发送感谢函和相关资料、将会议文件和资料进行归档、支付相关服务的费用并且对费用收支情况进行决算。

第二节　发送会议致谢函和相关资料

一、发送致谢函

会议的组织涉及方方面面的诸多人士的参与和支持。会议结束后应该对相关人士以书面或者口头的形式表示感谢，例如，出席会议的贵宾、嘉宾、演讲人、志愿者和会议代表，以及为会议提供服务的设备公司和酒店等。

二、发送会议相关资料

如果需要在会后为参会人员提供会议演讲稿、参会人员名单或者照片时，应该在会后尽快落实。可以通过邮寄、邮件发送或者网络下载等多种途径为参会人员提供相应的资料。

有些会议会以速记方式记录现场的演讲内容或者录制会议现场情况，会后以电子邮件或者网上下载的方式将其传给参会代表，使其感到会议服务的周全到位，也便于其温习会议相关内容。（见 19.2.1 案例）

19.2.1 案例

港加商会论坛感谢函（英文）

THANK YOU...

to the 400 plus participants in our *2007 HKCBA NATIONAL CANADA − HONG KONG BUSINESS FORUM.*

All of us at HKCBA and our Organizing Partners at Invest Hong Kong and Fujian DOFTEC very much hope that you enjoyed and benefited from your participation in our *Third Annual HKCBA National Canada − Hong Kong Business Forum.*

We want and very much need your comments and feedback. If you did not complete and leave us your Forum Evaluation Questionnaire on Monday please complete the attached Evaluation Form and email to canhkforum07@hkcba. com or fax to 416−×××−××××. We value your comments and suggestions.

Please also note，all the PowerPoint presentations from the day are available online at www. hkcba. com/canhkforum.

We thank you again for attending and hope you had an enjoyable and informative day.

×××

Executive Director

HKCBA Toronto Section

www. hkcba. com/toronto

第三节　会议资料存档

　　会议组织者需要对会议相关资料进行分类、存档、编辑、整理和再利用，主要包括组织会议的请示件、会议宣传资料、会议组委会人员构成、工作组分工、工作方案、现场工作流程表、设备供应商和服务商情况、贵宾和演讲人情况、会刊、演讲稿、讲话稿、会议评估表、会议新闻报道材料、会议总结等，以便为今后组织会议保存相应的资料。存档的资料还应该包括所有的录像带、录音带和照片等。其中录音和录像带应该逐一标明日期、会议名称和序列号，以便于今后需要时查找。

　　会议组织方可以将会议的照片和资料剪辑后制作成光盘，送给会议的相关组织单位和支持单位、赞助商，同时也可以放在网站上作为对往届会议的资料回顾以有利于今后会议的宣传。此外，在征得演讲人同意的情况下，也可将会议演讲稿汇集成册作为印刷品出版，或者将会议的录音录像资料有偿对外销售。

第四节　会议费用结算

　　在会议结束后，首先要结清会议的相关费用，主要包括场地、餐饮、设备、车辆、资料印刷、翻译、劳务等相关费用。费用结算时要以事先签好的协议为基础，并且进一步核实调整的项目和费用情况。在结清相关费用的基础上，对会议经费支出情况进行决算，并且就会议决算情况向组委会汇报。

　　会议组织方需要对会议的整体经费运作情况进行评估，总结会议经费运作的经验和教训，为今后继续举办会议提供参考。

本章小结

会议结束后还有若干工作需要继续完成，主要包括：

1. 对参与会议的相关人员表示感谢；

2. 为参会人员提供会议资料、参会人员名单及相关影视资料；

3. 对会议资料进行分类归档，视情况将会议演讲稿发送给参会人员或者有偿对外提供；

4. 结清相关款项，对会议经费支出进行结算。

思 考 题

1. 会议结束后需要完成哪些工作？

2. 会议结束后还需要进行哪些后续联系工作？

3. 会议资料如何进行归档？

4. 会议经费决算主要包括哪些方面的内容？

第二十章 会议总结和评估

> 学习目标

通过本章的学习，了解如何对会议进行总结和评估。

> 技能掌握

——学习如何对会议进行总结和评估
——了解总结和评估的重要性
——了解总结和评估的内容
——掌握总结和评估的方式

第一节 会议总结和评估工作安排

一、工作人员

总结和评估工作由会议管理组主要负责，其他小组予以配合。总结可以各小组为单位进行，在小组总结的基础上写出整个大会的总结，评估则要在现场或者会后通过调查、统计、分析和评估而完成。

二、工作内容

对会议情况及时总结和评估，有利于对会议情况的全面了解，评价会议是否成功，存在哪些问题或需要改进的地方，为今后开展类似的活动积累经验。

三、工作流程

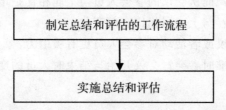

第一步，制定总结和评估的工作流程：首先确定需要总结和评估的具体内容，并根据具体内容制定总结和评估的方式及其工作的流程；

第二步，实施总结和评估：根据总结和评估的工作流程实施会议的总结和评估工作。

第二节　制定会议总结和评估工作流程

一、总结和评估的内容

在确定需要总结和评估的内容时，首先要考虑的是会议组织者希望了解哪些情况并且准备如何使用收集到的相关信息。

通常而言，对会议的总结和评估可以围绕以下内容进行。

（一）会议组织策划、管理及其效果

（1）整体组织工作是否成功有效？

（2）是否实现了预期的目标？

（3）会议主题是否定位准确？

（4）会议日程是否安排妥当？节与节之间的衔接是否合理？

（5）会议形式是否需要改进？

（6）会议举办时间是否选择适当？

（7）会议地点和场地是否选择适当？

（8）会议现场掌控是否适宜？

（9）演讲内容及其演讲人的水平如何？

（10）参会人员是否对会议效果感到满意？从中有何收获？

（11）展示效果如何？参会人员是否有足够的时间观展？

（12）展示场地与会议场地间是否便于行走？

（13）展示的内容是否与会议内容相关？

（二）会议宣传推广及代表组织

要总结和评估会议宣传推广及代表组织情况：

（1）会议对外宣传和推广效果如何？

（2）宣传资料发出去后多长时间可以得到反馈？

（3）会议注册情况如何？此次会议的参会人员与上届相比是增加还是减少了？

（4）参会人员构成情况？与上一届相比有何变化？

（5）哪些分组或平行会议或者活动对参会人员更有吸引力？

（6）参会人员是否能够准时参会？会议开始与结束时人员的变化情况如何？

（三）工作人员

（1）工作人员的配备数目是否适当、分工是否合理？

（2）工作人员在会前是否培训得当、对其所负担的工作是否有明确的了解？

（3）工作人员是否能够胜任给其分配的工作？

（4）工作人员是否能够积极与参会代表、赞助商、贵宾和演讲人沟通并了解其的需求与反馈？

（5）工作人员与场地提供方的合作及场地方的反馈意见？

（6）工作人员现场处理问题及应急能力如何？

（7）工作人员间的沟通与配合是否顺畅？

（四）参展商

（1）参观者数量及其构成如何？

（2）参观者的主要兴趣是什么？

（3）参观者的质量如何？

（4）如何能够更好地组织和吸引参观者？

（5）主办方对展商的服务如何？

（五）后勤保障及现场服务

（1）会议资料准备和发送情况如何？

（2）会议设施和设备是否适宜？安装是否及时？布置是否得当？

（3）会议注册是否运行良好？

（4）现场服务是否到位？包括现场咨询、礼宾接待和餐饮服务等。

（5）住宿和旅行安排是否适当？

（六）经费运作情况

（1）会议经费运作情况如何？

（2）是否对会议支出进行了有效管理？

二、总结和评估方式

总结和评估可以分为外部人员评估和组织方人员评估两种方式，外部人员可以通过现场填写反馈表，或在会后通过网络填写反馈表或者组织走访或座谈会等多种渠道进行。

组织方人员总结和评估可以通过小组会议、书面总结和召开总结大会等渠道进行。

三、总结和评估的工作流程

总结和评估的工作流程主要包括以下。

（一）基础信息收集

通过与组织方工作人员和外部人员的交流，收集相关人员对会议组织和实施情况的各种反馈意见和建议，为总结和评估报告的形成收集基础性信息。（见 20.2.1 案例、20.2.2 案例）

20.2.1 案例

加拿大进出口商协会第××届年会的反馈表

其主要内容包括：

演讲主题：首先是对各平行会议的主题进行评估，选出会议代表感兴趣的题目；

演讲人：对演讲人进行评估，以 1～5 分进行评价，其中 5 分为特别好，4 分为中上，3 分为中，2 分为中下，1 分为差，并可附上评语；

感兴趣的题目：列出一些会议代表可能感兴趣的题目，请其选择，为将来组织的会议奠定基础；

是否会参加类似的网上会议？

是否希望得到电子版的而不是纸介版的会议资料？

填表人姓名、单位、电话和电子邮件；

加拿大进出口商协会此反馈表的设计内容主要是为了对会议的演讲题目和演讲人进行评估，同时对今后组织会议的题目、形式和资料发放的形式进行调研。此反馈表主要以选择项的方式供填表人进行选择，易于填表人填写。

20.2.2 案例

加拿大制造商和出口商联盟举办的国际发展日大会的反馈表

主要包括以下内容：

会议代表情况：列出相关行业，由会议代表进行选择；

会议代表来自何地：省市、国家；

是否参加过以往的会议？时间？

如何评价会议提供的联络沟通机会（1～5 分）？应如何改进？

通过参会会议代表对当前国际和国内政策环境有何了解？

加拿大国际发展署（CIDA）项目：了解程度、是否已参加、此会议对参与 CIDA 项目有何帮助等；

对会议议题的评价（1～5 分）；

对展览的评价（1～5 分）；

对一对一洽谈活动的评价（1～5 分）；

对未来的会议题目及如何改进有何建议；

对会议的总体评价（1～5 分）；

填表人情况：年龄、性别、姓名、单位名称、电话、传真和邮箱；

> 此反馈表主要涉及对会议代表情况的评估、对会议内容和效果的评估、对未来活动和 CIDA 项目的建议。此表中所要填写的内容量较大，可选项作答的内容不太多。需要填表人花费较长的时间来填写。

（二）形成总结和评估报告

在收集基础信息的基础上，写出会议的总结和评估报告。可以由各工作小组或者负责会议某项组织工作的人员写出分项工作小结，然后在此基础上汇总会议整体工作总结。

在会议代表填写的反馈表的基础上，由专人负责进行统计和分析，形成会议评估报告。

（三）使用总结和评估报告

会议总结更多倾向于会议组织方人员内部使用，例如，通过开总结大会的形式或者座谈会的形式向参加会议组织的人员通报会议的整体情况，并且提出今后改进会议组织和管理工作的意见及建议。

会议的评估报告主要供会议组织者使用，但是有时也可以视情况以适当的方式对外发布，或者供今后会议宣传时使用。

有些会议组织方可能在会后向会议代表通报参加会议人员对会议组织和管理的总体评价情况。

第三节　实施会议总结和评估

一、外部人员评估

总结和评估可以分成外部人员和内部人员两部分进行，外部人员的评估可以在会议期间通过发调查问卷的方式进行，也可以在会后通过网络征求参会人员的意见，或者组织部分相关人员开座谈会的形式来了解其对会议的评价或反馈。

（一）调查问卷

1. 内容设计

1.1. 内容简明扼要

调查问卷的设计要简明扼要，问的问题不要过多，要选择最核心的问题进行提问。参会者通常没有多少时间来填表，表格设计内容太多的话，他们也许就不会把表格填完或者有些问题不作回答。

1.2. 问题具体明确

调查问卷的问题要比较具体，不要提比较笼统、参会者难于回答的问题。

例如："你对此次会议感到满意吗？"，而是要问："你是否对会议中有关谈判技巧的讲座内容感到满意？"。所问的问题一定要非常明确，不需要与会者花时间去琢磨其实际的含义。

1.3. 便于填写

调查问卷要便于被调查者填写，例如可以列出评估的项目内容，在其后分成很好、好、一般、较差、差等几个等级来选择，或以 5、4、3、2、1 的档次来让被调查者评分，但要说明数字代表的具体含义，例如：5＝很好 4＝好 3＝一般 2＝较差 1＝差。

尽量减少需要参会者自由做答的问题数目，因为这种问题参会者往往不愿意花时间来填写。

1.4. 留有足够空间

问卷以一页为妥，问题间的间隙要大些，如果需要自由回答时更要留有足够的空间。

1.5. 分项调查

如果要对同一场大会举办的平行研讨会或者会议的不同方面，例如会议内容、餐饮服务等分别进行调查的话，可以用不同颜色的纸加以区分，这样在回收时便于分开。

1.6. 对演讲人分别评估

在调查表上注明每节会议的具体名称、日期和具体时间、演讲人姓名，然后加上评估的选项内容，例如对演讲内容、表述方式等分别列出评价的等级，供会议代表选择。

1.7. 填表人员构成情况

如果要了解填表人员的构成情况，可以提问有关填表人构成情况的问题，例如来自哪个行业，以便于收集和分析。

1.8. 表格的一致性

对定期举办的会议，可以采用同一种格式的调查表，以便进行数据的分析和对比，以了解参会人员的构成变化情况及发展趋势。

2. 问卷发放与收集

调查问卷可以放在会议桌上、资料袋中或者发至会议代表手中。如果需要铅笔填写的话，最好为与会者配备铅笔。

调查问卷最好在每节会议结束之后马上收集，这样反馈率较高。会议主持人可以在会议进行期间提醒参会者及时填写会议评估表并且将其交给现场的工作人员或者放在指定的位置。会议组织方可以视情况可对填表人员给予适当的奖励。

3. 评估报告

会议组织方应该指定专人对收集到的评估表进行分析，特别是对照会议的目的、宗旨和主题，检查是否已经实现了会议的原定目标，哪些方面做得比较好，哪些地方需要进一步改进。评估报告完成后应该提交给负责会议组织的人员，并视情况告知会议代表。

（二）网络评估

如果会后组织评估的话，可以通过网络把评估表发给参会者，表格的设计要便于参会者填写并且发回。

如果要求参会者将评估表寄回的话，最好使用已经印好主办单位名称、地址和邮编及联系人并已付邮资的信封，以便填表人寄回。

　　会议组织方视情况对填表人给予一定的奖励或者鼓励。也有些组织方的网站设计为参会者填表后才能够从网上获取会议的演讲资料或者相关图片。

（三）走访或者座谈会

　　评估也可以在会后通过走访或者召开座谈会的形式进行。

　　参加评估的人员不仅限于会议代表，也可以通过拜访会议的设备供应商、场地提供方、参展商和赞助商等了解其对会议的评价、需要改进的建议和意见。同时，也可以与会议的合作方，例如支持单位或者协办单位人员通过组织座谈会，了解其对会议组织和管理的建议和意见。

二、组织方人员评估

　　组织方人员，即会议主办方的内部工作人员的评估可以在会议结束后进行，可以通过小组会议、书面总结及召开总结大会三个步骤来进行。

（一）小组会议

　　以一种较为宽松的方式让参加会议组织的工作人员就会议的组织和管理工作进行评价，找出哪些方面做得较好，哪些方面需要改进等。

（二）书面总结

　　让每个人和每个小组就其负责的工作进行总结和评估，例如其对整体组织工作和个人或者小组分工有何感想，对前期筹备工作和现场实施，以及工作方案和现场工作流程等有何评价，参会人员对其提供的服务有何反馈意见和建议，他们对会议形式、内容、场地、设备等有何评价，对今后组织会议有何改进建议，在会议组织和实施过程中他们认为哪些方面做得最好、哪些方面有待改进。

（三）总结和交流会

　　在个人和小组总结的基础上，写出会议总结，然后召开总结和交流会。开总结交流会议时，最好能选择一个远离工作场所、不受干扰的地方进行，并且给大家充分的交流时间，营造一种让大家畅所欲言的氛围，让大家基于会议的组织工作各阶段的情况，基于个人的工作经历和参会人员调查问卷的反馈情况，对会议组织和管理的总体情况进行评估，交流和学习彼此的经验，对大会的情况进行客观评价，说明哪些方面比较成功，哪些方面需要改进，同时对参加会议筹备的工作人员进行表彰和奖励。

本章小结

　　会议总结和评估是有效组织会议不可或缺的部分。

　　1. 总结和评估的目的是对已召开的会议进行客观评价，并对今后将组织和规划新的会议

起到指导性的作用；

2. 评估可分为外部人员和组织方人员评估两部分，外部人员主要指会议代表及其协助会议组织的外单位人员，可以通过评估表、走访或者座谈会的方式征求其对会议组织和管理的意见和建议。组织方人员可以通过小组会议、书面总结和大会总结的方式进行会议总结和评估；

3. 总结会要给参加会议组织的工作人员一个畅所欲言的机会，回顾整个会议的组织和实施过程，总结其中成功的经验、找出不足之处并且提出今后改进的建议和意见；

4. 对参加会议组织的工作人员及时进行感谢和表彰，了解大家对组织会议的感受，并使大家感到从中有所收获，为将来进行合作办会奠定良好的基础。

思 考 题

1. 为什么要进行总结和评估？

2. 总结和评估的主要内容、方式和工作流程是什么？

3. 如何设计调查问卷？

4. 如何进行总结和评估？

附录一　案例索引

附录二　图例索引

附录三　检核样表索引

附录四　会议专用名词

Advisory Committee 咨询委员会

Advertising Partner 广告合作伙伴

administrator's manual 管理者手册

breakout session 分组会议

Chairman 组委会主任

closing ceremony 闭幕式

companion program 随行人员日程

communication 联系、沟通

conference 大会

conference program 会议日程

content 内容

concurrent sessions 平行研讨会

coordinator's guide 协调人指南

date 时间

deputy secretary-general 副秘书长

evaluation 评估

events partner 活动合作伙伴

format 形式

follow-up 跟踪

group interviews 分组洽谈

host 主办方

in-house resources 内部人员

keynote speech 主旨演讲

knowledge partner 知识合作伙伴

logo 标识

main session 全体会议

meeting 会议

media Partners 支持媒体

members 委员

networking 交流活动

Network Partner 网络支持媒体

objectives 目的

one-on-Ones 一对一洽谈

opening address 开幕词

opening ceremony 开幕式

organizer 承办方

organizing committee 组委会

organizational structure 组织机构

panel discussion 小组讨论会

partners 合作伙伴

participants/delegates 与会者

planner's manual 策划者手册

plenary session 全体会议

professional conference production house 专业会议组织者

planning 策划

preparation 筹备

program Committee 日程委员会

promotion 对外宣传

production 现场实施

public Partner 公共合作伙伴

publishing Partner 宣传合作伙伴

roundtable meeting 圆桌会议

secretariat 秘书处

secretary general 秘书长

seminar 研讨会

standing vice chairman 常务副主任

speakers 发言人

sponsorship partners 赞助合作伙伴

supporter 支持单位

symposium 专题研讨会

theme 主题

venue 地点

vice chairman 副主任

workshop 专题研讨会

working committee 工作委员会

附录五　参考资料

一、参考书目

[1] The complete conference organiser's handbook by *OConnor*, *Robin*. Piatkus, 1994

[2] How to organize and manage a seminar : what to do and when to do it by *Bethel*, *Sheila Murray*. Prentice-Hall, c1983

[3] How to organize effective conferences and meetings by *Seekings*, *David*. Kogan Page, 1989

[4] Managing meetings by *Hindle*, *Tim*. Fenn Publishing Company Ltd., 1998

[5] First aid for meetings : quick fixes and major repairs for running effective meetings by *Hawkins*, *Charlie*. BookPartners, Inc., c1997

〔6〕 The comprehensive guide to successful conferences and meetings：detailed instructions and step-by-step checklists by *Nadler，Leonard.* ossey-Bass，1987

〔7〕 Meetings and Conventions：A Planning Guide With 2006 Updated forms by Dr. Don Mclaurin and Ted Wykes，MPI 2006

二、参考会议资料

〔1〕 APEC2001 年工商领导人峰会，2001 年

〔2〕 第一届和第二届中国国际信用和风险管理大会，2004 年和 2005 年

〔3〕 第 17 届 ICCA 国际仲裁大会，2004 年

〔4〕 第 37 届太平洋盆地经济理事会国际大会，2004 年

〔5〕 2004 年中国全球国际项目外包发展年会，2004 年

〔6〕 中国会展经济国际合作论坛，2005 年

〔7〕 Reaching Atlantica，2006

〔8〕 加中经济领袖高峰论坛暨加中经贸合作洽谈会，2006 年

〔9〕 18th Congress International Arbitration 2006：Back to Basics? 2006

〔10〕 75th Annual Conference of I. E. Canada，2006

〔11〕 International Development Days，2006

〔12〕 2007 HKCBA National Business Forum：A Winning Strategy for Canada：Hong Kong & Fujian，2007

〔13〕 Ontario Institute-PMAC Annual Conference，2007

〔14〕 The Canadian Chamber of Commerce 2007 Annual Meeting，2007

〔15〕 广州中国国际金融服务洽谈会，2008 年

〔16〕 加中经贸合作论坛 2005，2008，2009 & 2010

〔17〕 中国企业跨国投资研讨会 2007－2010 年

〔18〕 中加外包合作研讨会，2009－2010 年

〔19〕 投资加拿大研讨会，2008－2010 年

〔20〕 加拿大国际金融合作论坛，2009－2010 年